Reinhard Klimmt

Auf dieser Grenze lebe ich

Reinhard Klimmt

Auf dieser Grenze lebe ich

Die sieben Kapitel der Zuneigung

Zur Erinnerung an die
Begegnung im Elsass!
Reinhard Klimmt
20.9.2016

GOLLENSTEIN

Für Felix und Gunnar Klimmt

Vorwort

Dieses Buch handelt von den Themen, die mein Leben in der Politik am stärksten geprägt haben. Es scheint natürlich auch Privates durch, aber meine Familie und unsere Lebensumstände bleiben weitgehend unerwähnt. Das ist Absicht und mit meiner Frau so abgesprochen.

Der Titel, von Alfred Guldens „Nur auf der Grenze bin ich zu Haus“ inspiriert, gibt dem Ganzen seine Richtung. Die Grenze spielt eine eigene Rolle, sie ist fester Bestandteil des Lebens der Menschen in der Region und hat deren Schicksal über die Jahrhunderte mit bestimmt. Die Überwindung der Grenze war und ist mein wichtigstes politisches Ziel. Dieser Begriff hat aber auch noch andere Bedeutungen, real und im übertragenen Sinne. Es gibt Grenzen der eigenen Fähigkeiten, die nicht ignoriert werden dürfen, und es gibt Grenzen im Umgang miteinander, die respektiert werden sollten.

Im Mittelpunkt stehen die Menschen im Saarland, ihr Schicksal an der Grenze zu Frankreich, die Berg- und Stahlarbeiter, ihre Gewerkschaften und - wie nicht anders zu erwarten – die Mitglieder und Anhänger der SPD. Sie alle unterliegen mit ihren Nachbarn in Lothringen und Luxemburg dem Strukturwandel im ehemaligen Montandreieck, den die Berg- und Stahlarbeiter erfahren und erlitten haben. Die Einblicke reichen tief bis in die Vergangenheit, und sie richten sich auf die Zukunft. Durchzogen ist das alles, geädert wie lombardischer Marmor, von meinen persönlichen Empfindungen, Erfahrungen und auch Wertungen.

Das Buch handelt nicht so sehr von den Haupt- und Staatsaktionen der politischen Prominenz, wichtiger sind die Menschen, denen ich mich verbunden fühle und deren Namen kaum einer kennt. Ihnen soll ein kleines Denkmal gesetzt werden. Ich hoffe, dass sie sich in dem Buch, falls sie es lesen, wiederfinden, denn all die Schröders, Lafontaines und Klimmts wären ohne die Unterstützung derer, die in der Regel nur als Gruppe wahrgenommen werden, niemals so weit gekommen, wie es ihnen vergönnt wurde.

Das Buch ist keine Biografie, wenn es auch viel Biografisches enthält, und erhebt keinen wissenschaftlichen Anspruch. Nichtsdestotrotz ist es in einigen Bereichen durchaus als Quelle zu gebrauchen. Allerdings ohne Gewähr, denn vieles habe ich überprüft oder überprüfen lassen, aber nicht alles. Ich weiß, dass meine Erinnerung selektiv arbeitet, und deswegen ist alles aus meinem Blickwinkel gesehen und geschildert. Auf diese Weise werden historische Fakten, politische Erlebnisse und programmatische Überlegungen in einen mir plausibel scheinenden Zusammenhang gebracht.

Wer Sensationelles sucht, wird es finden, aber in einem anderen Sinne als in der Aufdeckung von Intrigen, Feindschaften, Komplotten und geheimen Vorgängen. Das Buch ist durchaus eine Teilbilanz, aber keine Abrechnung. Über die Umstände meines Ausscheidens aus dem Ministeramt in Berlin werde ich schreiben, aber mit größerem inneren und zeitlichen Abstand. Nur soviel, um Missverständnisse zu vermeiden, sei mit den Worten Thomas Schühlys, des Produzenten von Rainer Werner Fassbinder, gesagt: „Da ich mir – anders als viele andere – meiner sicher bin, kann ich auch jedes Thema anfassen.“

Ich will mich nicht unbedingt bei denjenigen bedanken, die mir das Zeitbudget verschafft haben, um dies alles aufzuschreiben, aber sie haben -- wohl eher ungewollt – zweifellos den größten Anteil daran. Als Belohnung – oder Strafe – sollten sie es zumindest lesen. Mein aufrichtiger Dank ereilt jene, die nicht böse sind, dass sie in diesem Buch nicht vorkommen, zumindest nicht lobend erwähnt werden, obwohl sie es aus ihrer und auch aus meiner Sicht verdient hätten. Es ist schon dick genug geworden.

Die Abbildungen haben einerseits dokumentarischen Charakter – einige markante Fakten und Stationen sollten dargestellt werden –, andererseits sollen sie vor allem Stimmungen wiedergeben, die für das Land und seine Menschen charakteristisch sind.

Danken will ich den Institutionen, die geholfen haben, das Vorhaben zu realisieren. An erster Stelle der Stiftung Demokratie Saarbrücken und der Asko-Europa-Stiftung. Weiter will ich nicht gehen, um niemanden zu übersehen.

Saarbrücken, im Juli 2003
Reinhard Klimmt

DAS ERSTE KAPITEL

Es war gut, dass ich so früh in Frankreich war

Die große, weite Tour - Im Fahrwasser der Politik
Zweckbündnisse und Freundschaften - Von Saarbrücken nach Berlin

Die große, weite Tour

„Es war gut, dass ich so früh in Frankreich war." Diesen Satz Ludwig Harigs mache ich mir zu eigen. Ich bin im Inneren Deutschlands aufgewachsen, bei Osnabrück, in Engter, einem kleinen Dorf am Rande des großen Moores, das sich vom Nordhang des Wiehengebirges bis weit in die Tiefebene erstreckt. Heute steht fest, dass dies der Ort war, an dem Arminius die Römer besiegte. Die Region ist deutsch, sehr deutsch. Gesangvereine, Schützenvereine, Heimatvereine pflegen die Traditionen, und das schlimmste „Unkraut" im Garten heißt „Franzosenkraut". Auch auf religiösem Gebiet herrscht Verlässlichkeit: Die Orte und Landschaften sind noch heute entweder ausgesprochen katholisch oder ausgesprochen protestantisch.

Meine Eltern, beide Lehrer, stammten aus Berlin, wo auch ich geboren wurde. Mein Bruder Gunnar war bereits tot, im Tegeler Fließ ertrunken. Ich kann den Gedanken nie ganz verdrängen, dass ich an seiner statt lebe. Das Weltbild meiner Eltern setzte sich aus preußischen, lutherischen und sozialdemokratischen Elementen zusammen, und sie nahmen die damit verbundenen Wertvorstellungen ernst. Mein Vater redete so gut wie nie von Pflicht, sondern von Verantwortung, die ich als Junge und dann als Jugendlicher drückender empfand als die Pflicht. Gegen Verantwortung kann man sich nicht auflehnen.

Ich muss zugeben, dass die Grundmotive meiner Jugend mich bis heute nicht losgelassen haben. Dieser sperrige Begriff Verantwortung, das Erbe meines Vaters, brachte mich zu den Pfadfindern, in das Studentenparlament und dann in die SPD.

Ich habe mich gut gefühlt in der dörflichen Überschaubarkeit mit klaren, wenn auch engen Strukturen, wo Fußball und Alkohol eng miteinander verbandelt waren, wo Skat und Doppelkopf die Abende bestimmten, wo aber auch die Nähe zur Natur in Moor und Wald dem Leben Raum ließ.

In Osnabrück besuchte ich das Gymnasium und lernte das Großstadtleben kennen. Osnabrück bot das Kontrastprogramm: mit Gymnasium und Konservatorium, mit Theater und Konzert, mit Buchhandlungen, Museen, Schulzeitung und Schauspielgruppe. Ich habe mich weder von dem einen noch von dem anderen ganz vereinnahmen lassen. Das hat Vor- und Nachteile. Breite Interessen verbessern die Urteilsgrundlage im Allgemeinen, reichen aber selten bis ins Spezielle, ins Detail. Mit einem Bein stand (und stehe) ich im dörflichen Milieu, mit dem anderen in der städtisch-intellektuellen Szene. Ich brauche beides. Nach einer gewissen Zeit in dem einen Milieu erwacht der Wunsch nach dem anderen. Außerdem war ich neugierig, in jeder Hinsicht, und ich ahnte das Andersartige aus den Erzählungen, aus den Büchern bei uns zu Hause.

Mein Sinn stand mir nach einer Zukunft in Berlin, das ich oft besuchte (mein Bruder Ulrich studierte dort), meine Phantasien waren mehr auf den Norden orientiert als auf den Süden. „Musste Konradin (der letzte Staufer) nach Italien gehen?" Meine Mutter hatte mir Hamsun und Lagerlöf nahegebracht: In „Nils Holgerssons wunderbarer Reise mit den Wildgänsen" und in Hamsuns „Segen der Erde" konnte ich etwas von dem Zauber nachempfinden, der meine Mutter in seinem Bann hatte. Sie unterhielt weitläufige Gartenanlagen, was mir breite Schultern allein vom Umgraben als *wind fall profits* eintrug.

Doch in dieser von Bach musikalisch, von den Klassikern literarisch, von Dürer bildnerisch und von der Kartoffel kulinarisch beherrschten Welt befanden sich beunruhigende Einsprengsel. Zu Weihnachten gab es Kalbsahneschnitzel mit Makkaroni (!!!) und einem Brötchen – Brot zum warmen Essen?!? – eine Reminiszenz an die Italienreise meines Vaters mit einem seiner Onkel, auf der sie im selben Gasthof wie Goethe genächtigt und das besagte Mahl offeriert bekommen hatten.

Den Renommierplatz an der Wand hielt Cézannes „Bahndurchstich“, ein Hanfstängldruck, unangefochten besetzt – nicht der Dürer-Hase, nicht die Dürer-Hände, andächtig zusammengelegt. Cézannes etwas düsteres Gemälde trug Löschwasserspuren, die an die Bombennacht erinnerten, in der wir unsere Wohnung in Berlin, im Allmendeweg in der „Freien Scholle“ in Tegel verloren hatten.

Mein Bruder verstärkte die jugendliche Unruhe und weckte die Sehnsucht nach dem Süden in mir. Er arbeitete zwar in Schweden als Holzfäller, gab aber den Verdienst lieber in Spanien aus – tief im Süden bei Motril oder im Baskenland in Santoña. Er brachte neben Braque, Picasso, Miró und anderen der Malerei auch neue Literatur ins Haus. Saint-Exupéry, Sartre, Alain Fournier und die Symbolisten, von denen Rimbaud mich am meisten faszinierte. Auf seinen Rat hin ging ich in Berlin in das Programmkino am Steinplatz, sah „Les enfants du paradis“ (Kinder des Olymp) mit Jean-Louis Barrault, „Lohn der Angst“ mit Yves Montand und lernte die tödlichen Gefahren der Liebe kennen.

Ich begann zu ahnen, dass es viel mehr gab als das, was Zugang zu den Welten meiner Familie und der gewohnten Umgebung hatte – und so rührte sich das Fernweh. Mit dem Fahrrad durch die Mittelgebirge, an die Ostsee – hin und zurück immer nur Gegenwind – das übt fürs Leben. Wanderungen durch den Bayerischen Wald. Tramptour zur Weltausstellung nach Brüssel, das erste Mal Pommes frites.

Und dann die große, weite Tour, allein, Tornister und Schlafsack als Begleiter. Metz und Straßburg mit den Kathedralen, verbrannte Fußsohlen in Nizza – nur Steine am „Strand“ – Toulon, Marseille, Nîmes, Aix, Tarascon und Beaucaire, Tartarins „Ils“ und die Rhône. Freundlichkeit, Hilfsbereitschaft, weißes Brot, bitterer Kaffee, kleine Gläser mit rotem Wein, grandiose Landschaften, Pont du Gard, Béziers … Andere Autos, bei uns fremdartig, hier die Regel. Die futuristische DS, 2 CV's, Renaults. Neugierige Blicke, Fragen. Das Land war offenherzig, Melonen wuchsen auf den Feldern, Trauben, Obst. Lange Märsche auf staubigen Straßen, Alleen auf und ab schwingend in der andersartigen Straßenbauweise gegenüber dem so perfekt erscheinenden Bekannten von zu Haus. Sonne wie bei van Gogh. Dann Toulouse und Bordeaux – damals kannte ich Montaigne noch nicht, sonst wäre ich wohl länger geblieben – La Rochelle und die Vendée, Muscheln, Boule in langen holzumrahmten, sandgefüllten Trögen – geheimnisvolle Namen wie Les Sables d'Olonne, Le Mans, passend durchquert mit einem MG, einem Sportwagen, der mich aufgelesen hatte, Chartres' blaue Fenster und, mein Geschenk zum 17. Geburtstag an mich selbst: Paris.

Der MG spuckte mich aus am Étoile! In der Nacht schlief ich unter einem abgestellten Lastwagen, des Regens wegen. Dann mein Domizil in Malakoff, im Stadion dieses kommunistischen Vorortes von Paris. Kino zum Geburtstag: „O Cangaceiro". Sonst das übliche Programm. NeuGier.

Die Stadt war schön, gut gebaut, lebendig, weitläufig, unerschöpflich, sie war eilig und beschaulich, hastig und von seltsamer Ruhe wie an der *Place des Vosges.* Ich erstand auf den Flohmärkten allerlei Trödel, Trophäen für zu Haus, und pornografische Kartenspiele, Trophäen für die Schule. Den Heimweg nahm ich dann über Sedan und Charleville, Höflichkeitsbesuche bei Rimbaud und Verlaine … und kam zurück, verändert. Es war ein Glück, dass ich so früh in Frankreich war.

* * *

Im darauf folgenden Jahr zog es mich über Frankreich hinaus nach Spanien. Im Sommer 1961 betrat ich Paris als geladener Gast der *Alliance française.* Ich hatte – mit anderen – einen Aufsatzwettbewerb gewonnen und lernte, dass eine Stadt, die man gezeigt bekommt, auch schön sein kann, aber anders ist als die, die man selbst erfahren, die man sich, der Nase folgend, zu eigen gemacht hat.

Und ich wollte mehr. Ich las, über Frankreich, über die Plätze und Orte, die ich jetzt kannte, über die Menschen, bei gleicher Sprache nicht nur im Akzent verschieden, über die Einwanderer, die sich mit mir nachts um die besten Schlafplätze gestritten hatten. Algerien, Camus, ich entdeckte die Piaf, Georges Brassens und – Schattenauge – Juliette Gréco. Ich las Baudelaire, Rimbaud, Verlaine noch intensiver, erkannte den Zauber ihrer Sprache, und verehrte den frühen expressiven Villon, im Berliner Sportpalast vor Tausenden von Zuhörern von Klaus Kinski deklamiert, eine schlicht gewandete Gestalt, in einen Lichtkegel gebannt, wild nur in Gestik und Mimik.

Ich wusste wohl und wusste doch nicht, was aus mir werden wollte. Das Schicksal der jungen Deutschen im November 1914 bei Langemarck in Flandern, gerade 18 Jahre, die mit dem Deutschlandlied auf den Lippen in die tödlichen Maschinengewehrgarben gelaufen waren – das konnte nicht der Lebenssinn sein, für nichts und niemand. Ich sah Verdun, und doch machte den stärksten Eindruck ein Gedicht: „Le dormeur du val" (Der Schläfer im Tal) von Rimbaud.

Damit war ich nur bedingt politisch geprägt. Das Politische kam später; sukzessiv, eher schleichend, zog es sich am Literarischen vorbei. Saarbrücken – ursprünglich als Durchgangsstation gedacht – nahm mich schnell gefangen. Ich kam aus dem Innern eines Landes an die Grenze, an den Rand. Ich träumte von der Weite und Freiheit der Meere und fand sie – für mich – in einem Hügelland, kleinräumig, traditionsbelastet, aber auch vielschichtig, vielfarbig, vieldeutig und vielfältig in einem.

Anderes Geld, nur einen Katzensprung entfernt, andere Briefmarken (sehr schöne), anderes Brot, die Butter gesalzen, der Salat sauer, andere Zeitungen, andere Schlagzeilen, andere Namen, andere Wegweiser – und kein Grund, das eigene besser zu finden. Paris sehr nahe, das Elsass, Straßburg, Colmar mit dem Isenheimer Altar, die Weinorte näher, die lothringischen Weiher noch näher, Forbach, Saargemünd, Spichern und Grosbliederstroff fußläufig zu erreichen.

Lange Tage und Nächte an den lothringischen Seen. Wanderungen in den vielen Wäldern der Region, verwunschene, einsame Burgen, ungesichert, sagenbehangen, wie Wasigenstein und Fleckenstein in den Nordvogesen. Bitche mit seiner Festung, Fénétrange, verträumt, verschlafen, Moscherosch und seine Gesichte. Das Tal der Seille, Marsal, in den Wällen geschrumpft, verzaubert, mit alter verfallener Kirche, Vic und die bischöfliche Münze, *maison de la monnaie*, Metz und Nancy.

Ich lernte eine andere, handfeste Variante der Völkerverständigung kennen: die vielen Restaurants und immer auch – einfach oder sophisticated – Qualität, im Saarland übrigens auch. Paté, Zwiebelsuppe, Crudités, Flammkuchen, Schnecken, statt Stulle Casse-croûte. Das Essen als Ereignis, nicht nur als Nahrungsaufnahme, verbunden mit Zeit, viel Zeit und gutem Wein. Heute ist das auch in Deutschland fast schon Standard. Wir mussten es lernen und haben es gelernt.

Mit dabei: Robbe-Grillet und der *nouveau roman*. Raymond Queneau, „Zazie in der Métro" und, um die Verkehrsmittel zu komplettieren, sein „Autobus", von Eugen Helmlé und Ludwig Harig übersetzt. Im Kino waren es nicht mehr die „Kinder des Olymp", sondern Louis Malle und Alain Resnais, die *Nouvelle Vague* mit François Truffaut, Jean-Luc Godard und Claude Chabrol. *La série noire*, kühl, stilisiert und doch voller Leidenschaft. Besonders liebten wir „Jules et Jim" und wir Männer alle ein wenig auch Jeanne Moreau. Der deutsche Film konnte da nicht mithalten. Wir wurden kulturelle Bigamisten, und in mir starben die verbliebenen Vorurteile endgültig dahin.

* * *

Das war mein Zustand, als ich mehr und mehr in das politische Fahrwasser geriet. Es war ein zweigleisiger Prozess. Zum einen gab mir die Universität nicht das, was ich von ihr erwartet hatte. Es war, eine oder zwei Spielklassen höher, das Gleiche wie auf dem Gymnasium. Der Gedanke, mit meinen Fächern Geschichte und Germanistik ein nützliches Glied Adenauer-Deutschlands zu werden, behagte mir immer weniger. Ich bewarb mich erfolgreich um den Chefredakteursposten bei der Studentenzeitung „speculum" und legte in diese Arbeit mehr Verve als in mein Studium. Meine erste Saarbrücker Demonstration richtete sich gegen die Erhöhung der Nahverkehrstarife, ein leichtes Streifen der Verkehrpolitik. Die nächsten Schritte führten mich in das Studentenparlament und 1964 dann in die SPD. Damit hatte ich eigentlich nicht gerechnet. Aber meine Eltern hatten wohl, von mir unbemerkt, den Samen gelegt, der damals zu keimen begann. Vielleicht war es kein Zufall, dass mein erster inhaltlicher Kampf der Einführung der Gemeinschaftsschule im Saarland galt.

Das Netz des politischen Engagements zog sich immer enger um mich zusammen. An der Uni rutschte ich in die Rolle eines *elder statesman* der Studentenpolitik, in der SPD und bei den Jungsozialisten verpasste man mir hier ein Amt, da einen Auftrag, und ich begann, mich in den verblüffenden Ritualen der Partei zurechtzufinden, die mir anfangs eher kurios erschienen. Und ich erkannte früh, dass das Ideal der Solidarität nicht unbedingt für den Umgang untereinander galt.

Mit Friedrich Prinz, dem Landeshistoriker, hatte ich an der Universität einen Mentor, der meine außeruniversitären Aktionen guthieß und mir aber auch die Freude an der Wissenschaft zurückgab, die im Universitätsalltag verloren gegangen war. Von meinen alten Lieben traf es die Musik am härtesten. Zuerst noch im Universitätsorchester aktiv, wurde das Cello bei mir stillgelegt. Es dient jetzt in der Städtischen Musikschule als Instrument für Begabte, die sich noch kein eigenes leisten können. Konzertbesuche wurden immer seltener, und heute lege ich mir kaum noch Platten oder CDs auf. Am ausgiebigsten genieße ich Musik bei Nachtfahrten allein im Auto. Der Fußball ist mir erhalten geblieben, aktiv (immer weniger, immer langsamer) und passiv für meinen Verein, den 1. FC Saarbrücken. Die Atmosphäre im Stadion gefällt mir, die Gesänge der Fans und der Rostwurstduft. Wenn mich etwas körperlich und „mental" fit gehalten hat, ist es der unkomplizierte Umgang mit den Fußballern der „Alten Herren" und diverser Prominentenmannschaften der SPD und anderer Provenienz. Sie erlaubten auf freundschaftlicher Basis tiefe Einblicke in die gesellschaftlichen Strukturen und Befindlichkeiten jenseits der ausgetretenen Pfade der Parteiaktivitäten. Die Bundesliga am Wochenende ist mein regelmäßigster Fernsehkonsum. Skat von Zeit zu Zeit, aber nicht mehr so exzessiv wie in den Studententagen. Das Flippern – im Juso-Bundesausschuss gehörte ich zur „Flipper-Fraktion", die abends lieber spielte, als die Klassiker zu interpretieren – habe ich aufgegeben. Zum einen wegen der Apparate, die mir nicht mehr gefallen, zum andern, weil die Brille nicht die notwendige Schärfe bringt, um richtig reagieren zu können.

Es gab und gibt noch genug an Leidenschaften, die in den Welten neben der Politik daheim waren und sind, z.B. ausgiebige Buchhandlungs- und Flohmarktbesuche. Bei den Fraktionsvorsitzendenkonferenzen ließ ich regelmäßig das Mittagessen sausen, delegierte einige Themenkomplexe an meine Begleiter und trieb mich in den Antiquariaten des Tagungsorts herum.

Auf die oft gestellte Frage, ob ich die Bücher, die mich umgeben, auch alle gelesen habe, kann ich nur wahrheitsgemäß antworten: nein. Ich kann aber auch vermelden, dass ich sehr viele tatsächlich gelesen habe, also ein Sammler bin, der auch liest.

Diese Liebesbeziehung mit der Literatur ist dauerhaft, sie gilt den gedruckten Wörtern und Bildern und den Büchern. Sie sind wahre Freunde, meckern nie, bringen uns in andere Welten und Zeiten, lassen uns andere Leben leben und sind – wenn man einigermaßen ordentlich ist – stets zur Hand, wenn sie gebraucht werden, was selbst die besten Kameraden nicht garantieren können.

Für mich sind nicht nur die gedruckten Inhalte wichtig, sondern auch die realen, spürbaren Verbindungen mit der Zeit ihrer Entstehung. Dann, wenn ein Buch gedruckt und zum ersten Mal in die Hand genommen wird, ist es auf der Höhe der Zeit, vielleicht nur für einen kurzen Moment – *hero just for one day* –, um anschließend schon wieder Vergangenheit zu sein. Diese Kraft steckt für mich weiter im Gegenstand, in den von Gebrauchsspuren gezeichneten Einbänden, in den Einträgen von alter Hand und in den Besitzvermerken. Spätere Ausgaben sind für mich, besonders dann, wenn sie mit Anmerkungen und Erklärungen versehen sind, viel mehr verstaubt und museal als das Original. Selbst wenn die zweiten und dritten Auflagen verbessert sind, die endgültige Form gefunden haben, hat der erste, wenn auch fehlerhafte Auftritt für mich einen besonderen Charme.

Jede Ära hat ihren eigenen Wissensstand, hat ihren eigenen Geschmack, ihre eigene Ausdruckskraft – Jahre später besser zu erkennen als in den Zeiten selber. Was in der Gegenwart unübersichtlich erscheint, bekommt im Rückblick klare, definierbare Strukturen.

Die Taschenbücher der 50er und 60er Jahre gehören zu meinen bevorzugten Sammelgebieten. Sie bilden ein riesiges Konglomerat von alter und neuer Belletristik aus dem In- und Ausland, von „Schmutz und Schund", wie es bei meinen Eltern hieß, von Sachbüchern zu Wissenschaft und Politik, über dieses und jenes, über alles und nichts. Sie spiegeln in ihren Themen und in ihrer Gestaltung die Gesellschaft der frühen Bundesrepublik wider.

Taschenbücher waren auf schnellen Verkauf und Massenauflagen angelegt. Sie zeigen, was die Bundesbürger lasen, was ihre Köpfe bewegte, wie sich ihre Interessen, wie sich ihre literarischen Vorlieben änderten.

Sehr viel bedeuten mir die Romane im Zeitungsformat, Rowohlts Rotations-Romane, von denen seit dem Ende des Jahres 1946 etwa dreißig erschienen sind, bis an ihre Stelle die rororo-Taschenbuchreihe trat. Ich besitze sie alle, und ich hüte sie wie einen Schatz. Das gebräunte Papier, die Typografie, die Zeichnungen und Holzschnitte auf den Titelseiten sind Spuren und zugleich Symbole eines wiedererwachenden Landes, mit dem Bemühen (das später wieder nachließ) um Ehrlichkeit und Weltoffenheit; die ganze Reihe ein literarisches Fenster für frische Luft. Ich blicke heute noch bewundernd auf diese Bleiwüsten, aus deren sandkorngroßen Buchstaben die schönsten Blumen der Fantasie erwachsen.

Ansonsten ist mein Verlangen nach Gedrucktem fast unbegrenzt. Die Bücher sind durch mich hindurchgewuchert, sie sind ein Teil von mir. Sie umgaben mich in allen Arbeitsräumen und vermittelten mir das für mich unverzichtbare Heimatgefühl bei der Arbeit, denn, aufs Ganze gesehen, habe ich – den Schlaf abgerechnet – in Büros und Sitzungsräumen mehr Zeit verbracht als zu Hause. Die bei vielen Besuchern Ahs und Ohs erzeugende dekorative Wirkung spielte zwar auch eine, aber eine geringe Rolle. Den Verlust meiner politischen Ämter habe ich durchaus verschmerzen können. Wenn mir etwas wirklich fehlt, sind es nicht Dienstwagen und Chauffeur, Sekretärinnen, Referenten und Leibwächter, sondern die großen Diensträume, die ausreichend Platz für Bücher boten.

Bilder gehörten und gehören dazu und traditionelle afrikanische Kunst. Mit wachsendem Einkommen manifestierte sich meine Neigung für afrikanische Kunst und Kultur nicht mehr nur in Museumsbesuchen, sondern auch im Erwerb von Skulpturen, Masken, aber vor allem von reliefierten Türen, die mir mit den Büchern auch die jeweiligen Arbeitszimmer wohnlich machen halfen. Sie haben sich mit der Zeit auf Augenhöhe mit den Büchern vorgearbeitet und sind veritable Lebensgefährten geworden.

Begonnen hatte es bereits in meiner Kindheit. Mein Bruder brachte mir zwei „echte“ Speerspitzen mit, und ich dachte an Robinson, dachte an Wissmann, Livingstone und Stanley, an Heinrich Barth und an die erste Durchquerung der Sahara mit dem Automobil. Es waren Fahrzeuge von Citroën; vielleicht stammt daher meine anhaltende Vorliebe für den 2 CV.

In Brüssel, während der Weltausstellung 1958, erstand ich, fünfzehn Jahre alt, die erste Figur von der Hand eines afrikanischen Schnitzers. Später, viel später war es die geschickt ausgeleuchtete Netzstruktur der Mitte einer Tür der Senufo von der Elfenbeinküste in einem Schaufenster im winterlichen, schneestaubüberwehten Amsterdam, mitten in der Nacht, die mich festhielt. Mir wurde warm, und aus der Tür strömten die Phantasien, die geschnitzten Antilopen und Krokodile bewegten sich, Kamele zogen vorbei und die Raupenfahrzeuge von Citroën. Dann drang die Kälte bis an die Fußsohlen, und der Zauber verlor an Kraft. Aber die Tür musste ich haben, am nächsten Tag.

Ich habe nie systematisch gesammelt, es ist eine subjektive Auswahl von Stücken, die mich an dem betreffenden Tag und Ort angesprungen haben und wo Wunsch und Geldbeutel in Übereinstimmung zu bringen waren. Die Kunstwerke stammen aus fast allen Regionen Schwarzafrikas. Sie gefallen mir in ihrer kraftvollen, expressiven Ästhetik, und sie erzählen von ihrer Heimat, von ihrem Land, von Mali, Benin, Burkina Faso, Nigeria, Kamerun und Gabun, von den Flüssen Niger, Volta, Benue, Ogowe und Kasai, erzählen von dem Baum, dem sie entstammen, von der Hand, die sie aus dem Holzblock befreit hat, von den Menschen und ihren Sorgen, Wünschen und Träumen, von guten und schlechten Ernten, von Geburt, Initiation und Tod, von Dürre, Hunger und Durst, von den Geistern der Ahnen, vom Vogelflug, von den Orakeln, von der Brücke zum Himmel und den Wurzeln in der Erde, vom Schwert des Henkers, von den Halszangen der Sklavenhändler, von den Amazonen des Königs von Abomey, von Fieber und Exstase und von der Wiederkehr alles Lebendigen.

Einen Schwerpunkt bilden die reliefdekorierten Türen. Sie ziehen mich besonders an, sie sind Eingänge und Ausgänge zugleich, sie verbergen, schließen ab, aber erlauben auch Zugang. In ihnen verbinden sich die Strukturen, die Oberfläche des Holzes – ob bemalt, erodiert oder patiniert – mit Ornamenten und bis ins Plastische gehenden Figuren. Ein weiterer wichtiger Teil meiner Sammlung sind Paare und Masken. Bei den Ersteren reizt mich die Doppelung, Ähnlichkeit und Varianz, bei den letzteren die Vielfalt, die aus einem unerschöpflichen Formenreichtum entsteht.

Hin und wieder verwandelt sich die Sammlung in eine Ausstellung mit dem Titel *Africa is in my mind,* die in Berlin und auch in Saarbrücken vielen Besuchern einen Einblick in die für die meisten ungewohnte Kultur gegeben hat. Wie nicht anders zu erwarten, sind die politischen Bezüge dabei nicht zu kurz gekommen. Klaus Töpfer und Heidi Wieczorek-Zeul haben im Rahmenprogramm über den schwarzen Kontinent gesprochen.

Demnächst wandern die Gäste aus Afrika über die Grenze und präsentieren sich den Lothringern in Manderen in der Burg „Malbrouck“, wie sie der Volksmund nach dem Herzog von Malborough genannt hat. Dort, im Dreiländereck, direkt bei Schengen, werden sie auch bei den Luxemburgern für ihren Heimatkontinent werben.

Im Fahrwasser der Politik

1970 wurde ich zum Landesvorsitzenden der Jungsozialisten gewählt, und damit lief alles auf den Punkt zu, an dem ich mich zu entscheiden hatte, ob ich an der Universität Fuß fassen oder mit meinem politischen Engagement Ernst machen wollte. Vielleicht wäre es gar kein Gegensatz gewesen, wie man an vielen positiven Beispielen sieht, die in den Parteien und Parlamenten zu finden sind. Dem standen zwei meiner – nennen wir es – Eigenheiten entgegen. Zum einen konnte ich meine immer wieder aufbrechenden politischen Leidenschaften nicht derart, über Monate hinweg, in ein Schema von Disziplin und nüchternem Kalkül pressen, dass ich in der Lage gewesen wäre, etwa im Wahlkampf 1972, Termine abzusagen oder zu verweigern, nur um an meiner Dissertation weiterzuwerkeln.

Ich hätte es ruhig tun können – auch dann hätten wir es geschafft. Aber vielleicht auch nicht, denn derselbe Geist hatte auf gleiche Weise viele Menschen ergriffen.

Zum andern hasse ich es, auf das Rad eines bis auf die letzte Arbeitsstunde und den letzten Urlaubstag konsequent ausgefüllten und durchorganisierten Jahresterminplanes geflochten zu werden. Das Leben verliert dann die Spannung. Ohne das Unerwartete, Überraschende möchte ich nicht leben; zumindest die Möglichkeit muss offen bleiben, auch wenn sie nicht – wie es meistens ist – Wirklichkeit wird. Die Jahreszeiten, kirchliche und private Feiertage geben dem Leben ausreichend Kontur, jede neue Festlegung macht die Spielräume enger, in denen Spontaneität und Flexibilität beheimatet sind.

Wichtige Termine, wie Parteitage, Konferenzen, *jours fixes*, selbst gewählte Verpflichtungen, Konsequenzen aus ihnen (Goethe: „Beim ersten Schritte sind wir frei, beim zweiten sind wir Knechte!") engten meinen Aktionsradius so ein, dass ich keinen zweiten Vollzeitjob dazu stellen wollte. Wenn man sich die Kalender der Erfolgreichen anschaut, fragt man sich, wo die Person dabei bleibt – und was am Ende von ihr übrig sein wird.

Zuvor war bereits eine andere Weichenstellung erfolgt. Ich hatte zwar weiter mit dem Journalistenberuf geliebäugelt, aber man kann sich nicht alles offen halten. Und so hatte ich mich entscheiden müssen zwischen Politik und Journalismus, zwischen Tätigsein und Kontemplation, zwischen Handeln und Berichten. Wenn ich damals schon geahnt hätte, wie künstlich diese idealtypische Trennung ist – tja wenn …

Am Ende dieser Phase meines Lebens liefen alle Fäden in der Kandidatur zum Saarländischen Landtag im Jahre 1975 zusammen. Ich war 32 Jahre alt und wusste, was das im Kontext der vorher gefallenen Entscheidungen für mich bedeutete: Fußball und Musik, wenn überhaupt, dann nur noch als Hobby. Theater, Konzerte, Kino nur noch in den Nischen des Terminkalenders, Wissenschaft nur nebenbei, wie die Literatur auch, wie das Schreiben überhaupt, als Amateur und Dilettant. Die Lebensperspektiven schrumpften, wurden immer überschaubarer – und der hoffnungsfrohe Satz: „Das kann ich irgendwann immer noch machen" büßte seine tröstende Kraft ein. Von diesem Jahr an wurde ich mehr und mehr in die Politik gezogen, verlor an Distanz und kritischer Schärfe, gewann dafür an Kompromissfähigkeit, allerdings immer in der Furcht, mich selbst zu belügen, Anpassung und Opportunismus als demokratische Tugend zu verschleiern. Im Landtag vertrat ich – wie für Newcomer angemessen – die Jugendpolitik und die Berufliche Bildung, letzteres trug mir meine erste Arbeitsgruppe, mein erstes „Gremium" auf Bundesebene ein.

Die Verbindung mit Manfred Heckenauer, unermüdlichem Antreiber einer unabhängigen sozialistischen Linie, und Martin Baethge, Soziologieprofessor in Göttingen, hält heute noch. Martin Baethge ist der Typ Hochschullehrer, der seinen Kompass genau im Auge hat und so durch den Wissenschaftsbetrieb steuert, dass er auf der Höhe der Zeit bleibt, ohne ein Jota seiner persönlichen und politischen Integrität zu verlieren. Manfred Heckenauer wiederum gehört zu den Persönlichkeiten im politischen Geschäft, die wegen ihrer Gradlinigkeit nie ganz oben Fuß fassen konnten, der aber bis ins mittlerweile ziemlich hohe Alter seine intellektuelle, moralische und humane Fitness behalten hat und der mir, körperlich schrumpfend und Falten sammelnd, immer wieder die Kraft der Idee von einer freien und solidarischen Gesellschaft durch seine unverdrossene Lebendigkeit vor Augen führt.

Die Kommissionsarbeit war eine Art Verbindungsglied zwischen Universität und Politik. Hier wurden mit Hilfe der aktuellen wissenschaftlichen Ergebnisse und mit dem Diskussionsstand der wichtigsten Verbände neue Konzepte entwickelt und den Parteigremien zur Umsetzung vorgelegt. In der Regel wurden diese Papiere kaum zur Kenntnis genommen, sie wurden, wie wir sagten, „schubladisiert". Aber nicht immer: Das letzte große Papier zur Beruflichen Bildung der SPD habe ich 1982 mit Björn Engholm, der die Bundesregierung vertrat, in einer mehrstündigen Telefonkonferenz endkorrigiert.

* * *

1977 wurde ich Vorsitzender der SPD in Saarbrücken. Damit war das Leben im Prinzip bis heute festgelegt und vollzog sich von da an in einer unendlichen Abfolge von Sitzungen und Konferenzen, bei denen vielfach das Sitzfleisch wichtiger war als der Kopf.

Fraktionssitzungen in Stadt und Land; Vorstandssitzungen im Ortsverein, im Unterbezirk, auf Landes- und später auf Bundesebene; Arbeitskreise, Ausschüsse, Plenarsitzungen, Parteitage, Konferenzen, Einzelgespräche, Kungeleien und ein heißes Ohr vom Telefonieren; Pressekonferenzen, Pressegespräche und Interviews; Reden, Grußworte und Präsenz bei Gewerkschaftstagen, Verbandskonferenzen, Vereins-, Firmen- und Parteijubiläen; Frühlings-, Sommer- und Herbstfeste, Alt- und Neustadtfeste, Dorffeste, Sportfeste, Wein- und Viezfeste; Karnevalsveranstaltungen, Heringsessen, Siegerehrungen bei Volkswanderungen, Freundschaftssingen, Oldtimer-Rallyes, Jugend-, Aktiven- und Altherrenturniere in allen denkbaren Sportar-

ten; Schach-, Skat- und Bouleturniere; Demonstrationen, Kundgebungen und Solidaritätskonzerte; Betriebsbesichtigungen, Schulvisitationen, Instituts- und Institutionenbesuche; Podiumsdiskussionen, Foren, Meetings, Konvente, Messen und Ausstellungen; Beiräte, Kommissionen, Kuratorien …
Und dann, Substanz und Elixier der Demokratie, immer wieder Wahlkämpfe mit Kundgebungen, Straßenständen, Hausbesuchen, Verteilaktionen, Diskussionen und vorher all der Aufwand, um Programm und Personalangebot dafür zu entwickeln.

Zweifellos ist viel trocken Brot dabei, viel Leerlauf bei ständiger Hetze, getrübt durch ein permanent schlechtes Gewissen, nicht genug Zeit und Sorgfalt aufbringen zu können, aber auch genervt von der Erfahrung, es im Grunde niemandem Recht machen zu können, mit der Einsicht, dass Dankbarkeit keine politische Kategorie darstellt, wie die Jungen heute altklug konstatieren, und fast jeder erfüllte Wunsch mindestens einen, ja eher mehrere neue Wünsche und Begehrlichkeiten zeugt.

Das alles ist im Prinzip über die Jahre gleich geblieben und für jemanden, dessen Lebenssinn sich nicht darin erfüllt, in der Zeitung zu stehen und in der ersten Reihe zu sitzen, und dessen Selbstwertgefühl nicht an die Resonanz der Öffentlichkeit gefesselt ist, ein eher hartes Leben, aber dennoch in einer demokratischen Gesellschaft die Grundbedingung, um die notwendige Bodenhaftung nicht zu verlieren. Der direkte Kontakt und die jeweiligen Veranstaltungen sind in der Regel auch angenehm, nur die Summe löst Missbehagen und Sinnzweifel aus.

Es gibt sie aber auch, die großen Momente, umso tiefer empfunden, je härter und strapaziöser der Vorlauf war. Wahlsiege, emotionsgetragene Kundgebungen und Demonstrationen und vor allem andern, zumindest für mich, das stille Vergnügen, wenn eine Rechnung aufgeht, wenn sich eine Problemlösung wie eine schöne, spannende Schachpartie entfaltet. Konkrete Ergebnisse und sachliche Erfolge beseitigen dann die Zweifel, zwar nie ganz, aber doch so weit, dass man unverdrossen weitermachen kann. Außerdem können auch die bescheidenen Augenblicke große Momente sein.

Wer vorgibt, für die „kleinen Leute“ da zu sein, wer sich ihnen als Interessenvertreter andient, um ihre Stimme bei Wahlen zu bekommen, muss sie und ihre Sorgen so ernst nehmen, wie sie sind.

Ich habe mich bei den Ortsvereinen, in den Betrieben, in Gewerkschaftsveranstaltungen, auf Demonstrationen, bei Vereinsjubiläen und bei vielen Familienfesten wohler gefühlt als auf Empfängen, Bällen und Galas. Es waren und sind meine Leute, und deswegen sind sie mir auch wichtiger als alle großen Veranstaltungen und letztlich wichtiger als die Begegnungen mit den *big shots*, die in einer prominentengeilen Gesellschaft mehr Aufmerksamkeit erzeugen.

Ich würde mich heute – nicht in jeder Einzelheit – wieder für diesen Weg entscheiden. Es gibt vieles, an dem ich direkt oder indirekt Anteil hatte, in Saarbrücken, im Land und darüber hinaus: die Dreierpartnerschaft zwischen Saarbrücken, Tbilissi und Nantes, die Gesamtschule im Rastbachtal in Burbach, an der Grenze zu Malstatt, die Rückeroberung der Saarbrücker Innenstadt für die Fußgänger am St. Johanner Markt und in der Bahnhofstraße, die Durchsetzung der Saarbahn, die Wiederherstellung des Schlosses in seiner perfekten Verbindung alter und neuer Elemente, der gelungenen Addition barocker und moderner Architektur, der Nanteser Platz, die ersten zweisprachigen Hinweisschilder im Straßenraum, die Ballette der Birgit Scherzer, die Stadtgalerie und die Erneuerung der Industriebrachen in Burbach. Im Land die doppelte Teilentschuldung, die Rettung von Saarstahl, die Entfaltung der Forschungslandschaft, die Kunsthochschule, die Psychiatriereform, das Weltkulturerbe und, und …

Neben den privaten Kontakten über die Grenze nach Frankreich gab es auch die offiziellen. Sie gaben der Arbeit eine kleine zusätzliche Prise Grandezza. Der bei uns gebräuchliche Umtrunk heisst dort *vin d'honneur*, und das Zeremoniell hat seine natürliche Wurzel in einer weitgehend ungebrochenen Tradition. Das gemeinsame Durchsetzen der TGV/ICE-Linie Frankfurt – Saarbrücken – Paris, ökonomische Verabredungen wie die Eurozone, grenzüberschreitende Planung und die regelmäßigen Treffen hatten trotz der nachbarschaftlichen Nähe immer einen Anflug großer Diplomatie.

An den Beispielen sieht man übrigens, dass Regieren attraktiver ist als Opponieren, obwohl für nicht wenige das folgenlose Rechthaben schöner erscheint als das mühevolle, von Neid, Kritik und Schmähreden begleitete Gestalten. Stilles Vergnügen bereitet es mir – und ich hoffe noch sehr lange –, wenn ich „Saarbrücken" auf der Wetterkarte des ZDF lese.

Mit dem Historiker Richard van Dülmen, der, von München an die Universität des Saarlandes gekommen, einen unbefangenen Blick auf unser Land hat, habe ich bei Ausstellungen und Publikationen wie der „Saarland-Bibliothek" zusammengearbeitet. Das soll auch so weiter gehen, denn die Beschäftigung mit der Literatur, mit der Geschichte des Landes und der gesamten Region war für mich überlebenswichtig. Der Fußball – das soll nicht verschwiegen werden – war es ebenso.

Die Bewahrung des 1. FC Saarbrücken vor dem Konkurs, das internationale Altherrenturnier in der Saarlandhalle, der Erfolg der Prometheus-Ausstellung in Völklingen, die Suche nach einem Standort für ein Druckereimuseum, die Rettung des Hofhauses in Wadgassen waren mit vielem anderen Elemente einer alternativen Existenz, die zwar nicht zu realisieren war, aber die sich als kleines Paralleluniversum virtuell bildete und die Geborgenheit und Sicherheit, die durch die Familie gegeben war, ergänzte. Für das Letztere bin ich dankbar, denn der familiäre Rückhalt ist nicht überall die Regel.

Zweckbündnisse und Freundschaften

Manchmal frage ich mich, woran man einen modernen Menschen identifizieren kann. Am Dauergeschwätz mit dem Handy – wie lebten wir eigentlich vorher? – und an der Tatsache, dass er Termine hat. „Ich hab' noch einen Termin!", ist wohl die häufigste Antwort auf die Frage, was ein Partner oder Kollege noch vorhabe. Dahinter kann sich alles verbergen: Essen, Theater, Konzert, Diskussion, Vortrag, Sitzungen aller Art, alles ist terminiert und hält den modernen Menschen auf Trab. Auch mein Leben bestand und besteht, auch heute noch, wenn ich ehrlich bin, aus Terminen. Dabei entstanden und entstehen meist lose Bekanntschaften, aber auch dauerhafte Zuneigungen und ebenso dauerhafte Abneigungen und all die Abstufungen zwischen diesen beiden Polen.

Ich kam dabei mit allen Schichten der Gesellschaft in Berührung und lernte die vielfältigen Lebensformen im Lande kennen. Es waren regelrechte Entdeckungsreisen, die einem mehr zu bieten hatten als lange Touren zu fernen Kontinenten mit makellosen Stränden und grandiosen Panoramen, mit Hotelangestellten, Taxifahrern, Fremdenführern und Gasthauspersonal. Eine Dorfgemeinschaft zu erfahren, in das Herz eines Vereins, einer Gruppe, eines Verbandes vorzudringen, die Probleme und Wünsche mit den regionalen Besonderheiten kennen zu lernen, trug einen Hauch der anthropologischen Exkursionen, von denen ich als Kind so gern gelesen hatte. Nicht umsonst reden wir von der *Welt* der Bergleute.

Freundschaften sind in der Politik eher ein seltener Glücksfall. Die Regel sind Zweckbündnisse und kurzzeitige Gemeinsamkeiten. Wer dies erkennt und akzeptiert, gestaltet das Notwendige mit Höflichkeit und Freundlichkeit. Ich habe mich immer darum bemüht, Verhandlungen, Beratungen, Gespräche und Sitzungen in einer möglichst angenehmen Atmosphäre durchzuführen, denn bei allen Teilnehmern war es ein Stück ihres Lebens, ihrer Lebenszeit, das verrann. Meine Büros hatten auch immer die Funktion einer zweiten Wohnung. Die Besucher, ganz gleich welcher Art, waren Gäste, auch dann, wenn sie mich nur ausnutzen oder sonstwie missbrauchen wollten, und ich dies sehr wohl erkannte.

Meine langjährige Mitarbeiterin Gudrun Schmidt war mehr als eine Sekretärin und Lothar Krafczyk mehr als ein Fahrer. Beide waren Teil meines Lebens, waren sowohl Tagesabschnitts- wie Lebensabschnittspartner.

Zu den Besonderheiten meiner Arbeit in der Saar-SPD zähle ich die jahrzehntelange freundschaftliche Zusammenarbeit mit Oskar Lafontaine. Wir ergänzten uns in unseren Talenten, fanden auf der Basis wechselseitigen Respekts einen *modus vivendi*, der zwar Rivalitäten und Eifersüchteleien nicht ausschloss, sie aber handhabbar machte. Mir fiel es nicht schwer, die Rollenverteilung zu akzeptieren, die ihn an die erste Stelle setzte. Ich habe mich aber nie unter ihm gesehen, sondern neben ihm. Entscheidend war der gemeinsame Erfolg, der auch deswegen so oft eintrat, weil wir – von mir weiß ich es jedenfalls – bereit waren, auch die Niederlagen gemeinsam zu tragen. So entstand ein schwer zu knackendes, doppelwandiges System, von dem jeder wusste: Wenn ich den einen erwische, ist immer noch der andere da.

Die Kurzatmigkeit heutiger Politik ist vor allem darin begründet, dass fast alle immer dabei sein wollen, deshalb ständig einen nassen Finger in die Luft strecken, um zu wissen, woher der Wind weht. Das nannten wir früher Opportunismus. Wenn alle sich so verhalten, werden die Dinge unberechenbar und führen sich selber *ad absurdum*. Damit verlieren die Opportunisten ihre Sonderstellung, die sie für mich hatten. Sie waren so etwas wie politische Bioindikatoren: Wenn sie sich mir anschlossen, wusste ich, dass ich stark war, wenn sie von der Fahne gingen, war höchste Wachsamkeit geboten.

Wenn ich mich auf den immer wieder ins Haus schneienden Fragebögen auf einer links-rechts-Skala einordnen sollte, setzte ich das Kreuz näher an den äußeren linken Rand als in die Mitte. Ich war und bin mir der Relativität solcher Einordnungen bewusst, habe es am eigenen Leibe erfahren. Aus dem SHB (Sozialdemokratischer Hochschulbund) wurde ich in einer Art Schauprozess in den Kellerräumen eines früheren Kasernengebäudes der Universität wegen Rechtsabweichung ausgeschlossen, ja geradezu ausgestoßen. Meine Verfehlung bestand in der Unterstützung der SPD im Bundestagswahlkampf 1969 im Allgemeinen und in der Organisation einer Veranstaltung mit Günter Grass an der Uni Saarbrücken im Besonderen. Kurz zuvor war ich bei den Jungsozialisten meines Ortsvereins Malstatt in einer Vorstandswahl kläglich durchgefallen, weil ich – so lautete der Vorwurf – hinter roten Fahnen hergelaufen sei; außerdem seien meine Haare zu lang, was mich heute noch erheitert, beim Blick in den Spiegel umso mehr.

Immerhin hatte ich meine Grundüberzeugungen so breit und undogmatisch angelegt, dass ich mit ihnen bis dato gut gefahren bin und mich weniger verändert habe, ja auch weniger verändern musste als jene, denen man mit einem gewissen Recht den Weg von links unten nach rechts oben – immer auf die SPD bezogen – vorhalten kann. Die programmatische Arbeit, die Diskussion grundsätzlicher Probleme hat bis heute ihre Faszination für mich nicht verloren. Es sind die Entwürfe einer „besseren" Welt, die neue Wege nach vorne öffnen. Realismus brauchte man mir nicht zu predigen, der wird einem schon – früher als man denkt – gestoßen.

Zu den großen Volksparteien gehören Strömungen. Bei den Jungsozialisten gehörte ich zu den Reformsozialisten, verabschiedete mich aber schnell aus den unfruchtbaren Debatten mit „Stamokaps" und „Antirevisionisten", als auf dem Wiesbadener Bundeskongress per Abstimmung entschieden wurde, ob der Staat nun der „ideelle

Gesamtkapitalist" sei oder als solcher nur wirke. Dennoch besuchte ich weiter die Sitzungen des „Frankfurter Kreises" und fühlte mich im Bundesvorstand den „Linken" zugehörig, allerdings immer nur so weit, wie ich die Positionen einsehen und mittragen konnte.

Diese inhaltliche Orientierung wurde immer wieder von den Loyalitäten überlagert, die sich aus meinen Ämtern und Funktionen ergaben, die mir erst die Legitimation verliehen, in exponierter Form zu wirken. Das Vertreten einer gemeinsam gefundenen saarländischen Linie fiel mir nicht schwer, auch wenn ich anderer Meinung war, die ich nicht aufzugeben geneigt war. Ich erwartete allerdings auch im umgekehrten Fall diese Haltung, da nur so die Handlungsfähigkeit größerer Organismen gewährleistet ist. Das schlagendste Beispiel ist der (freiwillige) Fraktionszwang in unseren Parlamenten, ohne den Regierungen kaum parlamentarisch überleben könnten.

Politische Vorbilder habe ich bis heute keine gehabt. Willy Brandt gefiel mir, Herbert Wehner auch, andere Frauen und Männer mehr oder weniger, oft abhängig von der Tageskonjunktur und meinen Stimmungen. Das Motto „links und frei" von Willy schien mir auch für mich gemacht, aber andererseits imponierte mir die asketenhafte Attitüde Herbert Wehners, die den täglichen Leerläufen und bürokratischen Verhaltensweisen einen Anflug von Heroismus verlieh. Je anstrengender und elender die Tätigkeit, umso effektiver der Beitrag für eine bessere Welt.

* * *

Die Arbeit im Landtag war lange Zeit meine Hauptbeschäftigung, erst recht nach der 1985 gewonnenen Landtagswahl. Die Zeit als Fraktionsvorsitzender, gestützt auf die parteipolitische Verankerung in dem damals stärksten SPD-Unterbezirk Saarbrücken, war wohl die schönste in meinem politischen Leben. Ich hatte das Vertrauen der Fraktion, war – anders als die Kabinettsmitglieder – an keine

Weisungen meines Freundes Lafontaine gebunden, nahm an den Kabinettssitzungen teil, konnte bei allen Fragen meinen Senf dazu geben und hatte darüber hinaus die Möglichkeit, selbständig in einigen Politikfeldern, so in der Medienpolitik, zu agieren. Die Verbindungen und Kontakte mit Verbänden, Gruppen und Einzelpersonen waren viel unkomplizierter als die mit den Ministerien. Neben dem Petitionsausschuss des Landtages, der sich um die hoffnungslosen, aber oft auch symptomatischen Fälle bemühte, fungierte auch die Fraktion als ein Frühwarnsystem, das aufkommende Konflikte, guten Willen und Sensibilität vorausgesetzt, schon in den Ansätzen erkennen und damit auch vermeiden helfen konnte. Andere Funktionen hätten mehr Einkommen und höhere Altersversorgung bedeutet, aber das reizte mich nicht, sondern ich zog die weitgehende Unabhängigkeit allem anderen als unbezahlbares Privileg vor. Außerdem orientierte ich meine materiellen Bedürfnisse an meinem Unabhängigkeitsdogma, so dass ich zu jeder Zeit den Bettel hätte hinschmeißen können, oder um es etwas freundlicher auszudrücken dass ich immer so frei war, nicht aus materiellen Zwängen meine Grundüberzeugungen verraten zu müssen.

Auf unsere Regierungszeit blicke ich durchaus mit einem gewissen Stolz zurück. Ich meine, dass wir gute Arbeit geleistet und das Saarland für neue Herausforderungen fit gemacht haben. In vielem profitieren die Nachfolger von den strukturellen Weichenstellungen, die wir vorgenommen haben, auch von den unbequemen Entscheidungen, die niemand mehr zurückzunehmen gewillt ist. Der Strukturwandel ist in vieler Hinsicht geglückt, die Montanindustrie mit einem gesunden Kern gesichert, moderne Industrien und Dienstleistungen geben Arbeitsplätze, und die vielen Forschungseinrichtungen garantieren für den Anschluss an das heraufziehende Informationszeitalter. Die Infrastruktur und das Bildungswesen wurden weiterentwickelt und vor allem das Verhältnis zu unseren Nachbarn im Westen intensiviert und verbessert.

Von Saarbrücken nach Berlin

Den Wahlsieg von 1985 mit einer absoluten Mehrheit haben wir noch zweimal wiederholen können, 1990 und 1994. Die SPD an der Saar hatte sich bei Wahlen von einem Problemfall zu einem Erfolgsgaranten gemausert, der den Abstand zur Bundespartei ständig vergrößerte. Aber eine Wahl bleibt mir als besonders schmerzlich in Erinnerung, die erste gesamtdeutsche Wahl im Jahre 1990. Oskar Lafontaine wurde nach unserem erneuten Wahlsieg an der Saar Kanzlerkandidat für die SPD, mir fiel die Aufgabe des Wahlkampfleiters zu. Sah es noch zu Beginn des Jahres nach einer dicken Chance für die SPD aus, wurde das Jahr zu einem der schwersten überhaupt.

Zuerst das Attentat einer verwirrten Frau auf Oskar Lafontaine und dann das Zulaufen auf eine immer problematischer werdende Wahl, bei der am Ende ein Sieg nicht mehr zu erwarten war. Auch hier gibt es viele „hätte", „wenn" und „wäre". Die Saar-SPD war nach Lafontaines Verzicht auf den Parteivorsitz – es war damals bereits der zweite – wieder auf sich selbst zurückgeworfen. Auch die nächste Bundestagswahl 1994 mit Rudolf Scharping als Spitzenkandidat ging verloren, und erst 1998 erfüllten sich Hoffnungen und Erwartungen am Wahltag. Leider aber nicht in der Zeit hinterher.

Der Wechsel von Oskar Lafontaine in die Bundesregierung brachte mich in das Amt des Ministerpräsidenten. Ich sah uns in der Kontinuität der gemeinsamen Arbeit, wollte mir aber mit einer erhofften, von vielen erwarteten Bestätigung bei der Landtagswahl zusätzliche inhaltliche und personelle Optionen eröffnen. Die zweite Teilentschuldung, das Festmachen der TGV-Linie bis Baudrecourt, die Hochschulgesetze, die Einrichtung des „Hauses der Region" in Luxemburg und vieles mehr fielen in meine doch arg kurze Regierungszeit.

Die grenzüberschreitende Zusammenarbeit hatte für mich schon früher zentrale Bedeutung. Ich hielt Kontakte zu lothringischen Politikern, nicht nur von der SFIO (Section française de l'Internationale ouvrière), später in „Parti socialiste" umbenannt, und verfolgte über die Jahre hinweg, was sich in Frankreich kulturell und politisch tat. Die knappe Wahlniederlage vom 4. September 1999 – nur 6.000 Stimmen fehlten an der absoluten Mehrheit – schmerzt an dieser Stelle am stärksten. Hier hatte ich mir – wie man sagt – viel vorgenommen. Als Bundesverkehrsminister konnte ich zwar in Teilbereichen sogar praktisch mehr umsetzen, hatte zu meinem französischen Kollegen Jean-Claude Gayssot beste Kontakte – wir konnten ohne Dolmetscher und hypergenaue Mitarbeiter miteinander reden –, aber auch hier wurde mir die Schippe wieder zu schnell aus der Hand genommen.

Dennoch ist in dieser kurzen Zeit viel erreicht oder auf den Weg gebracht worden: das Antistauprogramm, die Angleichung der Investitionen für Schiene und Straße, die Erweiterung der Finanzspielräume durch die Eroberung der Zinsgewinne aus den UMTS-Milliarden für Verkehrs- und Bauprojekte, das Vorantreiben der LKW-Maut, die Weiterführung der Transrapidtechnologie, die Konferenz Urban 21, das Architekturprogramm, die Verstärkung des mir sehr am Herzen liegenden Programms „Soziale Stadt", die Erhöhung des Wohngeldes und auch so ungeliebte, aber notwendige Entscheidungen wie das Handyverbot am Steuer und die 0,5-Promille-Grenze.

Die Parteiämter habe ich immer sehr ernst genommen. Ich war stolz, der SPD in Saarbrücken vorstehen zu dürfen, und war es nicht minder, als ich 1996 zum Landesvorsitzenden gewählt wurde. Vor mir hatten Oskar Lafontaine, Friedel Läpple, Kurt Conrad, Richard Kirn und Max Braun dieses bedeutendste Amt, das die Sozialdemokratie im Saarland zu vergeben hat, ausgeübt. Jetzt steht Heiko Maas in dieser Reihe und muss die Waage zwischen Tradition und Erneuerung austarieren.

Wenn ich mich zu entscheiden hätte, welche Funktion mir die wichtigste war, fiele es mir schwer zu antworten. Ich war gern Ministerpräsident, aber ebenso gern auch Fraktionsvorsitzender. Ich konnte als Bundesminister im übertragenen und direkten Wortsinne mehr bewegen als in allen Ämtern vorher zusammengenommen, aber es war wohl doch der Landesvorsitz, der mir am meisten bedeutet hat, nie als Sprungbrett gedacht, sondern als Fixpunkt des politischen Lebens, wozu allerdings, nicht nur im Saarland, auch staatliche Würden gehören.

Ihn aufgeben zu müssen, hat mich am meisten geschmerzt, führten die Umstände mir doch unnachsichtig vor Augen, dass ich mein Verhältnis zur Partei zu sentimental bestimmt hatte und manche Zuneigung nur einseitig gewesen war. Der Rücktritt war die Konsequenz aus einer unseligen Verkettung von Umständen, die niemand so geplant, gewollt oder auch nur vorhergesehen hatte.

Die Hauptursache lag in der knappen Wahlniederlage vom 4. September 1999, für die ich vermutlich am allerwenigsten haftbar gemacht werden konnte; aber es war mein Wahlkampf, es war mein Kopf auf den Plakaten, ich war Landesvorsitzender und Spitzenkandidat zugleich. Wir hätten den Wahltermin nicht unglücklicher aussuchen können. Er wurde Anfang 1999 festgelegt, zu einer Zeit, in der die Saar-SPD bei Umfragen stabil 54 Prozent zugesprochen bekam, weshalb mein Plädoyer für einen späten Wahltermin, um möglichst lange mit dem Amtsbonus des Ministerpräsidenten auftreten zu können, mit dem Argument „Lass uns die Wahl schnell hinter uns bringen“ beiseite geschoben wurde.

Nachdem der *Count-down* lief, kam eine Widrigkeit nach der anderen. Vor allem der Rücktritt Oskar Lafontaines von allen seinen politischen Ämtern warf die Strategie in einem zentralen Teil völlig über den Haufen. Den Doppelkopf gab es damit nicht mehr, die Saar-SPD war wieder auf sich allein gestellt. Dabei hatte das Zusammenspiel von Bund und Land im Interesse des Landes u.a. bei der zweiten Teilentschuldung hervorragend funktioniert. Der nächste Schlag kam in der Kommunal- und Europawahl, die überall wegen der Kritik an der Bonner bzw. Berliner Regierungspolitik sehr schlecht ausfiel. Dazu hatte auch das „Schröder-Blair-Papier", das mit seinen neoliberalen Ansätzen die Kerntruppen der SPD zutiefst verunsicherte und demotivierte, eine Menge beigetragen. Die allgemeine Stimmung entsprach in etwa der vom Winter 2002, die Siegmar Gabriel in Niedersachsen keine Chance ließ. Unser Wahlergebnis war denkbar knapp, aber, das weiß ich vom Fußball: Dicht daneben ist auch vorbei. Die Wahlbeteiligung war niedrig, zu niedrig für die SPD, außerdem verfehlten die Grünen den erneuten Einzug in den Landtag.

Völlig überraschend für mich kam am Tage nach der Wahl das Angebot von Gerhard Schröder, als Nachfolger von Verkehrs- und Bauminister Müntefering ins Bundeskabinett einzutreten. Ich erbat mir Bedenkzeit und besprach das Angebot sowohl mit Oskar Lafontaine als auch mit den Kreisfürsten der Landes-SPD. Ich wusste, dass man mir diese Veränderung als Verlassen des Schiffs in schweren Wassern auslegen und übel nehmen konnte. Oskar Lafontaine – natürlich nicht gerade begeistert – überwand sich und riet mir zu. Für mich waren drei Gründe ausschlaggebend. Erstens die mit dem Kabinettsposten verbundenen Einflussmöglichkeiten, um die Interessen des Saarlandes zu befördern. Zweitens hoffte ich, mehr von den mir wichtigen Inhalten in die Debatte einbringen zu können, und drittens hatte ich die Absicht, eventuell als erfolgreicher Bundesminister noch einmal bei der Landtagswahl 2004 anzutreten, um die Scharte auszuwetzen.

Alle diese Pläne wurden Makulatur als die Staatsanwaltschaft in Koblenz partout an ihrer an den Haaren herbeigezogenen Interpretation einer von mir unterschriebenen Vertragsverlängerung zwischen der CTT (Caritas Trägergesellschaft Trier) und dem

1. FC Saarbrücken als Beihilfe zur Untreue festhielt und einen Strafbefehl von 90 Tagessätzen, unterhalb der Schwelle zur Vorstrafe, ankündigte. Obwohl ich mich sowohl bei Partei und Fraktion rückversichert hatte, gewann diese – im Rückblick noch belangloser erscheinende – Angelegenheit mit dem wachsenden Druck der Medien so an Dynamik, dass ich im Interesse der Regierung und auch der Partei zurücktrat, da der Rückhalt in der Fraktion, für die ich immer auch ein von außen gekommener Konkurrent war, dahinschmolz.

Etwas überraschend war das Auftreten des Vorsitzenden des Untersuchungsausschusses, Neumann, der sich, ohne ein einziges Mal mit mir gesprochen zu haben, zum Kronzeugen der Medien hergab und damit immerhin in den eigenen Reihen einen Politikerabschuss hinbekam, was ihm in Bezug auf den politischen Gegner versagt blieb. Ohne viel Einsatz von Gehirnschmalz hätte jeder objektive Beobachter sich die Frage gestellt, wieso ich einen Vertrag unterschreibe, der meiner Unterschrift nicht bedurfte, wenn ich ihn für nicht koscher angesehen hätte. Die Juristen im Verein hatten die strikte Anweisung, meine im Rampenlicht stehende Person durch absolute Korrektheit zu schützen. Ich habe den Strafbefehl nur akzeptiert, um für die Wahlkämpfe in Rheinland-Pfalz, in Hessen, in Baden-Württemberg und vor allem in Saarbrücken nicht erneut negative Schlagzeilen zu liefern. Außerdem wollte ich meiner Familie das damit verbundene Spießrutenlaufen ersparen. Dieses Thema gehört aber nicht in meine „Kapitel der Zuneigung“. Ich werde es vielleicht einmal an anderer Stelle behandeln.

Mittlerweile kann ich es etwas ruhiger angehen lassen. Aber ich bin mir auch bewusst, dass ich meinen bisherigen Lebensweg nicht nur hinter mich gebracht habe, sondern dass er fest mit mir verwachsen ist und die zukünftigen Tätigkeiten die Vergangenheit nicht einfach ignorieren können. Zur Zeit diene ich der DB (heute „Die Bahn“

genannt), arbeite aber weiter innerhalb der Partei in der Medienkommission und in der Grundsatzprogrammkommission. Durch „Die Bahn" führt mich mein Weg des öfteren nach Paris und Brüssel, nach Straßburg und Metz, in die Städte, in denen sich für den Jungen aus der Mitte Deutschlands das Weltbild und damit sein Bewusstsein veränderte, und ich kann an einem der zentralen Themen meines Lebens weiterarbeiten: an der lebendigen Partnerschaft der beiden Völker.

BILDVERZEICHNIS 1-18

Abb. 1: In Paris 1961 bei der Alliance française. Foto: J. Lajournale. **Abb. 2:** Student 1962. Foto: Dieter Arndt. **Abb. 3:** Mit Eltern und Bruder (v.l. Reinhard, Elisabeth, Ulrich und Felix Klimmt), 1947. **Abb. 4:** Die Familie. Foto: Axel Fuhrmann. **Abb. 5:** Sechzigster Geburtstag. Foto: Jupp Gras. **Abb. 6:** Beim Fußball. Foto: K.J. Rühl. **Abb. 7:** Im Garten mit Schnauzer Malik. Foto: Jim Rakete. **Abb. 8:** Das Cello. Foto: Jim Rakete. **Abb. 9:** Mit Arman an seiner Plastik in Völklingen. Foto: Heike Steiner. **Abb. 10:** Ausstellung „Africa is in my mind" im Saarlandmuseum, 2003. Foto: Axel Fuhrmann. **Abb. 11:** Mit Richard van Dülmen. Foto: Reiner F. Oettinger. **Abb. 12:** „Wir-Fest", Bostalsee, 1997. Foto: Heike Steiner **Abb. 13:** Merchweiler, 1997. Foto: Heike Steiner **Abb. 14:** Firma Kaliko in Überherrn, 1997. Foto: Heike Steiner. **Abb. 15:** In Dillingen-Pachten. Foto: Rolf Ruppenthal. **Abb. 16:** In Schwalbach, 1997. Foto: Heike Steiner. **Abb. 17:** In Wadern, 1997. Foto: Heike Steiner. **Abb. 18:** Im Jugendzentrum Altenkessel, 1997. Foto: Heike Steiner.

1

2

3

4

5

6

7

9

10

11

12

13

14

15

16

17

18

19

22

23

26

27

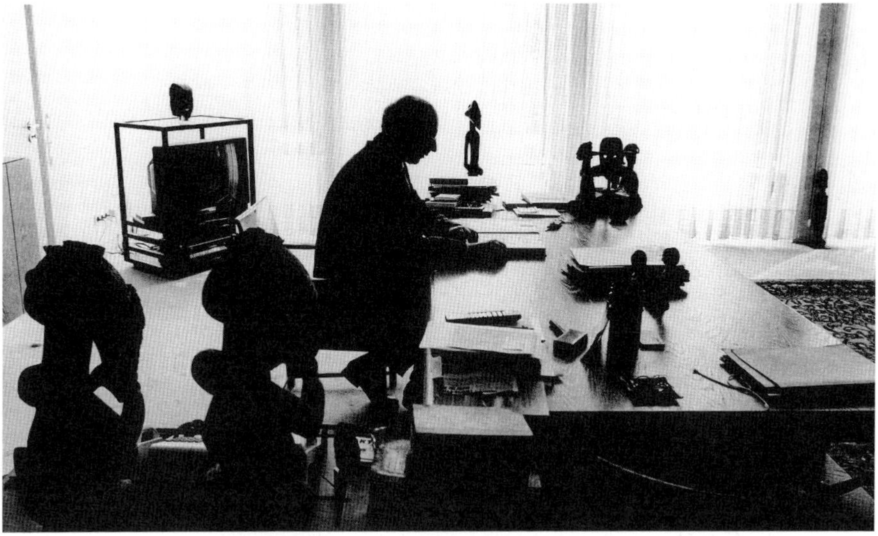

BILDVERZEICHNIS 19-30

Abb. 19: In der Alten Völklinger Hütte. Foto: Jim Rakete. **Abb. 20:** Schreibtisch zu Hause, Am Zoo 1. Foto: Jim Rakete. **Abb. 21:** Als Fraktionsvorsitzender im Büro. Foto: Ferdi Hartung. **Abb. 22:** Mit Willy Brandt. **Abb. 23:** Ministerpräsident und Fraktionsvorsitzender. Foto: J.H. Darchinger. **Abb. 24:** In Tbilissi, 1990. **Abb. 25:** Erstes Kabinett Lafontaine. Foto: Reiner F. Oettinger. **Abb. 26:** Mit Gerhard Schröder in Saarbrücken. Foto: Reiner F. Oettinger. **Abb. 27:** Kabinett Klimmt im Landtag (v.l. Arno Walter, Henner Wittling, Heiko Maas, Reinhard Klimmt, Christiane Krajewski, Friedel Läpple. Barbara Wackernagel-Jakobs nicht im Bild). Foto: Reiner F. Oettinger **Abb. 28 und 29:** In der Staatskanzlei. Fotos: Jim Rakete. **Abb. 30:** Als Verkehrsminister mit dem französischen Kollegen Jean-Claude Gayssot und Hajo Hoffmann vor dem Saarbrücker Schloss. Foto: Heike Steiner.

DAS ZWEITE KAPITEL

Brückenland: Deutschland, Frankreich und die Saar

Die eigenen Siege sind immer Niederlagen für andere
Friedliches Miteinander – Ein Blick zurück – Die Zukunft in der Region
Vielfalt als Reichtum – Die Saar – Eine Strategie für die Region

Die eigenen Siege sind immer Niederlagen für andere

Beinahe hätte ich in der Spichernstraße gewohnt. Sie werden sagen: Na und? Erstens: beinahe zählt nicht. Zweitens: und wenn schon. Doch ich frage Sie, haben Sie eine Ahnung, warum es in Berlin eine Spichernstraße gibt, als U-Bahn-Station geadelt? Warum in Saarbrücken eine Kameke- und eine Françoisstraße? In Frankreich finden Sie diese Straßennamen unter Garantie nicht, dafür aber die Avenue de Jena, die Gare d'Austerlitz z. B. in Paris. Meine Großeltern wohnten in der Malplaquetstraße im Wedding in Berlin. Das reißt Sie nicht vom Hocker? Auch in diesem Fall haben Sie Recht. Sehr schön, dass wir jetzt so reagieren. Alle diese Namen – wie viele tausende dazu: für Straßen, Plätze, Avenuen haben etwas mit Krieg zu tun. Man feiert so die eigenen Helden – und vor allem die Siege. Für die Niederlagen muss man in die Stadtpläne anderer Länder, in die der jeweiligen Gegner blicken.

Spichern ist ein kleiner Ort westlich von Saarbrücken auf lothringischem, also französischem Gebiet, wenige Kilometer vom Stadtzentrum entfernt. Dort entwickelte sich aus anfänglichen Scharmützeln am 6. August 1870 eine blutige Schlacht, bei der mehrere Tausend deutsche und französische Soldaten ums Leben kamen oder verwundet wurden. Es war die Schlacht bei den Spicherer Höhen, die Erstürmung des Roten Berges.
Damals haben „wir“ – trotz der vielen Toten – „gewonnen“, und deswegen gibt es Spichernstraßen und Spichernplätze in ganz Deutschland. Die Metzer Straße in Saarbrücken führt wirklich nach Metz und hat daher schon seit ewigen Zeiten diesen Namen; in Stuttgart, Berlin und anderswo in deutschen Städten erinnert sie aber an die vernichtende Niederlage der Franzosen im August 1870 bei den Kämpfen um Metz, so wie die Sedanstraßen an die Kapitulation Napoleons III. im gleichen Jahr, was zu Kaisers Zeiten sogar einem

Tag, dem Sedanstag, den Namen gab und dem Volk allerlei Annehmlichkeiten dazu.

Das Schlachtfeld bei Saarbrücken, der Berg, oder besser Hügel, heute zu Teilen bewaldet, der den Grenzübergang, die Autobahnraststätte Goldene Bremm und auch die Gedenkstätte für das Gestapolager Neue Bremm überragt, ist – speziell an sonnigen Tagen – fast so etwas wie eine Begegnungsstätte der Region. In prominenter Lage residiert dort ein Gasthaus, seit 1898 ununterbrochen von der aus der Pfalz zugezogenen Familie Woll betrieben. Die politischen Herrschaften wechselten: zuerst der Kaiser, dann die französische Republik, ein Zwischenspiel mit den Nazis als Teil der Westmark und dann wieder Frankreich – und immer die Saarbrücker als Nachbarn und Kunden, Kaiserreichler, Weimarer Republikaner, Saargebietler unter Völkerbundsmandat, heimgekehrte Großdeutsche, dann Saarländer mit blau-weiß-roter Flagge und eigener Fußballnationalmannschaft (Helmut Schön als Trainer!) und schließlich stolze Bundesdeutsche. Und immer kamen sie, um Riesling und Amère-Bier zu trinken, einen Münsterkäs zu essen, Schnecken, Froschschenkel – ja! Froschschenkel! – Entrecôte und vieles mehr, gekrönt von einem Mirabell – zur Verdauung natürlich, wozu sonst? Das Restaurant war und ist Ziel- und Ausgangspunkt von Wanderungen, die durch ausgedehnte Wälder führen, vorbei an Kreuzen und Denkmälern, die, bienenumsummt, schmetterlingsumgaukelt, an die Kriege und die Toten erinnern.

Am Rande einer Wiese, dort wo das Gelände etwas stärker abfällt, noch im Blickfeld des Gasthauses gelegen, steht auch ein Denkmal für den General von François, der bei der Erstürmung des Roten Berges fiel – an der Spitze eines preußischen Regiments. Sein Grabmal symbolisiert den Wahnsinn dieses über die Jahrhunderte verbissen geführten Kampfes zwischen Deutschland und Frankreich – um Machtpositionen, wirtschaftliche Interessen auch – aber vor allem, um Sicherheit vor dem Nachbarn zu gewinnen. Frankreich wollte die Rheingrenze und Deutschland die Maas oder wenigstens die Höhen westlich von Metz.

General von François stammte aus einer Hugenottenfamilie, die 1670, aus der Normandie vertrieben, in Berlin Asyl fand. Zweihundert Jahre später starb er beim – feindlichen – Betreten des heimatlichen Bodens seiner Vorfahren, von fünf Kugeln aus Chassepot-Gewehren niedergestreckt.

Heute liegen zu Füßen der Höhen – der *côtes de Spicheren* – ein Campingplatz und weitere Ausflugslokale. In Spichern selbst und dem benachbarten Alsting haben sich viele Deutsche angesiedelt – aus Steuergründen, wegen günstigerer Boden- und Immobilienpreise und niedrigerer Mieten. Die Region verzahnt sich, und der konservative Bürgermeister von Forbach, Charles Stirnweiss, macht sich nichts daraus, seine Stadt als „Vorort“ von Saarbrücken zu bezeichnen; und die Saarbahn fährt vom Rathaus in Saarbrücken bis nach Saargemünd (Sarreguemines) zum Bahnhof – von wo aus man auch im Handumdrehen das Saargemünder Rathaus erreicht. An den Saarbrücker Schlossberg lehnt sich der Nanteser Platz, neben den unvermeidlichen Parkplätzen mit einem schönen Brunnen geschmückt und mit Möglichkeiten zum Boule- bzw. (wie die Experten wissen) Petanquespielen versehen, um an die Partnerschaft Saarbrückens mit Nantes zu erinnern, ganz friedlich, ohne blutigen Hintergrund und Anlass, die Freundschaft beschwörend und nicht das gegenseitige Niedermetzeln verewigen wollend.

Im Rathaus St. Johann, dem jetzigen Sitz der Stadtregierung, ist der martialisch-stolze, nationalistische, an den „Feldzug 1870/1871“ erinnernde Rathausfestsaal durch die Fahnen von Nantes und der anderen Partnerstadt Tbilissi im Eindruck gemildert. Heute dient er vor allem als Kulisse für deutsch-deutsche und deutsch-französische Eheschließungen; die Liebe lässt sich durch Grenzen nicht aufhalten.

Die Ausschmückung dieses Saales, die sich unter anderm dem „Wehrstand“ und dem „Nährstand“ widmet, war, wie auch die riesigen Bilder Anton von Werners für das Alt-Saarbrücker Rathaus am Schlossplatz auf der anderen Saarseite, Propaganda. Die Straßennamen dienten nicht nur der Erinnerung, sondern waren vor allem auf die Zukunft gerichtete ideologische Wegweiser: Bismarckstraße, Moltkestraße usw., Symbole für die Abgrenzung gegen andere Länder, für den eigenen Nationalstolz. In Berlin und *vice versa* in Paris eher abstrakt für die dort lebende Metropolenbevölkerung, an der Grenze aber von viel konkreterer Bedeutung, das Gegeneinander, das Anderssein betonend, sozusagen mit wehrkraftstärkender Absicht.

Und deswegen war es durchaus subversiv und nicht nur witzig, wenn Ludwig Triem, der Senior unter den Saarbrücker SPD-Abgeordneten, die 1975 mit mir in den Landtag gewählt worden waren, in der Kontroverse um den Wiederaufbau des Saarbrücker Winterbergdenkmals, das dem 70/71er Krieg und Sieg gewidmet war, vorschlug, ein anderes Sujet zu wählen: eine Flasche Elsässer Riesling und eine Gans, die über die Vogesen nach Straßburg blickt. Am liebsten hätte er zusätzlich ein Bündel Spargel appliziert, denn der im Straßburger Umland liegende, für seinen Spargel berühmte Ort Hoerth war Ziel seiner Frühjahrsausflüge, bei denen er hin und wieder auf dem Rückweg in Niederbronn Station machte, um im Kasino ein wenig zu zocken, wo er des öfteren auf Hans Woll, Wirt auf den Spicherer Höhen, traf, der dort das den Saarbrückern abgeknöpfte Geld – meistens vergeblich – zu vermehren suchte.

Das Winterbergdenkmal ist immer noch nicht wieder aufgebaut, es war als Zeichen des Sieges errichtet worden, prächtig ausgestaltet, von den Spicherer und den benachbarten Höhen gut wahrnehmbar, ruhmkündend und Zeugnis der Stärke, Warnung für den Nachbarn auch. Es fiel nicht französischer Rachsucht zum Opfer, sondern wurde aus militärischen Gründen, um Fliegern und feindlicher Artillerie nicht als Landmarke, Wegweiser und Zielhilfe zu dienen, 1939 durch die Wehrmacht gesprengt – sozusagen von eigener Hand gefällt, Symbol für die Wechselfälle des Schicksals, die lehren, dass jeder Sieg bereits die Keime für zukünftige Niederlagen in sich trägt.

Die Kriegerdenkmäler auf beiden Seiten der Grenze, die Erinnerungen an Siege, die immer zugleich für andere Niederlagen waren, mit den in Stein gemeißelten Totenlisten, deren Geburts- und Todesdaten das brutale Abknicken der Lebensbäume vieler, viel zu vieler, nüchtern dokumentieren, als wenn's ein Zahlenspiel wäre, wo doch Gesichter, Körper, Hoffnungen, Erwartungen und Wünsche dahinter verborgen sind, und die Trauer und der Schmerz derer, denen sie etwas bedeuteten. All dies löst Unbehagen aus und bedrängt die Wahrnehmung.

Ebenso die über die gesamte Region verstreuten Reste von Befestigungen aus allen Zeiten, mit denen sich die Menschen voreinander schützen wollten: keltische Ringwälle, römische Kastelle, Burgen, wehrhafte Kirchen, gigantische Festungsbauten wie Luxemburg und Bitche, die überirdisch kaum wahrnehmbaren, kilometerlangen, stockwerktiefen Anlagen der Maginotlinie, Bunker und Reste der Panzersperren des Westwalls und dazu noch, aus unseren Tagen, weitläufige Anlagen unter öffentlichen Gebäuden – mit Notrationen, Feldbetten, medizinischem Gerät und vielem mehr, um einer minuziös festgelegten Zahl von Menschen das Überleben auch in Zeiten des atomaren Holocausts, zumindest für eine Galgenfrist, zu ermöglichen. So ist auch jetzt die Bedrohung immer präsent – wenn auch nicht mehr aus der nächsten Nachbarschaft.

Friedliches Miteinander

Warum es nicht einfach mal zur Abwechslung mit einem friedlichen Miteinander versuchen? Jeder Mensch hat natürlich den Wunsch, irgendwohin zu gehören. Familie, Nachbarschaft, Ober-/Unterdorf, Stadtteile, in Siena die Quartiere, Regionen, Länder, Staaten, Kontinente und – Captain Kirk und Spock wissen es – Galaxien.

Immer bildet man mit anderen Gemeinschaften und ist doch auch gleichzeitig in Rivalitäten verstrickt. Familiäre Hackordnungskämpfe (Bruderzwiste sind besonders heftig), Lokalrivalitäten im Sport (Celtic Glasgow und Glasgow Rangers), der Paleo in Siena ritualisiert die Rivalität der sienesischen Contraden, Rivalinnen auch Saarbrücken und St. Johann, die bis 1909 getrennt auf beiden Seiten der Saar liegenden Städte, zickige Schwestern mit zwei sich zum Duell auffordernden Bürgermeistern. Saarbrücken, der Name, St. Johann, der Bahnhof, das Rathaus und die Prosperität.

Lokalpatriotismus ist erlaubt, ja fast eine Pflicht. Selbstachtung und Achtung für andere gehören untrennbar zusammen. Um die Identität der Nachbarn respektieren zu können, muss man selber eine haben und auch von ihr wissen. Sie wird nicht nur davon bestimmt, wo man geboren und aufgewachsen ist, wo man lebt und arbeitet. Es gibt andere darüber hinaus reichende Bezüge. Am liebsten hätte ich es, wenn Stephen Hawking mir erlaubte, das Universum als die äußere, schon angetrocknete und bräunliche Außenhülle einer gigantischen Zwiebel zu begreifen, in deren Kern Saarbrücken liegt, umgeben von der nächsten Hülle, dem Saarland, dann von den Hüllen Saar-Lor-Lux, Deutschland, Europa etc. Die äußeren Hüllen sind längst in das Innerste gelangt, mit unseren Vorlieben für fremde Küchen und für ihre Restaurants in unseren Städten, mit unseren Lieblingsweinen, durch Literatur und Filme von sonst wo, durch Autos *made in France*, durch unsere Träume vom anderen und besseren Leben, das immer anderswo ist und vor uns zurückweicht, ganz gleich, wie schnell wir ihm folgen, wie der Regenbogen, den wir nicht erreichen.

Das alles relativiert sich in einer Region, in der die Grenzen ständig verschoben wurden und nie einen dauerhaften und als organisch akzeptierten Verlauf hatten. Selbst in den raren Friedenszeiten gab es ständige Veränderungen durch Kauf und Tausch.

Aber auch in sich selber ist der Charakter von Grenzen mehrdeutig: Sie sind Abgrenzungszonen, Konfliktzonen, aber auch Kontaktzonen, sie haben Fenster und Türen zum Nachbarn, sie bilden Räume der Begegnung und des voneinander Lernens. Wir müssen sie an den richtigen Stellen durchlöchern und überwinden, an anderen wiederum ihre schützende Funktion bewahren.

Man kann es auch komplizierter sagen: „Abschließend kann im Hinblick auf eine saarländisch/lothringische Heimat vermutet werden, dass durch die grenzspezifische Situation die Konzentrik der Raumorientierung ihre Durchbrechung erfährt. Die Heimat endet hier zwar nicht zwangsläufig, jedoch ist der jenseitige Raum nicht im gleichen Maße unproblematisch, wie es der diesseitige ist; auch ist er allerdings nicht prinzipiell fremd, andersartig und undurchschaubar. Man kann vermuten, dass die Grenze selektierend auf die Raumnutzung sowohl von Saarländern als auch von Lothringern wirkt. In ihren partiell nutzbaren Segmenten gehört die jeweils andere Seite also unter Umständen noch zur Heimat, nicht aber in ihrer Totalität.“ (So Alexander Martin 1986). Alles klar? Wenn nicht, dann nochmal lesen – bis es sitzt.

Gute Voraussetzungen, die Zusammenarbeit auszubauen, zur Einheit zu werden unter Wahrung der nationalen und regionalen Identitäten, verbunden mit der Einsicht in die eigene Gespaltenheit und Widersprüchlichkeit, die wir als Individuen in uns tragen und täglich überwinden müssen, um selbst eine starke und womöglich harmonische Einheit zu formen. Doch dazu erst einmal ein Blick zurück.

Ein Blick zurück

Die kriegerischen Auseinandersetzungen um Frankreichs Ost- bzw. Deutschlands Westgrenze wurden durch Friedensschlüsse, die meistens nichts anderes als Waffenstillstände waren, nur unterbrochen, nie dauerhaft beendet.

Entweder waren die Kampfhähne anderweitig beschäftigt, Frankreich mit England im Hundertjährigen Krieg, die deutschen Staaten mit den Nachbarn im Osten, oder sie hatten sich so erschöpft, dass zwangsweise (trügerische) Ruhe eintrat.

Beide Seiten sammelten ihre Kräfte jeweils neu und hofften auf günstigere Zeiten und Rahmenbedingungen, um einen erneuten Waffengang zu wagen. Diese stilleren, aus Erschöpfung geborenen Phasen waren aber auch gleichzeitig Zeiten der ideologischen und propagandistischen Aufrüstung, die mit den militärischen und politischen Abwehr-, Verteidigungs- bzw. Angriffsvorbereitungen einhergingen.

Wann fing das Elend eigentlich an? Mit den Teilungen der Karolinger? Mit der Eroberung von Metz durch Heinrich I. im Herbst 925 und der daraus resultierenden Angliederung Lothringens an das Deutsche Reich, tausend Jahre später mit der Rheinischen Jahrtausendfeier, auch im Saargebiet in einem Massenspektakel nationalistisch überhöht und propagandistisch ausgebeutet? Mit Philipps II. Sieg über den welfischen Kaiser Otto IV. und Johann von England bei Bouvines im Jahre 1214? Ich weiß es nicht. Fest steht aber: Die territoriale Zersplitterung, die Mehrdeutigkeit des „Reiches“ im Vergleich zu der Eindeutigkeit der französischen Verfassung machte die Westgrenze porös und lud regelrecht dazu ein, sie immer wieder in Frage zu stellen und bei jeder sich bietenden Gelegenheit zu verschieben.

In der Reformationszeit, im Dreißigjährigen Krieg, in den Réunionen, im Spanischen Erbfolgekrieg, in den Revolutionskriegen, immer wurde die Region zum Kriegsschauplatz, zum Aufmarsch- und Durchzugsgebiet der rivalisierenden Heere, die keine frommen

Prozessionen waren, sondern in der Regel beutegierige, marodierende Haufen. Paläste und Hütten wurden gleichermaßen geplündert, gingen kaum, dass sie wieder aufgebaut waren, erneut in Flammen auf. Im Dreißigjährigen Krieg wurde das Land um Maas, Mosel und Saar nahezu entvölkert. Wer nicht der Soldateska zum Opfer fiel, wurde von Hunger und Seuchen zur Strecke gebracht.

1814 im 1. Pariser Frieden schien Frankreich, trotz militärischer Niederlage, mit Saarbrücken und Saarlouis die Herrschaft über die Saar erreicht zu haben, die Saar als der „kleine Rhein", *le petit rhin.* Aufgrund der Proteste, sowohl im „Reich" als auch an der Saar selber, wurden im 2. Pariser Frieden die alten Grenzen von 1792 wiederhergestellt, mit der Abweichung, dass Saarlouis und die ehemals lothringisch-französischen Gebiete an der Saar von Frankreich abgetrennt wurden und der Fluss, von Güdingen, oberhalb von Saarbrücken gelegen, bis zur Mündung in die Mosel bei Konz, auf beiden Ufern preußisch wurde.

Mit den Revolutionsheeren, mit Napoleons ambitioniertem Umsturz der alten Welt, der *anciens régimes,* war Frankreich zwar nicht so weit wie Ludwig XIV. in der Zeit von 1678 bis 1697 nach Osten vorgestoßen, hatte aber mit der Bewahrung des Elsass und der Eingliederung Lothringens einschließlich der vor der Revolution bestehenden territorialen Einsprengsel sein Ziel, die Ostgrenze zu stabilisieren, trotz des Verlustes von Saarlouis und des kurzzeitig gehaltenen Saarbrücken, im Wesentlichen erreicht.

Der Grenzverlauf nach 1815 blieb bis zur Auseinandersetzung 1870/71 stabil; Luxemburg gewann an Selbständigkeit, befreite sich von der preußischen Besatzung in der Festung mit der Londoner Konferenz von 1867, mit der die Großmächte die Neutralität Luxemburgs garantierten, aber nichts am Grenzverlauf änderten.

1871, mit der Reichsgründung und der – vor allem von den Militärs geforderten – Annexion Elsass-Lothringens, wurde die Chance verpasst, das Verhältnis der beiden Länder durch Großzügigkeit des Siegers zu entkrampfen. Es gab keine weiterweisende Konzeption, wie sie etwa August Bebel in seinem Protest gegen die Annexion mit der Vision eines freien und demokratischen Miteinanders der Länder in Europa formuliert hatte und für die er zum Lohn wegen Hochverrats verurteilt und hinter Gitter gebracht wurde.

Auf deutscher Seite grassierte das böse Wort von der welschen Tücke und auf französischer Seite – gerade in Grenznähe – die Haltung, die Maurice Barrès in seinen Tagebuchblättern festgehalten hat und die den immer gleichen Kern der Propaganda offen legt. Er stand mit seinem kleinen Sohn an der Grenze. „Dort wohnen die Deutschen", sagte er. „Haben die auch eine Seele?" fragte der Kleine zurück. „Nein", antwortete der Vater und notierte dazu in seinem Tagebuch: „Ich wusste wohl, dass es eine Idiotie war, aber solche Idiotien erzeugen Energien …"

Es gab aber auch eine andere Art der Grenzvisitation. Gustav Regler beschreibt sie in seinem autobiografischen Roman „Das Ohr des Malchus": „Ostern zog er (der Vater) mit uns über die Felder und Hügel … zur alten vielumstrittenen Grenze zwischen Deutschland und Frankreich hin und ließ uns an bestimmten Stellen Blumen pflücken oder das Fallobst von verschiedenen Bäumen probieren; unvermittelt fragte er uns: ‚Welcher Apfel ist französisch?' Wir hielten die Äpfel still vor unsern Mündern und sahen auf die Baumallee, die aus dem Unendlichen zu kommen schien und sich in das Unendliche fortsetzte. Wir verstanden ihn früh: er glaubte nicht an Grenzen."

Derartige Töne im Negativen und Positiven waren auf beiden Seiten der Grenze anzutreffen, so wie es auch Momente gab, in denen die Entwicklung eine andere Richtung hätte nehmen können.

* * *

Die historischen Beziehungen der beiden Länder bieten genügend Ansatzpunkte, um den jeweils erreichten politischen Status und die daraus abgeleiteten Absichten für die Zukunft zu begründen und zu legitimieren – unter Berufung auf Tradition, auf das Erbe der Väter, auf das „Erbe am Rhein", wie René Schickele seine Romantrilogie betitelte, auf das Erbe an Saar, Mosel und Maas. Es gibt Beispiele für wechselseitige Annäherungen, für Interessenidentität und -konformität; es gibt sie ebenso für dauerhafte Gegensätze, zeitweilig ruhend, untergründig schwelend, offen ausbrechend. Wer Gemeinsamkeiten suchte, fand sie bei den Merowingern und Karolingern, im Kulturellen, in den Idealen der Französischen Revolution, im 20. Jahrhundert bei Briand und Stresemann. Wer den Konflikt wollte, das Gegeneinander, die Rechtfertigung von Gewalt suchte, fand auf deutscher Seite die Übertölpelung der protestantischen Reichsstände in den Konflikten Karls V. mit François I. und Henry II. und im Dreißigjährigen Krieg, die Réunionen und „Raubkriege" Ludwigs XIV., die unnachsichtige Härte des Tigers Clemenceau gegenüber dem unterlegenen Deutschen Reich. Auf französischer Seite die Berufung auf die ständige Gefahr aus dem Osten, beginnend mit den Einfällen der Kimbern und Teutonen, die Aneignung Lothringens durch Heinrich I., die letztlich erfolgreichen Interventionen gegen das revolutionäre und napoleonische Frankreich, die Wegnahme des Elsass und eines Teils von Lothringen 1871, die demütigende Niederlage von 1940.

Die Geschichtsschreibung sucht sich ihre Sujets und Bezugspunkte unter enormem Einfluss der geltenden Umstände. Deutsche Geschichtsschreibung zwischen 1933 und 1945 ist eine fast diametral gegensätzliche in der Auswahl der Themen und ihrer Bewertung zu der nach 1945, und auch diese hat nach dem Zusammenbruch der kommunistischen Staaten Osteuropas um das Jahr 1990 wiederum andere Fluchtpunkte als zur Zeit der Zweispaltung Deutschlands, Europas und der Welt und damit auch Einfluss auf die Beurteilung der deutsch-französischen Beziehungen in Vergangenheit, Gegenwart und Zukunft.

In Frankreich hielten sich die alten Motive der Ostexpansion und der Traum von der Rheingrenze latent im politischen Bewusstsein, nach 1871 erst verhalten – „Nie davon sprechen, immer daran denken!" –, dann immer drängender in vielen literarischen und historisch-politischen Veröffentlichungen hervortretend. Die Niederlage Deutschlands im Ersten Weltkrieg ermöglichte nicht nur die erneute Eingliederung der „Reichslande" Elsass-Lothringen in den französischen Staat, sondern weckte zudem neuen Appetit. Die Saar spielte dabei wie immer eine wichtige Rolle – und im 20. Jahrhundert um so mehr, als ein schwerindustrielles Revier entstanden war, das mit seinen Kohlevorkommen durch den wachsenden Bedarf an Energie immer mehr an Wert und Bedeutung gewann.

Mit einer gewaltsamen Vereinnahmung des Landes, das von seiner Sprache, Kultur und seinen politischen und gesellschaftlichen Strukturen von 1815 an fest zu Deutschland (Preußen und Bayern) zählte, war angesichts der wachsenden Bedeutung nationalstaatlicher und nationalistischer Denkweisen in Europa weder nach dem Ersten Weltkrieg, noch nach dem Zweiten zu rechnen; zwar gingen die Wünsche Frankreichs in diese Richtung, scheiterten aber am Veto der Alliierten, in erster Linie an den USA.

So rückten zwei Volksabstimmungen – 1935 am 13. Januar und 1955 am 23. Oktober – das Land in das Blickfeld der Weltöffentlichkeit. Die erste Abstimmung ergab sehr eindeutig und die zweite eindeutig, dass die Saarbevölkerung deutsch dachte und deutsch sein wollte. Ein – in der Theorie möglicher – Anschluss an Frankreich war aussichtslos, absurd und wurde dann auch entsprechend beschieden. Die Übergangslösung, der Zwischenschritt Status quo, um der Vereinnahmung nach Hitlerdeutschland zu entgehen, fand ebensowenig nennenswerte Gegenliebe (knapp 9 Prozent) wie der in der Abstimmung von 1955 angebotene europäische Status (32 : 68 Prozent).

Man wollte „hemm" – und nahm dabei 1935 Hitler billigend in Kauf, ebenso die Auflösung der politischen Parteien, die Zerschlagung der Gewerkschaften, die Gleichschaltung der Presse, die antisemitischen Ausschreitungen, die Einrichtung von Konzentrationslagern, die Aufhebung der Gewaltenteilung, die Aushebelung des Rechtsstaates, die Zurückdrängung der Kirchen in den religiösen Raum – all dies war ja nicht unbekannt, es interessierte halt nur wenige, schien nebensächlich.

Auch die europäischen Sirenengesänge, die verlockende Aussicht, Keimzelle einer politischen Einigung Europas zu sein, wurden im Laufe der hochemotional geführten Abstimmungskampagne 1955 übertönt.

Die europäische Idee („In Europa wird sich die Saar wieder mit Deutschland zusammenfinden", so Johannes Hoffmann) hatte nicht die nötige Kraft angesichts des Wirtschaftswunders und des „Wir sind wieder wer"-Gefühls in der Bundesrepublik.

Es war auch der falsche Ansatz, durchsichtig in Bezug auf die französische Absicht, auf diese Weise auch zukünftig die Protektorrolle spielen zu können, unverständlich für alle, die ein Europa des wechselseitigen Respekts und der Gleichberechtigung wollten und die Saar als einen festen Bestandteil eines Deutschlands sahen, das sich ja gerade auf den Weg gemacht hatte, Europa zu suchen und den Erbfeind im Westen als Verbündeten, als Freund, als Mitglied einer Familie zu akzeptieren („Die Saar ist deutsch, und ganz Deutschland einschließlich der Saar wird sich mit Frankreich in Europa zusammenfinden." So Adenauer 1951).

Rückblickend ist es reizvoll zu überlegen, was bei einer Annahme des Saarstatuts aus dem Saarland geworden wäre? Ein zweites Luxemburg? Hätte die Montanunion, am Ende gar das Europäische

Parlament in Saarbrücken seinen Platz gefunden, wäre der Euro oder zumindest ein Vorläufer zuerst an der Saar europäische Währung geworden? Hätte – wäre – wenn!

Die Zukunft in der Region

Für mich gibt es nur eine sinnvolle Perspektive für das Land und die Region: Dort anzuknüpfen, wo sich eine Zukunftsvision finden lässt – die nationale Option hat sich als untauglich erwiesen. Saar, Westpfalz und Trierer Raum sind nach der Vereinigung von 1990 wieder stärker in eine bundesdeutsche Randlage geraten. Eifel, Hunsrück und Pfälzer Wald liegen als natürliche Barrieren zwischen der Region und den Prosperitätszonen im Rhein-Main-Neckar-Raum und Nordrhein-Westfalen.

Lothringen ist durch die Vogesen vom Oberrhein und durch die Argonnen, aber vor allem durch die Weiten der Champagne vom Pariser Becken isoliert, und Luxemburg wird durch die Ardennen von der belgisch-holländischen Wachstumszone getrennt.

Was läge also näher, als die durch die nationale Zugehörigkeit definierte Randlage in eine neue europäische Mittellage umzuwandeln? Das Städtetrapez Saarbrücken, Metz, Luxemburg, Trier mit den Auslegern Kaiserslautern und Nancy würde Gewicht und Kraft entwickeln, wenn das Trennende überwunden werden könnte; aber da gibt es viel zu überwinden – zu viel?

Fangen wir mit Frankreich an: Der französische Zentralstaat, der nur ungern Kompetenzen an seine Regionen abgegeben hat, wird dies noch weniger gerne tun, wenn andere – nicht als französisch zu definierende – Kräfte an relevanten Entscheidungen, an Entscheidungen überhaupt, beteiligt werden.

Zwischen Metz und Nancy gibt es eine historische Rivalität, die in der Gegenwart – ausgesprochen und unausgesprochen – weiter besteht. Nancy, Hauptort Französisch- (Welsch-) Lothringens, war in der Reichslandzeit der Vorposten Frankreichs, in der Nähe die *Colline inspirée,* das Symbol des französischen Lothringens. Metz, Hauptstadt des Moseldepartements, wird stark mit Deutsch-Lothringen identifiziert, obwohl Metz immer französischsprachig war und seine Vertreter schon auf den Reichstagen in den Zeiten der Zugehörigkeit zum Reich immer mit Dolmetschern anreisten, d. h. es gibt durchaus auch eine Grenze, die sich unsichtbar durch Lothringen zieht und die Integration von Nancy in ein solches Konzept erschwert.

Zu Luxemburg besteht keine Sprachbarriere. Die Eigenheit mancher Luxemburger, obwohl sie, bis auf wenige Ausnahmen, durch ihren moselfränkischen Dialekt deutschsprachig sind, mit Deutschen französisch zu reden, ist nahezu ausschließlich in den Ressentiments begründet, die noch aus den Zeiten der deutschen Besetzung herrühren. Der größte Teil Lothringens und auch des Departements Moselle gehört dagegen zum französisch sprechenden Gebiet.

Die wünschenswerte Zweisprachigkeit auf beiden Seiten scheitert nicht so sehr an alten kulturimperialistischen Traditionen, sondern vielmehr an dem unaufhaltsam scheinenden Vordringen des Englischen als Weltsprache – sowohl in Deutschland als auch in Frankreich. Selbst im Saarland wächst der Wunsch, Englisch als erste Fremdsprache vor das Französische zu setzen.

Für mich – der sich mit Esperanto als Kunstsprache, trotz der völkerverbindenden Absicht, nicht anfreunden kann – ein vergleichbarer Alptraum: Im Schatten des Metzer Doms, in Saarlouis und Thionville/Diedenhofen reden nicht nur die Politiker, die Geschäftsleute und andere auf Englisch miteinander, sondern auch die Alltagsbeziehungen werden von Englisch beherrscht. Speisekarten in englischer Sprache, *le vin rouge* wird zu *red wine*, und die Frage nach dem Weg zur Kathedrale lautet: *Where is the cathedral?*

Also machen wir es den Luxemburgern nach: Dreisprachigkeit ist angesagt. Warum sollten wir, warum sollten die Lothringer nicht auch können, was „die“ können.

Die Grenzregion in ihrer kulturellen Vielfalt braucht – neben Englisch – beide Sprachen, und man muss sie (einigermaßen) beherrschen, um ihren Reichtum überhaupt verstehen, konsumieren und genießen zu können. Sprache ist nicht nur Verständigung. In ihr erfahren wir die Welt, in ihr entstehen unsere Gedanken und mit ihr enträtseln und entwickeln wir unsere Gefühle. Die Sprache des Nachbarn bietet die Chance, neben der eigenen Identität auch anderen Wurzeln nachzuspüren, „die Poetizität des Idioms“ (Jacques Derrida) zu erkennen und anzuerkennen, um nicht nationalistisch und damit überheblich zu werden.

* * *

Frankreich kämpfte immer und kämpft heute wieder um sein Selbstbewusstsein. *La grande Nation!* Der Nachbar im Osten war über Jahrhunderte Konkurrent, Gegner, Feind. Dies war nach den letztlich „gewonnenen“ beiden Weltkriegen gegenüber dem am Boden liegenden, verstümmelten und geteilten Deutschland leichter zu korrigieren. Frankreich konnte sich als großer Freund gerieren, als großmütiger Sieger, der den Nachbarn, indem er ihn politisch und auch militärisch (mit der *force de frappe*) stützte, auf den rechten Weg zurückzubringen half.

Frankreich hat die Vereinigung der beiden deutschen Staaten mit gemischten Gefühlen betrachtet. Der Satz: „Ich liebe Deutschland, ich liebe Deutschland so sehr, dass ich froh bin, dass es zwei davon gibt!“, beschreibt die Gemütslage vieler Franzosen im Zuge der Perestroika ziemlich genau. Bei etwa gleicher Bevölkerungszahl, bei einem politischen Übergewicht Frankreichs, war die wachsende wirtschaftliche Stärke Deutschlands leichter zu ertragen.

Bis 1815 hatte Frankreich seinen Einfluss nach Osten ausdehnen können. Auch der 2. Pariser Frieden brachte Absicherung von Erobertem, wenn auch nicht die angestrebte Rheingrenze. Von da an ging es eher bergab, aber übertönt vom kolonialen Höhenflug.

Die Niederlage von 1815 verbannte den liebgewordenen habsburgischen Feind hinter einen von Preußen und Bayern gebildeten *cordon sanitaire*, der sich als gefährlicher erweisen sollte als das territorial zersplitterte „Heilige Römische Reich Deutscher Nation", mit dem, getreu dem lateinischen Grundsatz *divide et impera*, leichter umzuspringen gewesen war. Die Niederlage der Österreicher bei Königgrätz – in Frankreich mit dem Namen des Nachbarortes Sadowa bezeichnet – beendete den preußisch-österreichischen Dualismus und führte 1871 zur nationalstaatlichen Einigung des Nachbarn unter preußischer Führung. Es folgte das Erstarken Deutschlands, der Eintritt in den Wettbewerb um globalen Einfluss, dann das große Desaster der europäischen Staaten 1914 bis 1918, bei dem sich anschließend alle einige Etagen tiefer fanden und als Ergebnis eine neue Weltmacht die Bühne betrat und sogleich dominierte: die USA.

Nach dem Zweiten Weltkrieg, mit dem Trauma des Blitzkrieges, der Vichy-Kollaboration, dem Gefühl, neben den USA, der Sowjetunion und Großbritannien eigentlich nur Mitsieger zu sein, war die große Bruderrolle gegenüber der Bundesrepublik, wie bereits gesagt, Balsam, denn die Rutschpartie ging weiter: Indochina, Algerien, die Kolonien und ihre Nachfolgestaaten entglitten und entgleiten immer mehr dem Zugriff bzw. dem Einfluss Frankreichs. Das erzeugt erhöhte Sensibilität, besonders dann, wenn der kleine Bruder auf einmal selbständig wird und das noch nicht mal mehr verbergen will.

Die strukturelle, dauerhaft scheinende Schwäche der alten Bundesrepublik lag neben der Teilung durch Mauer und Eisernen Vorhang auch in der chronischen wirtschaftlichen Erfolglosigkeit der östlichen (feindlichen) Nachbarn und in der ständig von dort ausgehenden latenten militärischen Bedrohung.

Das ist jetzt grundlegend anders. Deutschland ist das bevölkerungsreichste und wirtschaftlich stärkste Land der EU. Natürlich kostet der Aufbau Ost enorme Kraftanstrengungen, hemmt in Teilen die deutsche Wirtschaftsentwicklung, aber die Zukunftsperspektive der Osterweiterung der EU und die damit verbundenen ökonomischen Chancen, kombiniert mit der wachsenden Nähe zu Nordeuropa – die Ostsee wird wieder zu einem Binnenmeer, fast wie zu Zeiten der Hanse –, kompensiert dies in der Zukunft um ein Vielfaches. Die deutsche Mittellage, früher ein sicherheitspolitisches Handicap, wird zu einem ökonomischen Pfund, mit dem sich wuchern lässt.

Der wirtschaftliche Riese und politische Zwerg in der Nachbarschaft emanzipiert sich und gewinnt Partner genau dort, wo die (westliche) Welt eigentlich zu Ende schien.

Braucht Deutschland Frankreich noch? Ist die Rolle, Achse zu sein, Motor zu sein, noch aktuell? Beschreibt das Wort von den „Trägernationen Europas" (Ernst Robert Curtius) nur ein Trugbild? Ist es nicht vielleicht besser, sich nach Süden zu orientieren? Diese Fragen und Empfindungen rühren sich nicht nur bei Leitartiklern und politisch Interessierten; in vielen französischen Schulen setzt sich bei den Fremdsprachen bereits das Spanische an die Stelle des Deutschen. Hier liegt eine besondere Verantwortung für die deutsche Europapolitik. Sonst könnte der Kontinent langsam wieder auseinanderdriften, mit der Bruchstelle längs der deutsch-französischen Grenze: Deutschland nach Norden und Osten orientiert und Frankreich nach Süden in den Mittelmeerraum.

Die neuesten Entwicklungen des Jahres 2003 scheinen diese Befürchtungen zu widerlegen. Das ungenierte Vorzeigen der letztlich unangreifbaren Stärke der USA und die kaum noch verhüllte Hegemonialpolitik – die Versuchung ist groß, den Imperialismusbegriff zur genaueren Kennzeichnung zu wählen –, die Verbündete nur noch als verschleiernde Dekoration begreift, hat Deutschland und Frankreich zusammenrücken lassen. Das Verhalten der zukünftigen

EU-Mitglieder in Mittel- und Osteuropa im Irak-Konflikt hat außerdem gezeigt, dass diese dem europäischen Braten noch nicht ganz trauen und sich intensiv um die Freundschaft der einzig verbliebenen Weltmacht bemühen, mit der unverhohlenen Absicht, aus diesem Verhältnis ökonomischen Nutzen zu ziehen und für alle Fälle einen militärischen Schirmherrn zu haben – denn sowohl Deutschland als auch Russland hatten sich im Lauf der Geschichte als unberechenbare und gefährliche Nachbarn gezeigt.

Enge und gute Beziehungen Europas zu Russland sind aber ein Wert an sich, nicht nur in den Fällen nützlich, in denen das Verhältnis zu den Vereinigten Staaten getrübt ist. Weil das so ist, muss auch das Verhältnis zwischen Deutschland und Polen sorgfältig gepflegt werden, und es kann seine Perspektive im „Weimarer Dreieck" finden, das Deutschland, Frankreich und Polen zu einer schönen geometrischen und hoffentlich auch politischen Konfiguration verbindet. Zu meinen eindringlichsten Erlebnissen gehören die „Begegnungen auf der Grenze" in Reinheim-Bliesbruck, bei denen sich jedes Jahr Literaten aus Deutschland, Frankreich und Polen treffen, um aus ihren Werken zu lesen, eine poetische Variante des Dreiecks.

Andererseits dürfen bei der Entwicklung Europas die langsamsten nicht das Tempo bestimmen. Die Erweiterung der EU ist ein wichtiges Ziel, ihre Vertiefung aber, und sei es nach dem Vorbild der Eurozone auf dem Wege eines Kerneuropas, unabdingbar notwendig, um mittelfristig ein ernst zu nehmendes Gewicht in der Weltpolitik zu haben, vor allem dann, wenn die Interessen mit denen der USA nicht deckungsgleich sind.

* * *

Trotz dieser erkennbaren und nennenswerten Fortschritte in den deutsch-französischen Beziehungen rühren sich in den Grenzgebieten bei vielen Lothringern und auch bei so manchem Luxemburger besorgte Überlegungen: Was beabsichtigt dieses selbstbewusste Deutschland? Ist die so eifrig propagierte Regionalpolitik am Ende eine verkappte *reconquista*? Das Zurückholen eines Landstrichs, dessen Kultur und viele historische Facetten ihn stärker mit Deutschland verbinden als umgekehrt das Saarland mit Frankreich – so sehr man sich auch bemühte, die Saarbrücker Grafen und Fürsten mit Frankreich zu identifizieren. (Für die Saarländer ist es ärgerlich und amüsant zugleich, im „Reich" danach gefragt zu werden, wie gut man deutsch sprechen könne und wie hoch der Anteil der Franzosen an der Bevölkerung sei. Große Verblüffung entsteht nach der wahrheitsgemäßen Auskunft, dass wir kaum besser französisch sprechen als das übrige Deutschland, und Italiener und Türken die Reihen der ausländischen Mitbürger zahlenmäßig anführen.)

Diese Fragen sind die Fragen der Vergangenheit. Faktisch hat sich für die Menschen in der Region vieles verändert. Wohnen, Arbeiten und Freizeit orientieren sich nicht mehr an der Grenze – hier wird danach entschieden, wie es einem am besten ökonomisch oder von der Vorliebe her passt. Ob man mit dieser Entscheidung glücklich wird, ist Sache desjenigen, der diese Entscheidung getroffen hat. Von Berlin und Paris aus sieht man das nicht so gut. Die Denkmuster der Vergangenheit reichen weit in die Gegenwart hinein. Grenzregionen haben ihre eigenen Gesetze. Deutsch-französisch zu denken vollzieht sich in den internationalen Hauptstädten Paris und Berlin anders als im Midi oder in Mecklenburg-Vorpommern und wiederum anders in Forbach und in Saarbrücken.

Ein Durchschnittssaarländer trifft in seinem Leben mehr Franzosen als Mecklenburger und kommt eher nach Metz als nach Schwerin. Jeder hat gute und böse Nachbarn im Innern eines Landes oder an den Grenzen. Das tägliche Leben, Arbeiten, Wohnen, Lernen, Freizeit usw. hat – und das ist gut so – in unseren Lebenszielen Priorität. Nicht der Triumph einer Idee, einer Nation, einer Rasse, einer Religion, dem sich alles andere unterzuordnen hätte. Das war einmal so, und wir haben bitter dafür gebüßt.

Aber auch unsere Normalität hat Wurzeln, hat Tradition, hat Hypotheken aus der Vergangenheit, aber eben – und das ist das Wesentliche – auch eine Zukunft. Wir müssen Straßennamen nicht ändern, Denkmäler nicht stürzen, sie sind real, und sie sind Überkommenes, keine steingewordenen Gesetze oder göttlichen Gebote, sie sind Menschenwerk, und wir können es nutzen und weiterentwickeln. In Metz zeigt man heute die wilhelminischen Bauten als legitimen Teil der Stadt. Das Bahnhofsviertel ist als Ensemble Wilhelminischer Architektur denkmalgeschützt. Saarlouis ist stolz auf seine Tradition als französische Festungsstadt und auf seinen „größten“ Sohn, Michel Ney, Napoleons *brave des braves*, von dem die Ensdorfer sagen, er sei – wegen Hochwassers – in Ensdorf geboren. Sicher wird in Saarlouis auch irgendwann der Streit anheben, ob nicht Oskar Lafontaine der größte Sohn der Stadt sei, obwohl er aus Dillingen-Pachten stammt.

Doch wir können es drehen und wenden, wie wir wollen. In die Bemühungen vor Ort funkt immer wieder die Pariser Politik. Präfekte und Sous-Präfekte achten strikt und stur darauf, dass die gewählten Vertreter vor Ort, *les élus*, nicht ins Kraut schießen. Die Freundschaftsrhetorik ist ungebrochen in ihrem Pathos, in der Beschwörung der Versöhnung und einer gemeinsamen Zukunft – aber im Faktischen knirscht es schon etwas lauter, bei vielen Gemeinschaftsprojekten erlahmt der Schwung. Man könnte fast sagen: Je aufwendiger und festlicher die Zeremonien (die Franzosen verstehen das, nebenbei bemerkt, erheblich besser als wir), je üppiger die gemeinsamen Essen, umso mehr muss man fragen, ob damit nicht nur der Mangel an inhaltlicher Substanz übertönt werden soll.

Sorgen muss z.B. die Entwicklung in Straßburg bereiten. Nach der Abwahl der durchaus erfolgreichen sozialistischen Oberbürgermeisterin Catherine Trautmann hat das siegreiche konservative Bündnis begonnen, sich von den auf den Nahbereich orientierten Verbindungen über die Grenze hinweg zu distanzieren. Die für die Landesgartenschau im Jahre 2004 geplante Fußgängerbrücke über den Rhein zwischen Straßburg und Kehl in einer gemeinsam angelegten, praktisch übernationalen Parkanlage auf beiden Ufern wurde fallengelassen. Stattdessen wird der Neubau einer neuen Eisenbahnbrücke für den TGV bei Kehl favorisiert, was von deutscher Seite so gesehen wird: Eine Verbindung, die die Menschen zusammenbringen würde, wird gekappt und dafür eine Fernverkehrsverbindung gefördert, die den ausdrücklichen Zweck hat, dass die Menschen das Land möglichst schnell durcheilen und in andere Regionen kommen. Das eine schließt das andere nicht aus, und beide Projekte haben ihren Sinn.

* * *

Das ist ein kleiner Teil der Sorgen und Hindernisse im französischen Teil unserer Region. Dann gibt es noch die Luxemburger, zur Zeit die Weltkinder in der Mitten, stolz auf ihre Eigenständigkeit, auf ihre Prosperität und auch auf ihre Vergangenheit: „Mir wäle bleiwe, wat mer sin."

Als Burg gegründet, zur Festung ausgebaut, lange Eckpfeiler der deutschen Sicherheitspolitik gegen Frankreich, sitzt Luxemburg heute mit seinen mehr als 400.000 Einwohnern am Tisch der Nationen, ist Standort Europas, Teil Europas in der Europäischen Kommission, im Ministerrat mit Außenminister und allem anderen, was man so braucht bzw. gern hat, nicht nur Zaungast wie die deutschen Bundesländer mit ihren Residenzen in Brüssel – und seien sie noch so repräsentativ im Erscheinungsbild.

Der Erfolg zeigt sich in einer ausgewogenen Wirtschaftsstruktur mit Industrie, Dienstleistungssektor und auch ein wenig Landwirtschaft. Luxemburg ist wichtiger Bankenplatz mit einer guten Infrastruktur, auf dem Weg zur Verkehrsdrehscheibe, flexibel und beweglich: längst an der Spitze der Produktivität, Arbeitgeber für seine Nachbarn.

Das kleine Land aus der ursprünglich lothringischen Erbschaft hat sich entschieden, nicht in einer – unangefochten möglichen – Idylle zu leben, sondern stellt sich der Moderne. Da waren durchaus Zweifel – denn Stille und Unauffälligkeit bieten viele Vorteile für das tägliche Leben. Die Entscheidung, das Land dem Verkehr zu öffnen, mit Autobahnen schnell erreichbar, aber auch durchquerbar zu machen, war von dem Entschluss getragen, mit anderen Standorten zu wetteifern und dem klassischen Dilemma der jungen Luxemburger (Gehen wir nach Frankreich, d. h. Paris, oder nach Deutschland, Bonn, Berlin, München usw.?) durch ein anderes Konzept zu begegnen: Ihr könnt bleiben! Was andere euch bieten, können auch wir euch bieten in Ökonomie, Kultur, Sport, Bildung und Wissenschaft.

Das luxemburgische Dilemma war das der gesamten Region: Karl Marx ging von Trier nach Berlin, Gustav Regler von Merzig nach München, Albert Weißgerber von St. Ingbert nach München, Verlaine von Metz nach Paris, Claude Lorrain von der Mosel nach Italien, Norbert Jacques von Luxemburg nach Bonn, endlos fast die Kette der Auswanderer und damit auch des, wie man heute sagt, *brain-drain.*

* * *

Luxemburg ist sich seiner Vergangenheit – in Burgen, Klöstern und der Stadt selber dokumentiert, ganz und gar nicht operettenhaft – durchaus bewusst. Die Geschichte des Großherzogtums beginnt mit dem Jahre 963, als der Ardennengraf Siegfried auf dem Burgfelsen seine Residenz errichtete. Vier deutsche Kaiser, vier böhmische Könige stellte das Haus Luxemburg.

Die Festung wurde zum „Gibraltar des Nordens“, um dessen Besitz Burgunder, Spanier, Franzosen, Österreicher und Preußen stritten und dabei die Stadt – oftmals vergeblich – belagerten, eroberten, zerstörten, wieder aufbauten, erweiterten, verstärkten. Seit Philipp von Burgund 1443 Festung und Stadt überrumpelte, wiederholte sich dieses Schicksal in den nächsten Jahrhunderten mehr als zwanzig Mal.

1815 auf dem Wiener Kongress wiederhergestellt, wurde das Großherzogtum dem König der Niederlande als persönlicher Besitz zugewiesen. Seit 1890 hat Luxemburg eine eigene Dynastie.

Der Londoner Vertrag vom 11. Mai 1867 hat die „immerwährende“ Neutralität des Landes festgeschrieben, die Festungsanlagen geschleift und das „offene“ Land unter den Kollektivschutz der Großmächte gestellt. Was man davon zu halten hatte, zeigte sich 1914 und 1940. Die deutschen Truppen ignorierten die immerwährende Neutralität und besetzten das Land 1940 mit der Absicht einer Angliederung an Nazideutschland.

Der deutsche Überfall am 10. Juni sitzt tief im kollektiven Bewusstsein der Luxemburger: Deutschland ein gefährlicher Nachbar und auch Frankreich nicht minder, wenn man die Skala der historischen Daten in frühere Jahrhunderte zurückverfolgt. Deswegen wird es auch noch eine Weile dauern, ehe ein normaler und ganz unverkrampfter Umgang miteinander möglich wird.

Die Partner dürfen die luxemburgischen Interessen nicht auf die leichte Schulter nehmen, geschweige denn ignorieren. Soviel Macht und Einfluss wie im Schoße der EU hatte das Land wohl selbst in seinen besten Zeiten nicht. Als Bankenplatz ist Luxemburg begehrt, kann und wird seine das Auslandskapital regelrecht ansaugenden Regelungen auf der europäischen Bühne verteidigen. Bei diesem Thema verstehen die Luxemburger, wie die Schweizer, absolut keinen Spaß, schließlich ist der Bankensektor größter Steuerzahler des Großherzogtums und hat in dieser Eigenschaft die ARBED (jetzt Arcelor) und RTL abgehängt. Neben dem Benzin- und Zigarettentourismus aus der Nachbarschaft, der Geld in die Staatskasse spült, unterhält Luxemburg ein Register für Hochseeschiffe und dient als Sitz für ausländische Straßentransportunternehmen. Wenn alle im Großherzogtum registrierten Lastwagen gemeinsam im Lande auftauchen würden, ginge gar nichts mehr. Die internationale Transportarbeitergewerkschaft läuft gegen diese Praxis Sturm, da die Unternehmen zwar die für sie günstigen Steuer- und Abgabenregelungen nutzen, aber mit den Niedriglöhnen ihrer Heimatländer operieren. Auch Kommunikationssatelliten gehören zum Portefeuille und belegen die Fähigkeit des kleinen Staates, zu Wasser, zu Lande und in der Luft seinen Wohlstand zu mehren.

Luxemburg – mit seinem klugen, die perfekte Deutschsprachigkeit nicht verbergenden Premierminister Juncker – weiß aber auch, dass die momentane Herrlichkeit nicht unbedingt von Dauer ist und dass man sich keine anderen Nachbarn backen kann. Die u.a. von Deutschland ausgehenden Initiativen zur Eindämmung zweifelhafter Finanztransaktionen werden nicht ohne Wirkung bleiben. Der Auftritt der Europäer konzentriert sich immer mehr auf Brüssel und Straßburg. Insofern bekennt Juncker – der durchaus (und zu Recht!) weitergehende Ambitionen auf dem internationalen Parkett hat – sich zur gemeinsamen Zukunft in der Region und zur „Notwendigkeit einer weiteren Integration“ und bezeichnet die grenzüberschreitende Zusammenarbeit als „Modell für ein funktionierendes Europa“.

* * *

Auch auf deutscher Seite, im Saarland und in Rheinland-Pfalz gibt es Vorbehalte. Nationalistische Tendenzen brechen von Zeit zu Zeit selbst in den Volksparteien auf, bei den Älteren mit dem vorwurfsvollen Unterton, die Frankreichorientierung sei nichts anderes als eine nachträgliche Verdrehung des Abstimmungsergebnisses von 1955. Wie auch in den Partnerländern verstummen diese Stimmen allerdings mehr und mehr. Die Wunden aus der Kriegs- und Nachkriegszeit und aus der leidenschaftlichen Konfrontation vor dem Referendum schließen sich, die Protagonisten dieser Konflikte werden älter und ruhiger oder – so brutal es klingen mag – sind nicht mehr am Leben.

Im Saarland überwiegt die Zahl der Befürworter des regionalen Zusammenschlusses eindeutig. Davon kann man in Rheinland-Pfalz nicht ausgehen. Kurt Beck und Christoph Grimm kommen aus Grenzbereichen, haben also eine Ader für dieses Thema, aber wer denkt in Ludwigshafen und Worms, in Mainz, Bingen, Koblenz und im Westerwald an Saar-Lor-Lux? Die deutschen Bundesländer haben viel mehr Freiheiten gegenüber Berlin als Lothringen gegenüber Paris, aber man muss sie dann auch nutzen, die Grenzüberschreitung wollen. Der Blick aus den Fenstern der Staatskanzlei in Mainz streicht über Wiesbaden, ahnt den Flughafen und die Bankentürme von Frankfurt. Rhein-Main ist nicht Saar-Lor-Lux.

Mit der deutschen Vereinigung hat die Westorientierung Konkurrenz bekommen. Die Osterweiterung der EU beschäftigt Phantasie und Zeit der Beamten in Berlin – und Berlin ist von einem anderen Geist beseelt als Bonn! – mehr als die grenzüberschreitende Zusammenarbeit im Westen. Bonn war linksrheinisch, Berlin hat eigene Traditionen und Perspektiven, die das Denken und Fühlen prägen und die – auch wenn es Kleinigkeiten sind – große Wirkung haben können.

Mangelnde Sprachkenntnisse bremsen die gemeinsamen Anstrengungen. Wer will sich schon blamieren? Diejenigen, die an vielen internationalen Konferenzen teilgenommen haben, wissen, dass die Dolmetscher derartige Defizite nur bedingt ausgleichen können.

Das gute Verhältnis mit meinem französischen Kollegen als Verkehrsminister beruhte vor allem auf der Tatsache, dass wir jederzeit in der Lage waren, unter vier Augen zu reden.

So kommt hier beides zusammen: der übergeordnete Aspekt der Europäischen Einigung, im kleineren Maßstab erprobt und umgesetzt, und das zukünftige Gliederungsprinzip Europas in Gestalt der Regionen, die sich unabhängig von den nationalen Grenzen in den Staaten selber oder grenzüberschreitend bilden. Dazu hat der Europarat am 1. Februar 1978 eine veritable Konvention verabschiedet, nach der eine Region als menschliche Gemeinschaft definiert wird, die mit der Landschaft fest verbunden und durch den Gleichklang von Geschichte, Kultur, Geografie und Wirtschaft gekennzeichnet ist und zu einer „Geschlossenheit" bei der Verfolgung gemeinsamer Ziele und Interessen gelangt.

* * *

Das ist, wie bereits dargestellt, nicht einfach angesichts der verworrenen Geschichte und der aktuellen Situation, die mit Luxemburg einen souveränen Nationalstaat, die deutschen Bundesländer Saarland und Rheinland-Pfalz, die französische Region Lothringen sowie das belgische Wallonien, und damit also einen Premierminister, zwei Ministerpräsidenten (aus Deutschland), einen Minister für internationale Beziehungen (Wallonien), einen weiteren Ministerpräsidenten (der deutschsprachigen Gemeinschaft Belgiens) sowie die Präsidenten des Regionalrates von Lothringen und der Generalräte der französischen Départements, von denen die Moselle am stärksten involviert ist, an einen Tisch bringt.

Dass zur Großregion auch die Wallonie gezählt wird, ist historisch durchaus begründbar, für Arlon und sein Umland sogar notwendig, von Namur und Lüttich aus gesehen aber doch eher eine Kuriosität und eine Erschwernis der Zusammenarbeit. Grenzziehungen haben nur beschränkten Nutzen und Sinn, wie man an diesem Beispiel sieht, im Idealfall geben sie Konturen und sichern funktionsfähige Systeme. Was sich als Großregion darstellt, mit der gesamten Wallonie, ganz Lothringen und Rheinland-Pfalz, ist schwierig zu handhaben, ist eine Addition von politischen Gebilden, die ihrerseits disparat und widersprüchlich in ihrer Zusammensetzung und in ihren Interessen sind. Es führt in die Irre, wenn man sich von der angeblichen Kraft der Großregion den Kopf verdrehen lässt. Mit mehr als elf Millionen Einwohnern, größer als Belgien, Dänemark, Finnland, Griechenland, Irland, Österreich oder Portugal, wäre sie eine veritable Macht in Europa, wenn, ja wenn sie sich eine Form geben könnte, die zur Ausbildung und Umsetzung eines gemeinsamen Willens führen würde.

Ich halte die von der Regionalkommission Saar-Lor-Lux-Trier-Westpfalz praktizierte geografische Eingrenzung des Begriffs auf ganz Luxemburg, die gesamte Region Lothringen, das Saarland und Teile von Rheinland-Pfalz, den Regierungsbezirk Trier, die Westpfalz und das Gebiet um Birkenfeld, für den im Prinzip richtigen Ansatz. Ich würde Arlon bzw. die belgische Provinz Luxemburg dazunehmen, allerdings im Gegenzug auf die Départements Vosges und Meuse in Lothringen verzichten. Die vorhin aufgeführten staatlichen Zuständigkeiten würden zwar bleiben, die Region aber nicht so aufgebläht und in übergroße Dimensionen gezwungen, die bei einigen Teilregionen keinerlei Einsicht in die Zusammengehörigkeit wecken dürften. Dieser Gedanke muss auch die „Santerkommission“, die ein „Zukunftsbild 2020“ für die Großregion entworfen hat, beunruhigt haben. Sie wählt zwar den großen Zuschnitt als Untersuchungsgegenstand, spricht aber an einer Stelle von 5 Millionen Einwohnern für den „Kooperationsraum“. Diese meistens nur verdrängte Kontroverse erinnert mich an den Streit im Paulskirchenparlament um die klein- oder großdeutsche Lösung für ein vereinigtes Deutschland.

In allen EU-Mitgliedstaaten setzt sich das Prinzip der Regionalisierung und Dezentralisierung mehr und mehr durch. Der Nationalstaat verliert im doppelten Sinne an Bedeutung: Einerseits werden Entscheidungen auf eine supranationale Ebene gehoben – die EU erhält mehr und mehr Kompetenzen in ökonomischer, finanz- und außenpolitischer Hinsicht, die UN würden viele, auch ich, gerne stärker sehen, die NATO hat sich – ob es einem nun passt oder nicht – von ihrem ursprünglichen Charakter eines militärischen Verteidigungsbündnisses zu einem politischen Instrument weiterentwickelt. Viele Prozesse vollziehen sich naturwüchsig ohne zwischenstaatliche Regelungen, ein Phänomen, das wir auf den Namen Globalisierung getauft haben.

Andererseits reklamieren im Innern der Staaten Kommunen und Regionen – in welcher Verfasstheit auch immer – unter dem säkularisierten Stichwort der Subsidiarität, mit der Agenda 21 im Rücken, mehr Kompetenzen, die sowohl eine direktere Beteiligung der Bürgerinnen und Bürger ermöglichen und politische, wirtschaftliche sowie kulturelle Probleme besser lösen als die orts- und sachferne Zentralregierung. Die Definition und Umsetzung der regionalen Interessen ist natürlich einfacher, wenn dies innerhalb eines Nationalstaates geschieht, komplizierter ist hingegen der Prozess, wenn Grenzen übersprungen werden müssen, und noch komplizierter, wenn – wie in unserem Fall – viele Grenzen sowohl politischer, sprachlicher und historischer Natur im Wege stehen.

Verlässliche, dauerhafte Regelungen und Vereinbarungen brauchen verlässliche rechtliche Grundlagen – die sind nun mal sehr unterschiedlich, so wie die Kompetenzen der beteiligten Gebietskörperschaften. Luxemburg kann alles, auch die Veränderung der nationalen Gesetze, schnell entscheiden, das Saarland und Rheinland-Pfalz haben als Bundesländer viele Handlungsmöglichkeiten, einschließlich der Gesetzgebung im Rahmen der föderalen Struktur. Das gilt für Lothringen aber nicht – Paris sitzt dort quasi immer mit am Tisch.

Das europäische Recht schafft Möglichkeiten von oberster Ebene. Mit dem Karlsruher Übereinkommen, gültig für Baden-Württemberg, Rheinland-Pfalz und das Saarland, für die Schweizer Kantone im Nordwesten, für die Regionen Elsass und Lothringen und für Luxemburg, sind Regelungen über Kooperationsvereinbarungen und Einrichtungen grenzüberschreitender Zusammenarbeit gefunden und kodifiziert worden. Die „Euroregionen“ helfen an vielen Grenzen als „Drehscheiben“, die vielfältigen Beziehungen handhabbar zu machen, indem sie der jeweiligen Rechtslage oder auch unterschiedlichen Nuancen Rechnung tragen und den Partnern bei der Überwindung bürokratischer Hindernisse helfen. So wird auch weiterhin ein Großteil der Anstrengungen auf die „Architektur“ der Zusammenarbeit gerichtet sein müssen.

Wie gelingt der Abbau administrativer Hemmnisse, die Harmonisierung von Rechtsvorschriften, die Förderung eines grenzüberschreitenden Verbraucherschutzes und der interregionalen Bautätigkeit, eine gemeinsame Raum- und Verkehrsplanung? Die Aufgabenfülle ist unendlich. Vielleicht sind die von der Santerkommission vorgeschlagenen Agenturen ein richtiger Weg.

* * *

Von Jean Monnet, mit dem Lothringer Robert Schuman einer der Väter Europas, ist die Bemerkung überliefert: „Si c’était à refaire, je commencerais par la culture“ (Wenn die europäische Einigung noch einmal zu machen wäre, würde ich mit der Kultur beginnen). Das klingt gut, und es klingt edel, ich teile diese Auffassung aber nicht. Bill Clinton hatte es anders – und richtiger – formuliert: „It’s the economy, stupid“ (Es ist die Wirtschaft, Blödmann).

Die wirtschaftlichen Erfahrungen und Erwartungen bestimmten das innenpolitische Klima an der Saar nach den Kriegen und bei der Abstimmung 1955, das Wirtschaftswunder im unterlegenen

Deutschland zog die Menschen wieder magisch an. Das ökonomische Interesse bleibt wohl insgesamt der stärkste Antriebsfaktor, wenn es um Krieg und Frieden geht, aber auch im Alltag.

Die Beziehungen zwischen dem Département Moselle und dem Saarland haben hier einiges zu bieten. Um die 25.000 Lothringer haben ihren Arbeitsplatz im Saarland – und die Zahl wächst, die zahlreichen, unregistrierten Tätigkeiten im Dienstleistungsbereich nicht mitgerechnet. Die deutschen Firmen, die sich in Lothringen angesiedelt haben, bieten etwa 7.000 Arbeitsplätze, Unternehmen mit deutscher Kapitalmehrheit in den Industriesektoren sogar ca. 21.000, davon mehr als 16.000 im Département Moselle, wobei die Grenznähe zu Deutschland bevorzugt wird.

Andererseits zog es in den letzten Jahren mehr und mehr Saarländer über die Grenze in das Département Moselle, um dort – in der Regel im eigenen Haus – zu wohnen. Wurden in der ersten Phase die Häuser zumeist gekauft und umgebaut, errichten jetzt immer mehr Umsiedler Neubauten in eigener Regie. Die Gründe für diesen Exodus ins Nachbarland sind hauptsächlich wirtschaftlicher Natur: niedrigere Mieten, niedrigere Immobilienpreise, zumeist niedrigere Steuern bei guter Erreichbarkeit des Arbeitsplatzes in Saarbrücken, Saarlouis oder anderswo im Saarland. 1997 wurden etwa 15.000 Deutsche im Mosel-Département registriert, fast ausschließlich Saarländer.

Diese friedliche Invasion – als solche wird sie in vielen Dörfern besonders von den Lothringern empfunden, die das Auftreten der Deutschen während der Besatzungszeit noch miterlebt und nicht vergessen haben, und diese Erinnerungen sind meistens keine guten – begann mit dem „Run“ Ende der 50er/Anfang der 60er Jahre auf Grundstücke an den zahlreichen und zum Teil weitläufigen lothringischen Seen, wie Stock- und Mittersheimer Weiher, sowie in den landschaftlich reizvollen Regionen der Nordvogesen oder des Vogesenvorlandes, um Stützpunkte für Freizeitinteressen zu haben. Das juckte die Lothringer wenig, aber die Tatsache sehr wohl, dass die sich dann anschließende Nachfrage nach Häusern die Immobilienpreise in die Höhe trieb, so dass die Einheimischen weniger Chancen im Bieterwettbewerb gegen die wirtschaftlich besser ausgestatteten Nachbarn hatten. Es verursachte Unmut – verstärkt durch die Tatsache, dass viele der Neubürger wenig Interesse am Gemeinschaftsleben zeigten bzw. aufgrund der mangelhaften Sprachkenntnisse dazu überhaupt nicht in der Lage waren, selbst wenn sie gewollt hätten.

Aber das sind kleinere Störungen, spätestens dann behoben, wenn die Kinder zweisprachig erzogen werden und in den französischen Schulen gemeinsam mit ihren Nachbarn aufwachsen.

Der Verständigungszwang durch Zunahme der Begegnungen, sei es am Arbeitsplatz oder in der Heimatgemeinde, setzte auch Energien zum Sprachenerwerb frei. Zweisprachigkeit ist ein wichtiges Instrument, um das Zusammenleben und das Zusammenarbeiten effektiv und reibungslos zu organisieren.

An der Nahtstelle zwischen Deutschland und Frankreich, im Industriegebiet über den unterirdischen Kohlenwäldern, im Osten des Mosel-Départements ist die Lektion gelernt. Beide Seiten brauchen einander, und so unterstreicht Michel Ramm von der Metzer Universität, der sich diesem Thema verschrieben hat, die Bedeutung der Region mit einem weiteren Aspekt für Frankreich: als „un des ponts nécessaires à la France pour gagner l'axe économique centre-européen".

Dieser – wie ich meine und hoffe – unaufhaltsame Verschmelzungsprozess verläuft eher naturwüchsig im Rahmen der allgemeinen Rechts- und Faktensetzung auf europäischer Ebene. Ohne die vertraglich vereinbarten Freizügigkeiten wären die siedlungs- und arbeitsmarktbezogenen Verschränkungen wohl kaum zustande gekommen. Zwischen Nichthindern und einem absichts- und planvollen Fördern liegen viele Nuancen und Möglichkeiten, regional bedingt und eben dort gewollt und auch aus übergeordneten allgemeinen Interessen, so wie es Jacques Delors formulierte: „Le transfrontalier est le laboratoire de l'Europe.“

Hier rangiert die Verkehrspolitik, an der die Region ein vitales gemeinsames Interesse hat, ganz vorne. Das Herz Europas leidet trotz seiner Mittellage unter ungünstigen Verbindungen, die noch aus der Grenzsituation im Nationalstaat und den damit verbundenen strategischen Überlegungen herrühren. Es ist das letzte große Standortproblem, das noch zu bewältigen ist. Mit dem auch von mir vorangetriebenen Lückenschluss der A 8 zwischen Luxemburg und dem Saarland mit dem Moselübergang bei Schengen wurde ein sowohl für den Regionalverkehr als auch für den Fernverkehr bedeutsames Straßenprojekt abgeschlossen.

Gute Flug- und Hochgeschwindigkeitszugverbindungen sind aber – trotz aller Dominanz der Straße als Verkehrsträger – unabdingbar. Und hier schlagen sowohl die Grenzlage als auch mangelnde Abstimmung unter den Beteiligten ins Kontor. Mit Flughäfen ist die engere Region besser ausgestattet als vergleichbare Landstriche. Metz/Nancy – Luxemburg – Saarbrücken – Hahn – Zweibrücken, fünf Flughäfen, die aber, bis auf Luxemburg und im wachsenden Maße Hahn, über ihre regionale Bedeutung nicht hinauskommen und aufgrund der unzureichenden Nahbereichsverbindungen auch nur bedingt kooperieren könnten, wenn sie es denn täten oder wollten, und die sich auf unterschiedliche Drehkreuze (Frankfurt, Paris, Amsterdam) für den Interkontinentalverkehr orientieren. Aus dem Traum vom interregionalen Großflughafen, tausend Mal geträumt, bin ich schon vor langer Zeit aufgewacht. Eine Lösung für das Moselle-Saar-Industrierevier, das ehemalige Montandreieck, liegt entweder in einem gemeinsam betriebenen besseren Anschluss an Luxemburg oder in einer schnellen Zugverbindung nach Frankfurt bzw. nach Paris.

Die doppelte Schlüsselfunktion der TGV-ICE-Linie Paris – Mannheim – Frankfurt bzw. Stuttgart für die Region ist: schnelle

Verbindungen am Boden in möglichst dichtem Takt zu den Knotenpunkten der deutschen und europäischen Hochgeschwindigkeitsnetze und zu den Drehkreuzen des am dynamischsten wachsenden Lang- und Mittelstreckenflugverkehrs.

Immer, wenn ich z.B. in Paris den Standort Saarbrücken für ein deutsch-französisches Unternehmen hochleben ließ, auf der Grenze, in beiden Ländern organisch verankert, auf halber Strecke von den jeweiligen Metropolen, erntete ich entweder ungläubige Blicke oder herzhaftes Gelächter.

„Monsieur, in Berlin oder München sind wir in knapp zwei Stunden, nach Saarbrücken brauchen wir vier – mindestens!" Ähnliches bekommen auch die Forbacher, die Metzer, die Trierer, die Kaiserslauterer zu hören: „Wenn ihr doch nur etwas besser zu erreichen wäret!"

Hier zogen auch die Städte der Region nur bedingt an einem Strang. Nancy sah sich mit Straßburg verbündet, was die Linienführung des TGV-Est betraf, Metz verhielt sich eher unschlüssig, aber für den *Bassin Houiller*, für das Saarland und die Westpfalz, für die Vorderpfalz und Mannheim kam vorrangig die durch diese Namen bestimmte Linie, der sogenannte Nord-Ast in Betracht.

Der von Oskar Lafontaine und mir gemeinsam mit den Vertretern der Moselle mühevoll durchgesetzte vorläufige Endpunkt der Neubaustrecke in Baudrecourt liegt, von Saarbrücken aus gesehen, vor Metz. Damit ist eine zusätzliche Fahrzeitverkürzung von mehr als einer halben Stunde und letztlich dann für die Strecke Saarbrücken – Paris eine Reisezeit von unter zwei Stunden – ein entscheidender Gewinn – garantiert.

Weniger als zwei Stunden von Innenstadt zu Innenstadt brächte den wesentlichen Vorsprung an Zeit und Bequemlichkeit gegenüber allen anderen Verkehrsträgern. Bei den Gesprächen und Verhandlungen galt es immer, die zögernden Partner in Frankreich und in Deutschland bei der Stange zu halten und das dauernde Sperrfeuer aus Nancy und Straßburg, aus Karlsruhe, Freiburg und Stuttgart zu unterlaufen. Solange nicht alles gebaut ist und die zwischen DB und SNCF vereinbarten Zug-Neuentwicklungen auf der Strecke hin- und hersausen, kann ich nur empfehlen, keine Sekunde einzunicken und keinen der Beteiligten, keinen wohlgemerkt, weder in Paris noch in Frankfurt oder Berlin, die ich alle als liebenswerte Individuen kennen- und mögen gelernt habe, aus den Augen zu lassen. Aber das ist eigentlich auch eine der Grundbedingungen aller Politik zu allen Zeiten überall auf der Welt.

In dieser vitalen Frage funktionierte die Zusammenarbeit hervorragend: Leroy, Juncker, Beck, Lafontaine, Klimmt, alle kannten nur ein Ziel: die Regierungen in Paris und Bonn/Berlin sowie die Bahnen an die Verträge zu erinnern und auf Trab zu bringen. Als nächstes Ziel käme dann eine Hochgeschwindigkeitsstrecke, die Brüssel, Luxemburg und Straßburg verbindet, auf die Agenda der europäischen Verkehrspolitik.

Die Verkehrsverbindungen in der Region sind trotz der ungünstigen Topografie im Großen und Ganzen passabel. Von Saarbrücken ist man schnell und einfach in Kaiserslautern, Trier und Metz, sowohl auf der Straße wie auf der Schiene. Das gilt auch umgekehrt. Schwieriger ist die Verbindung mit der Bahn von Saarbrücken nach Nancy und nach Luxemburg.

Im kleinen Grenzverkehr funktioniert es, wie man am Beispiel der bereits erwähnten Saarbahn sieht, zum Teil gut: Pläne, alte Strecken wieder aufleben zu lassen, haben Konjunktur.

In den letzten Jahren tuckerte karfreitags von Dillingen aus ein Zug über Siersburg ins lothringische Bouzonville zum dort am Karfreitag stattfindenden Krammarkt – ja, am Karfreitag! – mehrfach und immer voll besetzt, eine kleine, aber doch Eindruck hinterlassende Grenz- und Verkehrswegeöffnung, Wiederherstellung von Verbindungslinien unter neuen Vorzeichen. Für den Nahbereich steht in der Agglomeration um Saarbrücken die Entwicklung eines Netzes aus, das den engeren Saarbrücker Verdichtungsraum mit dem *Bassin Houiller* und St. Avold und diese wiederum mit Saarlouis und Völklingen verbindet.

* * *

Um solchen Entwicklungen nachzuhelfen, sind zu Beginn der 90er Jahre die Interreg-Programme entstanden, mit denen mittlerweile ca. 120 Einzelprojekte zwischen den Partnern Saarland, Lothringen, Luxemburg und Rheinland-Pfalz verwirklicht wurden, darunter viele Vorhaben in kommunaler Partnerschaft, wie der grenzüberschreitende Kläranlagenbau, der zwar auf unerwartete Hindernisse stieß, an denen auch einige hoffnungsvolle Projekte scheiterten, der aber doch dazu beigetragen hat, dass die chronisch verdreckten Saar und Mosel samt ihren Nebenflüssen schon erheblich sauberer geworden sind. Jetzt werden die Fische allmählich direkt aus dem Fluss genießbar und müssen nicht mehr vor dem Verzehr erst zu einem längeren Läuterungsprozess in die Weiher versetzt werden, die im Lande überall von den Angelfreunden angelegt worden sind. Für die Fische ist das eine fatale Entwicklung, denn bis dato bekamen sie mit der Umsetzung eine unverhoffte Galgenfrist.

Weitere Leitmotive der Interreg-Programme waren die „Verflechtung der regionalen Wirtschaft in den Grenzgebieten“, „Gemeinsame Aufwertung des Kultur- und Tourismuserbes“, „Anpassung der Aus- und Weiterbildung an die grenzüberschreitenden Beziehungen“, „Gemeinsame Promotion des Binnenmarktstandortes Saar-Lor-Lux-Trier/Westpfalz“, „Verbesserung der Raumentwicklung und des Umweltschutzes“ usw. Manche der Projekte tragen wohlklingende Namen wie „Regiotec“ und „Vektor“, was mich – auch sonst immer auf der Suche nach griffigen Abkürzungen – von Zeit zu Zeit in kulturhistorische Reflexionen verfallen lässt. Gewisse Begriffe, Wörter und Spracheigenheiten – z.B. „Minne“ im Mittelalter oder „Weltniveau“ in der DDR – sind wie Leitfossilien einer Epoche. Unsere Zeit wird dereinst wohl auch mit den einfallsreichen Abkürzungen, die, wie mir der ehemalige saarländische Umweltminister Willy Leonhardt nachdrücklich versicherte, einen sinnlichen Bezug herstellen sollen, charakterisiert werden. Damit hat sich übrigens schon früh die westliche Zivilisation der östlichen, kommunistischen gegenüber, die in ihrer öden, einfallslosen Abkürzungspraxis nur das locker von der Lippe gehende COMECON geschaffen hat, als hoch überlegen gezeigt.

Auch bei den interreggestützten Anstrengungen stimmen Wunsch und Wirklichkeit, Formel und Ergebnis nicht immer überein. Anfangseuphorien enden in Niedergeschlagenheit, Freundschaftsbekundungen, Verbrüderungen erfahren die Entzauberung durch den häufigen Kontakt, Eifersüchteleien brechen auf, ungewollte Verletzungen des Partners führen zu bewussten Kabbeleien, Projekte versanden. Dann vernarben die Wunden wieder, andere Personen treten auf die Szene, mit ungebrochenem Engagement, schmieden neue Pläne, und so vollzieht sich das Zusammenwachsen nach dem ewigen Muster von Auf und Ab, von Ebbe und Flut, von Sieg und Niederlage, von Erfolg und Misserfolg.

Vieles geschieht hier naturwüchsig, anderes planvoll. Niemand weiß genau, ob eine Entwicklung durch die Pläne befördert oder möglicherweise nur nicht behindert worden ist. Der größte Coup für die Region war die Ansiedlung des Smart-Werkes in Hambach bei Sarreguemines – ein Sieg des permanenten Bohrens und Bemühens der Verantwortlichen vor Ort. Für mich war Hambach nach einem saarländischen Standort die zweitbeste Lösung. Ich bin für diese Haltung von der damaligen Opposition gescholten worden, bleibe aber dabei: Für die Region war diese Ansiedlung wichtig, besser dort als beispielsweise in Mannheim oder – wie auch erwogen – in La Rochelle. Eine Partnerschaft funktioniert bei vergleichbaren Voraussetzungen am reibungslosesten. Lothringen braucht eine stärkere Wirtschaftskraft, die auch ins Saarland und nach Luxemburg ausstrahlt, um nicht in die Rolle eines Arbeitskräftereservoirs zurückgedrängt zu werden.

In der Planung weit fortgeschritten, aber noch nicht realisiert, ist die im Grenzgebiet Saarland-Moselle-Est vorgesehene Eurozone, in der ansiedlungswillige Unternehmen einen doppelten Standort an ein und demselben Ort erhalten sollen, auf die Grenze gedacht, mit Ein- und Ausgängen zu beiden Seiten, nach französischem und nach deutschem Recht, bis beide Rechtssysteme in einem übergeordneten europäischen oder regionalen Gesetz aufgegangen sind, realisiert in vier „Europarks“ in Nähe der Grenze, mit einer verbesserten Infrastruktur zu den jeweils günstigsten Bedingungen.

Das Projekt nimmt Gestalt an, die nötigen Weihen durch den französischen Staatsrat sind mittlerweile hoffentlich endgültig erteilt – in einem Gespräch mit dem französischen Europaminister Moscovici ließ ich mich erst dann hinauskomplimentieren, als die positive Entscheidung zugesagt war –, und die Stadtoberhäupter von Forbach und Saarbrücken werden demnächst weltweit mit diesem einzigartigen Standortprofil – diesem Alleinstellungsmerkmal, wie es jetzt heißt – hausieren gehen können. Für mich hat es eine besondere, fast symbolische Ausstrahlung, dass dieses Projekt als erstes auf dem ehemaligen Schlachtfeld vom 6. August 1870 realisiert wird, an der Goldenen Bremm und in Forbach-Nord.

* * *

Ungenutzte Möglichkeiten hat die engere Region im Wissenschaftsbereich. Ihre Universitäten und Hochschulen bieten ein vielfältiges und umfangreiches Angebot an Studienplätzen: Nancy, Metz, Luxemburg (im Aufbau), Trier, Kaiserslautern und schließlich Saarbrücken (mit zusammen mehr als 130.000 Studierenden). Dazu kommt eine große Zahl von Fachhochschulen. Es gibt Teilabstimmungen im Fächerangebot, z.B. zwischen Trier und Kaiserslautern, Kooperationen über die Grenze hinweg und einige gemeinsame Studiengänge. Diese Einzelvorhaben münden hoffentlich eines Tages in einen gemeinsamen Campus oder zumindest, unter Einschluss von möglichst vielen Disziplinen, in eine europäische Universität Saar-Lor-Lux. Neue Wörter helfen vielleicht, die alten Aufgaben und Ziele zu beflügeln. So werden wir also mit „Clustermanagement" und einem „regionalen Entwicklungsobservatorium" um Schwerpunktbildung, Konzentration der Kräfte und Erfolgskontrolle bemüht sein, Evolution durch Evaluation.

Und da gibt es noch das so poetische Zusammenspiel der Saarbrücker Hochschule für bildende Künste mit dem „Centre d'Art du Verre et du Cristal de Meisenthal". Hier lohnt es sich, einen Augenblick zu verweilen.

Neben Kohle und Stahl war auch die Glasindustrie im Bitscher Land, in den Nordvogesen und im Saarrevier ein bedeutender Wirtschaftszweig mit langer Tradition. Alle früher zur Glasherstellung notwendigen Rohstoffe waren in der Region reichlich vorhanden: Strauchholz, Farn- und Heidekraut für die Gewinnung von Pottasche, Buche und Eiche, wie bei der Eisenproduktion, als Brennstoff für die Öfen, Sand aus dem Buntsandstein und Kalk. Produkte waren vor allem Flaschen-, Fenster- und Weißhohlglas.

An der Saar, im und um den Warndt gelegen, waren Creutzwald als erste Gründung und dann Überherrn und Ludweiler, später Fenne, jetzt Stadtteil von Völklingen, bedeutende Standorte. Nachdem die Holzkohle immer knapper wurde, setzte etwa um 1720 die Steinkohlefeuerung bei der Glasherstellung ein. Neue Betriebe entstanden, unter anderem in Merchweiler, Quierschied und Friedrichsthal, das zum Zentrum und Hauptort der Glasindustrie wurde, außerdem in St. Ingbert, Schnappach, Sulzbach und Gersweiler.

Die künstlerische Glas- und Kristallherstellung konzentrierte sich auf die 1843 von den Herren Villeroy, Boch und Karcher auf dem Gelände der ehemaligen Prämonstratenserabtei Wadgassen gegründete Cristallerie.

Um 1600 ließen sich die ersten Glasmacher im Bitscher Land nieder. Kurz nach 1700 wurde in Meisenthal ein Erfolgs- und Renommierunternehmen gegründet, das bis 1969 bestand. Dort wurde Emile Gallé, wohl der berühmteste der lothringischen Jugendstil-Glaskünstler, zum Glasmacher ausgebildet. (Ich erinnere mich an Zeiten in den 60ern und 70ern, in denen ganze Suchtrupps mit den Schlachtruf „Jugendstil" über die Flohmärkte stürmten, um Vasen von Gallé zu finden – Daum und Muller Frères waren eher zweite Wahl.) Die Lieferbeziehungen mit der alteingesessenen Firma der Gallés in Nancy bestanden seit 1866.

1874 wurde in Meisenthal, das seit 1871 zum Reichsland Elsass-Lothringen gehörte und von Nancy durch eine Staatsgrenze getrennt war, für Gallé ein Atelier mit Versuchsöfen eingerichtet. Er ließ die unter seiner Anleitung in Zusammenarbeit mit dem Dekorationsmaler und Graveur Désiré Christian hergestellten Glasobjekte mit dem Namenszug Gallé und der Ortsangabe Nancy versehen – wodurch das Produkt zu einem rein französischen wurde. Für den praktischen Sinn des Wanderers über die Grenzen hinweg zeugt es, dass er trotz allem Bemühen um *political correctness,* die Vorteile der „feindlichen" Produktion, die Fachkenntnisse der Beschäftigten und die sich auf neuestem technischen Stand befindenden Maschinen und Werkzeuge zu nutzen verstand. Er war einerseits Patriot, der gerne das lothringische Kreuz und die Distel als Motiv verwandte, aber eben auch Geschäftsmann, der seinen Vorteil suchte, so wie der Saarländer, der nach Forbach zieht, um Miete und Steuern zu sparen, und der Lothringer, der seinen Lebensunterhalt bei ZF im Schatten der Spicherer Höhen verdient, mit dem Unterschied allerdings, dass aus den ehemaligen Feinden jetzt Freunde geworden sind.

Auch nach der Trennung von Gallé wuchs die Glashütte weiter, zählte zu Beginn des 20. Jahrhunderts ca. 500 Mitarbeiter mit Niederlassungen in Saargemünd, Paris, Mailand und Hamburg, 1915 sogar in Buenos Aires und in Mexiko. Mit dem Weltkrieg ging die *Belle Epoque* zu Ende, die Glasherstellung wandte sich auch in Meisenthal wieder praktischeren Aufgaben zu.

Die Hochschulkooperation will vor allem an die künstlerischen Traditionen anknüpfen und den einst so bedeutenden Wirtschaftszweig revitalisieren. In regelmäßigen Workshops – übrigens interreggefördert – lernen die Studierenden in der zu neuem Leben wiedererweckten Glashütte unter Anleitung internationaler Größen des Glas-Designs, mit dem nur kurzzeitig geschmeidigen, biegsamen, formbaren und dann wieder so spröden und starren Material umzugehen, ihm Form zu geben, nach Möglichkeit ästhetisch, spielerisch und praktisch zugleich.

Die beiden Ausstellungen „Reflexionen“ (1995) und „touché“ (2000/2001) mit ihren reizvollen Katalogen dokumentieren diese Arbeit und ziehen einen geradezu feenhaft nach Meisenthal, um den Geburtsort dieser zauberhaften Glasmenagerie genauer in Augenschein zu nehmen.

Weniger Romantik, aber nicht mindere Bedeutung, steckt in den anderen, prosaischeren Kooperationen im Hochschulsektor, wozu auch die deutsch-französische Hochschule gehört, die nach zähem Kampf von Lafontaine und mir ins Saarland geholt werden konnte – zuletzt auch von den unterlegenen Konkurrenten, unter ihnen Rheinland-Pfalz, (freundlich zähneknirschend) akzeptiert. Aber auch hier ist die Anfangseuphorie den Mühen des Alltags gewichen.

Vielfalt als Reichtum

Das verbindende Element bei allen Anstrengungen zur Modernisierung der Infrastruktur, zur Entfaltung von Wissenschaft und Forschung, von Bildung und Ausbildung ist das Zauberwort Umstrukturierung. Es bedeutet, dem Strukturwandel, der sich unaufhaltsam und unnachsichtig vollzieht, Gestalt zu geben, keine passive Sanierung zuzulassen, sondern aktiv die geänderten Bedingungen in ein Zukunftskonzept einzubauen.

Von der Montanindustrie ausgehend, die, mit den neuen Technologien vermählt, längst Zukunftstechnologie geworden ist, muss die industrielle Fertigung im Maschinenbau und rund um das Automobil auf modernstem Stand weiter entwickelt werden, denn industrielle Produktion wird es auch dann noch geben, wenn wir die Industriegesellschaft in die Historie verbannt haben. Den Platz, den die übermächtigen Großunternehmen räumen, werden mittelständische Betriebe einnehmen. Ihr Erfolg wird auch von der Qualifikation der Beschäftigten und der Verknüpfung mit Forschung und Wissenschaft abhängen. Trotz der Verwerfungen auf dem Neuen Markt müssen wir an den ökonomischen Chancen der Informationsgesellschaft teilnehmen, Hecht im Karpfenteich der industrie- und wirtschaftsbezogenen Dienstleistungen sein, wobei die Logistik sehr wohl einen wichtigen Platz einnehmen sollte. Dazu gehört die Bereitschaft, Dienstleister überhaupt sein zu wollen, für die eigene Bevölkerung in einer dichten inneren Verflechtung – die besten Angebote brauchen nun mal im Gegenzug auch eine Nachfrage – sowie Dienstleister für Gäste von außen, um vom Boom der Freizeit- und Fitnessindustrie zu profitieren und für sich selber ein Stückchen aus dem zur Verteilung anstehenden, größer werdenden Kuchen herauszuschneiden.

Anknüpfungspunkte für den letztgenannten, immer noch arg unterbelichteten Bereich gibt es viele. Zu ihnen gehören die Zeugen der Vergangenheit, einer Vergangenheit die neben den Gegensätzen viele – die aktuellen Grenzen jeder Art ignorierende – gemeinsame Traditionen hat. Das Frankenreich, seine baulichen, vor allem sakralen Überreste; Karl der Große, *Charlemagne*, von beiden Völkern als der Urvater gepriesen, Pate für den *Cercle Charlemagne,* mit dem der Oberbürgermeister von Metz, Jean-Marie Rausch, Würdenträger aus der Region in möglichst gleicher Zusammensetzung, aber mit wechselnder Tischordnung, regelmäßig um sich versammelt, ein König Artus ohne Herrschaftsanspruch, zumindest ohne spürbaren. Die Kelten, die Mediomatriker, die Metz, und die Treverer, die Trier die Namen gaben, letztere eventuell doch „keltisierte" Germanen (aber das ist ein Streitpunkt nur für Spezialisten), haben überall ihre Spuren hinterlassen und regen die Phantasie an. Druiden, sagenhafte Königsgestalten, Eichenhaine, Festungsringe, Mistelmysterien, Asterix und Obelix – und natürlich ihre Gegner, die Römer.

Trier war zeitweilig weströmische Hauptstadt, mit der Porta Nigra als Highlight ein Eldorado für diejenigen, die mehr sehen wollen als das Karl-Marx-Haus. Römische Heerstraßen, Villen, Kastelle, Amphitheater, Wasserleitungen, Kultstätten, Brunnen sind überall in der Region verstreut.

Ich wohne in Saarbrücken direkt neben einem antiken Jupiterheiligtum, in Sichtweite der Römerstadt, die sich nahe dem Kastell, das den Saarübergang deckte, entwickelt hatte, unweit der Römerstraße von Metz nach Worms. (Ich könnte jede Bewegung ohne Fernglas erkennen.) In der Flanke des gegenüberliegenden Halbergs befindet sich ein Mithrastempel. Ganz gleich, wohin ich mich wende, bin ich von den Zeugen der Vergangenheit regelrecht umzingelt.

Metz und Trier vermarkten ihre römische Vergangenheit; die Villen von Nennig und jetzt auch Borg sind klassische Ausflugsziele geworden, ein Besuch der zu Teilen rekonstruierten „Römerstadt" Schwarzenacker, eines Stadtviertels von Homburg im Saarpfalzkreis, ist für das Saarland fast heimatkundliche Pflicht.

Der europäische Kulturpark Bliesbrück-Reinheim, in dem eine gallo-römische Stadt direkt neben einem keltischen Fürstensitz und dem berühmten Grab von Reinheim ausgegraben wird, versucht eine zusätzliche Stufe der Attraktivität zu erreichen. Grenzüberschreitend, deutsch-französisch, ambitioniert in Umfang und Art der Darstellung, entsteht ein touristischer Anziehungspunkt, der mehr sein soll als ein Ziel von Wandertagen der Schulen und von Sonntagsausflügen der Lothringer und Saarländer. Das aber natürlich auch.

Was tun mit der Vielfalt? Wetter und Landschaft manchmal abwechslungsreicher als es einem Recht sein kann. Wasser, mittlere Berge, große und kleine Städte, Kelten, Römer, Mittelalter, Industriezeitalter, Wein, Mosel, Pfälzer, Elsässer, deutsch, französisch, luxemburgisch, gutes Essen ... Tja, das was wir, die wir hier leben, lieben, was uns so viel Neues bietet, jeden Tag, so dass man nie verreisen müsste, es verwirrt die Fremden. „Was für eine schwierige Destination!", seufzen die Reiseveranstalter, ob in Berlin, in Hamburg, London oder Paris.

Wer will überhaupt hierher? Es kämen in Frage: die wachsende Zahl der Kurzurlauber, die lieber mehrfach im Jahr verreisen, und die Aktiv- und Bildungsreisenden, die Spezialisten. Ihnen bieten wir die ganze historische Palette von den Kelten bis zur Neuzeit, Caesar und Asterix, Trier und Borg und vieles andere mehr. Mittelalterliche Burgen in nirgendwo gleicher Dichte im Pfälzerwald, in den Vogesen, in Ardennen und Eifel, versteckt in malerischen Flusstälern, verborgen in riesigen Wäldern, Klöster, Kirchen und Dome, Städte mit langer Tradition, lebendig und optimistisch, Flussläufe wie Mosel und Saar, Ernz, Our und Sauer, Blies, Moder und Seille, Weiher und Seen.

Wer am Militärischen Gefallen findet: Nirgendwo auf der Welt gibt es eine solche Dichte von keltischen und römischen Wehranlagen, von Burgen, Festungen, Forts und Bunkern wie in der immer wieder umkämpften Region mit ihrem wechselvollen Schicksal. Lothringen hat nicht umsonst den Ruf, das meist befestigte Land der Welt zu sein.

Der größte Schatz, den es zu hüten gilt, sind aber die Zeugen der industriellen Vergangenheit. Kohle, Erz, Eisen und Stahl, Salz, Glas und Keramik haben die Region geprägt, gaben Landschaft, Städten und Dörfern Charakter und Gesicht.
Was die Kathedrale in Metz mit ihrem einzigartigen Gewölbe, was die *Place Stanislas* in Nancy und die Porta Nigra in Trier, die Festung in Luxemburg für vergangene Jahrhunderte darstellten, ist für das Industriezeitalter die alte Völklinger Hütte, jüngst zum Weltkulturerbe ernannt. Frankreich täte gut daran, das Carreau Wendel in Petite Rosselle mit seinen Bergmannssiedlungen in gleichen Stand erheben zu lassen, um eine starke Achse mit Völklingen, nur wenige Kilometer entfernt, im europäischen Wettbewerb zu bilden. Bis dato sind die Verantwortlichen noch blind für diese auf der Hand liegende Chance, aus der Grenzsituation einen für andere verschlossenen Vorteil zu ziehen.

Auch die Grenzen können einen hohen Erlebniswert haben, sind nicht mehr bedrohlich, Ängste weckend wie in der Vergangenheit, sondern bilden freundliche Durchgänge in andere Länder, in andere Sprachen und Kulturen. Mit dem Euro ist das jetzt leichter als vorher mit den unterschiedlichen Währungen.

Viele hundert Museen, Restaurants, renommierte Theater, Sportstadien bieten Begleitmusik. Was fehlt sind die Programme bzw. Programmierungen, die Leitfäden für die Gäste, die nötige Infrastruktur.

Die großen Linien und Überschriften können gemeinsam vertreten und vermarktet werden; Pfälzer Wald und Ardennen aber eher nicht gemeinsam, ebenso wenig Eifel und Vogesen. Da muss jeder für sich selber sorgen. Aber Ansätze gibt es genug, mehr zu tun, als sich wechselseitig freundlich zu erwähnen.

Die Saar

Die Saar bietet drei unterschiedliche Aspekte. Ihr Oberlauf, den Westhängen der Vogesen, dem keltischen Sagenberg Donon entsprungen, in der dünn besiedelten, weithin landwirtschaftlich genutzten Hochebene Ostlothringens mit ihren Seen, abgelegenen, aber revitalisierten Städtchen und Dörfern, mit dem leichten Zugriff auf Straßburg, Nancy, Metz und Saarbrücken, wenn's denn was Größeres sein soll. Mit dem alten „Kaufmanns-Saarbrücken" (Sarrebourg), mit Finstingen (Fénétrange), wo Michael Moscherosch die Schrecken des Dreißigjährigen Krieges erfuhr und beschrieb. Sein angebliches Amtshaus wurde von der Kelly Family erworben und döst nun langsam vor sich hin, weil die es sich mal wieder anders überlegt haben.

Saaralbe und schließlich Saargemünd, wo Alfred Döblin im Ersten Weltkrieg als Militärarzt arbeitete, seinen „Wallenstein" schrieb und das jenseits der Blies liegende Bliesransbach mit der kurzen Erzählung „Das Gespenst vom Ritthof" in die deutsche Literaturgeschichte katapultierte, was der schönen Bliesgaulandschaft, einige Kilometer flussabwärts von Bliesbrück einen „Alfred Döblin Weg" eintrug. Für eine Woche Aufenthalt eher zu viel als zu wenig Stoff.

Dann der industriell geprägte Mittellauf mit der traditionsreichen Halberger Hütte (König Stumm), der Burbacher Hütte, dem Bergwerk Luisenthal, dem Kraftwerks- und Glashüttenstandort Fenne, der Völklinger Hütte, der Kristallerie in Wadgassen, den Röhrenwerken in Bous, dem Kraftwerk Ensdorf, dem großen Fordwerk in Saarlouis, der Dillinger Hütte und den Werken von Villeroy & Boch in Merzig und Mettlach. Diese Kette zeugt vom Werden und Vergehen im Takt technischer Neuerungen und politischer Veränderung.

Doch damit nicht genug: Auch in den Nebentälern der Saar, am Scheidterbach, Sulzbach, Fischbach, Köllerbach und an der Prims auf der rechten Seite, an Rossel, Bist und Nied auf der linken, gibt es eine Fülle von industriegeschichtlichen Denkmälern, die auf Anerkennung und Bewunderung warten. Die Städte Saarbrücken und Saarlouis wetteifern miteinander, ihre historische Dimension mit Lebensfreude und aktuellem Kulturangebot in die Zukunft zu verlängern, Hauptstadt und heimliche Hauptstadt des Landes – wie die Saarlouiser gerne sagen.

Gänzlich anders der Unterlauf des Flusses: Dort wo die Saar durch den Orscholzer Quarzitriegel des westlichen Hochwaldes bricht, mit einer wilden, engen, canyonartigen Flusslandschaft, die sich dann zur Mosel hin geradezu bukolisch öffnet mit flacher werdenden Steilhängen und sanft geschwungenen weinbergbesetzten Hügeln.

Merzig hütet mit der breiten Saaraue den Eingang in diese Wunderwelt. Zu Beginn, gleichsam ein Paukenschlag, die Saarschleife, überragt von der Cloef und den Ruinen der Burg Montclair, dann Mettlach in einer Weitung des Tals, mit dem Barockbau der Abtei, zum Firmensitz des Weltunternehmens Villeroy und Boch säkularisiert, und im Park der Alte Turm, Grabkapelle des heiligen Luitwin, um das Jahr 1000 errichtet. Danach ein felsengeschmücktes Tal, bis Saarhölzbach noch saarländisch, dann wird Rheinland-Pfalz für den Rest des Weges bis nach Konz zum freundlichen Gastgeber. Gegenüber von Serrig liegt Kastel wie ein Adlerhorst auf der Steilhöhe. Dort fand der blinde König Johann von Luxemburg in der Schinkelkapelle eine Zeit lang seine letzte Ruhe. Arno Schmidt hauste nach dem Kriege in dem abgelegenen Ort, bis ihn der Trierer Bischof vertrieb, und dann Saarburg, Hauptort der Weingegend, die sich mit allen, aber auch wirklich mit allen Lagen auf der Welt messen kann, wenn es um die Rieslingrebe geht.

Dieses Wunderding von einem Fluss, um ein vielfaches unterschätzter als die Ems, findet keine entsprechende Vermarktung (was mir persönlich sehr recht ist), weil drei Länder diesen vielfältigen Schatz hüten: Frankreich den Oberlauf, das Saarland die Industriezonen und Teile des Unterlaufs und Rheinland-Pfalz das schöne, weinselige Ende. Und so werden wohl die Trierer Besucher nach Saarburg geschickt und vielleicht noch zu Villeroy & Boch, alles andere bleibt außer Betracht und *vice versa.*

Es wäre ein eigenes Kapitel wert, eigentlich ein ganzes Buch, die Reize der Region darzustellen, Stoff für ein ganzes Leben, sich zu zerstreuen, zu lernen, Kraft zu schöpfen und alle Sinne zu reizen und zu erfreuen, unabhängig von den Grenzen, diese, wo es sein muss, elegant überspringend oder auch, wo es geht, kühl ignorierend. Es gibt grenzüberschreitende Zusammenarbeit, Radwege an den Flüssen, Wanderwege in den Naturparks, und es gibt das Bemühen um gemeinsame Auftritte bei den jeweiligen Touristikmessen. Insgesamt noch viel Arbeit für die offiziellen Institutionen und diejenigen, die sich, ehrenamtlich oder aus wirtschaftlichem Eigeninteresse, um die Vermarktung der Region kümmern.

* * *

Wir wollen aber auch jene nicht vergessen, die in anderen Bereichen Anstöße geben, fordern und damit fördern, die unabhängig von den Konjunkturen, von ökonomischen Krisen, geänderten politischen Konstellationen die grenzüberschreitende Zusammenarbeit voran bringen.

Das beginnt mit den Partnerschaften über die Grenze hinweg. Wustwiller mit Wustweiler, Dudweiler mit St. Avold, Völklingen mit Forbach, Rehlingen mit Bouzonville, Dillingen mit Creutzwald und – fußläufig zu pflegen – die direkten Nachbarn Kleinblittersdorf und Grosbliederstroff sowie Großrosseln und Petite Rosselle. Sie sind von unterschiedlicher Intensität, manche werden mehr, andere weniger gepflegt, aber in der Regel gibt es enge Vereinskontakte, Präsenz bei den wechselseitigen Festlichkeiten, auf offizieller Ebene oder auch ganz privat. Viele Verbände, Kleintierzüchter, Freiwillige Feuerwehren, Sänger, Briefmarkensammler, berg- und hüttenknappschaftliche Vereine bilden mit ihren „Assoziationen“ ein dichtes Beziehungsgeflecht über die Grenzen hinweg.

Die Wirtschaftsverbände, Handwerks- und Industrie- und Handelskammern haben ihre Zusammenarbeit fest institutionalisiert. Die Gewerkschaften im interregionalen Gewerkschaftsrat spielten dabei eine Vorreiterrolle. Der Verbraucherschutz hat sich grenzüberschreitend organisiert, und selbst die Journalisten haben sich im „ipi“ (Interregionale Presse – Presse interregionale) eine Plattform geschaffen, mit Geschäftsstelle in Saarbrücken, Internetauftritt und eigenem Ausweis.

Im politischen Raum kommt es zu unregelmäßigen Kontakten zwischen den Parteien und auch ihren Jugendverbänden, je nachdem, welche Konjunktur die grenzüberschreitende Zusammenarbeit in den Ländern hat.

Bei den Sozialisten ist das nicht so einfach. Die Luxemburger halten sich mal mehr mit den Rheinland-Pfälzern, dann wieder mehr mit den Saarländern, die französischen Sozialisten mit ihrem innerparteilichen K.o.-System haben eine lebhafte Fluktuation bei den Verantwortlichen – aber es ist gleichwohl zu spüren, wie sich das Verständnis für die Chancen und Notwendigkeiten der Zusammenarbeit immer weiter vertieft.

Auf diese Weise werden gute Voraussetzungen für den Interregionalen Parlamentarierrat geschaffen, in dem die Parlamente der Großregion vertreten sind, 1986 mit einer Konvention begründet und dem Auftrag, die grenzüberschreitende Zusammenarbeit zu fördern, ohne verbindliche Kompetenzen, aber mit einem Apparat und Fachkommissionen, die ihre Vorschläge den Exekutiven zuleiten. Das ist dann aber noch mal eine andere Welt, der Bereich, wo es ernst wird, wo in den Gipfeltreffen verbindliche Vereinbarungen getroffen werden. So sehr auch die vorbereitenden Stabstellen sich Mühe geben, die Angelegenheit verläuft eher zäh. Zu disparat sind die jeweiligen Einzelinteressen, und erste Bürgerpflicht ist die Pflicht zum Egoismus, mit dem milden Wort „Interessenwahrung" verbrämt. Sinnbildlich spiegelt sich das in der immer noch andauernden Suche nach einem Logo, dem identitätsstiftenden Zeichen und nach einem anderen Begriff als dem mir ans Herz gewachsenen Kürzel Saar-Lor-Lux. Hierzulande sollte niemand daran rühren – ich kann mir keine Konstellation denken, die das Saarland noch einmal ganz nach vorne stellt.

Dennoch wird eifrig weiter geforscht, gesucht und entworfen. Ein Preisausschreiben, mit dem die Erfindungskraft der Bevölkerung herausgefordert wurde, scheiterte im Ergebnis bisher ebenso wie die Kreativen in den Agenturen. Dabei war der kurzzeitig favorisierte Vorschlag „Saar-Maas-Moselle" insofern logisch, als die genannten Flussnamen alle Gebiete umschlossen und damit sowohl eine deutsche wie französische Tradition aufgriffen, politische Einheiten nach ihren dominierenden Gewässern zu benennen

Am Problematischsten bleiben die geheimen Vorbehalte, die untergründigen Rivalitäten aufgrund der Sorge, bei der Gewichtsverteilung innerhalb der Region zu kurz zu kommen. Werden wir eine Hauptstadt bekommen? Metz, Saarbrücken, Luxemburg, Trier? Forbach am Ende oder Thionville? Bilden sich Pärchen? Metz und Nancy, Trier und Luxemburg, Saarbrücken und Kaiserslautern? Wie, wenn diese Paare schon untereinander nicht harmonieren: Metz und Nancy, Hauptorte zweier rivalisierender Départements, Kaiserslautern und Saarbrücken, Städte in zwei rivalisierenden Teilregionen.

So wurde lange über ein gemeinsames Sekretariat zur Umsetzung und Koordinierung der gefassten Beschlüsse und zur Vorbereitung neuer Pläne debattiert. Schwierig, schwierig! Was soll, ja was darf eine solche Einrichtung tun und vor allem: Wo kommt sie hin, und wer sitzt drin und macht die Arbeit? Das Letztere war am leichtesten zu beantworten: Alle Beteiligten stellen Mitarbeiter ab. Auf diese Weise ist jedes Land vertreten und kann anregen und umsetzen helfen, vor allem aber auch auf dem Laufenden bleiben, um von Kontrolle erst gar nicht zu reden. An allen anderen Fragen schieden sich die Geister. Natürlich hätte ich so ein Haus am liebsten in Saarbrücken gesehen oder auch in Forbach. Metz hatte Interesse, Trier ebenfalls, Arlon hätte nicht nein gesagt. Warum eigentlich nicht Luxemburg, ohne damit einen zukünftigen Regierungssitz zu präjudizieren? Dieser Vorschlag schien mir am realistischsten zu sein, da das Saarland seine eigenen Interessen – ganz Vorbild – zurückstellte. Also machte ich ihn. Wahrscheinlich liefe die Debatte heute noch, wenn ich nicht – Jean-Claude Juncker schloss sich (freudig) und Kurt Beck (widerstrebend) an – die Bereitschaft des Saarlandes, einschließlich der notwendigen Haushaltsmittel, zum sofortigen Beginn erklärt hätte, ohne auf einen kompletten Konsens zu warten, aber mit dem Wunsch verbunden, Lothringen und die Wallonie möglichst schnell als Partner dabei zu haben. Das Haus gibt es – es arbeitet, und wenn wir es richtig angehen, wird es mehr und mehr Arbeit bekommen.

Wo und wie entsteht die prägende Kraft in der Region, welches Merkmal setzt sich durch? Anciennität wohl kaum – obwohl: Geschichte, Vergangenheit kann die Region bieten wie keine andere, und auch jede Stadt liegt auf historischem Boden. Welche Rolle spielen die Verkehrsachsen? Trier – Luxemburg – Thionville – Metz – Pont-à-Mousson – Nancy mit der großen Nord-Süd-Autobahn, mit zwei Flughäfen oder die alte Ost-West-Verbindung Forbach – Saarbrücken – Homburg – Kaiserslautern mit dem auf der Kohle situierten und zu ungeahnten ökonomischen Größen aufgestiegenen Montanrevier, das den *Bassin Houiller* und das saarländische Industriegebiet umfasst.

Die Versuchung, einen eigenen Weg einzuschlagen, ist bei so ambitionierten Städten sehr groß. Wo gibt es eine vergleichbare Dichte von Bildungseinrichtungen für eine verhältnismäßig geringe Bevölkerungszahl? Wo, außer vielleicht an der Ruhr, gibt es einen so ungebremsten sportlichen Ehrgeiz im Fußball: in Nancy, Metz, Trier, Kaiserslautern, Saarbrücken, Neunkirchen und anderen Orten, die alle gerne oben dabei wären. Flughäfen in Saarbrücken, Zweibrücken, Hahn, Luxemburg und Metz/Nancy. Wettläufe um Infrastrukturen und um Nimbus, um Industrieansiedlung und Touristenströme, Wettläufe, die manchmal allen Beteiligten das Nachsehen gaben.

Deshalb hielt ich mich an folgende Formel: Eine Unternehmensansiedlung im Saarland ist die beste, die im *Bassin Houiller*, bei Saargemünd, in Zweibrücken oder Birkenfeld die zweitbeste Lösung. Metz, Luxemburg, Trier und Kaiserslautern die drittbeste. Aber eben: lieber Metz als München, lieber Luxemburg als Hamburg oder Berlin.

Hier liegt der Schlüssel für die Zukunft der Region. Rivalität – mais oui! Wettbewerb – na klar! Aber im Rahmen des gemeinsamen Zieles. Keiner wird gewinnen, wenn er den anderen schwächt. Die Region braucht Kraft, wirtschaftlich, kulturell, politisch! Sie muss den Kuchen möglichst groß backen und dann so gerecht wie möglich verteilen und darf sich nicht um den *status quo* balgen.

Unsere Flüsse müssen Lebensadern sein, nicht Grenzgewässer, ob Saar, ob Blies, ob Mosel, Our und Sauer. Wir haben gemeinsame historische Identitäten, bei denen die heutigen Grenzen keine Rolle spielten. Bei ihnen können wir anknüpfen, bei den Kelten, den Römern, den Franken, dem frühen Christentum und bei den sozialen Bewegungen, die sich unabhängig von Herrschaft und Nation immer wieder bis in unsere Zeit erhoben. Die Natur und der gestaltende Wille der Menschen geben uns die endlosen Buchenwälder, die vielen natürlichen und künstlichen Seen und Weiher, eine Speisekarte, die Bodenständiges mit Raffinesse verbindet und die ohne säuerliches Bedauern auf den heimischen Wein setzen kann. Aber alle diese Ansätze werden zu zäh und betulich verfolgt. Nach kurzzeitig hektischen Bemühungen treten wieder Phasen des Abwartens ein, als ob man Angst vor der eigenen Courage hätte. Immerhin wird mittlerweile nicht nur nach einem gemeinsamen Namen für das Kind gesucht, sondern – unseren modernen Zeiten angemessen – auch nach einem Leitbild. Die ersten Ergebnisse, der Vorschlag der Saar-SPD vom Juni 2003 und das „Zukunftsbild" der Santerkommission, sind durchaus beeindruckend. Daraus wird dann sicher bald ein „Masterplan" und per „Powerpoint" hoffentlich mehr erreicht als in der Vergangenheit. Ich halte mich vorerst noch an die mir vertrauten Begriffe.

Eine Strategie für die Region

Eine Strategie für die Region müsste die naturwüchsigen Verflechtungen auf der Grundlage ganz individueller Interessenlagen als fruchtbaren Humus ansehen, auf dem bewusst initiierte und vereinbarte Projekte besser gedeihen können. Das Ziel dürfte klar sein:

1. Die Einwohnerzahl darf nicht sinken. Luxemburgs Bevölkerungszahl nimmt zwar ständig zu, aber die anderen Regionen stagnieren oder verlieren kontinuierlich an Einwohnern. Die pessimistischen Prognosen der Bevölkerungsdiagnostiker sollten nicht allzu ernst genommen werden, solange sie sich an der Geburten- und Sterberate orientieren und das – zugegeben zuerst politische, nicht statistische – Thema Binnen- und Zuwanderung ausblenden. Jede Show braucht Publikum, jeder Kaufmann Kunden; mehr Menschen heißt mehr Nachfrage und je größer die Nachfrage, umso breiter kann das Angebot sein.

2. Die Verkehrsinfrastruktur muss stimmen, in der Region selber und bei den Fernverbindungen. Der freie Verkehr über die Grenzen ist seit dem Schengener Abkommen gegeben, jetzt müssen die verstopften Adern im Schienenverkehr geöffnet und neue gelegt werden. Noch enger zusammenrücken muss die Region im Umweltschutz; saubere Flüsse, Erde und Luft sind unser gemeinsamer Besitz.
3. Solange die nationalstaatlichen Strukturen weiterbestehen, muss ein Mechanismus gefunden werden, um die unterschiedlichen Kompetenzen und Strukturen zu neutralisieren. Das gilt vor allem für die Steuer- und Sozialsysteme. Dazu werden Institutionen notwendig, bei denen – in abgewandelter Form – die Gemeinschaftsstrukturen der EU das Vorbild abgeben könnten. Es fehlt eine Einrichtung, die legitimiert ist, Zielsetzungen vorzugeben, die – wenn nötig – anschließend in nationales Recht umgesetzt werden müssten. Etwas Derartiges stellt bereits die Internationale Kommission zum Schutz des Rheins dar. Der interregionale Parlamentarierrat sollte in der Perspektive durch ein direkt gewähltes Parlament, auch hier dem Vorbild der Entwicklung des Europäischen Parlamentes folgend, abgelöst werden.
4. Wir brauchen eine Saar-Lor-Lux-Diplomatie, die den nationalen Einrichtungen Anregungen und Aufträge übermittelt, die in Brüssel und andernorts die Interessen wahrnimmt und sich der nationalen Verbindungen bedient, um die Ziele der Region durchzusetzen.
5. Der Wechsel im Vorsitz, in der Präsidentschaft, oder welcher Begriff auch immer gewählt wird, muss beibehalten werden. Der direkte Zugang, den Luxemburg zu allen überstaatlichen Ebenen hat, darf aber dem Gleichheitsprinzip zuliebe nicht ungenutzt bleiben. Manch regionales Problem kann auch in Paris und Berlin auf diesem Wege besser und schneller gelöst werden als auf

dem normalen Dienstweg. Der Vorschlag, Luxemburg in der Region eine Führungsrolle zuzugestehen, sollte für die anderen Beteiligten insofern akzeptabel sein, als Luxemburg zwar enorm erfolgreich agiert, aber dennoch aufgrund der kleineren Bevölkerungszahl auf Konsens und zusätzliche Legitimation angewiesen ist, und dies umso mehr, je weiter der europäische Integrationsprozess fortschreitet.

6. Die Sprachenfrage ist einfach zu beantworten: Französisch und Deutsch müssen die Verkehrssprachen werden und Englisch dann die erste Fremdsprache. Für Luxemburg bleibt natürlich auch das Letzebuergisch unerlässlich.
7. Die Verknüpfung der Region muss sich auch medial widerspiegeln. Die „Saarbrücker Zeitung" hat mit ihren Seiten „Das Saarland und Nachbarn" einen guten Anfang gemacht. Was den Metzern, Luxemburgern, Trierern und Kaiserslauterern wichtig ist, muss auch für die Saarländer erfahrbar sein, wenn sie es wollen. Das Alltägliche formt die Gemeinsamkeit, wie in der Familie. Für die Menschen im Stadtverband Saarbrücken sind die Ereignisse in Forbach und Saargemünd meistens wichtiger als die in Flensburg oder Passau.
8. Notwendig für die wirtschaftliche Entwicklung ist es, Wissenschaft und Forschung, Bildung und Ausbildung ebenso zu koordinieren wie die Angebote für Neuansiedlungen und die touristische Expansion. Die wirtschaftlichen Chancen sind in der Region ungleich verteilt. Während Luxemburg im Bruttoinlandsprodukt (BIP) weit über dem EU-Durchschnitt liegt, befindet sich der ehemalige Regierungsbezirk Trier weit darunter. Es wird also auch einen internen Finanzausgleich geben müssen, um das auch für die Region geltende Gebot gleicher Lebensverhältnisse im Sinne unseres Grundgesetzes einzuhalten. Diese Einsicht könnte helfen, bei Ansiedlungen immer das Gesamtinteresse im Auge zu haben.

9. Die Region braucht auch eine eigene Identität. Sie kann sich nur aus der Vielfalt entwickeln. Das beginnt im Kindergarten und in der Schule. In den klassischen Fächern muss die Vielseitigkeit vermittelt werden. Zur Heimatkunde gehören die Nachbarn in historischer, geografischer, kultureller und musischer Hinsicht. Identifikationsmöglichkeiten gibt es in großer Zahl, man muss nicht immer bis zu Karl dem Grossen zurückgehen. Die Tatsache, dass wir alle in demokratischen Gesellschaften leben, sollte uns diese Aufgabe erleichtern.
10. Die Einigung in der Region verlangt Mut zum Wettbewerb, auch untereinander, wie auch die Fähigkeit zum Verzicht. Je enger und dichter der Austausch über die Barrieren der Vergangenheit hinweg erfolgt, umso eher wird eine ressourcensparende und qualitätssteigernde Schwerpunktbildung möglich. Spitzensport und Spitzenkultur kann es nicht überall geben, deshalb muss bei derartigen Investitionen geklotzt und nicht gekleckert werden. Für mich hat die Vorstellung einer großen Halle für die Region mitten auf der Grenze immer noch eine faszinierende Kraft.

Das alles ist im Prinzip nichts Neues, sondern eine unvollständige Aufzählung dessen, was notwendig wäre, um voranzukommen. Wenn ich diese Gedanken nach offiziellen Begegnungen in der entspannteren Bistro- oder Kneipenatmosphäre vortrug und mich ereiferte, fand ich in der Regel große, ja begeisterte Zustimmung. Der Geist der Brüderlichkeit ergriff die nächtlichen Gesellschaften und entrückte sie in schöne Träume von einer noch schöneren Zukunft. So bin ich in vielen Nächten voller Zuversicht nach Hause zurückgekehrt und habe anschließend diese Zukunft noch einmal geträumt. Meistens sah die Welt am anderen Morgen wesentlich prosaischer aus, und die Pläne gerieten wieder ins Stocken.

* * *

Wenn ich in meiner politischen Arbeit ein großes Ziel gerne realisiert hätte, wenn ich etwas wirklich gewollt habe, dann war es das Zusammenführen und -finden der Region. Dies bleibt für mich der Königsweg in eine sichere und zugleich vitale Zukunft des Saarlandes und seiner Nachbarn. Dass mir in dieser Frage das Steuer aus der Hand genommen wurde, ist wohl das Einzige, was richtig schmerzt. Alles andere Wichtige, wie Teilentschuldung, Forschungslandschaft, Umstrukturierung, Schienenschnellverkehr etc. war realisiert oder auf den Weg gebracht. Aber die Verschmelzung der Region, zumindest der Beginn, wäre der große Sprung nach vorne gewesen und wird es auch sein, wenn die Nachfolger es ähnlich sehen und auch betreiben. Der Bericht der Santerkommission liefert die *road map*. Zur Umsetzung sollten die Wegweiser – entgegen ihren sonstigen Gewohnheiten – den Weg auch gehen, den sie auf dem Gipfel gewiesen haben.

Das ist in der Politik die wichtigste Frage: Womit schläft man ein, womit wacht man auf? Der Tagesablauf und die Tagesordnungen sind nicht das Entscheidende, sondern das, was einen umtreibt, was einem keine Ruhe lässt. Für diejenigen, die in unseren Parlamenten regieren oder opponieren, ist Politik auch ein Beruf. Diese Tatsache bedingt Professionalität, aber auch Leidenschaft. Der größte Alptraum war für mich, an großen Empfängen teilzunehmen, bei denen ich das Gefühl hatte, dass alle Anwesenden sich selbst genug waren und jeder sich nur in den anderen spiegelte, anstatt sie wahrzunehmen. Das geschieht allzu oft auch in den interregionalen Beziehungen. Hier sind die negativen Auswirkungen von Lethargie und Attentismus schwer zu quantifizieren, und selbst wenn das gelingen sollte, nicht zu sanktionieren. Deswegen verlangt diese Arbeit Selbstdisziplin und Energie, die vor allem aus der inneren Überzeugung gespeist werden muss, denn der Leidensdruck ist nicht groß genug, und irgendwie – das ist ja leider oder auch glücklicherweise richtig – wird es schon weitergehen.

Das Grenzgebiet ist meine Heimat geworden. Es steckt für mich voller Erinnerungen und Assoziationen. Ich habe mich in ihm und mit ihm verändert. Die Grenzstationen sind abgerissen, verfallen oder werden zu neuen zivilen und profanen Zwecken genutzt. In der Françoisstraße in Saarbrücken residiert ein Italiener, der mit seiner Küche die Feinschmecker in sein Restaurant lockt. Auf der Goldenen Bremm, der Grenzstation unterhalb der Spicherer Höhen, findet regelmäßig ein deutsch-französisches Nachbarschaftsfest statt. Beim „Woll" treffe ich immer noch viele Weggefährten, wenn ich mein Amère-Bier trinke, Riesling zum Münsterkäse und, ganz selten nur noch einen, aber wirklich nur *einen* Mirabell.

Dort, wo ein Weg zum Denkmal des Bruno von François führt, befindet sich eine eiserne Tafel, auf der zu lesen steht: „Chemin du Général Bruno v. François, tombé à Spicheren le 6. 8. 1870". Nur wenige wissen noch von den Zusammenhängen. Die unbefangenen Spaziergänger, ob deutscher oder französischer Herkunft, werden denken, dass Frankreich damit einen seiner Helden ehrt, dabei war er ein Preuße. Diese paradoxe Situation ist letztlich durch Intoleranz, die vor 200 Jahren die Familie François aus Frankreich vertrieb, und durch Nationalismus entstanden, der den preußischen Soldaten in die Gewehrsalven stürmen ließ. Starb so ein verlorener Sohn Frankreichs oder ein treuer Sohn Deutschlands? Das ist eine Frage von gestern, für uns starb ein Mann, dem wir gerne ein längeres Leben, ganz gleich wo, gegönnt hätten.

Der Frieden, den wir jetzt in der immer wieder umkämpften Region haben, beruht nicht auf Festungen und Bunkerketten, sondern auf Verständigung und auf dem Wunsch, gemeinsam eine Zukunft zu haben.

Zeitreise zu Kelten und Römern

Warum liebe ich Marsal im Seilletal so sehr? Warum die Burgen Wasigenstein und Lützelhardt in den Nordvogesen, warum verträumte Städte und Dörfer wie Finstingen in Lothringen und Hinsingen im Krummen Elsass? Warum diese stillen, abgelegenen und ruhigen Orte? Es ist wohl der Wunsch, etwas Besonderes für mich alleine zu haben, Plätze, die wir nicht kaufen können, wenigstens exklusiv zu erleben und damit für einen kurzen Moment zu besitzen.
Von dieser Art hat die Saar-Lor-Lux-Region sehr viel zu bieten. Wie aber nutzt man ein verträumtes Nest touristisch? Wie schlägt man aus quasi garantierter Einsamkeit Profit? Wie macht man den Pilzreichtum eines Waldes, die Orchideenvielfalt mancher Hänge zur touristischen Attraktion, ohne sie zu zerstören. Mit sanftem Tourismus, sagen Sie? – Ja! Dreimal ja, aber ab welcher Zahl wird er unsanft?

Reichstag und Brandenburger Tor: das ist große Oper, wie auch Westminster, Trafalgar Square, Louvre und Champs Elysées, Petersplatz und Spanische Treppe. Diese Orte sind für Massen gebaut und brauchen ihr Publikum. Was aber ist mit der Einsamkeit der Hochgebirge, wenn die Seilschaften in genau getimeten Abständen, in endloser Kette als *slow motion*-Paternoster die Berggiganten hinauf- und hinunterklettern und das Gipfelerlebnis rationiert werden muss wie das Wasser in der Wüste.

So bin ich denn hin- und hergerissen bei dem großen, grenzüberschreitenden Projekt „Europäischer Kulturpark Bliesbruck-Reinheim“, einer deutsch-französischen Veranstaltung, die viel zu bieten hat: neben Landschaft und Natur vor allem keltische und römische Geschichte. Den Besuchern soll durch Anschauung und Erfahrung sowohl Bildung als auch Zerstreuung geboten werden, im Gegenzug bringen sie Geld und Arbeitsplätze für die gebeutelte Region. Auf diese Weise wird aus einem verträumten Tal, aus Gräbern, aus Gebäuderesten ein Standortfaktor, Grundbedingung und entscheidendes Argument für finanzielle Förderung durch die beiden Staaten. Soll man eine solche Chance, die gemeinsame Vergangenheit zweier Völker zu dokumentieren, generös verstreichen lassen? Sicher, es ist keine Akropolis, kein Forum Romanum, kein Pont du Gard, aber dennoch ein beeindruckendes Zeugnis römischer und keltischer Präsenz, in seinen Funden wichtig und in Teilen durchaus sensationell.

Ich kannte Reinheim vom Hörensagen. Das keltische Fürstinnengrab hatte den Namen weithin bekannt gemacht. Die Funde waren aber nicht dort, sondern im Museum für Vor- und Frühgeschichte in Saarbrücken zu betrachten. Reinheim, das war auch der Bliesgau *par excellence*, eine der schönsten Landschaften überhaupt – und diese Aussage gilt nicht nur für das Saarland. Eine Podiumsdiskussion im Vorfeld der Bundestagswahl 1972 brachte mich zum ersten Mal in den kleinen, abgeschiedenen Ort.

Es ist eine malerische Strecke von Saarbrücken dorthin. Ich nahm damals den Weg über Fechingen, kletterte im zweiten Gang – der Schalthebel des 2 CV zitterte Protest – an der Flanke des Birzberges entlang, die kurvenreiche Steigung hoch, um nach einer kurzen Fahrt, in etwa parallel zum Höhenkamm, ins Bliesransbacher Tal zu schwingen. Auf dem Straßenstück nach Bliesmengen-Bolchen gesellte sich rechter Hand das Wasser der Blies dazu, an dieser Stelle Grenzfluss zwischen Frankreich und Deutschland. Auf der linken Seite der Straße, an den Hügel geschmiegt, liegt ein Bauernhof, den Alfred Döblin in seiner Erzählung „Das Gespenst vom Ritthof" literarisch verewigt hat. Dann kommt schnell Bliesmengen-Bolchen mit dem nahe gelegenen Wilhelmitenkloster Gräfinthal und einer Freilichtbühne. Bis Habkirchen folgt die Straße der Blies, linkerhand sind in den Streuobstwiesen Mauern zu erahnen, die in den Zeiten der Römer den Boden für den Weinbau terrassierten. Kurz vor Habkirchen kreuzt die Straße Blieskastel – Saargemünd, dann geht es an der Annakapelle vorbei auf die Höhe, den Bliesbogen zwischen Habkirchen und Reinheim abschneidend, um anschließend in einer steilen Passage ins Tal nach Reinheim zu führen.

Veranstalter der Diskussion war die Junge Union. Ich war der einzige Andersdenkende, hatte nichts zu verlieren und daher einen bequemen und schönen Abend vor mir. Ich sollte vorgeführt werden, aber die berühmten „tödlichen Fragen" an den Gegner sind doch nichts anderes als willkommene Stichworte, um sich zu profilieren. In solchen Fällen müssen keine eigenen Anhänger stabilisiert werden, sondern der gesamte Eifer kann auf die Verunsicherung des Gegners verwandt werden. Je ruhiger und freundlicher meine Antworten kamen, umso mehr konnte ich an Sympathie – an Stimmen sicher nicht – gewinnen. In Reinheim wurde regelmäßig an und auf der Brücke über die Blies ein Fest gefeiert, um die gute Nachbarschaft mit Frankreich fröhlich zu würdigen. Das hielt die Teilnehmer an der Diskussion aber nicht davon ab, die auf Verständigung mit Osteuropa gerichtete Politik Willy Brandts in Bausch und Bogen zu verdammen. Ich verstand diese Haltung nicht, aber mein missionarischer Eifer war verschwendete Liebesmüh. Der – wie ich glaubte – schlagende Hinweis auf die Aussöhnung zwischen Frankreich und Deutschland, die erst die letztlich unkomplizierte Rückkehr der Saar zu Deutschland ermöglicht hatte und die daraus abzuleitende Konsequenz, dass eine ähnliche Versöhnungspolitik nach Osten die Voraussetzung für eine Wiedervereinigung, vermutlich im Rahmen der Entwicklung Europas, sein könnte, leuchtete schlichtweg nicht ein. Ein Feindbild musste mindestens sein. Dazu dienten an diesem Abend die Kommunisten, die Russen und vor allem ich, der ich mit meiner weichen Haltung den Westen schwächen würde.

Aber auch diese Kontroversen hinderten uns nicht daran, anschließend noch lange zusammenzusitzen und die Welt zu interpretieren. Als im Gasthaus die feste Nahrung ausging, brachten ausgeschickte Boten riesige Gläser mit Blut- und Leberwurst sowie saure Gurken, die dem Magen plausibel machten, immer noch eine Runde Bier und Selbstgebrannten zu akzeptieren. Aus dieser Nacht nahm ich aber auch die Gewissheit mit, dass die deutsch-französische Freundschaft hier als selbstverständlich empfunden wurde und dass dieser Grenzfluss zwischen Westwall und Maginotlinie nicht mehr die Menschen voneinander trennte, sondern mit seinem malerischen Tal wieder allen gehörte, die an seinen beiden Ufern lebten.

Die Blies, eher ein Flüsschen als ein Fluss, mündet bei Sarreguemines in die Saar. Für den Nordosten des Saarlandes ist sie das prägende Gewässer. Nicht von ungefähr wurde im Mittelalter ein Gau nach ihr benannt. St. Wendel, Ottweiler, Neunkirchen, Homburg und Blieskastel sind wichtige Zentren des kleinen Landes und liegen an der Blies. Hinter Blieskastel verändert sie ihren Charakter, entfaltet ihre schönsten landschaftlichen Reize und wird zum stillen, abgeschiedenen Grenzfluss. Wenn ich zwischen Neunkirchen und St. Wendel unterwegs bin, fällt es mir schwer, daran zu denken, dass es sich um dasselbe Gewässer handelt wie jenes, das die beiden ehemaligen Zollstellen in Saargemünd voneinander trennt, die passiert werden müssen, wenn man den Weg rechts der Saar wählt, um in friedlicher Absicht in Frankreich einzufallen. Wer sich dann direkt hinter dem ehemaligen französischen Posten, der wie eine Insel im Verkehrsstrom liegt, nach links wendet und bliesaufwärts fährt,

Bliesgersweiler, Frauenberg und Bliesebersing passiert, gelangt schließlich nach Bliesbrück. Schon vor 1900 war bekannt, dass im Gewann „Sand“ eine bedeutende römische Niederlassung bestanden haben musste, bestätigt durch die Funde einer Jupiterstatuette und zahlreicher Münzen. Danach erreicht man in Reinheim wieder saarländischen Boden.

Dieser Teil des Landes war immer eine besonders verträumte Ecke direkt neben dem pulsierenden Industrierevier und ist es bis heute. Nur von Zeit zu Zeit, wie langsame Bewegungen eines friedlich Träumenden, rührt sich etwas im Bliesgau. In Walsheim wurde Bier gebraut, in den 20er Jahren weit über die Landesgrenzen hinaus gerühmt. In Gersheim wurde mit dem Kalkbergwerk ein künstliches Höhlensystem gegraben, und der Golfplatz in Rubenheim wird von seinen Gegnern mit der für ländliche Gebiete typischen Ausdauer heftig und kompromisslos befehdet. In Gersheim entstand eine Gesamtschule, und auf der Grenze treffen sich seit einigen Jahren Schriftsteller aus Deutschland, Frankreich und Polen, um das „Weimarer Dreieck“ poetisch zu konkretisieren.

Die siedlungsfreundliche Gaulandschaft hat archäologische und bauliche Zeugnisse aus vielen Jahrhunderten zu bieten, aber an keiner Stelle sind sie so dicht gesät wie ausgerechnet im Grenzgebiet von Bliesbruck-Reinheim.

Die Besonderheit des Platzes war durchaus bekannt, aber es bedurfte eines Kaufmannes aus Saargemünd, um ihn aus seinem Dornröschenschlaf zu erwecken. Jean Schaub hatte sich nach einem Herzinfarkt aus dem Beruf zurückgezogen, sein bisheriges Steckenpferd, die archäologische Erforschung seiner Heimat, zur Hauptbeschäftigung gemacht und mit seinen Talenten und seinem Engagement nach der Exploration des Heidenkopfes in Sarreinsming den europäischen Kulturpark Bliesbruck-Reinheim ins Leben gerufen und vorangebracht.

Mit seiner offenen, freundlichen, aber doch lebhaften Art, stets begleitet von seiner zurückhaltenden und nicht minder freundlichen, ja herzlichen Frau, verstand Schaub es, bei den öffentlichen Stellen in Frankreich und im Saarland Unterstützung, Zustimmung bis hin zur Begeisterung zu wecken. Er schuf ein Netz von Kontakten, von ernsthaften und unterhaltenden Veranstaltungen, erschien mit seinem offenen, auch durch den Bart nicht zu verschließenden Gesicht immer dort, wo er hoffte, „sein" Projekt voranbringen zu können. 1971 hatte er den *vicus* „entdeckt", 1977 das erste Grabungscamp durchgeführt.

Die Grabungskampagnen in den Sommerferien wurden zu gesellschaftlichen Ereignissen für die Daheimgebliebenen. In einem großen Zeltlager kamen Freiwillige, meist Jugendliche aus ganz Europa zusammen, um unter Anleitung professioneller und erfahrener Archäologen, eine ganze Stadt, zumindest deren Teile, die nicht durch Kiesabbau zerstört oder wegen darüber liegender Wohnbebauung nicht mehr erreichbar sind, auszugraben. Ein Leben, gefüllt mit Arbeit, mit Gemeinschaft, in der Brot und Wein einen anderen Geschmack hatten als sonst. Das Geld hatte Schaub in Paris losgeschlagen, mit Unterstützung von Philippe Leroy, dem Präsidenten des Generalrats der Moselle. Das zentralistische Frankreich kleckert nicht, sondern klotzt, wenn es sich für ein Projekt entschieden hat. Deshalb gammelt aber auch manches an anderer Stelle vor sich hin. Schaub fand Partner auf der deutschen Seite, die mit einem nicht so weit reichenden Engagement, aber mit Engagement gleichwohl, das Projekt vorantrieben.

Mir war es vorbehalten, nach einem geschickt inszenierten Besuch mit „richtiger" Ausgrabungsbeteiligung (der Landrat des Saarpfalzkreises, Clemens Lindemann, der ebenfalls Feuer gefangen und aus seiner Zeit als Sozialamtsleiter der Stadt Saarbrücken beste Kontakte hatte, wusste, wie ich zu packen war), eine größere Summe im saarländischen Landeshaushalt unterzubringen. Sie war nicht zu hoch, sondern so dimensioniert, dass man sie als „Marotte Klimmt“ unter der Kostenstelle Parlamentspflege, die überall und nirgends in allen öffentlichen Haushalten zu finden ist, abbuchen konnte und dies dann auch tat. Die Größenordnung war so gehalten, dass ich niemandem zu sehr verpflichtet war und in den Haushaltsberatungen keinen Unsinn tolerieren musste, um mein Anliegen durchbringen zu können. Das lief leider nicht von selbst, denn das Ausgraben gallo-römischer Städte ist nun mal kein weit verbreitetes Hobby.

Die Ausgrabungsstätte, in einem Bogen der Blies gelegen, wo diese vom saarländischen Fluss – übrigens wenige hundert Meter von der Nahequelle im Hunsrückvorland geboren – zum Grenzfluss wird, um sich dann bei Saargemünd in der Saar zu verlieren, hat neben ihrem ungewöhnlichen landschaftlichen Reiz und den Bodenfunden auch viel Symbolisches zu bieten. Sie liegt auf dem Gelände einer ehemaligen gallo-römischen Stadt neben dem Humarich (Hümmerich), einem den Talkessel beherrschenden Bergsporn, auf dem ein keltischer Fürstensitz vermutet wird. Unterhalb des Hügels wurde im Jahre 1954 zufällig das Fürstinnengrab von Reinheim (um 400 v. Chr.) beim Kiesabbau entdeckt. Die dort geborgenen Schätze keltischen Kunsthandwerks gehören zu den prächtigsten und berühmtesten Funden dieser Art in Mitteleuropa, vor allem die bronzene Weinkanne, die zur Lebensfreude des hellen Landes passt und auch als Briefmarke verewigt ist.

Die Ausgräber und Forscher entdeckten die Reste einer Römerstraße. In noch weiter zurückliegenden Zeiten lief hier wohl eine wichtige Verkehrsader, die, Blies- und Nahetal nutzend, Ostfrankreich mit dem Mittelrheingebiet verband. In der Kaiserslauterer Senke, nicht weit von Homburg, kreuzte der Weg die Strecke Saarbrücken – Worms.

Siedlungen gab es aber schon vorher: die reichhaltigen archäologischen Funde gehen bis in die Steinzeit zurück. Bis vor kurzem waren nur Funde aus der jüngeren Steinzeit bekannt. Neuere Grabungen förderten auch Artefakte aus dem Paläo- und Mesolithikum zu Tage. Aus der Zeit um 800 v. Chr. stammt ein spektakulärer Hortfund. Mit dem Erscheinen der Römer wurde das Gebiet an der Blies, seine auf dem fruchtbaren Muschelkalk entstandene, offene Landschaft zu einem bevorzugten Siedlungsgebiet.

Villen wurden an vielen Stellen gebaut, ihre Spuren gehören noch heute zum Alltag der Menschen, lassen sich in Feldern und Wiesen von einem geübten Auge mühelos identifizieren. Römische Steine, Ziegel – auch solche, die in Blickweiler an der Blies gebrannt wurden –, Scherben, Münzen, Mauerreste, Kultstätten und kunstvolle Skulpturen zeugen von dieser zumeist friedlichen, prosperierenden Zeit. Marktflecken entstanden und zwischen dem heutigen Reinheim auf deutscher und Bliesbruck auf der französischen Seite eine größere gallo-römische Stadt. Mit dem Vordringen der Germanen wurde diese Idylle zerstört, die Menschen zogen sich vor der Bedrohung zurück. Funde aus den Zeiten der Merowinger und Karolinger belegen aber auch, dass die Fruchtbarkeit des Bodens und die begünstigte Lage dieses umkämpften Gebietes immer wieder neue Bewohner anzog und das Leben auf andere Art weiterging.

Die heutige Grenze verläuft mitten durch das Grabungsgebiet, mitten durch die ehemaligen Siedlungen. „Was hat sie dort verloren?“, möchte man mit Alfred Gulden fragen. Das ist das eine, was den Betrachter beschäftigen kann: Sinnhaftigkeit und Sinnlosigkeit von Grenzen. Hier erscheint sie zutiefst sinnlos, deplaziert. Ein anderes Thema ist das Schicksal von Landschaften, Städten und Dörfern durch das Verschieben von Verkehrs- und Lebensachsen, der Wechsel von Licht und Schatten, von Armut und Prosperität, von Zeiten der Aktivität und solchen der Stille.

Bliesbruck und Reinheim sind heute stille Orte. Dieser Teil des Bliesgaus im Saarländischen ist fast von aller industriellen Betriebsamkeit abgetrennt, im Lothringischen genauso, Grenzorte, aus denen viele Talentierte in die benachbarten größeren Städte oder in die Metropolen ziehen und die Daheimbleibenden in den nahe liegenden Industrierevieren als Pendler ihr Geld verdienen.

Vor 2000 Jahren und früher herrschte hier für die damaligen Verhältnisse emsige Betriebsamkeit, aber die Verkehrsadern haben sich längst verlagert. An beiden Seiten der Blies verlaufen immer noch Straßen, doch der Fernverkehr rollt auf anderen Wegen, hat andernorts neue Verkehrsknotenpunkte entstehen lassen.

So etwas geschieht ständig irgendwo auf der Welt, auch bei uns in Deutschland. An der alten B 9, vor dem Bau der Eifelautobahn Verkehrsschlagader am linken Mittelrhein, liegen jetzt stillgelegte Tankstellen und Verkaufsstände, die ihre Kunden verloren haben. Hunderte Male bin ich dort entlang gefahren auf dem Weg nach Bonn oder in den Norden. Heute bummele ich, aus Neugier und Nostalgie zugleich, über diese Strecke und über die Hunsrückhöhenstraße mit ihren ehemaligen Haltepunkten, die Goldgruben waren, als es die Autobahn Saarbrücken – Trier – Koblenz noch nicht gegeben hat.

Jetzt kommt die Geschäftigkeit nach Bliesbruck und Reinheim auf andere Art zurück. Es ist der Wunsch vieler Menschen, in die Vergangenheit zu sehen, vielleicht etwas über sich selber zu erfahren in dem, was die Menschen vor Jahrhunderten, vor Jahrtausenden eher zufällig von ihrer Lebensweise übrig gelassen haben. Vielleicht dachten jene, die in Höhlen und an Felswänden mit Farben, Kerben und geritzten Linien magische Zeichen setzten, auch an zukünftige Generationen. Vielleicht waren einige von ihnen ähnlich selbstverliebt und eitel wie wir, die wir unsere Visitenkarten in Gestalt von Zeitungen, Münzen (Gott Mammon verkörpernd) und Urkunden in Grundsteine mauern, um zukünftigen Archäologen und damit späteren Generationen die Arbeit zu erleichtern, uns auf die Spur zu kommen und unsere Einzigartigkeit zu sehen und anzuerkennen. Und so sind die Schutzbauten, die über den Resten eines römischen Bades errichtet worden sind, und die drei *tumuli*, als künstliche, simulierte Hinterlassenschaft erneut aufgeworfen – wovon das Fürstinnengrab begehbar ist, um an bestimmten Tagen, in Spitzenzeiten im Schichtbetrieb, die Grabesruhe sinnlich erfahrbar zu machen – Zeugen unserer Gegenwart.

Auch der neu errichtete, didaktisch aufbereitete Museumsbau an der Reinheimer „Europabrücke“ über die Blies gehört zu den „zukünftigen Spuren“ unserer Kultur – und es sind, selbst wenn sie wieder in sich zusammenstürzen werden, nicht die schlechtesten. Sie zeugen von Respekt gegenüber dem Vergangenen, aber auch vor sich selbst – und in dem „sich präsentieren Wollen“ von der gegenwärtigen Vitalität sowie durch die Mächtigkeit und Stabilität der Bauten auch von Vertrauen in die Zukunft.

Die ausgegrabene Handwerkergasse des *vicus* mit Schmelzöfen, Schmiedeplätzen, Töpfereien, Mühlen und Backöfen, mit einem langgezogenen Säulengang zur Straße hin, der den „Bürgersteig“ überdachte, beeindruckt auf andere Art als die weitläufigen Villenanlagen der Herrschaftssitze oder die Wucht der Grabbauten. In ihrer Dichte, nebeneinander gesetzt wie in den orientalischen Basaren und den Ausstellungskabinen auf Messen, zeigen sie das tägliche Leben, veranschaulichen das Aufeinanderangewiesensein einer wachsenden Bevölkerung und die notwendig gewordene Arbeitsteilung, um zu überleben. Sie belegen auch den Wunsch nach mehr, nach immer Neuem, nach Anders- und Fremdartigem. Das war der Antrieb für die Händler, die schon in der damaligen Zeit Tausende von Kilometern überwanden, um ihre Geschäfte zu machen.

Die Scherben der Alltagsgefäße rühren an, und doch sind es die sakralen, magischen und bewusst künstlerischen Objekte, die uns besonders anziehen, weil sie über uns selbst hinausweisen.

Das alles kostet Geld. Aber selbst wenn der Plan nicht gelänge, den „Europäischen Kulturpark Bliesbruck-Reinheim“, wie es etwas aufgebasen heißt, zu einer Touristenattraktion zu machen, wodurch aus den eingesetzten Mitteln eine veritable Investition würde, mit Rentabilitätsberechnungen und Kosten-Nutzen-Relationen, ist mir dies als „zukünftiger Überrest“ unserer Zivilisation um vieles lieber, als die unweit von Bliesbruck auf den Höhen errichteten Bunker der Maginotlinie mit ihren unterirdischen weitläufigen Verbindungsadern, zweifellos großartig als Ingenieurleistung, mehr aber nicht, Zeichen der Warnung vielleicht, Denkmäler gleichwohl.

Wir werden uns aber auch fragen lassen müssen, ob das Aufdecken der Vergangenheit, das Zurschaustellen selbst des Intimen bis zur ständigen Begehung und Besichtigung des – wenn jetzt auch künstlichen – Grabes in dem aufklärerischen Effekt, wenn er denn aufträte, und in der ökonomischen Wirkung seine Rechtfertigung findet.

Dieser stille Winkel mit seinen natürlichen Besonderheiten bei Fauna und Flora, mit seiner in sich ruhenden Beschaulichkeit, die gefangen nimmt, wenn man gemächlich den Zug der Wolken und den Flug der Vögel am Himmel verfolgt, hat eine eigene Art von Attraktion, die sich nur dem aufmerksamen Beobachter erschließt. Die Einheimischen leben darin, wie in einer Wohnung, deren Elemente selbstverständlich und damit kaum noch wahrnehmbar sind. Der Massentourismus wird dieses Empfinden erst gar nicht aufkommen lassen, weil er die geltenden Bedingungen durch Lärm, Verkehr und Betriebsamkeit verändern, ja zerstören wird. Er folgt damit seinen eigenen Gesetzen, wie überall auf der Welt, macht die Stille zum Objekt der Besichtigung und verleitet die Besucher dazu, den Ort „gemacht“ zu haben, von Führern bedrängt und weiter getrieben. Wo man verweilen möchte, wird man mit Kommentaren und Anekdoten überschüttet, mit Fragen bombardiert. Von dem immer gleichen Essen begleitet, mit den immer gleichen Getränken, den Papp- und Plastikbechern, mit Pommes-Duft und Eisverkäufergeschrei inmitten eines genormten Mobiliars, mit dem überall auf der Welt die

Attraktionen ausgestattet sind und das seine Entsprechung im Interieur der Caravans und Wohnmobile findet.

Nun denn, wer den Tourismus als Erwerbsquelle nutzen will, darf sich vor so etwas nicht ekeln, besonders nicht in unseren Zeiten, wo der Markt von einem Verkäufer- zum Käufermarkt geworden ist, wie es im Fachjargon heißt, und wo die Standardisierung, die „McDonaldisierung" mit den Garantien – ganz gleich ob am Äquator oder an den Polen – auf Vorhersehbarkeit, Berechenbarkeit, Effizienz und Kontrolle unsere Gewohnheiten bestimmt, für mich ein Synonym für Einfalt. Aber Einfalt ist gefragt, auch in den höchsten Preisklassen. Davos ist Davos: Raufziehen, Runterfahren, Après-Ski, *beautiful people.* Mallorca ist Mallorca: Strand, Sangria, braunwerden, zusaufen, abtanzen. Berge, Schnee, Sonne, Meer – einfache Konzepte.

Ich bin bei Bliesbruck und Reinheim immer noch unsicher. Am stärksten beeindruckt mich der magische Gedanke der vereinten Suche nach der gemeinsamen Vergangenheit genau an dem Ort, an dem sich mit Grenzstellen und Grenzsteinen das Trennende manifestierte. Da verläuft die Grenze quer durch ein Haus; die Menschen, die es vor vielen Jahrhunderten bauten, schützten damit sich und ihre Familien. Sie sorgten sich um ihr Auskommen und hofften auf eine Besserung ihrer Lebensumstände, genau wie wir, unabhängig vom Grad des Wohlstands.

Die Absurdität der jahrhundertealten Feindschaft zwischen Deutschland und Frankreich enthüllt sich mir an diesem Platz noch deutlicher als in Verdun.

Wir können die Entwicklung zwar planen, aber nicht vorhersehen. Der augenblickliche Zustand, zwischen Vergangenheit und Zukunft quasi schwebend, hat seinen besonderen Reiz. Wenn wir an langen Tischen saßen und über die Ausgrabungen, über Tagesereignisse und weitere Pläne sprachen oder von uns selbst erzählten, und es allmählich dunkler, stiller wurde, konnte niemand dem Zauber des Ortes entgehen. Der Hügelring zog sich hinter die Schatten zurück, und wer den richtigen Platz erwischt hatte, konnte die Lichtstreifen der Autoscheinwerfer auf der Höhe bei Reinheim sehen, die sich manchmal wie die hellen Finger eines Leuchtturms gegen den Nachthimmel abzeichneten. Dann wünschten wohl viele, dass sich dieser Zustand nie mehr ändern würde, und die Geräusche in der Nacht, die wir als Städter kaum enträtseln konnten, waren dennoch vertraut wie das Knistern des Holzes in den Feuern.

Ich versuchte mir vorzustellen, wie vor Tausenden von Jahren die Menschen den Zauber dieses Ortes wohl empfunden hatten, und ob die Nächte damals dunkler waren und damit die Sterne heller.

Diese Gedanken mögen auch viele der Jugendlichen bewegt haben, die aus Deutschland und Frankreich gekommen waren, um mit den Gästen aus anderen Ländern nach ihrem eigenen und dem gemeinsamen Herkommen dort zu suchen, wo so lange das Trennende geherrscht hatte.

Ich will meine Genugtuung nicht verschweigen, die ich empfand, wenn im Museum des Kulturparks Gedränge herrschte, wenn viele Menschen sich an den Tumuli vorbeischoben und fröhlich diesen Ausflug in die Vergangenheit und gleichzeitig in die Zukunft genossen. Vielleicht gelingt es uns, den Charme des Tales zu erhalten, ihn vielen Menschen aus nah und fern zu vermitteln, ohne die Reiher zu vertreiben.

Und auf irgendeine Weise wird auch Jean Schaub immer gegenwärtig sein, der in seiner Biografie den Wunsch nach beruflichem und materiellen Erfolg mit der Fähigkeit zu kultureller und gesellschaftlicher Verantwortung vereinte.

DAS DRITTE KAPITEL

Der große Kampf der Bergleute im Jahr 1997

Helm ab zum Gebet – Eine lange Geschichte
Müngersdorfer Stadion – Mit der Kohle leben
Eckstein und Co. – Ein Pyrrhussieg

Helm ab zum Gebet

Die Bergleute aus dem Saarrevier, die mit Bussen und PKWs in Bonn eingerückt waren, nahmen ihre Helme ab, und ehe die Kundgebung begann, trat für einen Moment Stille ein vor den neu errichteten Museumsbauten am Rande des Regierungsviertels in der bereits zum Auslaufmodell verurteilten Hauptstadt. Es war der Vormittag des 12. März 1997.

Die Bereitschaftspolizisten standen hinter den Absperrgittern und beobachteten, unsicher und verwundert zugleich, dieses seltsame Ritual. Im Saarrevier war es immer noch Tradition, vor dem Einfahren, vor dem Beginn der Schicht ein Gebet zu sprechen. In dieser Geste spürte man die Eigenart des Berufs, aber auch die Besonderheit des Menschenschlags, der in einer Art Niemandsland zwischen den großen Nationen Frankreich und Deutschland einer gefahrvollen Arbeit nachging, einer Tätigkeit, die in vielen Familien zur Tradition gehörte und zum Bestandteil ihres Selbstverständnisses geworden war; jeder Saarländer ist direkt oder auf Umwegen familiär mit dem Bergbau verknüpft: Vater, Großvater, Onkel, Cousin, irgendwo zeigt sich dieses Band, und das galt und gilt ebenso für die Zugereisten, die Eingewanderten, soweit sie in saarländischen Familien heimisch geworden sind.

In Bonn hatten sich Tausende versammelt, hatten diszipliniert die Nacht im Freien verbracht, nur durch mitgebrachte „Brumse", offene Kohlenfeuer in großen Tonnen, gewärmt. Andere hatten sich im Erich-Ollenhauer-Haus eingenistet, wo der politische Arm der Arbeiterklasse erschrocken den freundlichen Überfall seiner Klientel registrierte – manchem der in diesen hellen, offenen Räumen arbeitenden Bürokraten schien es, als ob er seine Stadt, das eigene Haus und sich selbst feindlichen Horden auszuliefern hätte. Umso größer das Erstaunen am anderen Tag: kein Dreck, kein Müll, alles sauber hinterlassen. Die hell gewandeten, behelmten, schwer gegürteten, mit klobigen Arbeitsschuhen versehenen Männer hatten sich – wie in ihrem Alltag, über und unter Tage, gewöhnt – vorsichtig und geschickt zugleich bewegt. Eine riesige Schar Samurai, getragen von Vornehmheit und zurückhaltender Scheu, schließlich war man in der Bundeshauptstadt, aber auch entschlossen, wenn es notwendig sein würde, die Absperrgitter zu durchbrechen und – Bannmeile hin, Bannmeile her – zu ihren Repräsentanten den direkten Weg zu nehmen und ohne Umschweife mit ihnen zu sprechen.

Auch die Polizisten hatten die ganze Nacht ausgeharrt, standen nicht weit weg von den Bergleuten auf den ihnen zugewiesenen Plätzen. Sie ließen jeden als berechtigt Ausgewiesenen passieren, und man spürte die Erleichterung darüber, dass die Näherkommenden nichts anderes waren als Parlamentäre oder nur in ihre Büros zur Arbeit wollten, denn so manches Gerücht lief durch die Reihen, so wie Gerüchte immer dort wuchern, wo Spannung die Menschen wach hält.

Auf der improvisierten Bühne in der Konrad-Adenauer-Allee hatten sich politische Gäste und die Repräsentanten der Bergleute eingefunden. Wie so üblich, war man höflich zu den Andersdenkenden, tauschte sich noch einmal kurz mit den Verbündeten über Neuigkeiten aus, scherzte ein wenig, um den Kameras, die auf das Menschenknäuel gerichtet waren, ein Sympathie weckendes Bild zu liefern. Die Kundgebung begann.

Die Reden der Gewerkschafter und der Politiker (sogar Joschka Fischer verstieg sich zur Solidarität mit den Bergarbeitern) wurden dankbar registriert, soweit sie die erhofften, gewünschten, ja geradezu verlangten Reizwörter enthielten.

Angriffe auf die Bundesregierung, die Aufforderung, Wort zu halten, die Hinweise auf die lange Reihe gebrochener Versprechen erhielten Beifall, und die Scharfmacher, die wenig von der durch ihre

Oberen praktizierten Courtoisie hielten, skandierten einen aus dem Saarabstimmungskampf im Jahre 1955 legendären Satz: „Der Dicke muss weg, der Dicke muss weg, der Dicke muss weg!“ Nur dass sie nicht Johannes Hoffmann (Joho) meinten, sondern Helmut Kohl.

Alle Redner endeten mit dem traditionsbeladenen Bergmannsgruß „Glück auf“, der Allgemeingut im Grubenland war, ähnlich symbolträchtig wie der Steigermarsch als Teil der Alltags- und Feiertagskultur. Sonst eher zur Floskel verkommen, wie das „Amen“ in der Kirche, changierte dieser Gruß vor der fremdartigen Kulisse der großen Repräsentativbauten zur Beschwörungsformel.

* * *

Diese hier wieder manifest gewordene, fast naturgegebene und gottgewollt scheinende mythische Verbindung der Menschen an der Saar mit dem Bergbau war aber bereits an vielen Stellen brüchig geworden. Es ist das grausame Gesetz der schrumpfenden Zahl. Bergbau und Bergleute, die Saarbergwerke, die Steiger und Knappen waren etwas Besonderes im Land gewesen. Sie verdienten gut, besser als andere, der Schwere der Arbeit durchaus angemessen. Das Berggesetz galt, hatte im Zweifel Vorrang, und die Bergwerksdirektoren herrschten gleich römischen Statthaltern in ihrem Beritt.

Das Aufkommen des Öls und das Angebot immer billiger werdender Kohle aus anderen Ländern stürzten die einst mächtigen und selbstbewussten Steinkohlenreviere in eine tief gehende Strukturkrise.

Die Zahl der Bergleute ging seit Anfang der 60er Jahre kontinuierlich zurück, neue Arbeitsplätze entstanden in anderen Sektoren, auch die Schwesterbranche Stahl, eng mit dem Bergbau verbunden, taumelte von einer Krise in die andere. Fast unbemerkt setzten sich die dem neuen Götzen Auto dienenden Unternehmen in der Summe der Arbeitsplätze an die Spitze der saarländischen Industrie, und die Dienstleistungsgesellschaft machte auch vor dem Kohlerevier nicht halt.

Bergschäden wurden nicht mehr schicksalsergeben hingenommen, und der Widerstand der davon Betroffenen schwoll an. Die Zahl der Bergbauskeptiker wuchs mit den Unterschieden zwischen Weltmarktpreisen und heimischen Kohlepreisen. Je mehr diese Zahlen auseinander klafften zu Ungunsten der heimischen Kohle, umso lauter ertönte der Chor der Kritiker.

Das Urteil des Bundesverfassungsgerichtes aus dem Jahre 1994 erzwang die Umstellung des im „Jahrhundertvertrag“ verankerten „Kohlepfennigs“, eines Zuschlags bei der Stromrechnung, auf Steuerfinanzierung aus den Staatshaushalten des Bundes und der Kohleländer. Die Konsequenz aus dem Urteil war das „Artikelgesetz“, und das legte die Zahlen gnadenlos offen, die sich vorher mit dem für den einzelnen Verbraucher kaum spürbaren und auch nicht durchschaubaren Kohlepfennig gut hatten verschleiern lassen.

Die deutsche Vereinigung riss zudem, trotz gegenteiliger Hoffnung und Propaganda, viel größere Löcher in die öffentlichen Haushalte, als man es je vermutet hatte. Erschwerend erwies sich auch die Tatsache, dass es Steinkohle nur in zwei Ländern – in Nordrhein-Westfalen und im Saarland – gab, und aus anderer Leute Häute ist bekanntlich gut Riemen schneiden, also hatten andere ständig begehrliche Visionen, was sie mit diesem Geld für die Kohle alles an weiterer Stelle anfangen könnten. Forschen, ausbilden, regenerative Energien fördern, Mittelstandsprogramme, Haushaltssanierung, Steuersenkungen …

Welch ein Glück für die Kohle, dass Nordrhein-Westfalen – von 17 auf 18 Millionen Einwohner angestiegen – nicht so klein war und ist wie das Saarland, also eine veritable Macht mit besonderem Gewicht darstellt, die als selbständiger Staat in Europa in der ersten Reihe zu finden wäre.

Dennoch, die Akzeptanz der Kohleförderung nahm ständig ab. Mit dem Wegfall des Ost-West-Konfliktes verloren sich auch die Ängste vor möglichen Energieengpässen. Die erkennbar zunehmende Verflechtung der Weltwirtschaft, die Angleichung der Systeme in ihren Regeln und Zielen, mit dem Kürzel Globalisierung umschrieben, Deutschland auf allen Weltmärkten präsent – da passten Begriffe wie Energiesockel, Versorgungssicherheit, Erhaltung des Förderpotentials nicht mehr in die Landschaft und bekamen den Hautgout der Subventionsmentalität, die nur den mangelnden Willen zu unbequemen Veränderungen zu verschleiern suchte.

Das beste Argument war noch der Hinweis auf die Bergbautechnologie, zweifellos eine Zukunftstechnologie im doppelten Sinne angesichts der eingesetzten Hightech-Verfahren und der ständigen Nachfrage und der Anforderungen auf den Weltmärkten.

Auch das ist ein Faktum: der Bedarf nach Energie aus Steinkohle steigt und wird weiter steigen und die Bedeutung des Untertageabbaus auch.

Die Abnabelung von der Kohle fand auf die verschiedensten Weisen statt. Die Programme der auf Distanz gehenden Parteien waren anfangs noch verschwommen und teils doppeldeutig. Das Preisen der Dienstleistungsgesellschaft und dann der Informations- und Wissensgesellschaft bedeutete noch nicht, dass sie den Abschied vom Bergbau forderten. Aber es war an Kleinigkeiten zu spüren. So verschwand der in der saarländischen Sprache Allgemeingut gewordene Gruß „Glück auf“ zuerst – bewusst und Programm – aus den Reden der FDP-Politiker, dann aus den Reden der CDU. Bergbau sollte zur Folklore degradiert werden. Geachtete Vergangenheit, ja – aber die Zukunft liegt anderswo.

Die Suche nach Originalität und Modernität trieb seltsame Blüten wie die – zutiefst misslungene – Verballhornung des Bergmannsgrußes zu einem modernistischen *Click-auf*, um so die Newmarket- und Online-Seligkeit quasi in saarländische Zukunftsträume zu übersetzen, ein allzu bemühter Gag, aber symptomatisch für den Wandel der Einstellung gegenüber der Kultur der Bergleute.

* * *

Damals aber – 1997 in Bonn – sagten auch die CDU-Politiker noch „Glück auf“, jedenfalls wenn sie vor Bergleuten sprachen. Und das disziplinierte Heer der Bergleute war sich seiner Kraft und Macht bewusst, spürte – ein letztes Mal – die tief greifende Solidarität fast des gesamten Landes. Autobahnblockaden, Demonstrationen, Protestversammlungen wurden von den Menschen an der Saar hingenommen, akzeptiert, aktiv unterstützt.

Es war so, als ob ein letztes Mal die Klasse aufstand, so wie mehr als hundert Jahre vorher, als unter Führung des Hasborner Bergmanns „Eckstein“ Warken, die Bergleute nicht um Arbeitsplätze, aber für ihre sozialen Rechte kämpften, den Rechtsschutzverein gründeten und – ein zutiefst saarländischer Zug – für ihre Proteste und Versammlungen ein eigenes Haus bauten, den Rechtsschutzsaal in Bildstock, das erste Gewerkschaftsgebäude in Deutschland.

Noch war man stark, 12.000 „Bergleute“ im Saarland, mehr als 60.000 „Kumpel“ an der Ruhr. Und die zeigten, dass sie kämpfen wollten und würden.

Für die Sicherheitskräfte, für die zumeist jungen Bereitschaftspolizisten eine ungewohnte Situation. Sich gegen „Autonome“ durchzusetzen, Männer und Frauen aus Sitzblockaden wegzutragen, linke oder anders motivierte Aktionen zu kontrollieren – das hatten sie gelernt. Aber wie mit Arbeitern umgehen, mit denen, die immer noch eine der schwersten und gefährlichsten Arbeiten zu machen hatten, die in den Bauch der Erde krochen, die nichts anderes wollten, als diesen unheimlichen Arbeitsplatz behalten. Und Bonn, das war auch Nordrhein-Westfalen, in dem Land gelegen, dessen Reichtum und Bedeutung sich vor allem auf die Kohle gründete. War es deswegen, dass die Bundesregierung den Grenzschutz mobilisierte? Wusste man, dass 5.000 Biker, vor allem aus NRW, bereitstanden, um auszuschwärmen, die Auseinandersetzungen nach Stuttgart und München zu tragen, wo die Bergleute völlig zu Recht die krassesten Egoisten und auch ihre schärfsten Gegner vermuteten?

Der Besuch in Bonn, um die friedlichste Formulierung zu wählen, war der Höhepunkt einer ganzen Kette von Aktionen, mit denen die Bergleute an Ruhr und Saar sich gegen die Vorhaben der Bundesregierung zur Reduzierung der Beihilfen für die deutsche Steinkohle wehrten.

Es war eine junge Mannschaft, im Schnitt wenig mehr als 30 Jahre alt, viele waren in der Zeit der Energiekrise geradezu angeworben worden, hatten sich für den Bergmannsberuf entschieden, weil sie den Prophezeiungen einer sicheren Zukunft geglaubt hatten. Aber schon ab Mitte der 80er Jahre hatte sich der Trend wieder umgekehrt. Der erneute Verfall der Rohölpreise, der Nachfragerückgang aus der Stahlindustrie, der stagnierende Primärenergieverbrauch und der niedrige Kurs des Dollars erzwangen Anpassungsmaßnahmen nach unten, sowohl bei der Förderung als auch bei den Mitarbeitern.

Nun begann die Suche nach einer verlässlichen und dauerhaften Basis für die Zukunft der deutschen Steinkohle. So kam im Jahre 1989 die erste Kohlerunde zustande, bei der sich die Bundesregierung mit den Kohleländern Saarland und Nordrhein-Westfalen sowie den Gewerkschaften und Bergbauunternehmen an einen Tisch setzte, um Rahmendaten für die Zukunft zu vereinbaren. Die dort getroffenen Absprachen waren das Papier nicht wert, auf dem sie festgehalten wurden. Das lag aber nur bedingt an bösem Willen.

Die deutsche Vereinigung hatte das Umfeld noch einmal grundlegend verändert. Mit dem Beitritt der neuen Länder, die auf dem Boden der ehemaligen DDR entstanden bzw. wiedererstanden, war die Bundesrepublik eine ganz andere geworden. Die enormen – zu großen Teilen unvermeidbaren – Reibungsverluste und der ungeheure Finanzbedarf für die angestrebte Angleichung der Lebensverhältnisse in Ost und West rechtfertigten es – so sehe ich es im Nachhinein –, noch einmal zu verhandeln, um den neuen Gegebenheiten Rechnung zu tragen.

1991 fand die zweite Kohlerunde statt. Die gleichen Beteiligten wie beim ersten Mal einigten sich auf eine weitere Rückführung der Kohleförderung, verbunden mit verstärkter Rationalisierung und einer Kostenreduzierung mit Hilfe von „Optimierungsmodellen", wie es euphemistisch hieß, für die einzelnen Reviere.

An der Saar bedeutete das die Reduzierung von fünf auf drei Standorte. Warndt und Luisenthal wurden zum Verbundbergwerk West zusammengelegt, Göttelborn und Reden zum Verbundbergwerk Ost. Gemeinsam mit der leistungsfähigsten Grube Europas, dem Bergwerk Ensdorf, sollten sie eine Jahresförderung von 8,2 Millionen Tonnen erbringen und weiterhin 15.000 Bergleuten eine dauerhafte und zukunftssichere Beschäftigung garantieren.

1995 war das Drei-Standorte-Modell im Vertrauen auf die Verlässlichkeit der Absprachen mit einem Aufwand von 570 Millionen DM umgesetzt. Nun gut – oder schlecht – jeder ahnt schon, was jetzt kommt. Das feste Fundament wackelte bereits wieder. Als das neue Fördergerüst in Göttelborn feierlich eingeweiht wurde, riet man mir schon von einer Teilnahme ab, um nicht später als verlogen oder zumindest als naiv angesehen zu werden.

Mit dem Energie-Artikelgesetz wurde die früher gegebene Mengengarantie für die Produktion durch einen Finanzplafond ersetzt, was für die verbliebenen drei Bergwerke an der Saar im Jahre 1996 einen weiteren Verlust an Förderung in Höhe von einer Million Tonnen bedeutete.

Es war für jeden leicht auszurechnen, was ein weiterer Förderrückgang bedeuten würde, nämlich den Verlust eines Standortes, da es aus wirtschaftlichen Gründen, die Mindestmengen verlangten, unmöglich war, die Leistungsreduzierung gleichmäßig auf die drei Gruben zu verteilen.

Das stand jetzt, im ausgehenden Winter 1997, in der Diskussion. Die Rahmenbedingungen für die deutsche Kohle hatten sich erneut verschlechtert. Eine feste Finanzierungsvereinbarung gab es noch nicht, die Preisschere zwischen Import- und heimischer Kohle hatte sich weiter geöffnet, der Bundeshaushalt war im Gleichklang mit der steigenden Arbeitslosigkeit aus den Fugen geraten. Überall suchte man nach Einsparmöglichkeiten. Die FDP ging mit dem Schlachtruf „Subventionsabbau“ die Kohle frontal an, forderte unverhohlen den Ausstieg wie in Frankreich, und die Bundestagsfraktion von CDU/CSU schlug eine Absenkung der Kohlebeihilfen des Bundes bis 2005 auf 2,5 Milliarden Mark vor und propagierte das endgültige „Aus“ für 2009.

Bundeskanzler Kohl hatte noch Skrupel, er kam aus Rheinland-Pfalz und war mit dem Bergbau in gewisser Weise auch emotional verbunden. Er schlüpfte gerne – wie früher Franz-Josef Röder an der Saar – in die Rolle des Freundes und des geheimen Protektors der Bergleute. Dies wusste die IGBE-Führung und versuchte daher auch jetzt wieder, ihn in diese Rolle zu locken, zu drängen oder darin zu bestärken.

Dennoch: der Kampf um die Zukunft der Kohle stand bevor. Die Entscheidung, die ursprünglich im November 1996 hätte fallen sollen, ließ sich nicht länger hinausschieben. Der einfache Satz, „dass wir nicht so weiter machen können wie bisher“, aus Kohls Neujahrsansprache – ein Satz, den 1969 Artur Meyfarth als Sprecher der „wild“ Streikenden gegen die Saarbrücker Bergwerksdirektion gerichtet hatte – wurde jetzt zur Parole gegen die Bergleute.

* * *

Im Vorfeld der zu erwartenden politischen Entscheidungen machte die IGBE Dampf, trachtete aber danach, die Messlatte nicht zu hoch zu legen, um eine Niederlage nicht vorzuprogrammieren. Andererseits hatte sie auch Angst, durch allzu weit gehende Forderungen von angeblichen oder wirklichen Verbündeten zwischen alle Feuer zu geraten, die Rufe des Jahres 1969, in denen die Gewerkschaftsführer als „Schloofkepp“ beschimpft worden waren, hallten noch nach.

Ich kannte dieses Dilemma und widerstand der Versuchung, im Vorfeld der heraufziehenden Bundestagswahl, die Bundesregierung und die in der Argumentationsfalle steckende Landes-CDU so hart anzugreifen, dass es dabei auch der IGBE geschadet hätte. Ich hätte einen aggressiveren Kurs lieber gesehen und hielt das Angebot der IGBE im Vorfeld für falsch, die Zahl der deutschen Steinkohlebergwerke von damals 19 auf 12 im Jahre 2005 zu reduzieren und damit im Ergebnis sowohl Förderung als auch Belegschaft zu halbieren.

Hans Berger, Vorsitzender der IGBE, wollte mit diesem Angebot der Bundesregierung öffentlich zuvorkommen, von der man ziemlich genau wusste, dass sie plante, die Förderung bei letztlich verbleibenden neun Gruben auf 25 Millionen Tonnen und damit die Belegschaft auf ein Drittel zu reduzieren. Er hoffte, mit dieser Form der Selbstaufgabe, nahe an der Selbstverstümmelung, an die Generosität Kohls zu appellieren, der von einem „lebensfähigen Bergbau“ gesprochen hatte.

Für mich war es aber insofern ein Fehler, als die IGBE auf diese Weise eine drastische Reduzierung antizipierte und damit in der Sache akzeptierte. Die freiwillige Rücknahme der Verteidigungslinie bis nahe an die gegnerische Position ließ kaum noch Spielräume für eine kompromissorientierte Verhandlungsführung. Außerdem wusste ich um die Dynamik solcher Rituale, mit Nachtsitzungen, Sondertreffen, Lockvogelangeboten, Drohungen usw., der sich nur die Abgebrühtesten entziehen können. Aber in einem Punkt gab es Vorteile für die IGBE: Nichts stärkt die Charakterfestigkeit mehr als eine wachsame Basis, und eines der besten Argumente besteht darin, dass ein Verhandlungsführer sagen kann: „Das machen meine Leute nicht mit." Andererseits braucht man auch Prokura, um den geeigneten Moment, schnell Verabredungen zu treffen, nicht zu verpassen.

Jede Seite war auf die „Entscheidungsschlacht" gut vorbereitet. Die Bundesregierung hatte mit dem Rückenwind der Kommentatoren in den Medien und mit einem nicht enden wollenden Trommelfeuer selten richtiger, meist aber falscher oder manipulierter Zahlen die Sinnhaftigkeit der deutschen Kohleförderung ins Zwielicht gerückt. Die Nicht-Kohleländer wie Bayern und Baden-Württemberg gebärdeten sich wie Rumpelstilzchen und beklagten ihre angebliche Rolle als Zahlmeister, speziell für das Saarland. Die CO_2-Diskussion wurde wiederbelebt, und Bonn drohte mit den wirklichen oder behaupteten Vorgaben aus Brüssel zur Reduzierung der deutschen Steinkohleförderung.

Die IGBE hatte ihrerseits längst mit Podiumsdiskussionen, mit einer hundert Kilometer langen Menschenkette von Neukirchen-Vluyn am Niederrhein bis Lünen in Westfalen, mit Unterschriftensammlungen in den Revieren, mit Demonstrationen und Mahnfeuern an vielen Orten und mit dem Einschwören der ihr verbundenen politischen Repräsentanten gekontert. Die eigenen Leute waren bereits in Schwung, nun wurden Argumentationspapiere vorgelegt, die Presse gebrieft, nach Verbündeten gesucht, Argumentationen entwickelt und in plastischen und knappen Formulierungen ein ganzes Opus auf möglichst einen Satz verdichtet.

Der Bund glaubte, in der Vorhand zu sein. So war es nicht verwunderlich, dass die Bundesregierung bei ihren Vorschlägen über die Schmerzgrenze hinausging, Massenentlassungen nicht mehr ausschloss und kühl und abgebrüht den Bergbauunternehmen, aber vor allem den beiden Kohleländern Verantwortung und Schwarzen Peter zuzuschieben suchte. Dabei hätte es doch erst in zweiter Linie um das Gefeilsche, um die Höhe des Subventionsabbaus gehen sollen und in erster Linie um das Thema Verlässlichkeit in der Politik, um die Abkehr von der elenden Methode, Ruhe dadurch zu erreichen, dass man den Partner mit falschen Versprechen betrog, über Termine hinweglockte, um dann zum nächsten Schlag anzusetzen.

Welche Bedeutung hatte das Thema Versorgungssicherheit noch, schließlich war es gerade etwa 15 Jahre her, dass Deutschland die heimische Kohle dringend gebraucht hatte. Jederzeit konnten unvorhergesehene Katastrophen alle Planungen Makulatur werden lassen. Aber leider geht es nun mal so, dass in einem solchen Stadium des Konflikts taktiert, getrickst und gefeilscht wird, Gesichtswahrung vor Notwendigkeiten rangiert und die Tatsache, dass man sich gemeinsam auf einem falschen Dampfer befindet, gar nicht mehr wahrgenommen wird.

In Kenntnis der geltenden Mechanismen war für mich vorherzusehen, dass schon der Vorschlag der IGBE die deutsche Steinkohle so sehr schwächen würde, dass nur noch über eine andere energiepolitische Konzeption in der Kombination von Atomausstieg mit der Entwicklung regenerativer Energien und mit einem politisch gewollten Prozentsatz heimischer Steinkohle ein „lebendiger“ und kein „Auslaufbergbau“ zu erreichen und auch gegenüber Brüssel durchsetzbar sein würde. Ein Vorschlag, der später von Wolfgang Clement und mir mit dem damaligen Bundeswirtschaftsminister Werner Müller, jetzt Chef der Ruhrkohle AG, abgesprochen wurde.

Am 6. März 1997 ließ die Bundesregierung die Katze aus dem Sack: Bis 2005 ein Absenken der Beihilfen auf 3,8 Milliarden DM, keine Verlängerung der Kokskohlenbeihilfe und eine stärkere finanzielle Beteiligung von Nordrhein-Westfalen und dem Saarland. Das bedeutete eine Reduzierung der Beschäftigten auf weniger als ein Drittel, und das war ohne betriebsbedingte Kündigungen, das hieß Massenentlassungen, nicht zu realisieren. Am Dienstag der folgenden Woche sollte aber noch einmal gesprochen werden.

Hans Berger, in seinen Hoffnungen getäuscht und von Kohl faktisch desavouiert, erklärte das Angebot als „nicht kompromissfähig". Ebenso deutlich ablehnend äußerten sich die Wirtschaftsminister Wolfgang Clement und Christiane Krajewski für Nordrhein-Westfalen und das Saarland. Die SPD schlug sich ohne Umschweife auf die Seite der Bergleute. Oskar Lafontaine hatte noch vor Bergers Kanzlergespräch harten Widerstand gegen die bereits durchgesickerten Vorhaben der Koalition angekündigt und erkennen lassen, dass in dieser Lage Energiekonsensgespräche und Verhandlungen über eine gemeinsame Linie in der Steuerreform kaum möglich sein würden.

Die IGBE musste jetzt kämpfen. Hans Berger kündigte an, „alle Protest- und Demonstrationsmöglichkeiten" zu nutzen. Und es war mehr als nur Gegenwind für die Bundesregierung, der jetzt aufkam. Die Bergleute besetzten und bestreikten ihre Betriebe. Sie veranstalteten Protestkundgebungen, Mahnwachen, und die Männer der Grube Luisenthal sperrten die Autobahn bei Völklingen-Fenne und die Bundesstraße 41 in Luisenthal.

Am Samstag – die Besetzungen hielten an – fand in Düsseldorf eine „Ruhrkonferenz" mit Teilnehmern aus Politik, Wirtschaft, Gewerkschaften, Kommunen und Verbänden statt, zu der auch von der Saar eine stattliche Delegation unter Führung von Oskar Lafontaine angereist war. Bei der Halle demonstrierten etwa 5.000 Kumpel. Der CDU-Politiker Helmut Linssen wurde draußen vor der Tür mitleidlos ausgepfiffen, eine Lektion, die zumindest bewirkte, dass er später ebenfalls Korrekturen an der Haltung der Bundesregierung forderte. Hans Berger musste auch gegen Pfiffe ankämpfen, Johannes Rau und Oskar Lafontaine wurden hingegen gefeiert.

Die Konferenzteilnehmer im Saal forderten in der „Düsseldorfer Erklärung“ die Bundesregierung auf, zur gemeinsamen Kohlepolitik zurückzukehren. Gleichzeitig sagte die SPD den „Steuergipfel“ wegen Fehlens „verhandelbarer Vorlagen“ ab. Der eigentliche Grund war klar: Verhandlungen der SPD mit der Bundesregierung zu diesem Zeitpunkt und in dieser Lage hätten die Bergleute – und ich meine zu Recht – als Verrat empfunden.

Am Wochenende spitzte sich die Lage weiter zu, die A 620 bei Fenne blieb blockiert, in Göttelborn fand eine Belegschaftsversammlung mit mehr als 6.000 Teilnehmern statt. Ich machte meine Runde, sprach mit den Männern, die auf der Kreuzung in Luisenthal eine Mahnwache hielten, erkundigte mich an den Straßensperren und in den Betrieben, sammelte Eindrücke und Meinungen und spürte sehr schnell, dass die Bundesregierung den Bogen überspannt hatte. Hier vollzog sich kein Gewöhnungsprozess an das Unvermeidliche, nach dem Motto: „Aus dem Wochenende kommen sie schon viel ruhiger zurück“, sondern die Empörung fand immer mehr, immer neue Nahrung, Empörung über die Wortbrüche und die den Bergleuten zugemuteten Demütigungen, indem man sie in die Rolle geduldeter ABM-Beschäftigter drängte. Wut darüber, als überflüssige, anachronistische Überbleibsel aus vergangenen Zeiten dargestellt und verhöhnt zu werden. Sie trugen fast alle ihre Arbeitskleidung, die ihnen so etwas wie Immunität verlieh und gleichzeitig durch die Uniformität das Gefühl vermittelte, nicht allein zu sein und Kollegen an der Seite zu wissen.

Am Montagmorgen besetzten die Kumpel an der Ruhr die Rathäuser in Lünen und Bergkamen, 2.000 meldeten sich – das Hartz-Konzept vorwegnehmend – in Duisburg arbeitslos, andere machten sich mit Bussen, PKWs und Motorrädern auf nach Bonn, störten den Verkehr, blockierten die FDP-Zentrale und lärmten bei der CDU.

An diesem Tage war ich zeitig in Luisenthal. Dort hatte sich der Demonstrationszug gesammelt, mit dem wohl alle Bergleute des Saarreviers zu einer Kundgebung vor dem Saarländischen Landtag auf der A 620 unterwegs waren. Die Posten hatten mich mit meinem roten Dienst-BMW passieren lassen. Wir rollten langsam an dem endlos erscheinenden Zug vorbei, um noch rechtzeitig am Landtag zu sein. Ich sollte dort sprechen. Die Autobahn war zur „Straße der Solidarität" verwandelt, der Strom der Bergleute, auch Frauen und Kinder waren dabei, hatte sie ganz in Besitz genommen und ihr einen anderen Sinn gegeben.

Von den Brücken aus gesehen erschien der ziehende Haufen noch gewaltiger und fast ein wenig bedrohlich, als ob Aufständische sich der Stadt näherten, um abzurechnen. Die einheitliche beige Farbe ihrer Kleidung erinnerte mich an die hellen Scharen Zapatas, die in vielen Filmen die Kraft der Masse, die Kraft eines einheitlichen Willens verkörperten. Es war ein monumentales Bild. Die gelassene Vorwärtsbewegung dieser gewaltigen Menge mit den wie Streitwagen oder wie Elefanten in den Heeren Hannibals an der Spitze ziehenden, mit Kohle beladenen Lastwagen vermittelte einen Eindruck von der Faszination von Massenaufmärschen und ließ auch die innewohnende Gefahr spürbar werden, sich zur mitreißenden Geste zu verwandeln, die sich von den Inhalten löst und sich selbst genügt und damit Weiterungen möglich macht, die unter normalen Umständen niemandem in den Sinn kämen.

Die Spitze des Zuges erreichte die Wilhelm-Heinrich-Brücke, und der Menschenstrom teilte sich. Eine Gruppe zog auf der Hochwasserumfahrung direkt vor den Landtag, die andere blieb auf der Stadtautobahn. Schaulustige und Sympathisanten hatten die Schlossmauer und das gegenüberliegende Saarufer besetzt. Der

Landtag schien von einem ungeheuren Menschenmeer eingeschlossen. Auf der Eingangstreppe war eine Bühne errichtet worden, mit Mikrophonen ausgestattet. Die Fernsehkameras hatten ihren Platz gefunden. Gerd Zibell, der Bezirksleiter der saarländischen IGBE, gab mit lauter, fast röhrender Stimme den Ton an, er fand Worte und Bilder, die die Gefühle der mehr als 30.000 Demonstranten trafen.

Hans Berger hatte es – wie zuvor in Düsseldorf – nicht leicht. Die Anstrengung stand ihm ins Gesicht geschrieben, die Stimme war gebrochen, von einer schon beim Zuhören schmerzenden Heiserkeit. Er musste sich seine Anspannung von der Seele schreien, und doch war es zuweilen nur noch ein Krächzen. Es waren seine Leute, hier war er jahrelang Bezirksleiter gewesen, sein Weg an die Spitze der Gewerkschaft hatte ihn – ohne dass er es gewollt hätte, schließlich hatte er hier sein Haus behalten, sein Enkel wuchs hier auf – aber auch wieder von ihnen entfernt. Wir versuchten, ihm zu helfen, die verborgene, aber spürbare Verletzung zu tragen.

Der DGB-Vorsitzende Manfred Wagner, der Saarberg-Chef Hans-Reiner Biehl und auch ich als Landesvorsitzender der SPD waren im Einklang mit dem, was die Demonstranten empfanden. Peter Müller, damals noch Oppositionsführer, musste – wie am Tage vorher in Göttelborn – einstecken, er bekam den Unmut stellvertretend für Kohl & Co. zu spüren, aber auch – und das nicht zu Unrecht – wegen seiner eigenen mehrdeutigen Haltung.

Die Menschenmenge vor dem Landtag bildete scheinbar eine große Einheit. Wenn man etwas genauer hinsah, bemerkte man ihre heterogene Zusammensetzung, identifizierte Individuen und erkannte darunter die ewigen Schlachtenbummler der Revolution, die Karrieristen und die Wichtigmacher, die sich sowohl vor wie auf der Bühne befanden. Während sie redeten oder Beifall gaben, ihren Unmut oder Ärger durch Mimik und Gesten erkennen ließen, fragte ich mich, wo ihre Loyalitäten in Wahrheit liegen würden. Wem ging es nur um sich selbst, um seine ureigenen Interessen, wer versuchte sein politisches Süppchen zu kochen, wer fühlte wirklich mit den Bergleuten? Ich werde nie vergessen, wie ein IGBE-Funktionär, CDU Mitglied, bei der Rede Lafontaines, als die Bergleute im November 1996 mit einem Fackelzug schon einmal vor dem Landtag erschienen waren, ständig diffamierende Zwischenrufe machte, etwas gebückt zur Seite gewandt, die Hände zum Trichter geformt. Sein Name soll – christlicher Nächstenliebe geschuldet, ich schreibe dies an Weihnachten – milde verschwiegen werden. Ihm ging es in diesem Augenblick, in dem vielen Bergleuten die Tränen der Wut und der Traurigkeit in den Augen standen, in erster Linie um sein parteipolitisches Engagement.

Ich gestehe ein, dass auch ich mehrschichtig fühlte, indem ich sehr wohl wünschte, als Person wahrgenommen und anerkannt zu werden und mir gleichzeitig darüber klar war, dass ich auch als Vertreter der SPD, des Landtags, ja der Politik insgesamt unter Beobachtung und in der Verantwortung stand. Ich hätte es aber als Verrat empfunden, die hier um ihre Zukunft Kämpfenden ohne ihr Einverständnis für meine Interessen oder die meiner Partei einzuspannen, ohne in erster Linie ihre Situation zu sehen und ihnen bei der Bewältigung ihrer Schwierigkeiten Verständnis und Unterstützung zu geben.

Was empfanden die Polizisten, die den Zug begleitet hatten und jetzt über die Kundgebung wachten? In Bonn hatte die Polizei die Bergleute gewähren lassen, schützte die Bannmeile und half, so gut es ging, den Verkehr zu regeln. Auch die saarländische Polizei bemühte sich – aus meiner Sicht vorbildlich –, den Aktionen der Bergleute freien Raum zu lassen. Das sahen aber nicht alle so wie ich. Die CDU schickte die Junge Union und einzelne Politiker, die nicht aus dem Kohlengebiet stammten, vor, um die Polizei, vor allem den Innenminister zu kritisieren und – allerdings fruchtlos – die Räumung der Autobahn durch die Polizei zu fordern.

Diese kritische Haltung fand allgemein wenig Zustimmung. Trotz vieler Unbequemlichkeiten überwog das Verständnis. Die „Süddeutsche Zeitung“ schrieb: „Ein ganzes Land solidarisiert sich mit den Bergleuten, die Wirtschaftsleben und Selbstverständnis des kleinen Bundeslandes über Jahrzehnte dominiert hatten.“

* * *

Am Dienstag, dem 11. März, dem Tag, an dem in Bonn weiter gesprochen werden sollte, verschärften die Kumpel in Nordrhein-Westfalen den Druck. In Hamm wurde der Hauptbahnhof besetzt, die A1 am Kamener Kreuz und die A2 bei Herten beidseitig gesperrt. Immer mehr Kumpel sickerten nach Bonn ein, am Ende waren es 16.000, die sich durch die von ihren Kollegen verursachten kilometerlangen Staus gekämpft hatten, um die schon seit dem Vortage dort agierenden Demonstranten zu verstärken und zu unterstützen.

Im Saarland wurde ebenfalls an vielen Stellen demonstriert. Es war für die Betroffenen unmöglich, einfach nur zuzuwarten, es musste etwas getan werden. In Homburg wurde die Kreuzung am Rathaus blockiert, ebenso die Auffahrt von der B 423 auf die A 8 bei Einöd. „Mit lautem Hupen und dem Ballen der Faust bekundeten die Lastkraftwagenfahrer ihre Solidarität mit den streikenden Bergleuten.“

In Ensdorf/Fraulautern blieb die B 41 weiter gesperrt, 60 Bergleute okkupierten das Rathaus in Saarlouis, und in Saarbrücken meldeten sich etwa 2.000 Saarbergbeschäftigte symbolisch arbeitslos. In Landsweiler-Reden und Bildstock standen weitere Straßenblockaden, und das Autobahnkreuz Saarbrücken wurde kurzzeitig besetzt, die A 8 nach Saarlouis durch einen langsam fahrenden Konvoi von 30 Fahrzeugen praktisch unpassierbar gemacht.

Im Bergwerk Warndt fand um 14 Uhr eine Belegschaftsversammlung statt, um das Ergebnis des Gesprächs Berger – Kohl gemeinsam zu erfahren und die Konsequenzen zu besprechen.

Die Absage des Gesprächs durch die Bundesregierung mit der Begründung, unter dem Druck der Straße wolle man nicht verhandeln, fachte neue Empörung an. Die Entscheidungsfindung war kurz: „Jetzt fahren wir nach Bonn." Einige hatten von sich aus schon Schlafsack und andere Utensilien mitgebracht. Die Betriebsleitung verschloss eilig das Materiallager, um niemanden in Versuchung zu bringen, Spaten und Eisenstangen mit auf die Reise zu nehmen. Vor der Telefonzelle – damals waren die Handys noch nicht so verbreitet – bildeten sich lange, disziplinierte Schlangen, um schnell noch zu Hause Bescheid zu sagen.

Die Grubenwehr, fast so etwas wie eine Eliteeinheit, stieg geschlossen in einen Bus. Ihre orangefarbene Montur bildete während der kommenden Tage immer einen auffällig farbigen Kontrast zu der Kleidung ihrer Kollegen. Die Busse verließen in Kolonne das mitten im Wald gelegene Bergwerk. Jetzt hatte man ein klares Ziel – endlich. An vielen Stellen wurden die Blockaden aufgehoben und quasi in die Bundeshauptstadt verlegt.

* * *

Dort hatten die Ruhrkumpel nach der Gesprächsabsage die Absperrgitter einfach beiseite geräumt und waren in die Bannmeile eingedrungen, ließen sich allerdings durch einige SPD-MdBs, vorne weg Ingrid Matthäus-Maier, zur Rückkehr bewegen und fanden sich wieder zu einer Kundgebung zusammen, auf der Hans Berger, von Oskar Lafontaine unterstützt, um eine Unterbrechung der Proteste bat, um der Bundesregierung keine weiteren Vorwände zu liefern, die Anliegen der Bergleute zu desavouieren. Die Verhandlungen sollten am Donnerstag wieder aufgenommen werden. Inoffizielle Kontakte und Sondierungsgespräche fanden ohnehin ständig statt. Insofern machte es einen Sinn, die Belagerung – zumindest kurzzeitig – aufzuheben, wobei die Bundesregierung wohl darauf setzte, dass ein Neustart, wenn die Demonstranten erst einmal wieder im warmen Zuhause wären, ungleich schwieriger sein würde.

Das erwies sich aber als Fehlkalkulation, denn das Auftauchen der Saarländer war wie ein großer Schichtwechsel, wie eine Wachablösung. Die einen kamen mit frischer Wut, die anderen zogen vorübergehend ab, mit tiefem Groll im Innern, der ihre Drohung glaubhaft machte: Wenn sich nichts in unserem Sinne bewegt, werden wir uns erneut bewegen und kommen am Donnerstag wieder.

Die Biker drehten ab, in einer endlosen Kolonne, wie eine Kavalleriedivision. Man sah an ihrer Haltung, dass sie es bedauerten, keinen Ausflug nach Stuttgart und München unternehmen zu müssen.

Nach und nach kamen die Busse aus dem Saarland an, und immer neue Trupps richteten sich in dem von ihren Kollegen geräumten Areal ein. Um 22 Uhr fand eine Kundgebung statt, an der sich aus der Politik neben den saarländischen Bundestagsabgeordneten von SPD und CDU auch einige Landespolitiker beteiligten, die es wie mich an den Rhein gezogen hatte. Später herrschte lebhaftes Treiben auf der neuen „Straße der Solidarität", wie die Konrad-Adenauer-Allee flugs umgetauft worden war. Gegen die Kälte half es ein bisschen, auf und ab zu flanieren, im Erich-Ollenhauer-Haus mal „Guten Abend" und „Glück auf" zu sagen, einen Tee oder Kaffee zu trinken, da man doch kaum Schlaf fand.

Ständig trafen weitere Nachzügler ein, mit fragenden Gesichtern, ob sie irgend etwas verpasst hätten. Für den kommenden Tag waren weitere Busse angekündigt, die Ensdorfer wollten geschlossen anrücken, und so wurde Stück für Stück, Gruppe für Gruppe, fast die gesamte Saarbergbelegschaft nach Bonn verlegt.

Ich sprach noch in der Nacht mit Wolfgang Clement. Über das Ziel waren wir uns mit der IGBE einig: Keine betriebsbedingten Kündigungen, keinen Auslaufbergbau! Dies hatte nun wohl auch die Bundesregierung begriffen. Es konnte ihr nicht verborgen bleiben, dass überall Vorbereitungen liefen, um bei einem negativen Ausgang der Gespräche die Aktionen sofort wieder aufzunehmen und dabei dann allerdings eine härtere Gangart einzuschlagen.

Mir ging es jetzt vor allem darum, zwei Standorte an der Saar zu halten. Ein proportionaler Abbau an Ruhr und Saar unter der Überschrift „Opfergleichheit" hätte – selbst nach den Vorschlägen der IGBE – für die Saarbergwerke den Verbleib von noch anderthalb Bergwerken bedeutet. Aber: eine halbe Grube funktioniert nicht, also blieben nur noch zwei Möglichkeiten offen: Eine oder zwei. Den Hinweis, dass der Mensch zwei Hände habe, zwei Füße, zwei Ohren und zwei Augen untermauerte ich mit dem Argument, dass der Bergbau im Saarland einen erheblich höheren Anteil an der Gesamtbeschäftigung habe als in Nordrhein-Westfalen und dass formale Rechthaberei wie in Brechts „Kaukasischem Kreidekreis" unmenschliche Folgen haben würde.

Ich weiß nicht genau wie, aber ich konnte Wolfgang Clement auf diese Weise zu unserem Verbündeten machen, einer der wenigen Fälle meiner Laufbahn, in denen Argumente etwas gebracht haben. Immer, wenn er mir in jenen Tagen in die Füße lief, zeigte ich ihm das Victory-Zeichen, was aber – für Außenstehende schwer erkennbar – ausschließlich die Bedeutung hatte: zwei Bergwerke für die Saar.

Wir sind in vieler Hinsicht politisch unterschiedlich gestrickt, aber die Verlässlichkeit in dieser damals für uns existenziellen Frage hat ihn mir ans Herz wachsen lassen, unser gemeinsames Schicksal als langjährige Kronprinzen war es nicht, und es ist kein Fall der üblichen utilitaristischen Verlogenheit, wenn ich ihn zu meinen Freunden zähle.

Am Mittwochmorgen traf ich mich mit Gerd Zibell und anderen in der nordrhein-westfälischen Landesvertretung, um Strategie und Taktik für den vor uns liegenden Tag zu besprechen. Hans Berger saß in einem abgetrennten Bereich allein beim Frühstück. Seine etwas rundliche Silhouette erschien wie ein Schattenriss vor der hellen Fensterfront. Wir gingen nach der Besprechung zu ihm hin. Er war von der Nacht gezeichnet. Die innere Anspannung war wohl zu keinem Zeitpunkt von ihm gewichen. Die von ihm konzipierte und vertretene Politik, unglückliche Verhältnisse und Verkettungen – oder was auch immer – hatten dazu geführt, dass möglicherweise zum ersten Mal betriebsbedingte Kündigungen im Bergbau nicht mehr auszuschließen waren – und das unter seiner Führung. Die Ostasienreise mit dem Kanzler im Herbst vergangenen Jahres und das permanente Werben um seine Gunst waren wohl für die Katz und nur verschwendete Zeit gewesen. Jetzt musste er Regierung und Regierungschef direkt und öffentlich angreifen, das frühzeitige Gespräch bei Wein oder Bier, bei dem in der Vergangenheit so viele Probleme gelöst worden waren und nur noch das feststehende Ergebnis glaubhaft inszeniert werden musste, funktionierte jetzt nicht mehr. Er fühlte sich wie zwischen Baum und Borke und erwog kurze Zeit, auf der anstehenden Kundgebung erst gar nicht zu reden.

Aber das dauerte nur einen Moment. Er spürte unsere Solidarität, auch ihm gegenüber, das Verständnis für seine Lage, ohne jeden Vorwurf und ohne jede Rechthaberei. Seine Körpersprache änderte sich, und wir diskutierten nüchtern die unterschiedlichen Möglichkeiten durch, um aus der festgefahrenen Situation herauszukommen.

Dieser Morgen bleibt für mich ein unschlagbares Beispiel, wie frischer Kaffeeduft, menschliche Nähe, normale Geschäftigkeit, Gespräche und Diskussionen die Alpträume der Nacht vertreiben können und wie sich damit auch die Wahrnehmung der Welt verändert.

Meine Gegenwart nahm Hans Berger mit gemischten Gefühlen auf. Wir hatten, als er an der Saar Bezirksleiter wurde, anfangs Spannungen, der pragmatische und – wie wir sagten – rechte Sozialdemokrat aus dem Aachener Revier und der – wie er sagte – linke Spinner, der seine Ideen nicht nur auf dem Papier austoben wollte, sondern diese auch noch auf die Menschheit losließ. Wir hatten aber bald einen Modus vivendi gefunden, respektierten uns gegenseitig und mochten uns doch immerhin so, dass wir uns bei offiziellen Gelegenheiten nicht aus dem Wege gingen. Jetzt waren bei ihm die alten Vorbehalte wieder wach geworden. Er meinte, meine vorsichtige Kritik an der IGBE-Strategie habe zu den Pfiffen gegen ihn beigetragen. Diese kleine Verstimmung hinderte uns aber nicht daran, gemeinsam durch den abgesperrten Regierungsbezirk zur Kundgebung zu gehen. Wir passierten die Lücke in den Sperrgittern der Polizei, die in Gruppen stehenden, zum Teil auch sitzenden und liegenden Bergleute grüßten uns freundlich, ohne Animosität. Die Kundgebung konnte beginnen – und sie begann mit einem Gebet.

Nachdem die Kumpel von der Ruhr nach Hause gefahren waren, mussten jetzt die Saarbergleute zum Umkehren gebracht werden, um die von der IGBE letztlich akzeptierte Bedingung der Bundesregierung zu erfüllen, ohne Druck verhandeln zu können. Und auch hier zeigte sich das saarländische Temperament. Einmal in Bewegung, weit weg von zu Haus, konnten sie nicht einfach heimgehen. Was den Kollegen sagen, die in Saarbrücken geblieben waren, dort weitere Aktionen durchführten? Was zu Hause sagen – vor den spöttischen Blicken der Frauen: „Und!?! Na, starker Mann!?! Was ist rausgesprungen?!!“ Nein, nicht nach Hause, so jedenfalls nicht. – „Wir gehen aus Bonn raus, aber wir gehen nicht heim. Wir bleiben zusammen, irgendwo, und kommen morgen notfalls zurück.“

Der Nürburgring, die Rheinauen bei Düsseldorf – von der nordrhein-westfälischen Landesregierung vorgeschlagen – wurden als

Lagerplätze ins Auge gefasst, auf die man sich zurückziehen wollte, um dann gegebenenfalls am anderen Tage wieder anzugreifen und in die Bundeshauptstadt zurückzukehren. Dann fand sich eine andere, endgültige Lösung: Köln-Müngersdorf, Stadion. Die Nebenanlage mit dem Schwimmbad sollte den saarländischen Bergleuten zur Verfügung gestellt werden.

Der Rückzug war den Versammelten schwer zu vermitteln. Misstrauen gegenüber den Zusagen der Politiker, Furcht auch vor einem wie auch immer motivierten und begründeten Verrat der eigenen Führung ließen sie zögern; warum eine nun schon länger gehaltene Stellung verlassen? Warum fortgehen, um eventuell wiederzukommen? „Dann bleiben wir doch lieber gleich hier und ziehen dann, wenn es keinen Grund mehr gibt, hier zu bleiben, morgen früh ab und gehen nach Hause."

Noch aber war das Vertrauen in die Führung ausreichend – murrend wurde die Straße geräumt, und die Busse fuhren in die früh aufziehende Dämmerung hinein nach Köln zum Müngersdorfer Stadion mit der ungewöhnlichen Zielsetzung, dort die Nacht zu verbringen. Die Grubenwehr des Warndts, die bei den Ersten in Bonn gewesen war, räumte als letzte Gruppe das besetzte Terrain.

Auch ich fuhr zum Stadion. Mit der wachsenden Müdigkeit erstarben die Gespräche, in den Bussen wurde es von Kilometer zu Kilometer ruhiger. Vor meinem inneren Auge zog viel von dem Wenigen, was ich wusste, vorbei.

Eine lange Geschichte

Die Kohle war in den beiden letzten Jahrhunderten das Erste, an das Außenstehende dachten, wenn vom Land an der mittleren Saar die Rede war, noch vor Eisen und Stahl, vor Glas und Keramik. Dabei hatte die Kohle erst spät an Bedeutung gewonnen; die wichtigen Energielieferanten waren für lange Zeit Holzkohle und Wasserkraft.

1429 wurde im Weistum zu Neumünster, heute ein Teil Ottweilers, festgelegt, dass die Steinkohlen in der Umgebung von Ottweiler der Herrschaft von Saarbrücken gehören sollten, zwei Jahre später wurden die Steinkohlegruben im Sinnerthal bei Neunkirchen erwähnt, die ersten schriftlichen Zeugnisse. Mit Fug und Recht kann man annehmen, dass auch in Bexbach, Quierschied, Sulzbach und andernorts die Kohle bekannt war.

Der Abbau erfolgte an den Stellen, wo die Flöze an die Erdoberfläche traten, im Tagebau, bis das Loch, mehr stellte das Ganze nicht dar, in sich zusammenfiel oder unter Wasser stand. Danach suchte man sich eine andere Stelle und wiederholte die Prozedur.

Im 16. Jahrhundert nahm die Kohlengräberei, die an die ausdrückliche Genehmigung durch den Landesherrn gebunden war, weiter zu; in Sulzbach und Dudweiler bildeten die Kohlengräber sogar eine Zunft. In Dudweiler waren es 76 Kohlengräber in 16 Gruben. Man kann sich leicht vorstellen, wie klein diese „Bergwerke“ waren. Die Kohlen wurden vor allem beim Kalkbrennen eingesetzt. Die Nachfrage stieg, und die saarländische Kohle wurde in die Pfalz exportiert und auf Saar und Mosel bis nach Trier und Koblenz verschifft.

Die Blütezeit für die Kohle begann mit der planmäßigen Entwicklung durch Wilhelm Heinrich von Nassau-Saarbrücken (1718 bis 1768) auf Vorschlag seines zugleich findigen und windigen Kammerrates Heuß. Er stellte die Steinkohlengruben unter staatliche Aufsicht und ließ den Abbau durch einen Berginspektor, Kontrolleure und Steiger überwachen. Als technische Neuerung wurden Stollen in den Berg getrieben, die mit Stempeln gesichert wurden. Die Abbaubereiche wurden mit „Bergfesten“, stehen gelassenen Steinsäulen, gesichert.

Wilhelm Heinrich suchte die Einsatzmöglichkeiten der Kohle zu erweitern, experimentierte in vieler Hinsicht und setzte – um die durch Übernutzung angegriffenen Wälder zu schonen – die Steinkohle als Hausbrand durch. Die Kohle wurde in Ziegeleien, Glas- und Alaunhütten, in Fabriken, die Ruß, Harz, Teer und Öl herstellten, genutzt. Auch die Absatzgebiete hatten sich erweitert: Zu der benachbarten Pfalz traten das Elsass und die hessischen Gebiete bis Frankfurt am Main. Der Rhein ermöglichte Lieferungen weit darüber hinaus, sowohl flussaufwärts wie flussabwärts.

1773, fünf Jahre nach dem Tode Wilhelm Heinrichs, bestanden im Gebiet der Grafschaft Saarbrücken insgesamt 45 Stollen mit 147 Arbeitern. Die Schwerpunkte lagen im Bereich von Dudweiler und Sulzbach sowie im jetzigen Neunkircher Stadtteil Wellesweiler. Die Jahresförderung betrug pro Mann etwa 135 Tonnen, eine respektable Zahl, die bis in die Mitte des 19. Jahrhunderts nicht wesentlich übertroffen, sondern vielfach sogar unterschritten wurde.

1769 wurde die erste soziale Einrichtung gegründet, die so genannte „Bruderbüchse“, ein im Bergbau bereits eingespieltes Instrumentarium, auch „Büchsenkasse“ oder „Bruderlade“ genannt. Der Name rührte aus dem einfachen Verfahren, einen Teil des Arbeitslohnes (in der Regel ein Prozent) in Büchsen oder einer Lade einzusammeln. Das Geld wurde von „Büchsenältesten“ oder auch „Knappschaftsältesten“ verwaltet. Aus dieser Einrichtung entwickelte sich nicht nur die heute noch bestehende Knappschaft, sondern sie war auch in ihrer Vervollkommnung mit der paritätischen Finanzierung durch Belegschaft und Betrieb Vorläufer und Vorbild für die Bismarck'sche Sozialversicherung.

Wilhelm Heinrich organisierte nicht nur erfolgreich, er ging auch rabiat gegen mögliche Konkurrenten vor. Den Homburger Amtmann Koch, der in Bexbach Stollen hatte anlegen lassen, zwang er zur Aufgabe seiner Pläne, indem er „alle fremdem Fuhren“ auf die benachbarte Wellesweiler Grube zog und Koch damit jede Chance raubte, seine Kohle in die Regionen östlich der von Wilhelm Heinrich beanspruchten Absatzgebiete zu liefern. Als der äußerst unternehmungslustige Koch eine Alaunhütte gründen wollte, wurden ihm diese Pläne erneut durch den Saarbrücker Fürsten versalzen, da dieser seine Dudweiler Alaunhütte nicht gefährden bzw. eine Schmälerung seines Gewinns nicht dulden wollte.

Erfolgreicher waren hingegen die von der Leyen in St. Ingbert. Bereits 1742, die Familie residierte noch nicht in Blieskastel sondern in Koblenz, wurde von Graf Ferdinand von der Leyen eine Bestandsaufnahme der – wie sich herausstellte – 16 „Pingen“, d.h. Tagebaue, die völlig planlos eingerichtet und nur bei Bedarf genutzt wurden, befohlen. In der Konsequenz bedurfte es ab 1752 einer herrschaftlichen Genehmigung, um abzubauen.

Erst mit der Anwesenheit der von der Leyen vor Ort – die Familie war 1773 nach Blieskastel gezogen – wurde durch den Bergfachmann Fey eine Bergordnung aufgestellt und, wohl nach Saarbrücker Vorbild, die Verstaatlichung angeordnet.

Wilhelm Heinrich und Marianne von der Leyen bieten sich an, wenn man die Begründer dieses von den großen Prosperitätszonen weit abgelegenen Industriereviers namhaft machen will. In Wirklichkeit waren es aber die vielen Menschen, die unter schwierigen Bedingungen den verborgenen Schatz, den schwarzen Diamanten, hoben, um selber und mit ihren Familien zu überleben.

* * *

Der politische Umsturz in der Folge der Französischen Revolution brachte den Bergbau im Saarkohlerevier unter französische Verwaltung. 1797 an die Gesellschaft Equer in Paris verpachtet, holte sich der französische Staat, der unter Napoleon auf vielen Gebieten einen ungeheuren Modernisierungssprung getan hatte, die Verfügungsgewalt zurück und ließ durch die Ingenieure Beaunier und Calmelet einen – heute noch vorhandenen – Grubenfelderatlas erstellen, um eine eindeutige Grundlage für einen eventuellen Verkauf zu haben.

Um 1811 betrug die Belegschaft aller Gruben 693 Mann, 1816 – nachdem 1815 der größere Teil des Saarkohlebeckens an Preußen und der kleinere, östliche an Bayern gefallen war – beschäftigte der preußische Staatsbergbau 917 Bergleute und die pfälzische (bayerische) Grube St. Ingbert ca. 70, mit den zur Aufrechterhaltung des Betriebes notwendigen Holzfällern (Ausbau der Stollen) und Fuhrleuten, eine von heute aus gesehen kleine Zahl, aber angesichts einer Bevölkerung von etwa 150.000 Einwohnern ein durchaus beachtlicher Wirtschaftsfaktor.

Der unter der Erde schlummernde schwarze Riese regte sich und wurde auf gespenstische Weise lebendig, indem er sich selbst zu verzehren begann.

Das Regiment an der Spitze des am 22. September 1816 in Saarbrücken errichteten Königlichen Bergamtes trat Leopold Sello (1785 bis 1874) an, ein technisches und organisatorisches Genie. Er leitete die Geschicke des Saarbergbaus bis 1857 und zog sich erst als 72-jähriger zurück (was angesichts der aktuellen Lebensarbeitszeitdiskussion ein ganz klein wenig zu denken geben sollte).

Sello nutzte neue technische Entwicklungen, regte solche an und erkannte den Zusammenhang zwischen Verkehrsinfrastruktur und wirtschaftlicher Prosperität, was ihn zum energischsten Verfechter der Eisenbahn machte. Der Bergbau bediente sich jetzt immer größerer in den Berg getriebener Stollen, die mit den neuen Methoden der Wasserhaltung zu regelrechten Stollensystemen ausgeweitet wurden. Sie trugen teils phantasievolle Bezeichnungen wie der „Palmbaumstollen“ in Wellesweiler und der „Tiefe Saar-Stollen“ in Saarbrücken-Gersweiler, aber in der Regel dienten ihre Namen der Verewigung herrschaftlicher Persönlichkeiten, sei es aus der Königsfamilie oder aus der mit der Verwaltung beauftragten Bürokratie, dem preußischen Bergfiskus.

1822 wurde auf der einzigen noch geduldeten Privatgrube in Hostenbach der erste Tiefbauschacht an der Saar niedergebracht, 1826 folgte die Grube Kronprinz bei Schwalbach. Damit begann eine rasante Vorwärtsentwicklung, sowohl technisch als auch ökonomisch. Die Erfindung der Dampfmaschine gab auch dem Bergbau eine völlig neue Dimension. Nun war es möglich, an die tieferliegenden Flöze zu gelangen. Mit der Eisenbahn erschien ein im doppelten Sinne den Absatz der Kohle beflügelnder *deus ex machina* auf der Bühne. Einerseits nährte sich diese unermüdliche eiserne Zugmaschine von der Kohle, andererseits überwand sie scheinbar mühelos große Entfernungen und war so in der Lage, auch abseits der schiffbaren Flüsse die potentiellen Kunden zu beliefern. Die Bildung des Deutschen Zollvereins im Jahre 1834 hatte diese Entwicklung auch auf politisch-ökonomischem Gebiet begünstigt.

Jetzt entstanden die großen „Eisenbahngruben“ Heinitz, Reden, Altenwald, Dudweiler, von der Heydt, dann Dechen, Friedrichsthal, Itzenplitz, Sulzbach und Ziehwald – auch hier in der Namensgebung eine Mischung von Ortsnamen und preußischen Verwaltungsheroen. In der kurzen Zeitspanne von vier Jahren (1852 bis 1856) verdoppelte sich die Förderung von 800.000 auf 1.600.000 Tonnen jährlich und die auch in der preußischen Zeit anfangs nur langsam steigende Zahl der Arbeiter nahm immer schneller zu und überschritt bald die Grenze von 3.000, dann die von 4.000.

Da die einheimische Bevölkerung die benötigten Arbeitskräfte nicht mehr bieten konnte, kamen immer mehr Menschen aus der näheren und weiteren Umgebung, um in den Gruben zu arbeiten, so genannte „Saargänger", bald auch, um hier sesshaft zu werden.

Die fast exponential zunehmende Industrialisierung in Deutschland trieb die Nachfrage zu immer neuen Rekordzahlen, die dank der ebenso tempogeladenen Entwicklung der Bergbautechnik befriedigt werden konnte, was in den Revieren zu einem ständigen Wachstum führte, das nach dem Deutsch-Französischen Krieg von 1870/71 einen zusätzlichen Schub erhielt. In dieser Zeit wurden die großen Tiefbauanlagen im Fischbachtal, in Camphausen, Brefeld und Maybach in Angriff genommen. In Saarbrücken setzte sich der Staatsbergbau mit der heute noch das Stadtbild prägenden neuen Bergwerksdirektion ein monumentales Denkmal.

Aber die überhitzte Nachkriegskonjunktur knickte bald wieder ein, was im Saarrevier vor allem wegen der weiteren Expansion der Stahlindustrie ohne Massenentlassungen und Produktionseinschränkungen überstanden wurde, jedoch zu Einkommensverlusten bei den Bergleuten sowie zu herben Verschlechterungen der Arbeitsbedingungen führte, insbesondere durch eine Verlängerung der täglichen Arbeitszeit.

Bis 1895 zeigte sich keine konjunkturelle Besserung, und so waren die ersten größeren sozialen Unruhen an der Saar, die das militärisch-patriarchalische System für kurze Zeit ins Wanken brachten, auch eine Konsequenz der persönlichen und familiären Nöte der Beschäftigten. Dazu später mehr.

Etwa 1895 setzte – aufgrund der großen Nachfrage nach Kokskohle aus der boomenden Stahlindustrie – ein neuer Aufschwung ein, der die Erweiterung der bestehenden Gruben und das Abteufen neuer Schächte zur Folge hatte. Die Produktion wurde von knapp sieben Millionen Tonnen im Jahre 1895 auf weit mehr als neun Millionen Tonnen im Jahre 1900 gesteigert, die Belegschaft wuchs auf über 41.000. Das Saarrevier, in Verbindung mit dem unter deutscher Verwaltung stehenden Lothringen, hatte sich zu einem schwerindustriellen Kleinod entwickelt.

Die ehemals reichlich verträumte Region vibrierte in rastloser Tätigkeit über und unter der Erde. Trier war zwar immer noch die politische Hauptstadt, aber immer mehr Einrichtungen wie z.B. die in Saarbrücken neu gegründete Handwerkskammer belegten die Verselbständigung der wachsenden Agglomeration im Bannkreis der Kohle. Im letzten Friedensjahr vor dem Ausbruch des Ersten Weltkriegs, 1913, wurden etwa 14 Millionen Tonnen gefördert, die Belegschaft blieb nur ganz knapp unter 57.000 Bergleuten.

* * *

Eine längere Phase vergleichsweise verlässlicher politischer Rahmenbedingungen wurde mit dem Weltkrieg beendet. Das staatliche Wechselspiel begann erneut, fünf verschiedene Pässe wurden der Bevölkerung an der Grenze im 20. Jahrhundert vom Schicksal verordnet, und im gleichen Rhythmus wechselten die Herren über die Gruben. Der Versailler Friedensvertrag räumte Frankreich das vollständige, unbeschränkte Eigentum an den Saargruben auf 15 Jahre ein, als Entschädigung für die während des Krieges größtenteils zerstörten nordfranzösischen Bergwerke.

1920 erreichte die Belegschaft mit mehr als 74.000 Bergleuten ihren vermutlich höchsten Stand. Die Technisierung bei Gewinnung und Transport der Kohle wurde weiterforciert. 1934 waren 134 Druckluft- und 57 Diesellokomotiven unter Tage in Betrieb und noch 82 Pferde, die ersten Abbauhämmer und Kettenschrämmaschinen wurden eingesetzt, Bergwerke zu Verbünden zusammengelegt.

Das Land wurde mit der Zeit regelrecht durchlöchert, im Kohlegebiet ragten die Türme der 65 Förder- und 88 Hilfsschächte wie Zeichen herrschaftlicher Macht in den Himmel. 1929 war ein

Höchststand der Förderung mit über 13 Millionen Tonnen erreicht, die durch die anschließende krisenhafte Entwicklung der Weltwirtschaft auf etwa 11 Millionen Tonnen sank, bei einer ständigen Reduzierung der Belegschaft auf unter 50.000.

In dieser Zeit der *Mines Domaniales* wartete die übergroße Mehrheit der Bevölkerung und auch der Bergleute ungeduldig auf die Rückkehr zu Deutschland. Dieser Wunsch war so stark, dass sich die Saarländer wenig um Hitler scherten, ihn sogar, wie ich meine, billigend in Kauf nahmen und per Referendum „heimkehrten“.

Das Reich wurde alleiniger Eigentümer der Saargruben AG und investierte, um einen Beitrag zur Bewältigung der Beschäftigungskrise zu leisten, dann aber auch von dem Wunsch beflügelt, die ehrgeizigen Autarkiepläne, vor allem in den Grundstoffindustrien, umzusetzen. Rainer Slotta, Direktor des Deutschen Bergbaumuseums in Bochum, urteilt aus der Sicht von heute, dass der „damalige Saarbergbau den modernsten europäischen Gewinnungsbetrieben zuzurechnen war“.

Der Zweite Weltkrieg brachte in meinem Geburtsjahr 1942, das auch das Jahr der militärischen Niederlage Nazideutschlands in Stalingrad war, eine Spitze in der Förderung von 15.300.000 Tonnen, die aber von Jahr zu Jahr rapide abnahm, so dass die amerikanischen Truppen ein stark beeinträchtigtes Revier besetzten, in dem noch etwa 34.000 Bergleute und Angestellte arbeiteten, unter ihnen ca. 6.500 Kriegsgefangene. Dann rückten wieder die Franzosen ein. Sie ersetzten die Kriegsschäden und am 1. Januar 1948 übernahm die *Régie des Mines de la Sarre* alle Güter und Rechte der ehemaligen Saargruben AG.

Das schwarze Gold hatte erneut das Schicksal des Landes bestimmt. Stahl und Kohle, Kohle und Stahl, das war der Stoff, mit dem Europa sich wieder aus den Trümmern des Krieges erhob. Die Menschen brauchten Wärme zum Überleben und Energie, um die moderne Welt in Gang zu halten, der Stahl half Fabriken, Häuser, Brücken, Schiffe bauen, er lieferte die Schienen für die Bahn, und er war die Voraussetzung für den unaufhaltsamen Aufstieg des Automobils, das die zweite Hälfte des 20. Jahrhunderts beherrschte. Die Reviere waren begehrt, umworben und die Arbeitnehmer auch, die Bergleute noch ein wenig mehr als die Stahlarbeiter. „Von seiner Leistung, von der Menge der von ihm geförderten Kohle hängt die Sicherung unseres wirtschaftlichen Lebens und die baldige Beseitigung der durch den Krieg verursachten Schäden und Zerstörungen in besonders hohem Maße ab.“ So schrieb Elfriede Schumann 1948 in dem Büchlein „Vom Saarbergbau und seinen Bergleuten“.

Noch während der Verhandlungen zwischen Frankreich und der Bundesrepublik über die Umsetzung des Abstimmungsergebnisses von 1955 gingen die Beteiligten von einer ungebrochen wichtigen Rolle der Kohle aus. Frankreich sicherte sich im Saarvertrag von 1956 Abbaurechte unter dem Warndt bis 1981 und zusätzliche Lieferungen von 30 Prozent der zum Verkauf kommenden Fördermenge, wobei damals niemand ahnte, dass sich innerhalb kurzer Zeit die Ausgangslage in ihr Gegenteil verkehrte, das Recht, Kohle abzunehmen, zur Pflicht wurde und die vorher unwillig aufgenommene Lieferpflicht zum fröhlich genutzten Recht.

Am 30. September 1957 wurde die Saarbergwerke AG (74 Prozent Bund, 26 Prozent Saarland) mit Sitz in Saarbrücken gegründet. Dies sollte ein Schlusspunkt sein hinter den Wirrnissen und Konvulsionen der ersten Jahrhunderthälfte und gleichzeitig Startzeichen für eine glorreiche Zukunft. Die Saarbergwerke betrieben 99 Schächte, von denen 24 als Förder-, die anderen als Seilfahrt-, Material- und Wetterschächte dienten. Für das Warndtgebiet wurde das Abteufen eines neuen Schachtes in Angriff genommen.

Nun hätte eigentlich alles, alles gut sein und bleiben können. Wer hätte auch das Aufkommen des Energieträgers Erdöl vorhersehen können, wer hätte prophezeien können, dass Öfen nicht mehr mit Briketts, Zentralheizungen nicht mehr mit Koks, sondern mit Öl betrieben würden, bequemer und auch noch billiger dazu? Wer sollte erahnen, dass man in Australien Kohle brechen würde, auf die Bahn, dann auf ein Schiff verladen, über die Ozeane nach Rotterdam transportieren, dort auf die Bahn kippen und auf dem Gelände der Grube Luisenthal billiger, sogar mit Gewinn verkaufen könnte, als sie dort vor Ort von den Bergleuten produziert wurde? Wer hätte gedacht, dass aus den USA Kohle preiswerter bezogen werden könnte, nicht wegen niedrigerer Löhne, sondern wegen der großen Tagebaue und der verfallenden Frachttarife bei immer größer werdenden Schiffen.

Es war fast so, als ob über der Saarabstimmung kein Segen gelegen hätte. Bereits 1958 wurden die ersten, von der Marktlage erzwungenen Feierschichten verfahren, die Haldenbestände stiegen auf fast eine Million Tonnen Kohle, und auch Koks musste auf Halde gelegt werden. Die im Jahre 1954 in Betrieb gegangene Grube St. Barbara wurde im Winter 1959 bereits wieder stillgelegt, wobei vor allem die ungünstigen geologischen Bedingungen, verbunden mit einem hohen Schlagwetterrisiko, den Ausschlag gaben.

Die fetten Jahre waren zu Ende. Die deutschen Steinkohlereviere bildeten die „Notgemeinschaft deutscher Steinkohlenbergbau GmbH“, womit die Situation bis zum heutigen Tage präzise beschrieben ist.

Für das Saarland waren die Folgen dramatisch: Die Kohle als schrumpfende Branche und die eisenschaffende Industrie, damals noch wachsend, aber eben nur langsam, hatten das Land geprägt und Neuansiedlungen, meistens um die Löhne niedrig zu halten, verhindert. Die großen Zukunftsindustrien hatten weitgehend schon ihre Standorte anderswo gefunden. Im Bruttoinlandsprodukt fiel das Land zeitweilig vom siebten auf den letzten Platz zurück.

Die Saarbergwerke reagierten auf doppelte Weise: Die 18 Gruben, die noch Mitte der 50er Jahre gefördert hatten, wurden auf sechs leistungsfähige Verbundbergwerke konzentriert: Reden, Camphausen, Luisenthal und – die letzte neugegründete Betriebsstätte – Warndt für Fett- sowie Ensdorf und Göttelborn für Flammkohle. Die Förderung ging von über 16 auf unter 10 Millionen Tonnen zurück. Der andere Schachzug bestand in ständig neuen Versuchen zu diversifizieren, auf anderen Märkten Fuß zu fassen, mit einem logischen Schwerpunkt auf dem Energiebereich, aber auch in den wachsenden umweltorientierten Branchen, in der Uranprospektion und in der Gummierzeugung, was eher den Eindruck eines Gemischtwarenladens machte als den einer konsistenten Strategie. Der Versuch, mit der Übernahme der Mineralölgesellschaft „Frisia" und dem Bau der Saarlandraffinerie den schärfsten Konkurrenten, das Öl, freundschaftlich zu umarmen, die Hand, die man nicht abhacken konnte – wie ein arabisches Sprichwort fordert –, zu schütteln, misslang gründlich.

In den 60ern verlangsamte sich der permanente Boom, der – anerkannt und geneidet – als Wirtschaftswunder in unseren Sprachschatz Eingang gefunden hat. Der ständige Bedarf der unaufhörlich wachsenden Wirtschaft an Arbeitskräften ließ den Gedanken an Beschäftigungsprobleme erst gar nicht aufkommen. Als sich dann erste Anzeichen von Arbeitslosigkeit ankündigten, geriet die Republik in Panik.

* * *

Die Bildung der Großen Koalition war eine der Konsequenzen, die mich in meine erste Identitätskrise als Sozialdemokrat stürzte, mit Tränen der Wut und der Trauer zugleich. Ich blieb trotz aller Bitterkeit bei der Stange, verlegte das Schwergewicht meines Engagements auf die Jungsozialisten, beteiligte mich aber sehr wohl an vielen Aktionen der außerparlamentarischen Opposition.

Wie ein Wiedergänger aus nächtlichen Alpträumen erschien die NPD auf der politischen Bühne und drang in einige Landtage vor, im Saarland 1968 in viele Kommunalparlamente. In der Bergarbeitersiedlung Maybach, heute eine unangefochtene Bastion der SPD, erreichte die NPD ein hohes Ergebnis. Ich lernte, dass Unzufriedenheit und Sorgen auch bei den Bergleuten in extremes Wahlverhalten münden konnten, und die Furcht vor der explosiven gesellschaftlichen Wirkung sozialer Probleme bekam wieder eine reale Dimension.

Willy Brandts mutiger Schritt, die Große Koalition zu beenden und mit der sozialliberalen Regierung einen innen- und außenpolitischen Kurswechsel zu wagen, wirkte auf mich, und nicht nur auf mich, wie die Öffnung des Fensters in einem muffigen Zimmer. „Mehr Demokratie wagen", hieß die Parole, die, wie die neue Ostpolitik, die junge Generation scharenweise zu den Sozialdemokraten, speziell zu den Jungsozialisten in der SPD zog. Der Wahlsieg 1972, der Friedensnobelpreis für Willy Brandt – *glorious days* für diejenigen, die dabei sein durften, die, wie ich, über die Dörfer zogen und vor vollen Sälen von einer freieren, gerechteren Zukunft sprachen.

Damals führte mich mein Weg zum ersten Mal und dann immer wieder unter Tage, „vor Ort", und dieser Begriff gewann Plastizität in der politischen Sprache, um die Verbundenheit mit den Menschen und ihren Problemen auszudrücken. Ich lernte viel über die Situation der Menschen im Bergbau. Die Begriffe Strukturwandel und Diversifizierung gingen mir locker von der Lippe, mit der manchmal etwas unbedarften Besserwisserei, die in der ersten Hälfte der Dreißiger und bei manchen noch länger als Selbstschutz diente. Das Echo bei den Bergleuten war höflich, mehr aber nicht. Sie wollten ihren erlernten Beruf ausüben mit all seinen Vor- und Nachteilen und keine Belehrungen politischer Jungmissionare.

Die Große Koalition hatte nicht nur die Studentenbewegung beflügelt, sie wurde im besonderen Maße im Wahljahr 1969 von Streiks begleitet, die sich im September, an den Gewerkschaften vorbei, vor allem in der Montanindustrie an Ruhr und Saar entzündeten, aber auch die metallverarbeitende Industrie, Chemie- und Textilunternehmen sowie einige öffentliche Betriebe ergriffen. Die IGBE sah ihre Autorität gefährdet und sprach von „wilden Streiks", die IG Metall, sich des hohen Anteils tendenziell ungebärdiger Mitglieder bewusst, redete von „spontanen Arbeitsniederlegungen", was eine integrierende und nicht polarisierende Form der Distanzierung war.

Ausgangspunkt dieser Streikwelle war die Arbeitsniederlegung von 27.000 Arbeitern und Angestellten bei Hoesch in Dortmund am 2. und 3. September 1969. Der Streik war erfolgreich, indem statt der von der IG Metall verlangten 20 Pfennig innerbetrieblicher Zulage – die Direktion hatte 15 Pfennig angeboten – am Ende die von den Streikenden geforderten 30 Pfennig vereinbart wurden.

Als sei der Funke weitergeflogen, begannen die etwa 6.000 Stahlarbeiter im Neunkircher Eisenwerk am 4. September zu streiken, bis sie am 8. September ihre Forderung nach 50 Pfennig mehr Stundenlohn durchgesetzt hatten. Kurz vor der Bundestagswahl ließ Bundeswirtschaftsminister Karl Schiller seine Sympathien mit den Streikenden durchblicken, obwohl er mit seiner „Konzertierten Aktion" nicht wenig zu der brenzligen Situation beigetragen hatte.

In der Saarbergbelegschaft begann es ebenfalls zu gären. Am Samstag, den 6. September, fuhren 200 der 300 Mann starken Mittagsschicht in Luisenthal nicht mehr ein, sonntags streikten dort drei Viertel der Reparaturbelegschaft. Artur Meyfarth, für die SPD in Friedrichsthal im Stadtrat, Untertageelektriker auf der Grube Camphausen, ging an diesem Wochenende einige seiner Kollegen besuchen, wies auf die erfolgreichen Aktionen der Stahlarbeiter bei Hoesch, auf den Kampf der Neunkircher hin und plädierte ebenfalls für einen Ausstand mit dem Ziel, die immer schwieriger werdende wirtschaftliche Lage der Bergleute zu verbessern. „Jetzt, vor der Bundestagswahl, ist die Zeit günstig, hinterher wird nicht mehr viel zu holen sein", argumentierte er. Er stieß auf zweifelndes Kopfschütteln und zahlreiche Einwände.

Rückblickend sagt er: „Es waren die Frauen, die ihren Männern Mut machten, mit dem provozierenden Hinweis, dass sie als Putzfrauen bald mehr verdienen würden als die Bergleute unter Tage." Mit dieser Unterstützung an der Heimatfront war es für die Frühschicht nicht mehr so schwer, im Zechensaal einfach stehen zu bleiben und nicht einzufahren. Artur Meyfarth trug der Direktion die Forderungen der Bergleute vor, erntete aber nichts anderes als die Aufforderung, man möge sich an die Arbeit begeben. Dies allerdings vergeblich. Die Camphauser zogen sich zum Teil noch einmal um, schließlich wollte man einen guten Eindruck machen, und marschierten, in Jägersfreude die dortigen Kollegen mitnehmend, nach Saarbrücken.

Es waren etwa 500, die sich vor der Bergwerksdirektion bemerkbar machten und ihr Wiederkommen ankündigten. Diese Nachricht verbreitete sich schnell im ganzen Land, die Frühschicht der anderen Bergwerke, die eingefahren war, ließ ihre Arbeitsplätze allein und fuhr wieder aus. Mittags befanden sich alle Gruben im Ausstand. Die knappe von Meyfarth ausgegebene Parole: „So, wie es jetzt ist, kann es nicht weitergehen!" hatte gezündet.

Am nächsten Tag zogen ca. 10.000 Bergarbeiter durch Saarbrücken vor die Bergwerksdirektion, zum Gewerkschaftshaus, um ihrer Gewerkschaft mit dem wenig schmeichelhaften Begriff „Schloofkepp" die Meinung zu geigen und dann zur Staatskanzlei, wo sie der geschmeidige Ministerpräsident Röder in Watte packte, indem er ihnen seine Sympathien erklärte und die Berechtigung ihrer Forderungen anerkannte.

Meyfarth hatte handschriftlich einen 15 Punkte-Katalog zusammengestellt und sorgfältig abtippen lassen, in dem Lohnerhöhungen, neue Lohnfindungen, Regeln für Urlaub und Urlaubsgeld, Kindergeld fürs erste Kind, Fünftagewoche etc. gefordert wurden. Entscheidend war für die Bergleute aber die finanzielle Gleichstellung mit den Kumpeln von der Ruhr. Diese Forderungen konnten nicht verwundern angesichts der Tatsache, dass ein Hauer unter Tage einen Durchschnittslohn je nach Familienstand zwischen 620 und 740 DM netto im Monat erreichte.

Die Verhandlungen mit der Unternehmensführung brachten ein beachtliches Ergebnis: „In Zahlen greifbar ist, dass der Bergmann im Durchschnitt monatlich 70 DM mehr erhalten wird. Dazu wird ihm als Ausgleich für die verspätete Lohnerhöhung eine einmalige Zulage von 310 DM zuteil. Gleichzeitig hat die Gewerkschaft durchgesetzt, dass der Saarbergmann in Zukunft nicht schlechter gestellt sein wird als der Ruhrkumpel, ein moralisch wie materiell gewichtiger Erfolg", resümierte die „Saarbrücker Zeitung".

Auch hier, wie später im Arbeitskampf bei der Drahtzieherei Heckel, versuchten die revolutionsverliebten radikalen Studentengruppen und andere politische Organisationen den ausschließlich ökonomisch motivierten Streik politisch weiter zu treiben und mit den Bergleuten die Systemfrage zu diskutieren und womöglich die notwendige grundlegende Lösung gleich, hier und jetzt, in Angriff zu nehmen. Diese Versuche hatten aber keinen Erfolg. Die Bergleute machten unmissverständlich klar, dass sie dafür nicht zu haben waren.

Dies auch nicht, als drei Jahre später, 1972 ein neuer spontaner Bergarbeiterstreik Unternehmen und Gewerkschaft hinter den Atem brachte. Wir Jungsozialisten waren eindeutig auf Seiten der Streikenden, rümpften die Nasen vor den „angepassten" Gewerkschaftsführern und hatten später unsere liebe Not, Helwin Peter, Mitglied der IGBE und Landesjugendsekretär des DGB vor dem Gewerkschaftsausschluss zu bewahren, indem er zur HBV wechselte, wobei ihm Lucy Meyfarth, Ehefrau des „Rädelsführers“ von 1969 und Enkelin des Streikveteranen von 1889, Josef Klauck, mit solchen Charakteren wohl vertraut, behilflich war.

In der späteren Karriere von Helwin Peter, die ihn in den Bundestag und in das Europäische Parlament führte, sucht man allerdings vergeblich nach handfesten Spuren seiner Jugendsünden. Dieser Streik brach ergebnislos in sich zusammen, so dass sich eine seltsame Übereinstimmung mit der Streikbewegung ausgangs des 19. Jahrhunderts ergab: Erfolgreich die Streiks von 1889 und 1969 und jeweils wenige Jahre später die Niederlagen von 1893 und 1972.

Müngersdorfer Stadion

An all das erinnerte ich mich – es war schon mein eigenes Erleben –, als wir durch die Nacht nach Köln fuhren. Ich wusste noch nicht genau, wo und wie wir dort untergebracht wären. Je näher wir dem Stadion in Müngersdorf kamen, umso disparater wurden meine Gedanken. Einerseits dachte ich an Fußball, an den ersten Meister der Bundesliga im Jahre 1964, den 1. FC Köln, und damit an den ersten Absteiger aus der Bundesliga, den 1. FC Saarbrücken, meinen Verein, für den auch viele Herzen der Bergleute schlugen. Andererseits, nachdem ich mich schon in der Vergangenheit verloren hatte, musste ich an das Jahr 1973 denken, an Salvador Allende, seinen Tod im zerbombten Präsidentenpalast von Santiago di Chile und an den christdemokratischen Politiker Bruno Heck, der nach einer Besichtigung der im Stadion von Santiago zusammengepferchten Pinochetgegner die zynische Bemerkung losließ, bei gutem Wetter lasse es sich im Stadion doch ganz gut leben. Ich sah mich in den Demonstrationszügen jener Zeit und spürte die ganze Spannbreite des politischen Engagements, die aber auch schon zu Beginn der Arbeiterbewegung vorhanden war, mit Ausnahme der Ökologie, die erst später thematisiert wurde. Ich zwang meine Gedanken zurück zu dem Thema Bergbau.

Ich dachte an die wenigen daheim Gebliebenen, an die Familienangehörigen, die sich an den Aktionen beteiligt hatten, an die Geburtstagsfeier einer Bergmannsfrau mit ihrem Mann und seinen Kollegen auf der Autobahn und an die vergeblichen Versuche der CDU, mit dem Hinweis auf die beliebte Formel „Freie Fahrt für freie Bürger", die Saarländer gegen die Bergleute und ihren Kampf aufzubringen. Leere Autobahnen, langgezogene Asphalt- und Betonbänder, auf denen sich fast nichts bewegte. Mit diesen Bildern war ich wieder in den 70ern, in meinen Jungsozialistentagen, in der aufziehenden Krisenzeit der sozialliberalen Koalition, im Vorfeld des Rücktrittes von Willy Brandt.

Der Jom-Kippur-Krieg von 1973 veränderte die Welt. Wieder war es der ungelöste Konflikt im Nahen Osten, der in seinen Wirkungen weit über die Region hinaus strahlte. Die arabischen Ölländer setzten ihr Produkt als Waffe gegen Israel ein, indem sie für die westlichen Industriestaaten die Mengen verknappten und die Preise drastisch erhöhten. Die Bundesregierung verordnete vier autofreie Sonntage und realisierte das vorher und danach so oft geforderte Tempolimit 100. An diesen Sonntagen wurden die Autobahnen in den Städten zu Fußgängerzonen, und ich erinnerte mich, wie ich mit klopfendem Herzen mit meinem 2 CV noch in der begonnenen Sperrzeit unterwegs war und dankbar unbeeinträchtigt den heimischen Stall erreichte.

Die Krise hatte weitreichende Folgen. „Weg vom Öl" hieß die neue Parole, und damit setzte – was vielen in den Revieren wie ein Wunder erschien – eine erneute Renaissance der Kohle ein. Die Szene hatte sich noch einmal fast schlagartig verwandelt. Die Weltmarktpreise für die Kohle schossen in die Höhe, und in den deutschen Gruben wurde wieder wettbewerbsfähig produziert und gefördert. Die Politik forderte den Wiederausbau der Förderkapazitäten; 1982, das war erst 15 Jahre her, wurden an der Saar über 11 Millionen Tonnen gefördert, und die Gesamtbelegschaft betrug wieder rund 26.000 Mitarbeiter.

Der Bergmannsberuf bekam neuen Glanz. Versorgungssicherheit war einer der Trümpfe, Kohlehydrierung ein Zauberwort. Versuchsanlagen wurden errichtet, und die Saarpolitik träumte von alten Zeiten rohstoffgestützter Prosperität. Die Saarbergwerke wurden von der Politik verpflichtet, jährlich mindestens tausend Auszubildende einzustellen. Mit Werbefeldzügen wurde den Jungen der Bergmannsberuf schmackhaft gemacht, es galt wieder, die Nation zu retten, den Menschen Wärme und Geborgenheit zu garantieren, den Laden am Laufen zu halten. Und so kamen sie in Scharen, von Großeltern, Onkeln, Verwandten angehalten, die Gunst der Stunde nicht zu versäumen und den wichtigen und lukrativen Beruf zu ergreifen.

Jetzt standen viele von ihnen an den Feuern von Müngersdorf, und ihr Mienenspiel und ihre Augen fragten, ob sie nicht einem Irrlicht gefolgt waren, das sie in dieses kalte und feuchte Lager geführt, verführt hatte.

* * *

Das Gelände des zum Müngersdorfer Stadion gehörenden Freibades war schnell in Besitz genommen. Ein Leichtes für Männer, die es gewohnt waren, in großen Zusammenhängen zu arbeiten, die auf Verlässlichkeit und Organisationsfähigkeit angewiesen waren. Die Grube war ein großer und lebendiger Organismus, in dem nicht nur eine effektive Produktion, sondern auch die Sicherheit an Leib und Leben von anderen abhing und nur im Zusammenspiel zu erreichen war.

Sie schlugen die vorsorglich eingepackten Zelte auf. Das THW half mit seinen vielfältigen Möglichkeiten und baute eine Wohnstadt aus Tuch, errichtete eine Bühne, um, falls nötig, Neuigkeiten zu verkünden, Solidaritätsansprachen (unter anderem von Rudolf Scharping) auch hier zu hören, und Zeltinger rockte: „Müngersdorfer Stadion“ .

Solidarität war nicht nur im Lager, sondern weit darüber hinaus zu spüren, das Außergewöhnliche, das am Rande des Fußballstadions vor sich ging, hatte – medial in alle Welt getragen – auch andere in seinen Bann geschlagen. Köln lag zwar in keinem Revier, aber Aachen war nicht weit und der Ruhrpott längst ein Mythos, ein Teil der Identität nicht nur Westfalens, sondern auch des ansonsten rivalisierenden Rheinlands.

Die Republik horchte auf. Die Nachrichten waren voll von den Männern, die sich in ihrer Arbeitskleidung aufgemacht hatten, ihr Recht zu verteidigen und dem Schicksal noch einmal die Stirn zu bieten. Im Lager bekam man davon wenig mit. Nicht alle waren bei der Bühne – und schließlich kann selbst Zeltinger nicht endlos spielen.

Ich ging von Gruppe zu Gruppe, von Feuer zu Feuer. Die Gemeinschaften hatten sich nach Vertrautheiten gebildet. Vereine, Fahrgemeinschaften, Streb-Belegungen oder gemeinsame Wohnorte fanden sich hier in der Nacht wieder zusammen. Sie unterhielten sich, scherzten oder saßen still beieinander wie alte Ehepaare, die sich zwar nicht mehr viel zu sagen haben, aber die Nähe des anderen brauchen, um mit einem Gefühl der Wärme zu leben. Viele kannte ich, das Land ist nicht so groß, und ich war bereits mehr als dreißig Jahre landauf, landab herumgereist. Viele redeten vom Fußball, wir hatten schon miteinander oder gegeneinander gespielt, oder sie neckten mich, weil sie anderen Vereinen anhingen als ich. Wir sprachen über gemeinsame Bekannte, ein beliebtes saarländisches Gesellschaftsspiel, positiv oder negativ. Wir redeten über den Zustand der SPD in einzelnen Orten und Städten. Manchmal stellte ich mich nur stumm dazu, wurde mit einem Kopfnicken – freundlich zumeist – registriert und begrüßt und zog dann weiter, weil die Gruppe tief in sich selbst versunken war und keine Störung wünschte. An Bierkästen und Dosen herrschte kein Mangel und sicher auch nicht an Selbstgebranntem, aber daraus entstand kein Unheil, kein Streit.

Das Gelände lag im Halbdunkel, Lichtzungen flackerten, und ich fühlte mich an „Barry Lyndon", den von Stanley Kubrick ausschließlich mit natürlichem, beziehungsweise Fackel- und Kerzenlicht gedrehten Film erinnert, in dem auch solche Lagerszenen vorkommen.

Des Öfteren nahm mich jemand beiseite und erwartete von mir geheime Auskünfte, meinend, ich wüsste sicher von den Dingen, die sich unter der Oberfläche abspielten, hätte letzte und heiße Informationen – denn Gerüchte griffen um sich, überzogen das Lager wie ein Gespinst und ließen keine innere Ruhe zu, störten den Schlaf, der bei den meisten trotz aller Müdigkeit nicht kommen wollte. Aber dieser ruhende Riese, wach und innerlich angespannt, verlor dadurch nichts von seiner Kraft. Eine derartige Prüfung war ungewöhnlich, aber sie kamen aus einem Land, das – ungewollt – schon lange dem Ungewöhnlichen verschrieben war.

Mit der Kohle leben

Das Hin- und Hergezerrtwerden zwischen Deutschland und Frankreich, der damit verbundene häufige staatliche Wechsel und die daraus resultierende Einsicht, dass es endgültige Zustände und dauerhafte Sicherheit nicht geben kann, im Gegensatz zum Empfinden im Inneren eines Landes, die Labilität der Erde, das Schwanken des

Grundes, die Gefahr in den Grubengebäuden, die Veränderungen an der Erdoberfläche – all das hielt den Wunsch wach, in einfachen persönlichen und familiären Strukturen Geborgenheit zu finden.

Das Eigene, die Nachbarschaft und die Gemeinschaft – Kirche, Verein, Gewerkschaft – haben im Saarland eine ungleich größere Bedeutung als in anderen Regionen Deutschlands. Da ist zuallererst das eigene Haus, mehr als 60 Prozent der Saarländer – die wahren Häuslebauer – leben im Wohneigentum, zumeist Ein- und Zweifamilienhäuser, und dazu gehört das damit verbundene Land, seit der Mitte des 18. Jahrhunderts real geteilt und vererbt, die „Stücker“, und das Kleinvieh – Hasen, Hühner, früher auch die obligate Ziege, die Bergmannskuh – und der Gemüsegarten.

Und für das, was man nicht selber basteln oder ernten kann, gibt es spezielle Bezugsquellen, bis weit ins Lothringische, Pfälzische und Moselländische reichend, aber auch in der Nähe und sozusagen in die Augen springend. Jeder hat da einen Geheimtipp, für Honig, Wein, Kartoffeln, Viez, Spargel, Hausmacher, Puten, Selbstgebrannten, Kaminholz, Geschirr, Backsteine, Kies, Sand, und dabei ist auch manchmal das eine oder andere Stück „Material“, nämlich die „Mutterklötzchen“ – was nicht immer nur Abfallholz ist – aus dem Fundus des Betriebs.

Diese in Krisenzeiten besonders nützliche Fähigkeit zum Organisieren, zum Improvisieren und dem Ausnutzen der Lücken in den Regelwerken der jeweiligen Herren manifestierte sich in einer – durch den Tschechen Schwejk international bekannt gewordenen – untertänigen Insubordination. In dem Prozess Hilger gegen Krämer im Jahre 1904 setzte der entlassene Bergmann und „Zeuge“ Huwig aus Spiesen sich, seiner Zunft und seiner Heimat ein Denkmal: Von Hilger im Prozess gefragt, ob es ihm bekannt sei, dass er bei einem Krankenschein nicht arbeiten und keine Wirtshäuser besuchen dürfe, antwortete er (wahrheitsgemäß): „Ich habe geglaubt, dass ich auf dem Festplatz sein dürfte, weil mir der Arzt den Aufenthalt in der Luft verordnet hatte. Ich hatte nicht an dem Triumphbogen gebaut und während meiner Krankheit auch nicht mein Haus angestrichen, sondern nur meinem Neffen gezeigt, wie es gemacht werden sollte."

Hilger, der es in diesem Prozess so auf die Ohren bekam, dass er anschließend kündigte und lieber in die Privatindustrie nach Schlesien wechselte, hatte in einem Punkt vielleicht doch den Durchblick gehabt: „Wenn in dem Flugblatt behauptet ist, dass die Zahl der Kranken im Saarrevier enorm hoch sei, so möchte ich dem gegenüber noch bemerken, dass der Saarbergmann sehr geneigt ist, besonders im Sommer, wenn er sein Heu einbringen will oder sich vielleicht ein Haus baut, wenn er auch nur Zahnschmerzen hat, sich einen Krankenschein zu nehmen. Und er kann das umso eher, weil draußen in den Ortschaften eine Kontrolle darüber nicht so leicht ist."

Man darf aus dem Körnchen Wahrheit, das in dieser Aussage steckt, keine falschen Schlüsse ziehen. Die Geborgenheit im Dörflichen, im Engen bedeutete gleichzeitig auch soziale Kontrolle. Ein anonymes Industrieproletariat wie in anderen Regionen Deutschlands gab es kaum, und diese Tatsache lässt sich nicht von den montanindustriellen Strukturen trennen, von den Absichten und Interessen der Stahlbarone und vor allem des Bergfiskus'. Diese waren in erster Linie an einer ausreichenden Zahl von Arbeitskräften und an deren stabilen persönlichen Verhältnissen interessiert. Deswegen installierten sie ein vielschichtiges System sozialer und kultureller Einrichtungen, die einerseits Annehmlichkeiten und handfeste Privilegien boten, andererseits Aufsichts- und Bevormundungsmechanismen bis weit in den privaten, individuellen Bereich mit einschlossen.

Die Knappschaft brachte ein für das 19. Jahrhundert außergewöhnliches Maß an sozialer Sicherheit im Alter, im Krankheitsfall und bei Invalidität. In eigenen Lazaretten, die auf die berufstypischen Krankheiten und Verletzungen spezialisiert waren, wurde vielleicht auch aus Nächstenliebe geholfen, in erster Linie aber doch wohl, um die Arbeitskraft schnell wiederherzustellen und um nicht durch Gefälligkeitsdiagnosen hinters Licht geführt zu werden.

Im Bildungssektor war der Bergfiskus ebenfalls sehr eifrig. Die Knappschaft übernahm die Kosten des Elementarunterrichts für die Kinder ihrer Versicherten. Die Sonntagsschulen, später Werksschulen, dienten zum Nachfüllen der Bildungslücken, sie hatten kompensatorische Funktionen, würden wir heute sagen. Die Industrieschulen eröffneten den Bergmannstöchtern die Möglichkeit zur Weiterbildung „in den weiblichen Handarbeiten", um „tüchtige Bergmannsfrauen" zu erziehen. 1902 wurden in 17 Kindergärten, die aus Kleinkinderbewahranstalten (seit 1867) entstanden waren, 2.648 Kinder betreut.

Jeder Berginspektion wurden Bibliotheken angegliedert, in den Werksschulen, Schlafhäusern und Kliniken gab es Lesezimmer. Mit dem Wochenblatt „Der Bergmannsfreund" (seit 1870) und dem „Saarbrücker Bergmannskalender" (seit 1873) gab sich der Bergfiskus publizistische Instrumente zur Indoktrination seiner Beschäftigten. Konsumvereine, Spar- und Vorschusskassen sowie Deputat- und Berechtigungskohlen komplettierten das Netz, das Sicherheit gab, im Gegenzug aber Freiheit nahm.

Wichtigstes Ziel des Bergfiskus' war die örtliche Bindung der Arbeiter an das Revier. Die wachsenden Belegschaften wurden aus immer weiter entfernt gelegenen Gebieten rekrutiert. Um diesen „Saargängern", die in ihren Dörfern wohnen blieben, Unterkunft zu bieten, wurden bei den Gruben Schlafsäle, später eine große Zahl von Schlafhäusern errichtet, die gegen Bezahlung Unterkunft und Verpflegung boten, aber wegen ihres strengen Reglements wenig beliebt waren. Vor dem Ersten Weltkrieg gab es für die Wochenpendler, die nur an Feiertagen nach Hause gingen, wo sie in der Regel ihren kleinbäuerlichen Besitz behalten hatten, mehr als 5.000 Betten in

41 Schlafhäusern. Etwa 10.000 Wochenpendler wohnten als Kostgänger bei Arbeitskollegen, die über ein eigenes Haus verfügten und zur Schuldentilgung auf solche Zusatzeinnahmen angewiesen waren.

Diese eigenen „Prämienhäuser" waren aus einer Idee des findigen Bergamtsdirektors Leopold Sello entstanden, der bereits 1841, nach oberschlesischem Vorbild, ein Verfahren einführte, bei dem den Bergleuten ein Baudarlehen und eine Bauprämie gewährt wurde. Letztere brauchte nicht mehr zurückgezahlt zu werden, wenn der Begünstigte zehn Jahre im Haus wohnen blieb und seine Beschäftigung im Bergbau behalten hatte.

Bei der Bergbehörde waren verheiratete Bergleute im Alter zwischen 25 und 40 Jahren besonders gern gesehen. Der preußische Oberberghauptmann Dechen urteilte 1855 : „Es ist dabei ein Arbeiterstand gewonnen worden, der die Gruben nicht verlässt und der immer neue Arbeiter für die selben erwachsen lässt", ein System, das noch vor 20 Jahren Früchte trug, als für eine kurze Frist wieder Nachwuchs im Bergbau gebraucht wurde.

Jetzt, in Bonn und Köln, hatten sich die Verhältnisse umgekehrt. Nicht die Arbeitskräfte mussten an den Arbeitsplätzen gehalten werden – das war voll und ganz gelungen –, sondern die fest verwurzelten Bergleute versuchten mit ihren Vorständen, die Arbeitsplätze festzuhalten.

1913 gab es im Bereich der Saarbrücker Bergwerksdirektion 7.708 solcher Prämienhäuser, deren Besitzer fast alle auch Felder, Äcker oder Wiesen hatten. In den Jahren 1875, 1885 und 1890 stieg die Belegschaft von 23.388 über 26.287 auf 29.446 Arbeiter, die Zahl der Hauseigentümer darunter von 9.347 über 11.010 auf 12.328. Auf die verheirateten Bergleute bezogen, waren dies 69 Prozent im Jahre 1875 und in den beiden anderen Jahren jeweils 64 Prozent.

Dieser Wesenzug, die Sesshaftigkeit im Eigenen, hat sich bis heute erhalten, und es gibt noch eine weitere Erbschaft aus der frühen

Zeit. Es war bei der Obrigkeit sehr gern gesehen, ja durch die Höhe der finanziellen Unterstützung geradezu darauf angelegt, dass die Bergleute die Häuser im Selbstbau, das hieß in der Regel mit Verwandten und Bekannten errichteten. Man half sich in den Dörfern gegenseitig aus, und das ist bis heute so geblieben, mittlerweile vermutlich bereits genetisch verankert.

Mit dem zunehmenden Mangel an Bauland in den gewachsenen Dörfern entstanden neu angelegte Bergmannskolonien, deren Grundstücke so großzügig zugeschnitten waren, dass sie auch Eigenversorgung ermöglichten. Elversberg, Herrensohr, Buchschachen (Riegelsberg), Maybach, Landsweiler, Reden und Fischbach sind auf diese Weise entstanden und zuletzt Dorf im Warndt, allerdings als Werkssiedlung für den Warndtschacht.

1918 besaß die Grubendirektion 1.224 Mietwohnungen, deren Zahl in der Völkerbundszeit von der französischen Verwaltung, die den Mietwohnungsbau bevorzugte, erhöht wurde. Im Jahre 1962 waren es mehr als 9.000 Werkswohnungen.

Der Löwenanteil der Belegschaft wohnte weiter im Eigenen, baute an, baute um und baute aus. Von Zeit zu Zeit zieht eine neue Mode wie eine Seuche durch das Land. Eternit an der Wetterseite z.B. oder bayerische Bauernmalerei, aus dem Urlaub mitgebracht, Berggefühle, Weißwurst und Weizenbier assoziierend, wo es doch so schön war, eine – übrigens unerwiderte – Zuneigung zu einem Dekor und zu einem idealisierten Land ohne Schichtarbeit und ohne die Härte des Arbeiterbauernlebens. Einer im Dorf fing damit an, die Frauen tuschelten zuerst, dann quengelten sie, und die Welle ergoss sich über die gesamte Region – verbunden mit einer fanatischen Begeisterung für den Wettbewerb „Unser Dorf soll schöner werden“, der wohl kaum sonst wo eine derartige Teilnehmerdichte erreicht wie bei uns.

Nach dem Haus und dem Drumherum, dem Basteln, Streichen und Betonieren – entweder selbst oder beim Nachbarn – kamen und kommen sogleich der Verein oder besser die Vereine als Lebenselixier und als partieller Lebenszweck. Statistisch gesehen ist jeder Saarländer in mindestens drei Vereinen.

Singen, musizieren, pflanzen, züchten, rennen, spielen, ringen, pflegen, helfen, sammeln ... all diese menschlichen Leidenschaften und Neigungen geben sich in Vereinen selber Form und damit auch Halt, Sicherheit, Geborgenheit, Zugehörigkeit – unabhängig von politischen Konstellationen.

Gestärkt wurde das Zusammengehörigkeitsgefühl der Bergleute durch die Bergfeste, die sozusagen Bestandteil des Lohnes waren, ein jährliches, dann alle zwei Jahre geliefertes Deputat an Geselligkeit. Seit 1850 wurde im Sommer auf eigens eingerichteten Festplätzen im Wald gefeiert. Nach dem Kirchgang zog man, die Bergrevierfahne und die Bergkapelle vorneweg, ins Grüne und feierte mit den Familienangehörigen bei Musik und Tanz, von den Grubenbeamten bewirtet, bis in die Nacht.

1910 verzehrten die rund 53.000 Bergleute und die 2.000 Grubenbeamten und ihre Familien, also gut 200.000 Personen 90.412 Pfund Ochsenfleisch, 50.503 Pfund Schinken, 122.438 Pfund Brot, 233.104 Liter Bier und 380.030 Stück Zigarren, woraus man nicht nur die sprichwörtliche Genussfähigkeit des hart arbeitenden Menschenschlages ableiten kann, sondern auch feststellen muss, dass Lyoner und Schwenkbraten erst später im Saarrevier heimisch geworden sind.

* * *

Wenn man den saarländischen Bergmann charakterisieren will, darf man vom Selbstbewusstsein, vom Stolz nicht schweigen, der in erster Linie durch das gute Einkommen bedingt war, durch ein beachtliches Netz sozialer Sicherheit, durch das eigene Haus und durch einen präsentierbaren Lebensstandard. Stolz aber ebenso auf einen Beruf, einen Stand gewissermaßen, der auch am Äußerlichen erkennbar war.

St. Barbara schlug die Verbindung zur katholischen Kirche, die nicht nur mit ihren zahlreichen Organisationen den in der Mehrheit katholischen Bergleuten eine Heimat bot, sondern auch in vielen Fragen gerade in den Dörfern als Autorität anerkannt wurde.

Vielleicht war es auch die immerwährende Gefahr unter Tage, die von den nie ganz zu bändigenden Kräften des Berges ausging, und die Erinnerung an viele Grubenunglücke, bei denen das von Luisenthal im Jahre 1962 mit 299 Toten das fürchterlichste war, die sie, die starken Männer, auf diese Weise Schutz suchen ließ.

Der 4. Dezember, der Barbaratag, wird bis heute hoch in Ehren gehalten. Auf den Barbarafeiern werden in den Bergwerken die Jubilare geehrt und in der zentralen Veranstaltung in Saarbrücken den Politikern die Bekenntnisse zum Bergbau abverlangt. Als Ministerpräsident bin ich in einem einzigen Fall ohne innere Vorbehalte mit Blaulicht an einem Stau vorbeigehastet: am 4. Dezember 1998, um zur Auszeichnung der Grubenwehr noch rechtzeitig zu kommen.

Die Arbeitskleidung, die Knappenuniform der Berg- und Hüttenvereinigungen, ihre von Alters her überkommene eigene Sprache, ihre Riten und ihre Lieder schufen so etwas wie Korpsgeist, was ja vom preußischen Bergfiskus, von den preußischen Erfindern bewusst so kalkuliert worden war. Der Saarknappenchor, eine im Vergleich zu den Bergkapellen späte Gründung aus dem Jahre 1948, bei festlichen Gelegenheiten unverzichtbarer Bestandteil der saarländischen Kulturszene, war Stolz des ganzen Landes.

Bei den zur „Tradition“ ernannten Aschermittwochstreffen der Parteien in Siersburg (SPD) und Schwalbach (CDU) zogen die Knappen mit ein, und das Steigerlied erklang. Die CDU schaffte auch diese „Tradition“, die bei ihr eine gekünstelte war, als erste ab. Die SPD hält dagegen an ihr fest – aber der Zeitenwandel zeigte sich im Jahre des Herrn 2001, indem die sozialdemokratische Garde in Siersburg die Knappen noch mitlaufen ließ, aber als Musik statt des Steigerliedes lieber Henry Maskes bombastische Hymne erkor und zu ihren wabernden Klängen durch den Saal zu den Ehrentischen schritt.

Eckstein und Co.

Daran hätte in Bonn und im Müngersdorfer Stadion noch niemand zu denken gewagt. Müngersdorf, das hieß noch Kraft. Und das Lied Zeltingers vom Müngersdorfer Stadion war für eine kurze Phase des Stolzes und des Triumphes die den Eingeweihten vertraute und süße Parole. Aber bei allem abenteuerlichen Reiz blieben die heimatlichen Bezüge weiter präsent. Die Bergleute wussten wohl, was ihnen an häuslicher Wärme fehlte, sie wussten aber auch von den Arbeitskämpfen der Vergangenheit, meistens nichts Genaues, aber die Streiks, das Aufbäumen gegen als ungerecht empfundene Verhältnisse hatten sich in der kollektiven Erinnerung festgesetzt, manchmal in ganz abgelegenen Ecken des Bewusstseins. An solchen Tagen wurde das Archiv im Kopf aktiviert. Dann sprachen sie von dem, was ihnen wichtig war, was sie behalten und wie sie es verstanden hatten. Das konnte sehr unterschiedlich sein, je nach Temperament und Neigung, anekdotisch oder pathetisch, aber immer voller Respekt vor dem Vergangenen.

Die Älteren erzählten von den Streiks der Jahre 1969 und 1972, von Erfolg und Misserfolg, berichteten von den gewerkschaftsinternen Querelen, waren aber durchaus dankbar, diesmal nicht auch noch gegen die eigene Gewerkschaft ankämpfen zu müssen, und wenn, dann nur ein ganz klein bisschen.

Sie erzählten vom Rechtsschutzverein, vom Alten Verband, vom ersten großen Arbeitskampf an der Saar, der am 28. Mai 1889 ausbrach, als 11.000 Bergleute die Einfahrt verweigerten. Dieser Ausstand kam auch in dem sonst mit Zuckerbrot und Peitsche ruhig gehaltenen Saarrevier nicht von ungefähr. Die Durchschnittslöhne lagen im preußischen Steinkohlebergbau unter drei Mark pro Schicht, gleichzeitig hatte sich die Arbeitszeit schleichend verlängert und betrug im Minimum neun, im Maximum zwölf Stunden.

Am 1. Mai legten an der Ruhr auf der Zeche Friedrich-Ernestine bei Essen die Schlepper und Pferdejungen die Arbeit nieder. Daraus entstand ein Flächenbrand, der sich über das gesamte rheinisch-westfälische Industriegebiet ausbreitete und zu Zusammenstößen der Streikenden mit dem Militär führte, bei denen Tote und Verwundete auf der Seite der Bergleute zu beklagen waren.

An der Saar blieb dies alles natürlich nicht unbemerkt. Die Belegschaften in den Inspektionen Friedrichsthal, Sulzbach-Altenwald, Reden und Heinitz wurden zuerst „unruhig". Am 15. Mai versammelten sich mehr als 3.000 Bergleute in Bildstock und verabschiedeten das „Bildstocker Protokoll" mit dreizehn Punkten, bei denen die Forderung nach einer achtstündigen Arbeitszeit an erster Stelle stand, dann kamen Lohnforderungen, soziale Verbesserungen und Schutz vor Willkür der Oberen. Ausdrücklich wurde vermerkt, dass die Versammlung mit einem dreifachen Hoch auf den Kaiser beendet wurde, aber auch, dass man bei Nichtbewilligung der Forderungen „einstimmig ablegen", also kündigen werde, unterzeichnet von Nikolaus Warken, dem 1. Vorsitzenden, Mathias Bachmann, dem 2. Vorsitzenden und weiteren Teilnehmern.

Angesichts der Vorgänge an der Ruhr dürfte die Bergwerksdirektion nicht völlig überrascht gewesen sein, jedenfalls kam sie in einer Reihe von Punkten den Forderungen speziell bei der Arbeitsordnung entgegen. Das reichte aber nicht mehr, um den Ausstand zu verhindern. Am 25. Mai versammelten sich 15.000 Bergleute in Bildstock, forderten erneut den Achtstundentag sowie Lohnerhöhungen und beschlossen den Streik, der zwar nur von etwas weniger als der Hälfte der Belegschaften eingehalten wurde, aber bis Anfang Juni dauerte.

Auch an der Saar stand das Militär bereit, um die Gendarmen zu unterstützen, die auf den Gruben Stellung bezogen hatten. Am 9. Juni wurde in einer erneuten Versammlung das Ende des Streiks konstatiert und die Gründung eines Rechtsschutzvereins nach westfälischem Muster gefordert. Nach dem Streik führte der Bergfiskus die Neunstundenschicht inklusive Ein- und Ausfahrt ein.

Der unzureichende Teilerfolg hatte aber noch einen weiteren wichtigen Effekt: Resolutionen und Streik hatten mit der Legende aufgeräumt, an der Saar habe Preußen mit der staatlichen Verantwortung so etwas wie ein kleines Arbeiterparadies installiert, das sich von sonstigen Verhältnissen grundlegend unterschiede. Bevormundung, Gängelung, Ausbeutung, Willkür waren auch hier wie andernorts die Regel.

Die Geschichte des „Rechtsschutzvereins für die bergmännische Bevölkerung des Oberbergamtsbezirks Bonn" ist eine schöne Geschichte von Idealismus, Solidarität, Erfolgen, Einfallsreichtum und tatsächlichen Verbesserungen, es ist aber auch – für die Organisationen der frühen Arbeiterbewegung nicht untypisch – eine Geschichte von Neid und Verrat, von Spaltungen und persönlichen Diffamierungen und am Ende vom Zusammenbruch, der aber den Siegeszug der Gewerkschaftsbewegung an der Saar nur hinauszögern, aber nicht verhindern konnte.

Der neue Verein fand schnell großen Zulauf. Nach wenigen Monaten war etwa ein Viertel der Bergarbeiter organisiert. In der Zeit bis 1893 schwankten die Mitgliederzahlen zwischen 19.000 und mehr als 24.000 Mitgliedern, das waren bis zu vier Fünftel aller auf den preußischen Gruben beschäftigten Arbeiter. Nikolaus Warken, der nach dem Streik von der Grubenverwaltung nicht wieder eingestellt worden war, wurde zum 1. Vorsitzenden gewählt.

In der Folgezeit entwickelten die Saarbergleute alle Elemente zukünftiger Gewerkschaftsarbeit. Die umfangreiche Tätigkeit in der Vereinsführung konnte nicht mehr ehrenamtlich bewältigt werden, also erhielt Warken als geschäftsführender Vorsitzender ein Salär von 120 Mark im Monat, damit war die Hauptamtlichkeit an der Saar geboren.

Der Verein hatte keinen großen Versammlungsraum, durfte unter freiem Himmel in der Regel nicht tagen. Also bauten sie ein Haus, ein festes, das ihren Anspruch auf dauerhafte Präsenz unterstreichen sollte. Sie wählten den Hausspruch „Einer für alle – alle für einen". Jedes Mitglied trug eine Mark in bar und zwei Klinkersteine zu seiner Realisierung bei.

Die im Rechtsschutzverein organisierten Bergleute erlebten die Repressionen gegen ihre Kollegen, vor allem gegen ihre Repräsentanten. Daraufhin richteten sie eine Unterstützungskasse ein, die erste Streikkasse an der Saar. Ihre Führer wurden nicht nur entlassen, sondern auch mit Prozessen überzogen, verurteilt und ins Gefängnis gesteckt. Sie sammelten für die Inhaftierten Geld und unterstützten ihre Familien.

Ich bin nicht wenig stolz, dass der große Chronist der Bergarbeiter Otto Hue schrieb: „Die Saarbergleute bewiesen in dieser Zeit weit mehr Idealismus und kameradschaftliche Treue als die Ruhrbergleute."

Sie waren mit der Darstellung der Verhältnisse in der Presse nicht einverstanden, also gründeten sie eine eigene Zeitung („Schlägel und Eisen"). Als sie mit dem Drucker nicht mehr zurecht kamen, richteten sie eine Druckerei in Bildstock ein – Geburtsstunde der gewerkschaftlichen Presse an der Saar.

Sie spürten am eigenen Leibe die Bedeutung und den Einfluss der politischen Strömungen. Also kandidierten Warken und Bachmann bei der Reichtagswahl 1890. Warken erreichte im Wahlkreis Saarbrücken 33,8 Prozent der Stimmen. Und sie erkannten, dass andernorts ähnliche Probleme herrschten, und sie befreiten sich aus der regionalen Enge, indem sie am ersten deutschen Bergarbeiterkongress in Halle teilnahmen und sich aktiv an der Gründung des „Verbandes deutscher Bergarbeiter" beteiligten und nach Paris zum Internationalen Bergarbeiterkongress fuhren.

Sie wurden sogar für eine kurze Zeit als Bestandteil des Systems akzeptiert und vom Oberpräsidenten der Rheinprovinz empfangen. Sie hatten auch gelernt, dass es günstige und ungünstige Zeiten für die Durchsetzung von Forderungen gab und erreichten mit der Einrichtung von „Arbeiterausschüssen" erste Ansätze von Mitbestimmung, die in diesem Fall aber nicht lange hielten, weil sie reinen Alibicharakter hatten.

Die an sich konsequente Weiterentwicklung der ersten spontanen Ansätze löste neue Frontstellungen aus. Das Zentrum hatte die Bewegung anfangs unterstützt, was die unternehmenshörige liberale Presse veranlasste, den Rechtsschutzverein als „ultramontane Stiftung" zu verteufeln, nun aber ging auch die Zentrumspresse mit den üblichen Mitteln der Diffamierung, der Denunziation und der Verdächtigungen gegen den immer selbstbewusster und unabhängiger werdenden Verein vor. Sozialdemokratischer Einfluss wurde unterstellt, Gerüchte über „unsittlichen Lebenswandel", Unterschlagungen und Jagd auf „fette Pöstchen" gestreut, also mit den Methoden gearbeitet, die auch heute gang und gäbe sind, wenn sich Gruppen beharken, sei es in der Politik, hier vor allem bei Ermangelung von sachlichen Alternativen, in Verbänden und Unternehmen, in Universitäten, Kliniken, Zeitungen Rundfunkanstalten oder sonst wo.

Auch heute wird in den Parteien mehr Kraft aufgebracht, den

Gegner herabzusetzen, als einen fairen demokratischen Diskurs zu führen. Der weltanschauliche Kampf um die Seelen der Bergarbeiter, vor allem aber um ihre Mitgliedsbeiträge und um politischen Einfluss, prägte die Geschichte der Arbeiterbewegung bis auf den heutigen Tag.

* * *

In das mit dem Erlöschen des Rechtsschutzvereins entstehende Vakuum stießen einige Jahre später christliche Organisationen. Die Sozialdemokratie und ihre gewerkschaftlichen Verbündeten hatten bis zum Ersten Weltkrieg keine Chance. Danach standen freie und christliche Gewerkschaften in ständiger Konkurrenz – mit Ausnahme der Nazizeit, in der beide verboten waren und sich die verfeindeten Brüder und Schwestern in den Gefängnissen, Konzentrationslagern und in der inneren und äußeren Emigration wiederfanden.

Die Mehrheit der beiden Lager war ihnen schon vorher von der Fahne gegangen und zur Deutschen Front übergelaufen. Die durchgehend prodeutsche, fast nationalistische Politik aller saarländischen Parteien, auch der Organisationen der Arbeiterbewegung hatte sich nach dem Sieg Hitlers in Deutschland nicht mehr durch das Umlegen des Propagandahebels korrigieren lassen. Im Ergebnis waren auch diese Organisationen ungewollt an der Katastrophe mitschuldig. Wer aber hätte das voraussehen können?

Schließlich waren die Bestimmungen des Versailler Vertrages über das Schicksal der Saar mit wenigen Ausnahmen von allen relevanten Kräften im Reich und an der Saar durchgängig als Unrecht und Willkürakt verurteilt worden.

Nach einigen vergeblichen Anläufen direkt nach Kriegsende kam es erst 1966 in der saarländischen Montanindustrie zum Zusammenschluss, zur endgültigen Gründung der Einheitsgewerkschaft. Es war eine der schwierigsten Aufgaben, die von vielen widerstrebend mitgetragene Integration unter wechselseitiger Rücksichtnahme durchzuhalten und führte immer wieder auch zu gewerkschaftsinternen Auseinandersetzungen, besonders dann, wenn politische Wahlen vor der Tür standen. Auch in Bonn und Müngersdorf musste es den Christdemokraten unter den Bergleuten wehtun, die Kritik und die erkennbare Abneigung gegen die CDU-geführte Bundesregierung fast stündlich wachsen zu sehen.

Derartige innere Spannungen, die von außen unermüdlich geschürt wurden, schwächten den Rechtsschutzverein bei seinen Aktionen. Als 1892 Bestrebungen im Reichstag, die Bergleute durch Gesetz besser zu stellen, vor allem an Carl Ferdinand Stumm, dem König von Saarabien, scheiterten, provozierte die Bergwerksverwaltung ihre Arbeiter mit einer neuen Arbeitsordnung, die als „Wiedereinführung des patriarchalischen Systems" gewertet wurde.

In Bildstock wurde daraufhin am 8. Dezember 1892 der Streik propagiert, falls die Arbeitsordnung nicht reformiert würde. Die Bergwerksdirektion, die in der schwachen Konjunktur günstige Rahmenbedingungen sah, hatte sich zum *show down*, zum Abschütteln des lästigen Verbandes entschlossen. Nikolaus Warken wurde wegen „Aufreizung" verhaftet. Dennoch brach der Streik am 29. Dezember los. Am 2. Januar standen tatsächlich alle Räder still. Von den 30.000 Beschäftigten befanden sich mehr als 25.000 im Ausstand. Die Stimmung war sehr gespannt. Gegen Streikbrecher wurde von den Streikenden äußerst aggressiv vorgegangen, die Gewalt hielt Einzug im Revier. Der Unmut griff auch auf die Familienangehörigen über, die an Versammlungen teilnahmen und an der Bloßstellung der „Mauschbacher", wie die Arbeitswilligen bezeichnet wurden, regen Anteil nahmen. So manche Fensterscheibe – und mehr – ging dabei zu Bruch.

Die Rechnung der Grubenherren ging diesmal auf. Die Grubenverwaltung kündigte Massenentlassungen an. Als am 15. Januar in Bildstock die Weiterführung des Streiks beschlossen wurde, machte die Direktion ernst. 2.457 Mann wurden dauernd oder „vorläufig" gemaßregelt, darunter alle bekannten Vertrauensleute, Ältesten und Ausschussmitglieder des Rechtsschutzvereins.

Am 16. streikten nur noch etwa 3.000 Mann. Der Versuch an der Ruhr, mit einem Ausstand unter der Losung „Generalstreik und Sieg" Flankenschutz zu geben, misslang kläglich. Dem rücksichtslosen Vorgehen der Polizei, den sofort mit großer Heftigkeit einsetzenden Maßregelungen durch die Zechenverwaltungen und dem propagandistischen Sperrfeuer u.a. der Zentrumspresse war auch die Streikbewegung an der Ruhr nicht gewachsen, die am 13. Januar mit 21.390 Mann (von 145.000) ihren Höhepunkt erreicht hatte.

Der Rechtsschutzverein überstand die Niederlage nicht. Am 15. März gab es einen letzten Rettungsversuch. Warken trat zurück, an seine Stelle wurde Schillo gewählt, das Vereinsblatt „Schlägel und Eisen" wurde in „Glückauf" umgetauft, was aber sein Eingehen nicht verhinderte. Die letzte Ausgabe erschien mit Trauerrand am 30. Juni.

Am 13. Juli beschloss eine Generalversammlung die Auflösung des Vereins, zur Abdeckung der Schulden wurde der Rechtsschutzsaal an eine Neunkircher Brauerei verkauft, die ihn ihrerseits wieder – eine letzte Demütigung – an den Bergfiskus veräußerte, der das Gebäude, das den Geist der Rebellion gegen eben diese Mächtigen noch atmete, als Haushaltsschule für Bergmannstöchter, als Abendschule, als Kindergarten und zu Wohnzwecken nutzte.

Nikolaus Warken, der erste kreative und engagierte Arbeiterführer an der Saar, der wegen seiner – von Klaus Töpfer und mir geteilten – Leidenschaft für das Kartenspielen „Eckstein" genannt wurde, lebte noch bis zum 24. August 1920. „Auffällig geworden" ist er nicht mehr.

* * *

Die Sozialdemokraten, die sich vom Streik einen Aufschwung ihrer Bewegung im Saarrevier erhofft hatten, traten statt eines erträumten Triumphzuges einen langen Leidensweg an. König Stumm und seine Verbündeten vom „Verein der Arbeitgeber zur Bekämpfung der Sozialdemokratie“ gingen äußerst rabiat gegen alles vor, was nur nach Sozialdemokratie roch. Von ähnlichem Fanatismus war der „Saar-Bismarck“, der geheime Bergrat Ewald Hilger, der es für seine Pflicht hielt, „die Sozialdemokratie aus den Betrieben fern zu halten und meine Bergleute, die gute, brave, königstreue, patriotische Arbeiter sind, vor den hetzerischen Verführern zu schützen und das sozialdemokratische Gift von ihnen fern zu halten“.

Karl Krämer, Bergmann aus Sulzbach, langjähriges Mitglied des Verbandes deutscher Bergarbeiter, wurde entlassen, weil er im Oktober des Jahres 1903 eine gewerkschaftliche Bergarbeiterversammlung besucht hatte. Im März 1904 gab er zwei Flugblätter heraus, in denen er die soziale Lage der Bergarbeiter, aber auch die politischen Verhältnisse im Saarrevier beschrieb, attackierte und zum Gewerkschaftsbeitritt aufforderte. Er wurde dieser Flugblätter wegen von Hilger verklagt.

Der Prozess, in dem Wolfgang Heine, Reichstagsabgeordneter der SPD und Rechtsanwalt, den angeklagten Krämer brillant verteidigte, geriet zum Debakel für Hilger und das saarabische System. Die sonst tief verschleierten Verhältnisse unter der königlich-preußischen Herrschaft wurden öffentlich. Wozu die SPD mit einer sofort aufgelegten Broschüre, „Saarabien vor Gericht“, die im gesamten Reichsgebiet in hoher Auflage verbreitet wurde, genüsslich beitrug. Im Vorwort steht eine Interpretation der Verhältnisse, die das Begreifen mancher Besonderheiten des Landes bis in die Gegenwart erleichtert: „Im Saargebiet ist die Entrechtung der Arbeiter leichter, weil es ziemlich isoliert liegt, weit entfernt von anderen großen industriellen Zentren, was den Arbeitern das Wechseln sehr erschwert. Sodann hat die Arbeiterschaft dort von Beginn des systematischen

Bergbaues an immer unter einer zentralen Leitung gestanden, die neben ihrer wirtschaftlichen Macht auch noch die Autorität staatlicher Behörden besaß."

Krämer konnte belegen, „dass der Lohn trotz größeren Fleißes und größerer Werksüberschüsse" gesunken war. Von 1891 bis 1902 war der Kohlepreis pro Tonne von 10,30 auf 11,54 Mark angestiegen, der Überschuss der Gruben von 7,5 Millionen auf 19 Millionen Mark hoch geschnellt, während der Lohn im Schnitt von 3,89 pro Schicht auf 3,59 und das durchschnittliche Jahreseinkommen von 1.137 auf 1.053 Mark gesunken war. Die Preise für Lebensmittel waren in diesem Zeitraum in etwa gleich geblieben. Das Kilo Rindfleisch kostete 1,60 Mark, ein Kilogramm Brot 25, ein Dutzend Eier 75 und der Liter Milch 20 Pfennig. Im Prozess wurden die Unterdrückungsmaßnahmen gegen die SPD und außerdem heftige Wahlmanipulationen offen gelegt.

Zu den Besonderheiten Saarabiens gehörte auch, dass die freien Gewerkschaften ebenfalls kaum etwas zu melden hatten. Dafür konkurrierte der „Gewerkverein christlicher Bergarbeiter", der 1894 als überkonfessionelle Gegenorganisation zum sozialdemokratisch orientierten „alten" Bergarbeiterverband gegründet worden war, mit zahlreichen katholischen Verbänden, die sich auf Wunsch des Trierer Bischofs Korum am 27. November 1902 zum „Diözesanverband Katholischer Arbeitervereine" zusammenschlossen, die später wegen ihrer Zentrale in Berlin kurz als „Berliner" bezeichnet wurden, für die einen ein Ehrentitel, für andere ein Schmähwort.

Der dauerhafte Krach – in der Fachliteratur als Gewerkschaftsstreit bekannt – zwischen diesen beiden im Saarland dominierenden christlichen Arbeiterorganisationen spitzte sich im Jahre 1912, kurze Zeit nach dem triumphalen Abschneiden der SPD als stärkster Partei bei den Reichstagswahlen und dem überraschenden Sieg des „Berliners“ Bartholomäus Koßmann im Wahlkreis Ottweiler-St. Wendel-Meisenheim für das Zentrum zu, als an der Ruhr ein Massenstreik ausbrach, der erste im Zusammenhang mit einer Lohnbewegung, den die christlichen Verbände ablehnten und der an der Saar erst gar nicht stattfand, was aber in zeitlicher Nähe zu einem Kuriosum christlich-katholischer Rivalität führte.

Anlässlich einer erneuten Änderung der Arbeitsordnung für die Bergwerke an der Saar wetteiferten beide Organisationen um die schärfste und effektivste Vertretung der Arbeitnehmerrechte. Die Delegierten des Gewerkvereins beschlossen am 15. Dezember für den 2. Januar 1913 den Streik, die „Berliner“ lehnten ihn am selben Tage – ob zur selben Stunde weiß ich nicht – kategorisch ab.

Weitere Verhandlungen und Gespräche, u.a. auch von Koßmann, führten zu verbindlichen Zusagen von Lohnerhöhungen und einer für die Beschäftigten günstigen Interpretation der Arbeitsordnung. Daraufhin blies der Gewerkverein, allerdings gegen heftigen Widerstand vieler Mitglieder, den Streik wieder ab, und beide christlichen Geschwister stritten sich wie die Kesselflicker über ihren Anteil an der friedlichen Konfliktlösung, was die Bergwerksdirektion am 20. Februar 1913 zu folgendem Urteil brachte: Man habe mehr Interesse, statt an einer „gelben“ Organisation „an einem christlichen Gewerkverein, der den nötigen Radikalismus – auch uns gegenüber – zeigt, um die Massen nicht zur Sozialdemokratie hinübergleiten zu lassen und die Sozialdemokratie erfolgreich bekämpfen zu können, der aber andererseits nicht so stark ist, dass er glaubt, auf unsere wohlwollende Neutralität verzichten und ohne Gefahr des eigenen Untergangs einen Aufstand wagen zu dürfen“.

Mangels eines ernstzunehmenden Konkurrenten machten die beiden Verbände munter mit ihren Kämpfchen weiter, wobei die Methoden in den selteneren Fällen christlichem Gedankengut entsprachen, es sei denn, man wollte sich mehr am Alten Testament orientieren. Auch Koßmann gelang es nicht, eine tragfähige Basis zu finden. Der Streit ebbte erst im Weltkrieg ab, und 1920 begaben sich die erschöpften „Berliner" unter das gemeinsame christliche Dach.

1919 führte ein Generalstreik zur ersten offenen Konfrontation mit der Besatzungsmacht an der Saar. Der härteste Arbeitskampf spielte sich jedoch im Frühjahr 1923 ab. Er begann am 5. Februar und endete am 15. Mai. Dazwischen lagen 14 Wochen eines wahrhaft erbitterten Kampfes. Ausgangspunkt waren nicht erfüllte Lohnforderungen.

Am 30. Dezember 1922 hatten die Gewerkschaften den geltenden Tarifvertrag gekündigt, nachdem die Löhne seit 1919 kontinuierlich gesunken waren. Ein Angebot der französischen Grubenverwaltung, das die Verhandlungsführer der Bergleute glaubten akzeptieren zu können, fiel bei den Bezirkskonferenzen am 4. Februar durch. Die Bergleute wollten den Streik, und am nächsten Tag erschien kaum noch jemand zur Schicht. Das hatte auch Gründe, die an anderer Stelle lagen.

Am 11. Januar hatten französische und belgische Truppen das Ruhrgebiet als Pfand für unerfüllte Reparationsforderungen – es ging vor allem um die Lieferung von Kohle – besetzt. Die Reichsregierung rief zum passiven Widerstand auf und ließ sich das auch etwas kosten. Sie sah in der zweiten Streikfront an der Saar einen strategischen Vorteil und schickte als internationale Hilfsgelder deklarierte Subsidien zur Finanzierung des Streiks oder ließ das Geld, wie später noch einmal im Abstimmungskampf 1955, in Rucksäcken über die grüne Grenze schmuggeln.

In der Unterstützung des Streiks waren sich alle Parteien einig. SPD und KPD demonstrierten nationale Zuverlässigkeit nach dem Motto, Deutschlands ärmster Sohn als sein treuester.

Die nationale Komponente des Streiks verschärfte die Konflikte mit abweichenden Meinungen und Haltungen. Und so geriet auch ein Mann unter die Räder, der schon zwanzig Jahre vorher Aufsehen erregt hatte: Karl Krämer, ein Don Quichotte, der alleine mit seinen Flugblättern gegen Hilger und das saarabische System gefochten hatte, legte sich wieder für seine Überzeugung quer. Er war mittlerweile Sekretär des Bergarbeiterverbandes und verließ mit seinem Kollegen Emil Becker die von ihm mitbegründete Organisation, „weil der Verband für die Cuno-Regierung die Kastanien aus dem Feuer holt und 72.000 Bergleute der Saargruben zu politischen Zwecken missbrauchen will".

Beide waren USPD-Mitglieder gewesen und galten wegen ihrer internationalistischen Haltung als national unzuverlässig. Jetzt avancierten sie zu Buhmännern, wurden zu Verrätern gestempelt und damit zu verabscheuten Hassfiguren. Wann wohl war Karl Krämer mit sich und der Zeit in Übereinstimmung? Vielleicht im flüchtigen Morgenrot der Arbeiter- und Soldatenräte an der Saar. War er am Ende nur ein notorischer Einzelgänger oder Querulant? Dazu war sein Weg zu gradlinig. Was scherte ihn der Zeitgeist, wenn er ihn daran hinderte, mit sich im Reinen zu sein. War er ein unglücklicher Mensch, ein Gescheiterter? Ich glaube nein.

Die Gewalt eskalierte und bewies – wie 1893 –, zu was die sonst so friedfertige Bevölkerung im Aufruhr fähig war. Wie damals wurden Streikbrecher massiv bedroht und verfolgt, Schandpfähle mit ihren Namen errichtet, Scheiben eingeworfen, Obstbäume abgehauen, Tiere getötet und anderes, was einem nur in den Sinn kommt, wenn der Hass einen leitet. Dies alles spielte sich unter den Blicken und Zugriffen des französischen Militärs ab, das die Gruben und auch die Dörfer kontrollierte. 2.000 Bergleute wurden entlassen, Hunderten die Wohnung gekündigt, um sie gefügig zu machen, Versammlungen, Aufzüge und Kundgebungen untersagt.

Im Mai bat der Vorsitzende des Bergarbeiterverbandes, Julius Schwarz, den neuen Chefredakteur der sozialdemokratischen „Volksstimme", Max Braun, der den Streik publizistisch flankiert hatte und dabei auf der nationalen Woge mitgesurft war, „eine Vermittlung einleiten zu helfen, die den Streik vor dem Zusammenbruch rettete, Maßregeln verhinderte und das Gesicht einer Remispartie wahren sollte", wie Braun selber berichtete.

Der Direktor des Internationalen Arbeitsamtes, Albert Thomas, hatte wohl bei Poincaré den erbetenen Erfolg. Dennoch war das wesentliche Ergebnis des Streiks ein anderes als die erreichte Verbesserung der Löhne.

Klaus Michael Mallmann sieht es sicher richtig: „1923 war ein die 15 Jahre Völkerbundsherrschaft prägendes Massenerlebnis, wohl der entscheidende Knotenpunkt dieser Ära. Seitdem überschattete die nationale Frage alles, vermischte sich mit allem." Und: „Proletarischer Widerstand – vor 1918 an der Saar verfemt und verfolgt – wandelte sich zur patriotischen Pflicht."

Das in diesem Streik zu beobachtende erschreckende Ausmaß an Hass fand seine Steigerung im Abstimmungskampf vor dem 15. Januar 1935 und in der Demütigung der Unterlegenen nach dem Referendum.

Schlimmer noch war die Entwicklung, die am Ende dazu führte, dass die in der Hitze des Kampfes oft spontan und aus dem Augenblicksempfinden verübten Grausamkeiten von den Nazis umgewandelt wurden in einen kühlen, unnachsichtigen und systematischen Unterdrückungsapparat, der seine Opfer noch Jahre später suchte und fand und dem nur wenige – viel zu wenige – entrinnen konnten.

Ein Pyrrhussieg

Wenn man sich die Arbeitskämpfe an der Saar vor Augen ruft, fällt als Erstes ihre große Unterschiedlichkeit auf. Ursachen, Motive, Schwerpunkte und Ziele waren jeweils andere, wiewohl immer am vermeintlichen Interesse der Arbeitnehmerschaft orientiert. 1889 und 1893 ging es nicht um die Sicherung von Arbeitsplätzen, sondern um die Wiederherstellung der durch Entmündigung verunstalteten Würde der Bergleute, ging es um ihre Arbeitsbedingungen, den Achtstundentag, eine gerechte Bezahlung und um die Befreiung von dem paternalistischen Umsorgtsein. Stattdessen wollten sie soviel Schicksal wie möglich in die eigenen Hände, in die eigene Entscheidung nehmen.

Der große Streik von 1923 hatte nur bedingt wirtschaftliche Ursachen. In ihm manifestierte sich die Solidarität mit dem passiven Widerstand im Ruhrgebiet und der unbedingte Wille, den Versailler Friedensvertrag zu brandmarken, ihn zu korrigieren und vor allem das Saarland mit allen Mitteln zu Deutschland zurückzubringen.

1969 und 1972 machte sich die gewerkschaftliche Basis selbständig, hörte nicht mehr auf die Zentrale, sondern folgte eigenen Signalen. Es war eine Zeit der Rebellion in allen Teilen der Bundesrepublik und in vielen gesellschaftlichen Gruppen. Die schnell erwachsen gewordene Republik litt unter Ungleichgewichten und Ungleichzeitigkeiten, und selbstbewusst griffen die Streikenden nach ihrem Teil vom Kuchen, von dem sie fürchteten, ihre Gewerkschaft würde ihnen diesen nicht besorgen. Eigentlich muss das auch nicht verwundern, denn schon 1889, im erstmals aufbrechenden Konflikt zwischen Führung und Basis, hatte der Vertrauensmann des Rechtsschutzvereins Johann Altmeyer resignierend bemerkt: „Nun, wenn ihr mit Gewalt streiken wollt, dann kann ich nichts machen."

Der Kampf des Jahres 1997 war ein Kampf für die Arbeitsplätze, für das eigene, mitbestimmte Unternehmen und für einen vom Aus bedrohten Wirtschaftszweig.

Die Unternehmensführung, als wären alle Verhältnisse auf den Kopf gestellt, unterstützte die Streikenden, die in der Tat auch für die sonst befehdeten „Wasserköpfe" fochten, und die staatliche Macht, die ihnen wieder einmal gegenüberstand, war gespalten, in Teilen insgeheim oder ganz offen auf ihrer Seite.

Der Streik, die Blockaden und der Marsch nach Bonn hatten nur das eine Ziel, die Steinkohlenförderung in Deutschland auf möglichst hohem Niveau zu stabilisieren und sich und der Region die Arbeitsplätze zu erhalten. Damit ging auch die Bereitschaft zum Verzicht einher. So wurden Feierschichten zur Anpassung der Förderung klaglos akzeptiert, und die Auszubildenden teilten ihren Lohn, damit alle Beschäftigung finden konnten.

Alle diese Kämpfe hatten einen positiven Sinn. Der 1893 geforderte Achtstundentag wurde 1919 Gesetz, der Arbeitsschutz und die soziale Sicherung wurden ausgebaut, der Wohlstand ist gestiegen, und in der Mitbestimmung sind Würde und Einfluss gleichermaßen – zumindest als Möglichkeit – enthalten. Nur auf dem bereits Erreichten war eine solche Aktion wie die im März 1997 möglich. Sie war nicht aus Elend geboren, sondern aus dem Engagement selbstbewusster und gut organisierter Bürger eines freiheitlichen Staates, keine Arbeitssoldaten des preußischen Königs, keine Schützlinge fast allmächtiger Stahlbarone und Grubenherren, keine Gefolgschaft von nichts und niemand, sondern nur sich selbst, ihrem Verantwortungsgefühl und einer freien Gesellschaft verpflichtet.

* * *

Solche oder ähnliche Gedanken müssen durch meinen Kopf gewandert sein, ehe ich von der Müdigkeit übermannt wurde. In Bonn erlosch die Betriebsamkeit nicht. Hans Berger mit seinen Leuten, Wolfgang Clement, der Ruhrkohlechef Neipp und sicher auch die Beamten im Wirtschaftsministerium und im Kanzleramt schoben Überstunden.

Es gab Signale, die sich von den üblichen Gerüchten glaubhaft unterschieden, dass der Bund so weit einlenken würde, dass keine Entlassungen notwendig wären. In Müngersdorf erfuhren wir von all dem wenig, aber es war auch klar, dass alle darauf eingestellt waren, am nächsten Tage, wenn es sein musste, den Konflikt zu suchen.

Ich kann nicht sagen, wie viele der Müngersdorfer aus dem Saarland in dieser Nacht wach blieben. Die Ruhe, die eingekehrt war, ließ die Spannung spüren, manchmal hörte ich ein unterdrücktes Lachen, Beleg dafür, dass an einigen Stellen immer noch erzählt und diskutiert wurde.

Der Morgen begann, wie gewohnt, früh. Mancher, der eingenickt war oder im Schlafsack richtig geschlafen hatte, mochte sich gefragt haben, wo er denn gelandet war. Aber die Wirklichkeit hatte ihn schnell wieder, und es war allen klar, dass sie hierher geraten waren, weil die Bundesregierung den Bergbau schwach genug wähnte, um einen schnelleren Beihilfeabbau durchzusetzen, als vorher feierlich vereinbart worden war. Und dieser Gedanke entfachte ihren Zorn von Neuem, denn sie hatten darauf vertraut, was ihnen von Politik und auch von ihrer Gewerkschaft immer wieder versichert worden war, dass mit den in den jeweiligen „Kohlerunden" vereinbarten Einschnitten und Restriktionen eine verlässliche und dauerhafte Basis für ihre Arbeit, für ihren Arbeitsplatz gelegt war. Die Tinte auf den Verträgen war noch nicht getrocknet, da begann bereits die nächste Runde, eine Spirale, die sich unerbittlich nach unten drehte mit der gnadenlosen Konsequenz, von Mal zu Mal an Tonnage, damit an Beschäftigung zu verlieren und somit auch an politischem Gewicht. Sie hatten erleben müssen, dass der Bergbau zur Last wurde und sie, die ihn unter immer noch schwierigen Umständen betrieben, für Teile der Politik und der Öffentlichkeit im wörtlichen Sinne lästig wurden.

Ich schlenderte durch das Lager, eher wortkarg, morgenmuffelig und auf Fragen als Antwort mit den Schultern zuckend. Am Eingang zum Gelände herrschte schon ein reges Treiben. Hunderte von Motorrädern waren bereits angerückt, und ihre verwegen aussehenden Besitzer warteten begierig, dass Nachricht kommen würde, und fast schien es, dass für sie die schlechte Nachricht eine gute sein würde.

Dann, irgendwann nach zehn Uhr, kam Gerd Zibell mit dem Ergebnis. Der Ton macht die Musik. Das tat er auch hier. Sein fast euphorisches Verkünden der beiden Kernsätze: Keine betriebsbedingten Kündigungen, zwei Bergwerke an der Saar, verband er mit der Wertung: „Jungs, es geht nach Hause."

Wir enterten die Bühne, auf der Zeltinger in der Nacht vom Müngersdorfer Stadion gesungen hatte, und Zibell wiederholte die Botschaft noch einmal, sozusagen zum Mitschreiben.

Für mich war das Ergebnis erleichternd und deprimierend zugleich. „Keine betriebsbedingten Kündigungen." Das war die gute Formel für den Tag und für die nächste Zeit, „Weitere Marginalisierung des Bergbaus", die schlechte, über den Tag hinaus.

Für die Gewerkschaft war es ein wichtiger Sieg. In die Freude, tatsächlich etwas erreicht zu haben, mischte sich eine gewisse Erleichterung, doch nicht weiterkämpfen zu müssen, um der Obrigkeit, der man traditionell Respekt und auch bedingtes Vertrauen entgegenbrachte, die Zuständigkeit für die Zukunft erneut zu überlassen. Die Möglichkeit, heimzukehren ohne erkennbare Niederlage, ohne Gesichtsverlust tat gut; außerdem gab es genug zu erzählen, genug Raum zur Ausschmückung der Bedeutung der eigenen Rolle.

Nur die Biker schienen tief enttäuscht, fügten sich aber der allgemein zur Schau gestellten Zufriedenheit, ließen ihre Motoren aufröhren und drangen ein letztes Mal bis Bonn vor, durchmaßen die Stadt in schön proportionierten Formationen, um dann an Ruhr und Saar heimzukehren, ohne – wie vorgesehen und wie sie sich es doch so sehr gewünscht hatten – Stuttgart und München in ein Verkehrschaos gestürzt zu haben.

Dann ging alles sehr schnell. Die Saarbergleute bestiegen wieder die Busse, hinterließen ein sauberes Schwimmbad. Einige Brandflecke der nächtlichen Feuer, niedergetretenes Gras, Schlammspuren in den Hauptverkehrspfaden des Geländes waren das Einzige, was übrig blieb von diesem Heerlager des Unmuts, der gerissenen Geduldsfäden und des klugen Kalküls einer doch stets der Sachlage gewachsenen Gewerkschaftsführung.

Zwar hatte Hans Berger gezweifelt, mit den Pfiffen des Unmuts gehadert, die seine Positionen als zu weich verdammt hatten. Lange Erfahrung gab ihm die Kraft, sie zu ertragen. Es ist in solchen Zeiten schwer, die richtigen Schritte zu finden, insbesondere dann, wenn man den Gegner kennt und gehofft hatte, ihn durch Loyalität zum gewünschten Ergebnis zu bringen. Aber die gemeinsame Reise nach Fernost war für den Kanzler wohl nur – wenn überhaupt – ein Vorwand, den Bergarbeiterführer von seinen Leuten fern zu halten und seine Widerstandskraft durch Bonhomie zu schwächen. Aber es ist nun einmal die Aufgabe der politischen Spitzen, möglichst vielen das Gefühl zu geben, man stünde eigentlich auf ihrer Seite – und es ist die Aufgabe der Büchsenspanner, der Exekuteure, die vorgefassten Beschlüsse umzusetzen, wo nötig durchzusetzen, zu erzwingen.

Es ist das alte Spiel, das Spiel vom Guten an der Spitze und von den Bösen um ihn herum, die – wie es scheint – gegen seinen Willen das durchsetzen, was geschehen muss.

Bei den turbulenten Ereignissen hatten die Saarbergleute eine besondere Rolle gespielt. Gerd Zibell, der von Oer-Erckenschwick an die Saar gekommene Bezirksleiter, gab ihnen nicht nur eine Stimme, sondern erwies sich als phantasievoller, auch taktisch begabter Stratege, der – vielleicht war es auch Instinkt – sicher die vielen Klippen und Untiefen umfuhr, die sich mit der zu Beginn der Auseinandersetzung aufkochenden Radikalisierung der Basis auf der einen Seite und dem besorgten, wenn nicht gar ängstlichen Agieren einer auch zu den Mächtigen in Loyalitäten stehenden Gewerkschaftsspitze auf der anderen Seite an immer neuen Stellen bildeten. Ihm half dabei eine kräftige Stimme, die er einzusetzen wusste, und die Fähigkeit, plastisch zu formulieren sowie auch zu suggerieren. Er konnte weiter gehen als andere, ohne die Kontrolle über sich selbst und über sein Auditorium zu verlieren. Das, was bei anderen nur kurios gewirkt hätte, war bei ihm glaubhaft.

Die Saarbergleute, das Saarland – sie waren noch einmal davongekommen. Aber es stand auch fest, dass die optimistischen Planungen, die Zusammenfassung in drei als dauerhaft deklarierte Grubenstandorte schon nicht mehr galt. Die Busse kehrten zu den Bergwerken zurück. Nach Göttelborn, wo der Welt modernster Förderturm wie die riesige Schwanzflosse eines überdimensionierten weißen Wals kraftvoll in den Himmel ragt. Die Busse nach Reden, zum Warndt, nach Luisenthal und Ensdorf passierten dieses Beton gewordene Fanal der bergmännischen Zukunftssehnsucht.

Und doch war es diese Grube, deren Belegschaft – als ob sie die Bedrohung gespürt hätte – in vorderster Linie gekämpft hatte, über die nach einer Schamfrist sorgfältigster Berechnungen und Korrelierungen der Stab gebrochen wurde. Göttelborn musste sterben, wie schon eine lange, schmerzliche Kette von Bergwerken vorher, in den Demonstrationen als Holzkreuze symbolisch mitgeführt.

Das stolze Fördergerüst verwandelte sich in ein Denkmal falscher Investitionsentscheidungen, in eine Beton und Stahl gewordene Erinnerung an die Ergebnisse politischer Heuchelei, als Zeichen der Folgen der Feigheit, schon frühzeitig die Entscheidung, den deutschen Steinkohlebergbau – wie im Nachbarland Frankreich – auslaufen zu lassen, aus ebenso eiskaltem Kalkül zu verbergen und allenthalben doch hinter vorgehaltener Hand als unausweichlich zu bezeichnen.

* * *

Ein letztes Mal hatte es diese Einheit des Landes gegeben. Die Bergleute hatten ihre Kraft, ihre Kampfbereitschaft, ihren Stolz demonstriert. „Alle Räder stehen still, wenn dein starker Arm es will!“, ein Satz, der hundert Jahre vorher die Herren der Gruben in Angst und Schrecken versetzt hatte. Und es klang mit, was aus den alten Tagen viele kannten: „Wenn die Ruhr brennt, brennt die Republik!“

Und dennoch: die Zermürbungstaktik der Gegner ging weiter. Jede Grubenschließung, jede Frühpensionierung, jede Umschulung verkleinerte das Protestpotential, und die Pensionäre – zumeist froh, der Arbeitsfron entkommen zu sein – konzentrierten sich auf ihre Freizeitbeschäftigungen; die Rente war ja sicher.

In den beiden Revieren wuchs der Druck von außen – und auch von innen. Grubenschäden, Abbauvorhaben und zu erwartende Zerstörungen über Tage wurden mehr und mehr Thema. Die Folge war, dass sich die CDU an der Saar in ihrer Mehrheit zu einem klaren Anti-Kohle-Kurs entschloss. Subventionen in Zukunftsbranchen, nicht mehr in die Vergangenheit, lautete die Parole.

Und am schlimmsten war der Verlust des Selbstbewusstseins, war die Krankheit der Seele, die schleichend über die Menschen Macht gewann.

Die ständigen Hinweise auf die Wettbewerbssituation, die Weltmarktpreise taten weh, die Bergleute wurden zu Kostgängern der Nation gestempelt, die quasi sinnlos ihre gefährliche Arbeit verrichteten. Ständig wurden neue Ziele definiert, ständig neue Vereinbarungen getroffen. Ein Schrecken ohne Ende. Verbündete gingen einer nach dem anderen von der Fahne, und die Propheten des Marktes und seiner allein selig machenden Wirkung gewannen weiter die Oberhand – hatte doch der Kapitalismus gesiegt, endgültig, von Endsieg zu reden wäre politisch inkorrekt gewesen.

So vollzog sich der Umbau. Göttelborn wurde geschlossen, die traditionellen Saarbergwerke waren schon Teil der DSK, die von der Ruhr regiert wird. Die vielen Diversifikationsversuche in den Energiebereich, in technische und ökologische Sektoren, wurden zu einer Einheit zusammengefasst, abgetrennt und besetzten als Saarberg Neu die alte Bergwerksdirektion in Saarbrücken.

Das Gift der Resignation, im Vorfeld der Landtagswahlen von der CDU eifrig geträufelt und versprüht, lähmte viele der ehemaligen Kämpfer von Bonn. „Besser ein Ende mit Schrecken." Der Wunsch nach französischen Verhältnissen kam auf: klares Enddatum – erträgliche soziale Begleitung, das waren jetzt die Themen der Debatten unter Tage und in den Kaffeeküchen.

Die Landtagswahl 1999 hätte noch einmal von den Bergleuten und ihren Familien entschieden werden können. Aber die Kraft war erlahmt. Viele Aktivisten stürzten sich in den Wahlkampf, aber das Echo in den Belegschaften war zögerlich und resignierend. Die niedrige Wahlbeteiligung in den Wohnbezirken der Bergleute war eine Konsequenz daraus. Sie hatten sich zu weiten Teilen aufgegeben.

Der Kampf ist noch nicht zu Ende. Er hat aber keine Kraft mehr. Es sind blanke, nackte Nützlichkeitsabwägungen. Ein weiterer Rückgang der Förderung nach 2005 ist antizipiert. Die Umzüge der Traditionsvereine schrumpfen – wie die Teilnehmer selber auf Grund ihres Alters auch. Es sind nur noch kleine Gruppen älterer Männer und Frauen, die auf den traditionellen Wegen sich selbst und die Fahne gerade halten. Aktive sieht man dabei nicht mehr. Und die Frage lautet – völlig berechtigt: Was wird aus mir, aus meiner Familie? Sie lautet nicht mehr: Welche Zukunft hat der Bergbau?

Wenn nicht noch ein Wunder geschieht, oder vielmehr ein noch größeres Unglück als der 11. September 2001, das die Weltmärkte über den Haufen wirft, ist der Weg der deutschen und damit der saarländischen Kohle vorgezeichnet. Die weitere Reduzierung der Förderung auf ca. 20 Millionen Tonnen jährlich bedeutet neue Grubenschließungen und damit weitere Verluste an Arbeitsplätzen, Menschen und Bedeutung. Diese Verluste werden herber, wenn die rot-grüne Vereinbarung in Nordrhein-Westfalen, auf 18 Millionen Tonnen zurückzugehen, umgesetzt wird. Noch schmerzlicher ist die Zahl von 16 Millionen Tonnen, die Bundeskanzler Schröder als nationalen Kohlesockel definiert hat, schmerzlich selbst dann, wenn eine Laufzeit bis zum Jahre 2012 dabei herausspringen sollte.

In unserer auch kulturell immer mehr beschleunigten Zeit werden die emotionalen Bindungen an die Lebenswelten der Bergleute schnell ausleiern, die kräftigen Farben der Fahnen und Monturen verblassen und der Glaube an die eigene Einzigartigkeit wird schal werden. Die Widerstände gegen die mit dem Abbau verbundenen Schäden über Tage werden weiter zunehmen und die verständliche Weigerung, das eigene Haus zu verlassen oder Beschädigungen hinzunehmen, wird immer mehr Unterstützung bei den Medien und bei den nicht betroffenen Menschen im – man muss wohl schon sagen – ehemaligen Revier finden.

Die verbleibenden guten Gründe zum Erhalt des Steinkohlenbergbaus, wie die Praktizierung einer weltweit immer mehr benötigten Technologie und ihre ständige Erneuerung und Weiterentwicklung einerseits und das Beibehalten einer letztlich preiswerten Risikoversicherung in Sachen Energieversorgung in einer ständig bedrohten Welt andererseits zählen noch weniger als die regionalpolitischen Erwägungen.

Die Daten 2015 oder 2012, die als Ziel- und Endpunkte durch die Debatte geistern, bleiben solange Spekulation, als sich die Bundesregierung weiter wie bisher zur Kohle bekennt. Werner Müller tat dies, und Wolfgang Clement tut es und wird es weiter tun. Er hat in seiner Zeit als Ministerpräsident in Nordrhein-Westfalen eine durchaus erfolgreiche Balance zwischen der Förderung neuer Branchen und dem Erhalt der weiter zukunftsträchtigen Bereiche der alten Strukturen gefunden.

Der nächste Schritt muss sein, verbindliche Abmachungen über die Größenordnung der Förderung und über ihre Finanzierung zu erreichen, samt der unvermeidlichen Genehmigungen aus Brüssel. Die Bergleute an Ruhr und Saar sollten darum nicht betteln müssen.

Ein Kampf wie der des Jahres 1997 wird sich nicht wiederholen lassen. Es war wohl der letzte große Kampf, die letzte *levée en masse* der deutschen Arbeiterschaft, die sich für die immer hohler klingenden Begriffe Vertragstreue, Verlässlichkeit und Solidarität erhob und nicht nur nach dem eigenen Verbleib, nach dem eigenen Vorteil fragte.

Das Gefühl der Müngersdorfer Nacht: Sorge, Hoffnung, Trotz in einem ist mir heute noch präsent. Und nicht wenige der Aufständischen werden an die Nächte an den Straßensperren mit einer gewissen Genugtuung zurückdenken, an das Frösteln an der Brums, an die Fleischwurst auf dem Schwenker, an die Gespräche und Diskussionen mit den Kameraden, mit den Kollegen, den Genossen. Unsere

Sorgen sind nun schon längst wieder andere, aber mit Müngersdorf assoziiere ich als Erstes immer noch nicht den Fußball, sondern die Feuer in der Nacht, und wenn ich Gerd Zibell, Aloys Thull, Wolfgang Stengel und die anderen treffe, dann reden wir über dies und das, aber irgendwann blitzt es in einem Auge auf, und der Mund darunter summt Zeltingers Lied „Müngersdorfer Stadion", und die anderen verstehen die geheime Botschaft, spüren die Wärme ganz tief innen, die uns niemand nehmen kann.

Grubenfahrt

Und da ist dieses geheimnisvolle Land unter der Erde – weite Teile des Saarlandes und des Ostzipfels der Moselle sind unterhöhlt. Grubengänge in vielen Schichten, Sohlen, Schächte, Stollen, Strebe, eine eigene Welt im Schoß der Erde, dunkel und erleuchtet, eng und weitläufig zugleich. Man muss unten gewesen sein, tausend Meter tief im Gebirge, um ein wenig zu verstehen. Grubenfahrten geben einen Einblick, aber man bleibt nur Gast, sooft man sich auch in die Tiefe begibt und mehr und mehr die Faszination dieser Welt im Inneren der Erde spürt. Ich habe diese Reise mehr als dreißig Mal gemacht, anfangs aus Neugier und Interesse, dann als Zeichen der Verbundenheit mit dem kriselnden Bergbau. Friedhelm Farthmann, Wolfgang Clement, Heidi Wieczorek-Zeul und viele andere haben mich dabei begleitet. Nie, auch in Wahlkämpfen nicht, hatten wir das Gefühl, unwillkommen zu sein, über Tage nicht und unter Tage auch nicht. Es waren akzeptierte Besuche ohne einen Verdacht von Voyeurismus.

Schon die Vorbereitungen sind außergewöhnlich: In der Waschkaue, dem Bad der Bergleute, bekommt der Gast ein eigenes Geviert zugewiesen, hell gekachelt, zum Umziehen und für die abschließenden Waschungen, wenn die traditionellen Zeremonien der Grubenfahrt beendet sind. Alles gilt es abzulegen – nichts geht mit unter

Tage. Statt dessen: Lange Unterhose, Unterhemd, grobe Socken, Schienbeinschützer, eine beigefarbene Leinenhose, schwere, knöchelhohe Schuhe mit verstärkten Kappen. Dann das Halstuch und die Jacke mit bronzenen Knöpfen, auf denen Schlägel und Eisen den Zweck der ganzen Verkleidung symbolisch offenbaren. Man fühlt sich im wahrsten Sinne des Wortes gerüstet, zweckmäßig hergerichtet; Handschuhe kommen dazu, der Helm mit dem verstellbaren Plastikband im Innern, den Köpfen anzupassen, und dann – wie eine Auszeichnung, ein Ritterschlag – der schwere Gürtel mit der Batterie, dem schwarzen Kabel und der Kopflampe, der Drei-Phasen-Lampe, an den Helm zu stecken, mit dem scharfen Punktlicht und dem breiten, mütterliche Milde ausstrahlenden Leuchtkranz.

Wir paradieren ein wenig auf und ab, der Gürtel senkt sich an der schweren Seite, findet endgültigen Halt auf der Hüfte. So war das Gefühl in der Kindheit, wenn wir Cowboy spielten und das Schießeisen den Sitz des Gürtels prägte. John Wayne, Glenn Ford, Henry Fonda und Gary Cooper sind plötzlich präsent, für einen Moment zwar nur, aber ich suche den Spiegel, prüfe den Sitz des Helms und den koketten Schwung des Halstuches.

Der Sturz in die Tiefe im Förderkorb, eingeleitet von rhythmischen Schlägen der Signaltechnik (erst vier, das heißt: Personenbeförderung, 8m/sec, dann zwei, das heißt „hängen“ und meint: es geht abwärts), ist unspektakulär. Der Korb stoppt ab, schwankt, wippt noch ein wenig, und wir befinden uns tausend Meter tief unter der Oberfläche. Die Seilfahrt ist bequem und fast ohne jedes Risiko. Als die Körbe noch von Menschen, den „Haspelknechten“, oder durch Pferde (Göpelförderung) auf und ab bewegt wurden und sich immer wieder Unfälle bei der Förderung ereigneten, erschien es den Bergleuten sicherer, über Leitern, die sie „Fahrten“ nannten, Hunderte von Metern in die Tiefe zu klettern oder in weiten Anmarschwegen über Stollen und einfallende Strecken zu ihrem Arbeitsplatz zu gelangen.

Der Strecken sind hoch, weitläufig, wie Straßentunnel. Das Gestein grau-weiß in der Färbung, die bogenförmigen Stahlträger, die es stützen, schwarz und rostfarben. Wir klettern in einen Miniaturzug, sitzen „löffelchesweise", platzsparend wie die Suppenlöffel in der Bestecklade. Die Luft ist kühl, zugig, der Bau in ein helles Licht getaucht.

In zügigem Tempo rasseln wir durch die Stollen, kilometerweit scheint es uns, gehen zu Fuß weiter, nehmen einen Abzweig, der uns zum Streb bringen soll, die Lampen werden eingeschaltet, und mit wiegendem Schritt ziehen wir im Gänsemarsch weiter, einer hinter dem anderen. Lichtpunkte zeigen uns, dass wir nicht die Einzigen sind in dieser Unterwelt; beim Vorübergehen oder in der Begegnung grüßt man – Glück auf! heißt der Bergmannsgruß, der unter Tage anders klingt, als bei den Festreden über Tage.

Das Erdinnere ist voller Geschäftigkeit, erfüllt von Tätigkeiten, die dem Nichteingeweihten vielfach rätselhaft sind. Vielleicht kommt man auf dem Weg zum Stoß an einem Vortrieb vorbei, bei dem, in gleißendes Licht starker Scheinwerfer getaucht, die Strecke verlängert wird, um das Feld weiter aufzuschließen. Dort wird „geschossen", das Gestein weggesprengt, bis dann – wie beim Tunnelbau für Straßen und Eisenbahnen – der gewonnene freie Raum neu gefasst und gesichert wird. In früheren Zeiten wäre die Luft von Steinstaub erfüllt gewesen, heute wird, nicht nur der Bequemlichkeit wegen, sondern um die Silikose zu bekämpfen, mit Wasserspülung gebohrt.

Etwa alle hundert Meter sind wassergefüllte Kästen an der Decke befestigt, Sperren, die bei einer Schlagwetterexplosion mögliche Flammen ersticken sollen. 1962 kamen bei einer derartigen Explosion 299 Bergleute auf der Grube Luisenthal ums Leben, meine erste schreckliche Erfahrung als ich in jenem Jahr ins Saarland kam, noch keine zwanzig Jahre alt.

Dann neigt sich die Strecke. In der Ferne, mit jedem Schritt näher rückend, bemerken wir eine bewegte Ansammlung von Lichtern, in sich kreisend, hin und her huschend, ohne erkennbare Richtung, so als ob große, mit Leuchtaugen ausgestattete Bienen vor ihrem Flugloch Warteschleifen fliegen. Es ist das Ende des Strebs, Kopf oder Fuß. Hier wird es sich zeigen, welchen Ruf wir genießen, wie hoch und in welchen Graden uns Zu- oder Abneigung entgegengebracht werden.
Welchen Neigungswinkel hat der Streb? Welche Mächtigkeit das Flöz, das bedeutet: Wie tief möchte man uns gebückt sehen? Lässt man uns bergaufwärts oder abwärts klettern? Von Gehen kann auch im günstigsten Fall kaum die Rede sein.

Nun beginnt eine Kombination von Hindernis- und Slalomlauf zwischen den silbern glänzenden Stempeln, die die Schilde tragen, massiv aus Stahl gefertigt, an Stelle der früher üblichen Grubenhölzer, die in den ihnen zugewiesenen Momenten, hydraulisch bewegt, wie große aufgeklappte Mäuler oder eher gigantische Killermuscheln vorwärts schreiten, um an einer anderen Stelle wieder zur Ruhe gekommen, erneut Schutz, Stabilität und Sicherheit zu geben. Die Unfälle sind dadurch andere geworden, die Maschinen verletzen und verwunden, wenn man sich ihnen unvorsichtig nähert.

In früheren Zeiten war die Gefahr, durch herabstürzendes Gestein verletzt oder gar verschüttet zu werden, größer. Der Ausbau des Strebs mit Holzstempeln und Stützbalken verlangte sorgfältige Arbeit, was aber menschliches Versagen und Materialfehler nicht ausschließen konnte. Verlässlichkeit und Hilfsbereitschaft waren und sind weiterhin wichtige Tugenden unter Tage. „Kamerad" und „Kameradschaft" hatten und haben hier immer noch ihren eigenen Sinn. Sie sind womöglich Genossen, Freunde, Kollegen – das Aufeinanderangewiesensein unter Tage verlangt mehr als Kollegialität, was mit dem Begriff Kameradschaft, der mit der Entzauberung des Militärischen zwar fragwürdig wurde, gut beschrieben ist. Daher hat es auch keinen Anflug falschen Pathos' oder Kitsches, wenn am Barbaratag vom Saarknappenchor das „Lied vom guten Kameraden" bei der Totenehrung gesungen wird.

Parallel zu unserem Abstieg in noch größere Tiefe – man ist an diesem Tage gnädig und lässt uns strebabwärts klettern – rumpelt das Förderband, auf dem in Schüben große Kohlebrocken, dazwischen auch Gestein, an uns vorbeigleiten, ihre Schwere und das Gewicht vergessen lassend. Wir klettern über Versorgungsschläuche, halten uns an den kühlen, glatten, glänzenden Stempeln fest. Diesmal ist der Streb ziemlich trocken, wenn er aber viel Wasser führt, mag es sein, dass man ausrutscht und sich auf dem Hosenboden wiederfindet und das nicht nur einmal. Die frische, hellbeige Montur hat mittlerweile dunkle schwarze Streifen, die hellgrauen Lederhandschuhe sind an der Innenseite gedunkelt, ein verkehrtes Gegenstück zu den dunklen Händen der Afrikaner mit ihren hellen Handtellern, und wir begreifen, warum wir Helme tragen, denn der längst in Schweiß geratene Körper hat nicht die Erfahrung, die Hindernisse richtig auszupendeln, die Augen täuschen sich beim Messen der Entfernungen und signalisieren falsche Daten. Die Stöße werden zwar durch die Helme aufgefangen, sind aber gleichwohl schmerzhaft. In unregelmäßigen Abständen sind Männer an der Strecke, mit uns unbekannten Aufträgen. Ihr „Glück auf" klingt gelassen und freundlich, während wir es immer atemloser herausquetschen.

Auf halbem Wege erahnen wir das Ungeheuer, das sich, wie es scheint, von Fels und Kohle ernährt und die an uns vorbeigleitenden Brocken auf das Förderband speit. Von kurzen Halten unterbrochen zieht die Schrämmaschine ihre zerstörerische Bahn durch das Flöz. Von einer titanischen Kraft getrieben, reißt sie mit ihren spiralartigen, zackenbewehrten, versetzten Rädern die Kohle aus dem Leib des Berges, bewegt sich, Wasser sprühend, kettenrasselnd und mit lauten metallischen Schlägen an uns vorbei, eine große Wunde hinter sich lassend. Wir erleben, wie die Schilde vorwärts rücken, sich zwischen der Sohle und dem Hangenden festdrücken, um dann wieder – für uns unbequeme Hindernisse – stumm ihren Dienst zu tun. So rückten in Akira Kurosawas „Schloss im Regenwald" die Bäume gegen die Burg des japanischen Macbeth vor.

Unsere Beine werden schwer. Die Erklärungen unserer Begleiter, die uns streng nach hierarchischen, den Bergbaubeschäftigten geradezu in Fleisch und Blut übergegangenen Gesichtspunkten zugeordnet worden waren, werden nicht mehr hinterfragt, sondern nur noch mit einem Kopfnicken als angekommen bestätigt.

Wir beginnen uns beinahe heimisch zu fühlen, sind aber nur zu Besuch, in einer Fabrik unter der Erde, die Tag und Nacht in Gang gehalten werden muss. Selbst an Sonn- und Feiertagen wird gearbeitet, um die Kontinuität des Abbaus sicherzustellen. Die Arbeit ist immer noch schwer, aber doch ganz anders als in den Zeiten, in denen die Kohle mit Keilhaue und Hacke gebrochen wurde und die „Schlepper" die Kohle zum Schacht oder zum Stollenmund mit Schlitten, Schubkarren, dann Förderwagen auf Schienen, transportierten. Später erweiterte man die engen und niedrigen Stollen, und um die Mitte des 19. Jahrhunderts wurden auch die Pferde unter die Erde gezwungen, um die Wagen zu ziehen, ehe dann Pressluft und Elektrizität die Mechanisierung weitertrieben und die Pferde ersetzten.

Erst 1964 wurde das letzte Pferd, der Tobias, wie es liebevoll genannt worden war, an der Ruhr von seiner Arbeit in ständiger Nacht und künstlichem Licht freigestellt. Ich memoriere stumm, nur die Lippen ein wenig bewegend, Paul Zechs Gedicht vom „Blinden Grubenpferd", und wie ein ungerufener Gast erscheint als Illustration Zolnhofers in blau und schwarz gehaltenes Bild „Blinder Grubengaul" vor der glänzenden Wand aus Kohle mit den Schrammen, die von der nur noch entfernt wahrnehmbaren Maschine mit ihrer unerschöpflichen Kraft gerissen worden waren, und denen auch nur eine kurze Weile eingeräumt ist, weil die Wiederkehr des Ungeheuers nur eine Frage der Zeit ist.

Die Pferde hatten ihr eigenes kleines Reich unter Tage, Ställe, Hufschmiede zur Betreuung, festgelegte Rationen von Hafer, Heu und Stroh und wurden mit Wasser aus reinen Quellen über Tage getränkt. Es gab Freundschaften zwischen Mensch und Tier; und manchmal, wenn die Verhältnisse es zuließen, wurde auch unter Tage geritten. Dennoch löst es Bedrückung und Beklemmung aus, wenn man das Los dieser den Menschen anvertrauten Kreaturen bedenkt. Fast alle Tiere hatten Augenleiden, viele verloren durch Verletzungen ein, andere beide Augen. Im Schnitt arbeiteten sie vier bis sechs Jahre im Bauch der Erde. Wenn man sie zwischenzeitlich, quasi zum Urlaub, wieder ans Sonnenlicht brachte, mussten sie mit besonderen Schutzvorrichtungen langsam wieder an die natürliche Helligkeit gewöhnt werden. Und doch gab es lange Zeit keine Alternative, wollte der Mensch nicht selber diese Arbeit verrichten.

Die Schrämmaschine ist kaum noch zu hören. Seltsam, wie der Höllenlärm sich verliert. Was ging hier vor, als derartige Hilfsmittel noch nicht eingesetzt wurden? Über lange, lange Zeit war die Körperkraft der Hauer gefragt, auch dann noch, als in den 20er Jahren des vorigen Jahrhunderts die Presslufthämmer, mit langen Schläuchen von Übertage gespeist, die Arbeit ein wenig leichter machten. Die Geschichte des Bergbaus ist auch eine Geschichte technischer Erneuerung, die Möglichkeiten der jeweiligen Zeiten nutzend, und somit auch heute ein Beispiel für High Tech.

Ich konzentriere mich wieder auf das Hier und Jetzt und turne weiter durch die Stempel, den anderen nach. An einigen Körperstellen hat sich Schweiß gebildet, er läuft vom Kopf unter dem Helm hervor, und ich habe den unwiderstehlichen Wunsch, ihn mit dem Handrücken abzuwischen. So entsteht die Schwärze auf unseren

Gesichtern. Dann ist es aber auch geschafft, wir sind am unteren Ende des Strebs angelangt, erleichtert, ein wenig stolz, wie nach einer bestandenen Prüfung. Wir recken und strecken uns, stehen wieder bequem und sehen in den Lichtkegeln, die auf unsere Gesichter fallen, wenn wir uns anblicken, die Spuren unserer Expedition, so als ob wir richtig gearbeitet hätten. Je nach Wetterführung kann der Weg warm und angenehm oder zugig und kalt sein. Diesmal bläst ein kühler Wind. Die erhitzten Körper beginnen zu frösteln, wir knöpfen den obersten Knopf der Jacke zu, und das Halstuch, vorher keckes Accessoire, bekommt seinen willkommenen Sinn. Wir frieren beim Gehen, beim Fahren, wie der Bergmann sagt, denn er fährt immer, auch wenn er geht, und sind froh, endlich am Schacht angelangt zu sein und eingeleitet von den Signalschlägen wieder nach oben, in Richtung Himmel zu fahren.

Der Förderkorb wippt genauso wie zu Beginn unserer Reise in das Erdinnere. Der Anschläger zieht das Schutzgitter, ein zur Personenbeförderung eingesetztes Kettengeflecht, hoch. Wir betreten die Erdoberfläche und genießen die Helligkeit des Tages. Wie immer wartet dort ein Fotograf, um die Gruppe mit all ihren auf Gesicht und Kleidung befindlichen Spuren – gleichzeitig auch Beweise – abzulichten und damit zu dokumentieren. Für diejenigen, die als besonders wichtig angesehen werden, gibt es Einzelfotos, Porträts mit geschwärzter Nase oder die ganze Person als Paradigma für einen Freund des Bergbaus.

Danach saugt uns die Waschkaue wieder auf. Wir entledigen uns der Helme, nehmen die Lampe ab und die schwere Batterie, ziehen die klobigen Schuhe aus und geben sie zusammen mit den Handschuhen wieder ab.

Im zugewiesenen, eigenen Bad wird nur die Jacke ausgezogen und ungeduscht, in Hemd und Hose, geht es auf Socken in den Sitzungsraum. Der ist mit allerlei Gastgeschenken geschmückt, zumeist die über lange Zeit modern gewesenen Teller und Kacheln mit den Wappen und Emblemen von Städten und Gemeinden, von Verbänden und Vereinen, auch von den Parteien. Ich sehe mit Amüsement und Genugtuung zugleich die Belege meiner früheren Besuche. Wir setzen uns, wieder streng nach Protokoll und Hierarchie, an die zu einem Hufeisen zusammengeschobenen Tische des Raumes, das Oberhaupt der jeweiligen Besuchergruppe – diesmal ich – direkt an der Stirnseite neben dem Bergwerksdirektor.

Was waren das doch für schöne Zeiten, als solche Meetings mit einem Schnaps, meistens Cognac, eröffnet wurden. Heute wird kein Alkohol mehr ausgeschenkt; das höchste der Gefühle: alkoholfreies Bier. Das hat zwei Gründe: Auf dem Bergwerksgelände darf kein Alkohol getrunken werden (Die „Kaffeekisch", in der es alles gibt, liegt zwar direkt am Zugang, aber außerhalb des eigentlichen Betriebes.) – wie also Ausnahmen begründen? Hier findet dann auch die Gastfreundschaft ihre Grenzen. Außerdem, wer kann es sich in unserer immer schneller werdenden Zeit überhaupt noch leisten, am Tage – vom Durst geplagt – richtig einen zu heben? Dazu kommt die Gefahr, an einem alkoholbefeuerten Zustand wachsenden Gefallen zu finden und im gleichen Maße an der Gesellschaft und so ganz simpel zu versacken.

Das hat schon alles seine Richtigkeit. Aber mir gefiel es nun einmal erheblich besser, den erhitzten und geschwitzten – geradezu ausgelaugten – Körper, der, wie nach einem Fußballspiel, nach Flüssigkeit verlangte, mit einem kühlen, schaumgekrönten Pils zu belohnen, vielleicht auch zwei oder so.

Die Gewohnheiten bei der festen Nahrung variierten von Grube zu Grube, wohl nach den Vorlieben der Bergwerksdirektoren. Lyoner mit Weck, Gulaschsuppe oder Schnittchen mit frischem Mett, eigentlich veritable Schnitten, gut belegt, fingerdick hätte man früher gesagt, und vor allem ohne den irgendwann eingerissenen Ikebana-Schnickschnack, der einem heutzutage die belegten Brötchen verleidet.

In dieser gastlichen Atmosphäre brachten dann die Direktoren ihre Anliegen vor, informierten über Abbaupläne, über die Leistungen der Grube pro Mann und Schicht, über neue Abbau- oder Fördertechniken, über die Behandlung der Grubenschäden, und was ihnen sonst noch wichtig war. Wir fragten nach dem Arbeitsschutz, nach den Löhnen und vor allem nach der Ausbildungspolitik. Die Ausbildung bei Saarberg hatte einen guten Ruf, und für uns war diese Frage über die Jahre eins der wichtigsten Themen.

Hier kamen auch die Betriebsräte zu Wort, die allerdings, wie bei Sozialdemokratens – jedenfalls früher – so Sitte, bereits als Erstes zu einem Vorgespräch aufgesucht worden waren. Auf diese Weise konnte man in kritischen Phasen die neuralgischen Punkte vorher besprechen. Das war allerdings auch den Bergwerksdirektoren bekannt, und sie durchschauten unser abgekartetes Spiel, ganz Gentlemen, ohne es sich anmerken zu lassen.

Meinen Dauertest, die von der Zeit her bei weitem am längsten dauernde Grubenfahrt absolvierte ich anfangs der 70er Jahre in der Grube Reden. Wir, der damalige Juso-Landesvorstand, waren morgens um 8 Uhr in Begleitung eines Vorstandsmitgliedes der Saarbergwerke eingefahren, kamen fast pünktlich um 12 Uhr wieder zurück, gerieten dann aber – es gab noch Schnaps und Bier – in eine lebhafte Debatte über die Zukunft des Bergbaus, die um 4.30 Uhr am anderen Morgen endete, als der damalige Direktor Quinten und ich die Grube zu diesem Zeitpunkt nur deswegen verließen, weil wir der Frühschicht nicht in die Arme laufen oder besser: nicht in die Arme fallen wollten.

Aber ganz gleich, ob mit oder ohne Alkohol, ob mit oder ohne Bergwerksdirektoren, ich war immer gern im Schoß der Erde, fühlte mich dort geborgen. Der Hauch von Abenteuer, der mit einem solchen Unternehmen verbunden war, erhöhte den Reiz und gab allen, wenn sie wieder in das normale Leben zurückgekehrt waren, ein tiefes

Gefühl der Zufriedenheit, und der nicht ganz zu verbergende Kohlenstaub in den Hautritzen von Gesicht und Händen war wie ein Nachklang des Erlebten, und die Partikel, die sich dicht an die Augenlider gesetzt hatten, gaben den Gesichtern ein fremdartiges Aussehen, so als ob man einer besonderen Rasse oder einem erwählten Stamm angehörte.

BILDVERZEICHNIS 1-11

2

3

4

5

6

7

Bergbau GmbH
Reisbach
Bergbau
und Energie

10

MIT OSKAR UND DEM LAND –
FÜR STAHL UND KOHLE
HAND IN HAND
Bergbau
und Energie

11

12

13

14

Das GESPENST der
ARBEITSLOSIGKEIT
Bergbau
und Energie

17

18

BILDVERZEICHNIS 12-20

DAS VIERTE KAPITEL

Heckel, Burbach und die Stahlkrise

Wem die Stunde schlägt – Es begann mit den Kelten
Wer sich nicht wehrt, lebt verkehrt! – Burbach – Hungerstreik
Heckel ist besetzt – Gespräche in der Nacht – Im Stich gelassen
Die Heckelfrauen – Die IG Metall kämpft weiter – Edwin Ebert
Konkurs und ein Sieg von Mut und Vernunft

Wem die Stunde schlägt

Ich trage, wo ich gehe und stehe, stets eine Uhr bei mir, eine Taschenuhr, Schweizer Fabrikat, verchromt oder vielleicht versilbert, ich habe nie danach gefragt. Mittlerweile ist sie abgewetzt, hat sich zwanzig Jahre an meinem rechten Oberschenkel gerieben, unter dem Silber (oder Chrom) tritt Goldfarbenes hervor – vermutlich Messing. Auf der Rückseite zeigt sie keine Gravur, sondern eine Dampflokomotive als Relief, darüber Halbmond und Stern. Ich denke, dass es eine türkische Eisenbahneruhr ist, bei einem Jubiläum den Beschäftigten als Anerkennung für treue Dienste zugedacht.

Ich besitze sie seit Heiligabend 1982. Sie ist ein Geschenk des Betriebsrates der Drahtzieherei Heckel in Saarbrücken-Burbach. Jede Person, jede Familie, die in diesem Schicksalsjahr der Firma den Heiligen Abend in der von der Belegschaft besetzten Fabrik feierte, bekam als Weihnachtsgeschenk eine Taschenuhr vom Betriebsrat, eine freundliche, ironische Umkehr des sonst üblichen Uhrenhandlings. Nicht der Arbeitgeber spendierte den Zeitmesser für lange und treue Dienste, sondern die aufsässigen Räte zeichneten mit diesem Arbeitgebersymbol die Aufständischen gegen die scheinbare Rationalität des Marktes und seine Exekuteure aus – es galt, selber zu wissen, was die Uhr geschlagen hatte.

Offensichtlich war beim Uhrenkauf auch ein Restposten besagter türkischer Eisenbahneruhren günstig erstanden worden. Sie waren dem Betriebsrat vorbehalten, und ich hatte die Ehre – genauso habe ich es empfunden –, als einziger Externer mit einbezogen und ausgezeichnet zu werden.

In den stark emotionalisierten Momenten jenes Abends versprachen wir uns, diese Uhr immer bei uns zu tragen, als Erinnerung an die Auseinandersetzung um das Werk, die in dieser Nacht ihren Höhepunkt erreicht hatte, als Erinnerung an die Zielsetzung, Arbeitsplätze auch für die Kinder-, Enkel- und Urenkelgeneration zu schaffen und zu erhalten, als Erinnerung an den – zumindest partiell erreichten – Zusammenhalt und an das gute Gefühl, aufeinander zählen zu können.

Wir sehen uns heute nur noch selten, die Lebenswege haben sich für einen Moment gekreuzt, sind sogar einige Zeit nebeneinander hergelaufen, und dann ist jeder – unvermeidbar – seinen eigenen weitergegangen. Die Erregung und das Pathos jener Tage sind in die tieferen Schichten des Bewusstseins gesickert.

Aber wenn wir uns jetzt wieder begegnen, kann ich das gegebene Wort einlösen und die Uhr auf dem Handteller vorzeigen. Sie ist längst ein Teil von mir – nur die kleinen Malheurs haben uns für kurze Zeit getrennt –, zum Reinigen musste ich sie hergeben und einmal zur Reparatur, als der Sekundenzeiger ausrastete und den Dienst verweigerte. Sie beschwingt mich, wenn ich mich vom Schicksal misshandelt fühle, und sie zieht mich auf den Boden zurück, wenn ich abzuheben drohe.

In ihr verbirgt sich symbolhaft das Schicksal der Menschen, die seit dem letzten richtigen Boomjahr der deutschen und damit auch der saarländischen Stahlindustrie, 1974, über ein Vierteljahrhundert hinweg fast nur Niederlagen zu ertragen und wegzustecken hatten.

Ich bin 1975, nach fünf Jahren als Juso-Landesvorsitzender, in den Saarländischen Landtag gewählt worden. Zwar wies man mir als Neuling Jugend- und Berufsbildungspolitik zu, aber als Saarbrücker Abgeordneter, eng den Stadtteilen Burbach und Malstatt (zeitweilig Wohnort und noch heute meine parteipolitische Heimat, mein Ortsverein) verbunden, ließen mich die Umwälzungen in der Stahlindustrie, von denen die Standorte Neunkirchen und Burbach ganz extrem betroffen waren, nicht kalt.

Dies war neben dem Bergbau der andere Teil der saarländischen Welt, einer Welt, die in gewissen Zeiten fast ausschließlich aus Kohle und Stahl zu bestehen schien. Beide hatten für die Region bereits über Jahrhunderte eine wichtige Rolle gespielt, aber auf getrennten Bühnen, ehe sie im 19. Jahrhundert zusammenkamen und zum beherrschenden und damit auch identitätsstiftenden Element des Landes wurden.

Es begann mit den Kelten

Die Herstellung von Eisen war an der Saar schon vor mehr als 2000 Jahren bekannt. In den Wäldern bei Friedrichsthal stieß man unter dem Waldboden auf die Überbleibsel einer frühgeschichtlichen Eisenschmelze: Tiegel, Hämmer und Zangen. Am Kaninchenberg in Saarbrücken, nicht weit von meinem jetzigen Domizil entfernt, fanden sich sogenannte „Heidenschlacken", Reste der mit Rennfeuern betriebenen Eisenerzeugung in früher Zeit. Wenn dort heute noch nach der alten Methode gearbeitet werden würde, bei der schmiedbares Eisen aus Erz, das früher an vielen Stellen des Saarlandes auftrat, mit Hilfe von Holzkohle und Blasebalg erschmolzen wurde, könnte ich es nicht überhören, und erst recht dann nicht, wenn die sogenannte „Luppe" durch stetiges, kraftvolles Hämmern wie damals zu Schweißeisen veredelt werden würde.

Im Gegensatz zu dem, was man aus den Erfahrungen der Gegenwart vermuten müsste, war es nicht die Steinkohle, die dabei und in den später Mode werdenden Hochöfen eingesetzt wurde, sondern Holzkohle.

Der „Montanstandort" Saar gründete sich auf Holz und Wasser. Die wichtigsten Energielieferanten waren die ausgedehnten Wälder des Landes, seine vielen der Saar zuziehenden Flüsse und Bäche. Sie prägten eine Landschaft, unter der die Kohle – versunkene Wälder – noch schlummerte und auf den Tag wartete, an dem die Menschen nicht nur dort, wo die Flöze ans Licht traten, sich ihrer bedienten oder mit Hilfe von Stollen, die in die Haut der Erde getrieben wurden, den Adern des „Schwarzen Diamanten“ folgten, sondern wo sie planvoll in der kunstvollen Verbindung von Vertikale und Horizontale, von Schacht und Stollen, in den Grubengebäuden, teilweise mehr als 1000 Meter tief in das Innere des Gebirges vordringen würden.

Holz und Wasser waren auch die Grundlage der alten Glasindustrie, die allerdings bereits im 18. Jahrhundert von der Holz- zur Steinkohle überging, da sie früher als die Stahlindustrie einen technischen Schlüssel fand, um die unerschöpflich scheinende Kraft aus Stein zu nutzen.

Aber noch orientierten sich die Hütten und die „Hämmer“ an den drei Produktionsfaktoren Erz (in der Region in vielfältigen Formen auftretend), Holz und Wasser. Jede Hütte besaß Holzberechtigungen, verbriefte Wasserkraft sowie Erzgruben in der Nachbarschaft, um den Hauptbedarf an Rohstoffen kostengünstig und vor allem zuverlässig befriedigen zu können.

Unschwer lassen sich Bezirke definieren, in denen sich die Werke konzentrierten, kleinräumige Industriereviere, die – wie im Laborexperiment – die Wesenszüge der großen europäischen Industriegebiete bereits enthielten. So vor allem das Saartal, zwischen Burbach und Dillingen u.a. mit Geislautern, und das Kohlengebirge mit Neunkirchen, das auf den 1770 an die Saar gereisten Goethe so viel Eindruck gemacht hatte. Weitere Schwerpunkte waren der saarlothringische Bereich zwischen Rossel und Nied, der Bettingen – Nunkircher Bezirk mit dem schönen Weiler Goldbach, sowie der Hochwald mit Mariahütte, ergänzt um Idarwald und Soonwald auf dem Hunsrück.

Die Zahl der Beschäftigten darf nicht überschätzt werden. Um 1815 waren im Soonwald, soweit die Zahlen bekannt und verlässlich sind, 70 Arbeiter in den Eisenhütten beschäftigt, im Idarwald 45, im Hochwald 66, im Kohlegebirgsbezirk immerhin 145 und im Saartal 209.

Der Dreißigjährige Krieg, der in der Region so wütete, dass fast die gesamte Bevölkerung vertrieben oder umgebracht wurde, erstickte alle wirtschaftliche Tätigkeit und damit auch die Feuer der Hüttenstandorte in Neunkirchen, Brebach und Geislautern. Obwohl die Region auch nach dem Westfälischen Frieden nicht zur Ruhe kam, wurde das Werk in Neunkirchen 1664 wieder in Betrieb gesetzt und 1685 die Dillinger Hütte in dem durch Ludwig XIV. „reunierten" Lothringen, von Charles Henri de Lénoncourt, Marquis de Blainville – welch klangvoller, neidisch machender Name – gegründet, u. a. um die in direkter Nachbarschaft neu errichtete Festung Saarlouis mit Eisenwaren zu versorgen.

1732 erteilte der Blieskasteler Regent, Graf Carl Casper IV. von der Leyen, die Gründungskonzession für die „Schmelz" in St. Ingbert. Etwas später, 1734, wurde Geislautern wieder zum Leben erweckt und 1755 die Halberger Hütte in Brebach durch Fürst Wilhelm Heinrich, den zu Recht als „tüchtig" gelobten Saarbrücker Barockregenten, neu begründet. Er prägte nicht nur mit seinem Baumeister Stengel das Gesicht der Stadt, sondern setzte in vielen ökonomischen und technischen Bereichen seine Akzente, u. a. mit dem – letztlich vergeblichen – Versuch, im Verhüttungsprozess Steinkohle einzusetzen, da der ständig wachsende Bedarf an Holzkohle die Wälder zu zerstören drohte.

Und eine andere zukunftsweisende Tat soll nicht verschwiegen werden: In Sulzbach hatte man aus Steinkohle sowohl Ruß als auch Steinöl hergestellt. „Das Steinöl brannte man anfänglich des Nachts, zur Erleuchtung der öffentlichen Plätze und Straßen zu Saarbrücken, brauchte es aber zuletzt wegen seinem großen Gestank, den es von sich gibt, noch bloß zur Erleuchtung der steinernen Saarbrücker Brücke, welche Saarbrücken mit St. Johann verbindet, womit man auch, da die Destillation nicht weiter fortgegangen, aufgehört hat", schreibt Christian Friedrich Habel 1776. Insofern saß bzw. ging man in der kleinen Residenzstadt vorerst wieder im Dunkeln.

* * *

Die Französische Revolution warf auch im Saarrevier die Verhältnisse über den Haufen. Der französische Staat bemächtigte sich der Hütten in den einverleibten linksrheinischen Gebieten, profitierte von der permanenten Kriegskonjunktur und veräußerte dann die Unternehmen an private Interessenten. In Dillingen bildete sich eine der frühen Aktiengesellschaften Europas. Die bereits vorher im Hunsrück aktiven Stumms nutzten die Gunst der Stunde und begründeten ihr Stahlimperium, das erst in der Stahlkrise 1978 endgültig zerfallen sollte: 1806 wurde das Neunkircher Eisenwerk erworben, 1812 wichtige Anteile an der Halberger Hütte, 1818 – ein Teil des ehemaligen Lothringens war an Preußen gefallen – die industrielle Führung in Dillingen bei 2/5 der Aktien und 1826 die Eisenhütte Geislautern. An der St. Ingberter Schmelz waren die Stumms ebenfalls beteiligt und dem Haupteigentümer verwandtschaftlich verbunden.

Diese schnelle Expansion und die daraus resultierende wirtschaftliche Kraft brachte Carl Ferdinand Stumm – nachdem er wirtschaftliche Probleme im ererbten Unternehmen überwunden hatte – in eine unbestritten führende Position an der Saar, und nicht nur dort, sondern im gesamten Deutschen Reich. Er machte sich vor allem als unerbittlicher Gegner der Sozialdemokratie einen Namen.

Wer sich als Leser bis hierher durchgekämpft hat und nun erschöpft innehält, von der Furcht befallen, dieser historische Exkurs könnte kein Ende finden, sollte durchhalten. Erstens schadet es nicht, etwas über die Vergangenheit zu lernen, und zweitens kommen auch wieder andere Kapitel und damit andere Themen und Sujets – außerdem war die Steinöl-Brückenepisode dazu gedacht, ein ähnliches Amüsement beim Leser wie bei mir voraussetzend, neue Kraft für weitere Bildungsreisen zu tanken.

Eine Konsequenz aus der Niederlage Napoleons bei Waterloo nach seiner Rückkehr von Elba war die Eingliederung der Territorien, die das Land an der Saar vor der Französischen Revolution unter seinem Dach beherbergt hatte, zum größeren Teil nach Preußen und zum kleineren nach Bayern. Damit waren aber neue ökonomische Widrigkeiten verbunden. Die Abtrennung vom französischen Wirtschaftsraum, der das wichtigste Absatzgebiet war, machte den Saarhütten ebenso zu schaffen wie die Erschöpfung der heimischen Erzvorräte. Die Holzkohle wurde knapp, und neue Techniken veränderten die Welt des Eisens.

Sie konnten einem schon damals leid tun, diejenigen, die in der Region politische und wirtschaftliche Verantwortung trugen. Es trafen sie ja nicht nur der technische Wandel, der Werden und Vergehen von Unternehmen mitbestimmt, sondern auch der permanente politische Wechsel, Kriegszerstörungen, Enteignungen, Verschiebungen der Zollgrenzen, die eine Einstellung auf Rahmenbedingungen verlangten, die genauso schwankend waren wie der Boden in den Abbaugebieten der Steinkohlegruben.

Die Unternehmerfamilien Stumm, Röchling, Böcking, de Wendel, Tesch lernten es, sich in diesem changierenden Umfeld zu behaupten, was durchaus Komplimente rechtfertigt. Mit der preußischen und bayerischen Herrschaft, die für etwas mehr als 100 Jahre politische Kontinuität garantierte (Aufregungen gab es trotzdem noch in ausreichendem Maße), wurden die politischen Daten einigermaßen stabil. Bewegung und Beschleunigung gab es allerdings weiterhin vor allem in den Verkehrsbeziehungen, in den Arbeitsabläufen und – ehernes Gesetz – im technischen Wandel.

Die Dampfmaschine ersetzte die Wasserkraft, die Steinkohle – fast könnte man sagen: im Interesse der prächtigen Buchenwälder gerade rechtzeitig – die Holzkohle, die Eisenbahn erschloss neue Absatzmärkte und bildete in sich ein immenses Nachfragepotenzial.

Mit dem in England entwickelten Puddelverfahren zur Stahlerzeugung wurden Eisen und Brennstoff getrennt – endlich konnte Steinkohle eingesetzt werden, wie auch in den Hochöfen, die u. a. durch die neue Technik der Winderhitzung Koks nutzen konnten.

1824 wurde das Puddelverfahren in Rasselstein bei Neuwied in Deutschland zum ersten Mal angewandt, 1831 das Neunkircher Eisenwerk zu einem Puddel- und Walzwerk umgebaut. Saarkohle wurde bereits 1825 in den de Wendelschen Hochöfen in Hayange eingesetzt, 1840 in dem zur Dillinger Hütte gehörenden Hochofen Geislautern. In der Eisenerzversorgung ersetzte die Lahngegend mit Erzen und Roheisen die erschöpften Vorkommen an der Saar und im Hochwald.

Der entscheidende technische Durchbruch und damit verbunden ein unvergleichlich rapider wirtschaftlicher Aufschwung gelang mit der Entwicklung des Thomas-Verfahrens für die Stahlindustrie. Damit konnte die aufgrund des hohen Schwefelgehaltes bis dato kaum verwendbare lothringische Minette, das lothringische Eisenerz, zur Stahlerzeugung genutzt werden.

Der größte Arbeitgeber blieb aber weiterhin der staatliche Bergbau. Die Berghauptleute hatten weitreichende Macht, sie bestimmten im Land, aber es war nur geliehene, abgeleitete Macht auf Zeit, jederzeit widerrufbar durch die Majestäten in Berlin.

Anders die beiden auf Stahl, auf eigene Kraft und eigenes Kapital gegründeten Familienimperien: die Stumms und später, sehr erfolgreich, die Röchlings. Beide Familien rivalisierten schon länger. Carl Ferdinand Stumm, der „König von Saarabien“, zählte bald, wie die Bochs in Mettlach, zum wilhelminischen Geldadel, ausgestattet mit dem wohlklingenden Titel „Freiherr von Stumm-Halberg“.

Die Röchlings (erst Carl, dann Hermann) stampften in Völklingen ein Hüttenensemble aus dem Boden, das der Stadt ihre Gestalt gab und vorschrieb. Mit der Verleihung des Titels „Weltkulturerbe“ wurde es ebenfalls in den Adelsstand erhoben und als Monument der Industriekultur, als Leuchtturm für die saarländische Touristenattraktivität auserkoren. In der Tat ein sehens- und erfahrenswertes Monument, Kulisse, Skulptur und technisch-soziales Denkmal zugleich. Ebenbürtig an der Seite von Porta Nigra, Straßburger Münster, Trifels und Betzenberg.

* * *

Neben den Hüttenwerken in Dillingen, Völklingen, Burbach, Neunkirchen und der auf Eisenguss spezialisierten Halberger Hütte entstand zwangsläufig eine den Produktionsstätten der Montanindustrie vor- beziehungsweise nachgelagerte Industrie in Gestalt der Zulieferer und der Weiterverarbeitung. So auch die Firma Georg Heckel – Schauplatz des Hungerstreiks und der Betriebsbesetzung –, die zuerst in der Saarbrücker Schwesterstadt St. Johann auf dem Gelände heimisch war, auf dem jetzt Siemens seine Niederlassung betreibt und wo bis zum Neubau am Eschberg das Landesarbeitsamt residierte. Die Firma war berühmt für ihre Drahtprodukte. An der eigenen Ausdehnung in St. Johann gehindert, verlegte sie ihre Betriebsstätte 1953 nach Burbach. Gegründet wurde das Unternehmen als Hanfseilerei im Jahre 1784. Nach der Erfindung des – für den Bergbau besonders wichtigen – Drahtseils gehörte Heckel zu den ersten beiden Werken in Deutschland, die Drahtseile maschinell herstellten. Drahtzieherei und Drahtverzinkung kamen – logischerweise – hinzu.

Es tut jetzt nichts zur Sache, wie die Entwicklung im Einzelnen verlief, es waren viele Erfolgsgeschichten dabei, aber auch Niederlagen. Am 15. Dezember 1965 – gerade rechtzeitig, um den Menschen vor Weihnachten die Ängste zu nehmen – wurde die wieder einmal in einer Krise steckende Firma mit etwa 700 Mitarbeitern vom Neunkircher Eisenwerk übernommen, was aber den fortdauernden, schleichenden Niedergang nicht verhindern konnte. Die permanente Stahlkrise seit 1975 schlug erbarmungslos auch auf die Weiterverarbeitung durch.

Im Jahre 1984 wollte die Firma Georg Heckel ihr 200-jähriges Bestehen feiern. Dazu kam es aber nicht mehr. Alle Planungen und Vorbereitungen verloren ihren Sinn, denn genau zwei Jahre vorher, im Juni 1982, erreichte die Belegschaft die Nachricht, dass das Werk geschlossen werden sollte. Mit der Vollfusion der Stahlwerke Röchling Burbach GmbH und der Neunkircher Eisenwerke AG, von Bund und Land erzwungen, fand sich die zum Verbund des von der Otto Wolff-Gruppe kontrollierten Neunkircher Eisenwerks gehörende Firma bei der neu gegründeten ARBED-Saarstahl GmbH wieder, was von der Belegschaft gegenüber anderen Lösungen zunächst als vorteilhaft empfunden und begrüßt wurde. Aber auch diese Beruhigung der Szene war nur durch den Wunsch legitimiert, nicht durch die Fakten. Im großen ARBED-Verbund gab es vergleichbare Kapazitäten, und die neue Führung hatte sich aufgemacht, in der neu formierten ARBED-Saarstahl Weiterverarbeitung, der Techno-ARBED, Synergien zu entdecken, um durch Verlagerungen und Schließungen „wirtschaftlicher“ arbeiten zu können, aus der Verlustzone zu kommen, zu restrukturieren, an geänderte Marktbedingungen anzupassen … Synonyme, die für die Arbeitnehmer in den Betrieben nichts anderes bedeuteten als Betriebsschließungen, Personalabbau und im schlimmsten Fall Entlassungen.

Zu diesem Zeitpunkt war die Reduzierung der Belegschaften in der saarländischen Stahlindustrie bereits im großen Umfang erfolgt.

Von 1975 bis 1982 wurden ca. 8.000 Arbeitsplätze abgebaut, und es war allen Beteiligten klar, dass das Ende noch nicht abzusehen, geschweige denn erreicht war. Einen Hoffnungsschimmer für die düstere Situation auf dem saarländischen Arbeitsmarkt sahen die Beteiligten, Belegschaften und Gewerkschaft, Landtag und Bundes- wie Landesregierung, in der Zusage der ARBED, für die im Kerngeschäft der Stahlerzeugung aufgrund der Fusion wegfallenden Arbeitsplätze neue im Weiterverarbeitungsbereich zu schaffen.

Die Meldungen vom 4. Juni 1982, die Produktion der Firma Heckel solle nach Köln verlagert und das Werk in Burbach geschlossen werden, entlarvten auch diesen strategischen Ansatz als Wunschtraum, Luftblase, Beruhigungspille und traf alle Beteiligten unvorbereitet und dadurch um so härter. Kein Arbeitsplatzimport beziehungsweise -aufbau über die ARBED, wie erwartet und auch versprochen, sondern Export, Verlagerung außer Landes.

Alle Anstrengungen, Demonstrationen, Petitionen, Aufrufe, Protestschreiben, Alternativvorschläge hatten – wenn überhaupt – nur ein Hinausschieben des Firmenexitus gebracht, auch die Vorstöße der politischen Parteien, bis dahin in seltener Eintracht vorgetragen, schienen absolut folgenlos, sinnlos, Papier und Tinte nicht wert zu sein – und das Wort Salamitaktik bekam eine praktische, erfahrbare Bedeutung.

Wer sich nicht wehrt, lebt verkehrt!

Am 4. Juni 1982, einem Freitag, veränderte sich etwas in den Köpfen der Beschäftigten bei Heckel. Bis zu diesem Zeitpunkt hatten sie für ihre Interessen, für ihre persönliche Arbeitsplatzsicherheit und damit auch für ihren Lebensunterhalt agiert. Sie waren, wenigstens zum Teil, gute IG-Metaller, in erster Linie aber doch mehr im eigenen persönlichen Umfeld engagiert. Familie, Vereine, Freunde, Cliquen, das eigene Haus, der Garten, die Ortspolitik bestimmten das Bewusstsein, auch während der großenteils mechanischen Arbeit, die es zuließ, mit den Gedanken anderswo zu sein. Und dieses anderswo war gar nicht so weit weg, keine Trauminseln, keine vergangenen und zukünftigen Welten, es waren die Orts- und Stadtteile, überall im Land verstreut, Lothringen eingeschlossen, in denen die Häuser an- und umgebaut, Gärten gepflegt wurden, wo Trainingseinheiten, Übungsstunden und soziale Verpflichtungen auf die Rückkehrer ins Heimische warteten.

Günter Gard, der Betriebsratsvorsitzende, beschäftigte sich mit den Vorhaben „seines" Karatevereins. Er plante Wettbewerbe, gesellige Veranstaltungen, überlegte sich Maßnahmen für die Jugendarbeit und freute sich auf den Feierabend, um all das mit seiner Frau Jutta zu besprechen, die an seinen Plänen, sei es im Betrieb, sei es im Verein, ungeheuchelten Anteil nahm.

Guido Gress, Ortsvorsteher in Heckendalheim, Gemeinderatsmitglied in Mandelbachtal – beide Namen geben konzentriert saarländische Landschaftsformationen und Gemütslagen wieder – dachte an den angesetzten Johannisbeerwein. (Der Keller seines in der Ortsmitte liegenden Hauses war voll von solchen schnell trunken machenden Köstlichkeiten.)

Jürgen Troubal, in einer Mietwohnung im Burbach benachbarten Saarbrücker Stadtteil Malstatt zu Hause, dachte an den Sternenhimmel, den er mit einem technisch hochgerüsteten Fernrohr von seinem Balkon aus beobachtete und für den er seinen Sohn ebenfalls zu begeistern versuchte, der aber mehr und mehr Gefallen an der Fan-Szene rund um den 1. FC Saarbrücken – das Stadion war fußläufig bequem von der Wohnung aus zu erreichen – fand.

Ich musste den durch die vermeintliche Ignoranz des Sohnes verletzten und hadernden Sternengucker immer wieder darauf hinweisen, dass es das Schicksal vermutlich fast aller Väter sei, dass die

Söhne etwas anderes täten als das, was die Eltern von ihnen erwarteten.

Robert Bäldle – der später noch lange mit mir Fußball spielte, wie ich dafür nicht übermäßig, aber ausreichend begabt – träumte von langen, schnellen Flankenläufen, präzisen Hereingaben, tödlichen Pässen und dem entscheidenden Tor. Es sind diese kleinen Welten, in denen sich jeder von uns einrichtet, ja einrichten muss, um zurechtzukommen.

Eine derartige prästabilierte Harmonie kann auch zerbrechen, und sie zerbrach im Juni 1982. Das war keine Frage des Erkennens der Lage – die war in den Grundzügen bekannt und die Entwicklung in der negativen Variante vorhersehbar –, sondern entstand durch das Umschlagen des Seelenklimas. Es war ein Zeitpunkt erreicht, in dem der Wille, sich nicht alles gefallen zu lassen, immer stärker wurde, wo Ärger und Wut immer heftiger die vertrauten heimischen Melodien störten. Der Betriebsrat, der an diesem 4. Juni 1982 um 10 Uhr zusammenkam, war bereits ein anderer. Er wollte nicht mehr nur Interessenvertretung im engeren Sinne für die Belegschaft und ihre sozialen und wirtschaftlichen Interessen sein, sondern es war – ohne Souffleur von außen – nun von der Region die Rede, die offensichtlich den Winkelzügen eines international operierenden Konzerns ausgeliefert war. Der durch sie gewährte Vertrauensvorschuss und der Glaube an Verträge und Zusagen waren von der Realität als Dummheit, bestenfalls als Naivität entlarvt worden.

Und es war auch die Rede von den Kindern: Wo sollten sie denn zukünftig arbeiten? Die Arbeitswelt hatte sich verändert, mit neuen Techniken wandelten sich die Arbeitsbedingungen mit wachsender Geschwindigkeit. Das lag offen auf der Hand – aber es gab auch ein in der Verfassung verbrieftes Recht auf gleichartige Lebensverhältnisse in der gesamten Republik. „Wir wollen nicht, dass unsere Kinder aus Mutwillen, Profitgier und Untätigkeit dazu gezwungen werden, die Heimat zu verlassen." – Aus diesem Satz darf man keine falschen Schlüsse ziehen, etwa den, dass man es hier mit Hinterwäldlern zu tun hätte. Die Saarländer sind per se bodenständig, haben eine feste Bindung an ihre Heimat, sind ausgestattet mit der Fähigkeit zu guter Nachbarschaft. Dies belegt die höchste statistisch festgestellte Quote an Wohneigentum aller Bundesländer. In der Regel sind es Ein- und Zweifamilienhäuser mit Gärten, in einer abwechslungsreichen, freundlichen, laubholzbewaldeten oder mit Äckern und Wiesen überzogenen Hügellandschaft.

Die Menschen an der Saar sind sich trotz der auch von der Topografie bedingten Abgeschlossenheit von den großen Wachstumszonen der Bundesrepublik durchaus ihrer selbst bewusst, ungeachtet des zeitweiligen Spotts aus anderen Regionen.

Diese Bindung an das Land hält auch bei denjenigen an, die außerhalb des Landes Karriere gemacht oder ihre persönliche Lebensgestaltung anderswo gesucht haben – übrigens nicht wenige, und man trifft sie an vielen Orten.

Die simple Tatsache, Saarländer zu sein, wird aber offensichtlich länger für wichtig gehalten als bei den Auswanderern anderer Städte und Landschaften. Deswegen bilden sich in Berlin, Hannover, Frankfurt oder München immer wieder neue Kreise, in denen sich das Heimweh materialisiert und – auch das ist zutiefst saarländisch – in einem Verein organisiert.

Es ging der Heckel-Belegschaft, die sich in großer Geschlossenheit hinter den Betriebsrat stellte, nicht darum, den Fortschritt anzuhalten, Maschinen zu stürmen. Sie wollten den Fortschritt, aber eben auch den Nutzen daraus, für sich, ihre Familien und ihre Nachkommen im eigenen Land, in der Heimat und nicht anderswo.

Der vierte Tag im Juni 1982 war der Tag der Ohnmacht, der Wut, die aber nicht, wie so oft, in Resignation münden sollte. Günter Gard schrieb in sein Notizbuch: „Wir als Betriebsrat sind im Moment ziemlich ratlos. Nur eines ist klar, wir werden kämpfen müssen, wenn wir noch was retten wollen. Aber wie? Streiken ist zwecklos. Die ARBED wird dann die Produktion sofort in ihre anderen Werke verlagern, und wir sind die Dummen. Demonstration erscheint uns ebenfalls sinnlos. Von denen haben wir schon zu viele gemacht. Was können wir noch tun? Wir wissen es nicht."

Zehn Tage lang gärte die Wut weiter. „Es darf einfach nicht sein, dass die Arbeitnehmer wirklich nur die dirigierbare Masse sind, für die man uns immer hinstellt."

Von irgendwoher – niemand konnte sich später erinnern woher, um das Copyright festzustellen – drängte sich der Begriff „Hungerstreik" in die Debatten, wurde zuerst als übertrieben verworfen, kam aber quasi durch die Hintertür zurück, gewann an Bedeutung und Plausibilität und wurde plötzlich zum Symbol, zum Pfand für die Ernsthaftigkeit des Engagements.

Der Betriebsratsvorsitzende Günter Gard, sein Bruder Rudi und die Betriebsratsmitglieder Günther Setz und Norbert Schmitz entschlossen sich, ab dem nächsten Tag in den Hungerstreik zu treten, um auf das Schicksal des im Zuge der großen Bewegungen und Aufregungen im Stahl kaum wahrnehmbaren Betriebs an der Peripherie des Geschehens aufmerksam zu machen.

Vor dem Werkstor richteten sich die Vier häuslich ein: Campingliegen, ein Tisch, vier Stühle und eine Nylonplane. (Die notorischen, mittelalterlichen Zelten gleichenden Garten- und Flohmarktzelte waren noch nicht erfunden.) Der Begrenzungszaun zum Parkplatz, auf dem später ein richtiges, großes Zelt, von den „Falken" und dem Jugendzentrum der Stadt Saarbrücken gestiftet, stehen sollte, wurde zur Klagemauer, trug Schrifttafeln, deren Texte Anklage, Aufklärung, Rechtfertigung, Begründung für die Aktion und Agitation in einem waren.

Burbach

Ich machte mich, durch das Ereignis aufgewühlt, vom Landtag aus auf den Weg nach Burbach, mit zwei Kisten Sprudel (Mineralwasser) und zwei Stangen Zigaretten (heutzutage als *political incorrect* – und überhaupt! – nicht mehr statthaft und für einen Abgeordneten erst recht kein geeignetes Mitbringsel mehr). Die Strecke war mir vertraut. Über den Kreisel an der Wilhelm-Heinrich-Brücke gelangte ich auf die Stadtautobahn, registrierte automatisch am anderen Ufer der Saar die Kongresshalle, die auf dem Gelände des ehemaligen, zugeschütteten Kohlehafens errichtet worden war.

Meine Gedanken wanderten über das Areal bis zum Gewerkschaftshaus. Am Eingang der früheren Sophien-, jetzt Fritz-Dobisch-Straße, nach dem 1941 im KZ Buchenwald ermordeten vormaligen Vorsitzenden des ADGB umbenannt, lag die Gastwirtschaft „Zum alten Hafen“. Sie war Treffpunkt für viele informelle Gespräche gewerkschafts- und parteipolitischer Art, da sowohl die Arbeitskammer als auch das Gewerkschaftshaus in dieser verhältnismäßig kurzen Straße lagen. An der Theke wurden Bündnisse geschmiedet, Zerwürfnisse gekittet und begründet, Pläne ent- und verworfen.

Ich musste an die wilden Streiks des Jahres 1969 im Bergbau denken. An der IGBE vorbei hatten die Saarbergleute, von Artur Meyfahrt als Sprecher geführt, für die Verbesserung ihrer ökonomischen Situation – übrigens erfolgreich – gestreikt, was sie zugleich in einen Konflikt mit der eigenen Gewerkschaft stürzte.

In meinen Ohren hörte ich wieder die Chöre der Protestierenden, die sich nicht nur vor der Bergwerksdirektion, sondern auch vor dem Gewerkschaftshaus versammelt hatten und „Schloofkepp, Schloofkepp“ riefen, um ihren Unmut auszudrücken. Bahnte sich etwa Ähnliches in der Stahlindustrie an?

* * *

Ich konzentrierte mich wieder auf den Verkehr. Die Fahrt längs der Saar verlief parallel zu dem riesigen Gelände der Burbacher Hütte auf der anderen Seite des Flusses, die sich ebenfalls in schwerstem Wasser befand. Burbach, das ist das B in ARBED, „Aciéries réunies de Burbach, Eich et Dudelange". Und es ist auch der Ursprungsort dieses mittlerweile mit dem französischen Unternehmen Usinor-Sacilor und der spanischen Aceralia zum größten Stahlkonzern der Welt fusionierten Unternehmens. Noch 1911 inserierte das 1856 von belgisch/luxemburgischen Industriellen als „Saarbrücker Eisenhütten-Gesellschaft“ (mit der Betriebsstätte in Burbach) gegründete Unternehmen als „Luxemburger Bergwerks und Saarbrücker Eisenhütten Aktien Gesellschaft Burbacher Hütte Saarbrücken“. Grund für die Standortwahl war die Nähe zum saarländischen Kohlerevier, um Transportkosten zu sparen und im Gebiet des damaligen deutschen Zollvereins einen Standort zu haben. Zu dieser Zeit war Wachstum („Vorwärts immer, Stillstehen nimmer.“) ähnlich wie heute eine ökonomische Kategorie, ein Muss, wenn es ums Überleben ging. Zum 30. Oktober 1911 wurden die in Luxemburg liegenden Werke Eich und Düdelingen mit der Burbacher Hütte fusioniert, der Verwaltungssitz nach Luxemburg verlegt. Die ARBED war geboren.

Burbach, das ist heute ein Stadtteil von Saarbrücken mit 15.000 Einwohnern, Schauplatz und Kulisse des technologischen Aufbruchs der Landeshauptstadt auf den Saarterrassen und im SITZ (Saarbrücker Innovations- und Technologiezentrum). Burbach, mit seinen Industrien längs der Saar und in den Seitentälern gewachsen, mit dem riesigen Hüttengelände, dem (stillgelegten) Ausbesserungswerk der Bahn, der fast übertrieben ästhetisch gebauten Kläranlage, den kleinen und mittleren Unternehmen, mit Sportplätzen, Kleingärten, dem idyllischen Waldweiher, mit den Hüttenhäusern und der Lindenhofsiedlung, mit Markt und Bürgerhaus am Bunker im Schatten des Weyersbergs, der die evangelische Matthäuskirche, eine Ganztagsgrundschule und das Martin-Luther-Haus beherbergt, St. Eligius in der Bergstraße, Herz-Jesu in der Odilienbergstraße und die Hochstraße mit dem renovierten Bahnhof und der Tosa-Klause, Treffpunkt eines Kinderschänderrings, der dem Stadtteil eine neue, allerdings traurige Berühmtheit bescherte.

Burbach, mit seinem Völkergemisch aus Alteingesessenen und Zugezogenen, mit bürgerlichen Straßen, Arbeitersiedlungen und sozialen Problemgebieten, dieses Burbach ist im ausgehenden Winter des Jahres 2003 in aller Munde, im Saarland, in der Republik und darüber hinaus. Die Berichte sind nicht schmeichelhaft. Denn das Grauen hat und braucht einen Namen, und jede Story sucht und findet ihr Lokalkolorit, so schrecklich sie auch immer sein mag. Ich erkenne in diesen Berichten das Burbach meiner Wahrnehmung nicht wieder. Und fast scheint es mir, dass das Schreckliche seine Stilisierung und Typisierung sucht, und dass die Tat von Einzelnen das Ganze, zumindest seinen Namen beschädigt und zerstört.

So gerät das Industrierevier, schon vielfach mit den Stereotypen von Ruß und Dreck gestempelt, in Generalverdacht. Aus einer vielfältigen und in großen Teilen warmen und warmherzigen Struktur wird so ein einziger gigantischer sozialer Brennpunkt, der das Unheilige und Unselige fast zwangsläufig gebiert.

Dabei sind die Orte des Elends, der Hilflosigkeit, der Sucht, der Bösartigkeit und der Perversion über die ganze Stadt, ja über das ganze Land verstreut, und das eine bedingt nicht das andere, auch wenn wir es gerne so hätten, um der Bequemlichkeit, aber vor allem um der Vorurteile willen. Die faktische Verdammung eines ganzen Stadtteiles ist genauso Nonsens wie die gegenteiligen Klischees von guten und stolzen Proletariern, von der Solidarität im Ghetto und vom edlen Glanz der Armut.

Auf dem Gelände der Burbacher Hütte, von der nur noch die Drahtstraße geblieben ist, hat sich neues wirtschaftliches Leben angesiedelt, das Gelände wirkt aufgeräumt und freundlich, der Bahnhof ist renoviert und wartet darauf, dass mit der Saarbahn neue Betriebsamkeit einkehrt.

Ich kenne das alles noch aus früheren Tagen. Das weitläufige Werk dominierte den Ort nicht nur optisch. Es gab zwar noch das Eisenbahnausbesserungswerk mit vielen Beschäftigten und andere, kleinere Unternehmen, aber dennoch war die „Hütt" Burbach und Burbach war die „Hütt", die ihre Herrschaft mit einem Kranz von sozialen Einrichtungen legitimierte. Ich hatte noch die Zeiten erlebt, in denen der aus den Konvertern geblasene ockerfarbene Staub die Häuser einfärbte, sich fingerdick auf die Fensterbretter legte und dem Stadtteil seinen eigenen Geruch gab.

Die Kneipen in der Nähe der verschiedenen, Tore genannten, Eingänge öffneten bereits gegen 5 Uhr, um der Frühschicht Kaffee, einen Schnaps, ein erstes Schwätzchen, die „Bildzeitung" und der Nachtschicht die erste Begegnung mit dem Leben nach der Arbeit zu bescheren. In Neunkirchen, in der Bahnhofstraße, in der Gaststätte vom Kleinnickel, standen morgens, um dem großen Ansturm gewachsen zu sein, die Kurzen und das Bier in langen Reihen auf dem Tresen, vorgezogen und ausgeschenkt, so dass der – wie im Hochofen, immerwährende – Brand der Männer, die zu ihrer Arbeit eilten, im Vorbeigehen gelindert werden konnte.

Ein weiteres Kennzeichen des pulsierenden Montanreviers waren übrigens neben den vielen Frühkneipen auch die Bars, die rings um die Torhäuser der Gruben und Hütten gruppiert waren und bereits am Vormittag öffneten, um den vielfältigen Lastern, die in solchen Massenansammlungen, wie in Werken mit mehreren Tausend Beschäftigten zu vermuten waren, ein Angebot zu machen und sich ein Scheibchen aus dem hart verdienten Lohn zu schneiden.

Direkt bei der Hütte in Burbach war der Bahnhof, und wir kannten Zeiten und Gewohnheiten der Pendler, wenn wir als Jusos unsere

Flugblätter verteilten. Ein zumeist mürrischer, selten fröhlicher, ab 5 Uhr tröpfelnder und zu halb 6 Uhr sich verdichtender, dann wieder abnehmender und gegen 10 Minuten vor 6 Uhr abbrechender Strom von Menschen, an keinem Gespräch interessiert, griff eher höflich als neugierig die dargebotenen, hingehaltenen, aufgedrängten Papiere. Sie drängten sich an den Pförtnern vorbei auf das Hüttengelände, um in die verschiedenen Betriebsteile, Kokerei, Hochöfen, Stahlwerk, Walzstraßen, Handwerksbetriebe zu gelangen, sich vor den blechernen Spinden umzuziehen und dann den Arbeitsplatz von der Nachtschicht zu übernehmen, dort weiterzumachen, wo der Kollege aufgehört hatte, um diesen Riesenorganismus von mehr als 6.000 Beschäftigten in Bewegung, in Produktion zu halten.

Nach 6 Uhr kam dann die Nachtschicht in Trüppchen und Grüppchen, um sich in die Gaststätte, die seitlich versetzt zum Bahnhof stand, zu begeben, oder zu den Bussen und den eigenen Autos, im Sommer fanden sich auch Motorräder, Mopeds, Mofas, nur Fahrräder waren so gut wie keine zu sehen.

Wenn wir dem Betriebsrat genehme Flugblätter verteilt hatten, wurden wir ins Betriebsratsbüro gebeten, mit Kaffee, frischem Weck und Fleischwurst – der berühmten saarländischen Lyoner, die mir nur mit Amora, dem Dijonsenf, der immer noch 60 Prozent Marktanteil im Saarland hat, richtig schmeckt – bewirtet und in Gespräche verwickelt, über alles, was interessierte. Und das konnte verdammt viel sein. Das Höchste war für uns, wenn die Betriebsratsmitglieder, die wir natürlich längst kannten, besonders die Sozialdemokraten unter ihnen (in der Stahlindustrie in den 60er und 70er Jahren viel häufiger anzutreffen als im Bergbau), mit uns Flugblätter verteilten und so ihre Autorität auf uns und unser Anliegen übertrugen.

Der Schichtwechsel von der Früh- zur Spätschicht am frühen Nachmittag hätte eigentlich mehr Kontakte ermöglicht, wäre unter den Gesichtspunkten der Mengenlehre vielleicht effektiver gewesen, aber wir wählten bewusst den 6 Uhr Schichtwechsel, um zu zeigen, dass uns unser Anliegen so wichtig war, dass wir dafür morgens früh aufstanden und dass wir – Vorurteile widerlegend – keine Langschläfer waren, die sich erst für die Nachmittagsstunden entschließen konnten, etwas für ihre politische Überzeugung zu tun. Seit dem Beginn der Stahlkrise nahm das Interesse an unseren Flugblättern, jetzt von der gesamten Saarbrücker SPD verantwortet, zu, aber die Zahlen der Beschäftigten nahmen ab.

Der Versuch, mit Investitionen, mit neuen Konvertern die seit 1972 mit den Röchlingschen Eisenwerken zu Röchling-Burbach verschmolzenen Unternehmen erfolgreich im Markt zu halten, erwies sich an den harten Fakten, die von immer neuen, nicht vorhergesehenen, vielleicht auch nicht vorhersehbaren Einbrüchen bestimmt wurden, als illusionär, es wurde geradezu „Geld verbrannt“ – es war so, als ob die Hochöfen mit Geldscheinbündeln befeuert würden.

Als Abgeordneter kehrte ich später noch öfter in das unter Schmerzen schrumpfende Werk zurück, kannte die Büros des Betriebsrats besser als die Chefetagen, ging in die Lehrwerkstatt und die vielen Betriebsteile, die einer nach dem anderen stillgelegt wurden.

* * *

Mein Weg zu Heckel, zu den Hungerstreikenden führte mich durch den Ortskern von Burbach. Vor etwas mehr als einer Woche war dort das Dorffest, wie es bezeichnenderweise heißt, gefeiert worden. Die zahlreichen Vereine präsentierten sich und besserten mit Speis und Trank ihre Kassen auf. Parallel zur Altenkesseler Straße, die mich längs der Bahngleise zum Werkstor Heckel brachte, verläuft jenseits der Bahn die Fenner Straße, bis heute eine der sozialdemokratischen Hochburgen im Stadtteil, deren Bewohner durch intensive Arbeit, vor allem Hausbesuche, aus ihrem Phlegma aufgeschreckt werden mussten, um bei Wahlen – wie es heißt – aus Stimmungen Stimmen werden zu lassen.

Dieser Stadtteil war mir ans Herz gewachsen, er war auch mein Revier, für das ich mich mitverantwortlich empfand. Ich fühlte mich den Menschen verbunden, kam gut mit ihnen zurecht. Ich war oft dort, nicht nur bei Wahlkämpfen, um samstags am Markt oder vor der Apotheke am unteren Ende der Seebohmstraße unser „Material" zu verteilen, mit den Frauen und Männern zu reden, Kugelschreiber zu verschenken, Luftballons für die Kinder, im Winter Glühwein und im Sommer manchmal ein Bier, wie in anderen Stadtteilen auch.

Meine karnevalistische Heimat war und ist die „Mir sin do", ich habe es dort schon in jungen Jahren zum Senator gebracht und darf den Rosenmontagszügen von der Ehrentribüne aus zuwinken und später in den heiligen Räumen der Burbacher Sparkassenfiliale an der Prämierung der besten Gruppen mitwirken. Die reichverzierte Mütze, die mir deshalb zusteht, wartet auch heute noch geduldig auf die Tage im Jahr, in denen selbst ich mich – bei Leibe kein „Faasebooz" – der allumfassenden Macht der Fastnacht nicht entziehen kann und die Mütze in rauchgeschwängerter Luft, bei stampfender Musik, rollenden Raketen und dreifach donnernden „Allez Hopps" im Bürgerhaus ihre Schwestern wiedersieht, die es fast alle mit ihren Trägerköpfen besser getroffen haben, als mein armes, letztlich doch vernachlässigtes Ding.

Burbach, das ist neben der weitläufigen Hütte, auch das AW, wie wir in der politischen Kürzelsprache sagten, gemeint war das Ausbesserungswerk der Bundesbahn, das über die Jahre hinweg reduziert wurde und in dem die Betriebsräte unter der Führung des Sozialdemokraten Joseph Wild einen heldenmütigen Widerstandskampf führten, um eine Teil- und eine (mittlerweile vollzogene) völlige Schließung zu verhindern. Zu Burbach gehören auch die vielen Vereine, kirchliche und weltliche. Dort gab und gibt es die Kleingärtner, den Pensionärsverein, eine Gruppe – Überbleibsel aus vergangener Zeit – des Radfahrerbundes „Solidarität", die Arbeiterwohlfahrt, die Naturfreunde, den Angelsportverein mit seiner Fischerhütte am Waldweiher, dessen Ehrenmitglieder Klaus Töpfer und ich sind, Sportvereine, wie die traditionsreichen Sportfreunde, bereits 1905 gegründet, bei denen Hennes Löhr und Manfred Gärtner zusammen spielten, den Turnverein und die DJK – vom Namen her eher katholisch-konservativ –, die aber über viele persönliche Querverbindungen mit der SPD verknüpft war und im Bedarfsfall gerne unsere SPD-Mannschaft verstärkte und ergänzte, wenn Not am Manne war. Auf dem Rasenplatz in den Saarwiesen und auf den Hartplätzen des Stadtteils habe ich unzählige Male Fußball gespielt, habe den Rostwurstduft noch in der Nase und den Schwenkbraten- und Pilsgeschmack noch auf der Zunge.

Die dritte Halbzeit nach dem Spiel führte uns oft ins Gasthaus Anthes in der Bergstraße, mit der Fußballlegende Hermann Neumüller als Wirt. Ich war dort bei Meisterschaftsfeiern, Hochzeiten, Beerdigungen, Taufen, nahm teil am Rhythmus des Lebens, an seinen Anfängen, seinem Ende und seinen Höhepunkten. In der Turnhalle der Gesamtschule Rastbachtal, die auf Druck der SPD in das Arbeiterviertel gebaut worden war, habe ich jahrzehntelang versucht, mich fit zu halten, in der Waldklause 1972, im Schicksalsjahr Willy Brandts, meine Nerven mit Billardspielen beruhigt. Und in der städtischen Kläranlage lagerten früher, ohne Wissen der Stadtverwaltung, die Plakattafeln der SPD, so genannte Dreieckstafeln, mit denen Bäume und Laternenpfähle umzingelt wurden, nach drei Richtungen Gesichter zeigend, Parolen und Versprechen einer besseren Zukunft.

Mitten in Burbach liegt die Brunnenstraße, in der Ingrid Caven aufwuchs. Die Beschreibung ihrer damaligen Lebensumgebung gibt ihr Mann Jean Jacques Schuhl in seinem biografischen Roman „Ingrid

Caven“ wieder: „Hier habe ich gespielt, in den heruntergekommenen Vierteln, den Armenvierteln. Ich bin zwischen den Schotterhaufen, den Autowracks, den Schloten herumgelaufen, ein zerstückeltes Universum, fremd und kalt …“ Sie überhöht das alles poetisch, exaltiert:

Die Hüttenwerke von Saarbrücken Eisen und Feuer
gelber Himmel
gusseisernes Gerumpel von Loren
Bremsen
Und Ruinen mit
Schluchten
Leere
Und Skelettgerüste

Der Sinterstaub auf den Fenstern
des Hauses
dass einem angst wird
dieser große Raum beinah verlassen
und fast tot
getrennte Elemente

zerstückeltes Universum

die Kehrseite der Dinge

ein Skelett?
Das Knochengerüst
Gerippe

Kalt und fremdartig
Harte Kristalle

Wie anders habe ich das alles gesehen und empfunden. Ich spürte Wärme, die Authentizität des Lebendigen auf eine vitale und unprätentiöse Art in den Kneipen, an den Marktständen, am Zeitungskiosk und bei den vielfältigen Typen im Straßenbild. Was sind wessen Welten? Habe ich mich verlaufen? Noch will ich das nicht glauben. Es war meine ganz und gar freiwillige Entscheidung, nicht im Elfenbeinturm zu bleiben, die traumhafte Welt der Bibliothekssäle und -räume zu verlassen, mit Sonnenflecken an schönen Tagen auf Buchseiten und Schreibtischen und dem beruhigenden Rieseln des Regens oder dem An- und Abschwellen der Töne der Windharfe bei schlechtem Wetter. Die Atmosphäre kluger Vorträge und Debatten, die Ablenkung auf hohem Niveau in Theater und Konzerten. Es war eine bewusste Entscheidung, dem Universitätsorchester Ade zu sagen und das Cello dem Neffen zu „leihen“ (wer weiß, vielleicht spiele ich noch mal) und später, nachdem dieser seiner müde war, es der städtischen Musikschule wieder nur zu „leihen“.

Die Kultur war in meinem Leben aber weiter präsent. Programmkino, Theater, Bücher, Konzerte, Ausstellungen – aber es war nur noch ein Ausschnitt. Lesen, schreiben, zwar auch in der Welt der Feuilletons, vor allem aber im Politischen und im Praktischen, in den Kategorien des oft als prosaisch empfundenen Alltags in den vielen Burbachs im Land.

Das Leben der Ingrid Caven und meins kommen mir wie völlige Gegensätze vor: Bühne, Konzerte, Grandhotels, Yachten, Festivals, Megastädte, alles was „in“ ist, vom Terroristen Baader bis Andy Warhol in der Bekanntschaft, die Welt als Bühne und Burbach als Mythos der Herkunft aus den ärmeren Welten – dabei kann man dort, wie an ihr zu sehen, sehr bürgerlich leben. Das ist die Caven. Und andererseits meine Welt auf Versammlungen, Sitzungen, Seminaren, Tagungen, Vereinsjubiläen, Rosenmontagszügen, Fassanstichen, Ehrungen – tausendfach wiederholt. Und als Ausgleich der Mythos der Andersartigkeit, der Alternative in der Literatur, in den

Podiumsdiskussionen, den Ausstellungen, Small Talk mit der Kulturprominenz, inzwischen bis an den Honoratioren-Tisch vorgedrungen. Gemeinsamkeit zwischen Ingrid Caven und mir gibt es eigentlich nur in der medialen Präsenz, im Wahrgenommenwerden als letztem Beweis für Lebendigkeit und andauernde Existenz.

Hätte ich tauschen wollen? Ich denke, nein. Kaviar, Champagner, Whisky, Stolzieren, Bemerktwerden, Beäugtwerden, verstohlen und offen, Autogramme hergeben, lächeln und freundliche Worte, Suiten, Venedig, die erste Reihe, aufgerissene Limousinentüren, Château Petrus, Staatsgast, das alles kannte ich auch, habe es mitgenommen, „gemacht", wie man sagt. Ich gebe zu, dass ich wissen wollte, wie das ist, habe es auch genossen. Die meiste Zeit meines Lebens war ich aber in Burbach, in Malstatt, in Neunkirchen, in den Städten und Dörfern des Landes – und ich wusste, warum. Und weiß es auch heute noch.

Der Hungerstreik

Ich stellte meinen 2 CV kurz vor dem Feldlager ab, wuchtete die Mineralwasserkästen aus dem Kofferraum, klemmte die Zigarettenstangen unter meinen linken Oberarm und schlenderte zu den glorreichen Vier – zwei lagen auf der Campingliege, zwei saßen auf den Stühlen –, um meinen Tribut abzuliefern. Ich wurde freundlich empfangen, auch mein: „So, ich hungere mal ein Stündchen mit" wurde wohlwollend aufgenommen. In den Gesichtern war die Spannung zu erkennen, unter der die vier Männer standen, aber auch eine gewisse Zufriedenheit darüber, dass gegenüber den sonstigen Protestritualen diese ungewöhnliche Aktion Wirkung erzielte. Die Belegschaft zeigte ihre Unterstützung, ebenso die in den umliegenden Wohnstraßen lebenden Burbacher: Sie brachten Kaffee, Mineralwasser, Fruchtsäfte, ließen wortlos ein Päckchen Zigaretten wie zufällig liegen, um keine stolze Ablehnung zu provozieren, und hatten die morgendliche Zeitung dabei. Ständig trafen Solidaritätsschreiben und Telegramme ein, die an die Tafel gepinnt wurden. Die vier Akteure waren stark gefordert: Interviews, Erklärungen für die Belegschaft, für Gäste, vor allem für die Angehörigen, Frauen, Eltern, Geschwister und Kinder, die sich um die Vier erhebliche Sorgen machten. Ich nahm den Eindruck mit, etwas Ernstes, etwas Ernstzunehmendes entstehen zu sehen, und mir war bei der Rückfahrt durch die Straßen der ehemaligen Doppelstadt Malstatt/Burbach klar, dass ich diesen Weg noch öfter machen würde.

Am 16. Juni debattierte der Landtag über neue Stahlhilfen und auch über die Lage bei Heckel – noch lagen alle Gruppen auf Unterstützungslinie. Die SPD als Opposition natürlich härter als die Regierung und die Regierungsparteien – auch die IG Metall, die das Vorgehen nicht initiiert, aber akzeptiert hatte, gab Flankenschutz. Entsprechende Resolutionen, fast gleichlautend, wurden im Landtag eingebracht, die weichere Formulierung, gegen die Stimmen der SPD, angenommen. Zuvor war einstimmig ein Nachtragshaushalt mit weiteren Stahlhilfen in Höhe von 150 Millionen DM beschlossen worden.

Der Hungerstreik hielt an. Am 17. Juni, Tag der deutschen Einheit, Feiertag, war ich wieder in Burbach. Vor dem Werkstor, rund um die Hungerstreikenden hatte sich ein Kranz von Menschen gebildet, um Solidarität zu demonstrieren. Obwohl dieser Tag arbeitsfrei und schon lange im Voraus verplant war, erschienen fast alle Arbeitskollegen mit ihren Familien, sichtlich stolz, irgendwie bei diesem Ereignis dazuzugehören. Mir ging es ähnlich; obwohl ich vom (echten) Drahtziehen nichts verstand, gab es genügend Anknüpfungspunkte für Gespräche. Es war einer dieser wie aus dem Nichts auftauchenden Momente, in denen Politik zu leben beginnt, in denen nach

Zusammenhängen und Begründungen geforscht wird, in denen sich die Fähigkeit entwickelt zuzuhören, wo falsche Töne keine Chance haben. Auch die Familien, Frauen und Kinder, vor allem die Frauen, wurden in diese Vorgänge verwickelt. Nicht die üblichen Themen beherrschten den Austausch, sondern die Frage: Was können wir tun, um unseren Männern zu helfen? Aus der Stadt, aus dem gesamten Land schwoll der Strom der Solidaritätserklärungen politischer, karitativer, kirchlicher und gewerkschaftlicher Organisationen, von Jugendverbänden, Vereinen und Vereinigungen an. Die ausgelegten und über Land verstreuten Unterschriftenlisten kamen ausgefüllt zurück, die Namenslisten wurden immer länger.

Die überregionale Resonanz war enorm, so enorm, dass die ARBED versuchte, die Betriebsräte als „linke Spinner" hinzustellen und von Erpressung redete, was im Regierungslager, dessen Unbehagen angesichts des Streiks von Tag zu Tag wuchs, aufgegriffen wurde, wobei man vor allem den angeblichen Zeitdruck beklagte, der eine sorgfältig vorbereitete Lösung verhindere.

Der klug berechnende Betriebsratsvorsitzende Günter Gard plädierte daher für einen vorläufigen taktischen Rückzug, um die als Vorwand genutzten Vorwürfe auszuhebeln. Der Hungerstreik wurde nicht abgebrochen, nicht aufgegeben, nicht beendet, sondern unterbrochen, um Regierung und Unternehmensführung die Zeit für eine Lösung zu geben, die beide gefordert und der öffentlichen Meinung als unabdingbar für eine sachgerechte Lösung aufgedrängt hatten.

* * *

Wenn das Umfeld, wenn die Landesregierung, wenn die ARBED in den verschiedenen Etagen, möglicherweise auch die IG Metall, geglaubt hatten, damit alles überstanden zu haben und *business as usual* betreiben zu können, ohne diesen so viel öffentlichen Wirbel anrichtenden Störfaktor, so hatten sie sich mehr als gründlich getäuscht. Die Flamme brannte weiter, von Günter Gard und wenigen Vertrauten klug genährt. Der „Hilfsarbeiter", der dem siebenköpfigen Betriebsrat vorsaß, wusste sie am Brennen zu halten, ohne sich instrumentalisieren zu lassen. Er war resistent gegen alle Einflüsterungen aus der DKP oder aus den immer noch, als Spätfolgen der 60er und 70er Jahre, agierenden revolutionären Gruppen, die endlich einen praktischen Hauch von Aufstand witterten, den es zu fördern galt, um eventuell einen Sturm zu entfachen, aber auch resistent gegen die Zauderer, die die Zwecklosigkeit des Vorgehens beschworen, auf die persönliche Absicherung, die durch „sowas" nur in Gefahr gebracht würde, hinwiesen. Resistent gegen die haupt- und ehrenamtlichen Funktionäre der IG Metall, die beileibe nicht alle das Vorgehen guthießen. Jede ohne Segen der Gewerkschaftsführung angezettelte Aktion barg die Gefahr einer Verselbständigung, gefährdete die Autorität und – eine nicht zu unterschätzende Überlegung – konnte längerfristig angelegte Gesamtstrategien gefährden.

Die folgende Zeit war mit traditionellen, zum Repertoire gehörenden Aktivitäten erfüllt: die übliche – wahrlich zermürbende – Gesprächsdiplomatie, Erklärungen, Eingaben …

Am 9. Juli teilte die ARBED in einer Sitzung des Wirtschaftsausschusses im Landtag lapidar mit, dass sie bei ihren Schließungsplänen bleibe. Die Antwort der Heckel-Leute kam prompt: Nach kurzer Beratung begann die Prozedur von neuem, bereits am Nachmittag setzten die beiden Gards und Günther Setz aus dem ersten Quartett den Hungerstreik fort, an die Stelle von Norbert Schmitz trat Jürgen Troubal, der sein Fernrohr auf dem häuslichen Balkon im Stich ließ, aber dennoch ständig auf einen klaren Nachthimmel wartete, um die Sterne zwar nicht zu deuten, aber voller Begeisterung zu erläutern und zu beschreiben.

Wer die Saarländer kennt, weiß, dass es Günter Gard an diesem Tag nicht leicht fiel, seiner Frau beizubringen, dass er bei dem lange geplanten – und bereits mit Liebe vorbereiteten – Fest anlässlich der Kirmes, ausgerechnet bei der Kirmes, als Gastgeber ausfallen würde wegen Hungerstreiks. Die Sorge war unbegründet. Die Solidarität war uneingeschränkt. Selten herrschte wohl soviel Harmonie zwischen den Partnern wie angesichts der Bedrohung von außen.

Diejenigen, die auf Zeit gespielt hatten, in der Hoffnung, die Flamme werde von selber erlöschen, erfuhren ein Desaster. Noch am selben Tag entschlossen sich zwei weitere Belegschaftsmitglieder, mit unter das Zeltdach zu ziehen, drei Tage später stießen weitere vier dazu, wurden mit einer Tasse Tee begrüßt, „damit sie sich gleich daran gewöhnen". Am nächsten Tag kamen drei weitere Teetrinker dazu – 15 Männer waren nun im Hungerstreik.

Die ruhige, aber bestimmte, sich selbst nicht schonende Art des Vorgehens zog auch in der IG Metall immer mehr Betriebsräte in den Bann. Die Arbeitnehmervertreter von BBC, Halberger Hütte, Siemens, Atlas Copco, Burbacher Stahl- und Waggonbau, Ford-Saarlouis, Burbacher Hütte stellten sich an die Seite der Kämpfenden. Und die Vertreterversammlung der IG Metall Verwaltungsstelle Saarbrücken mit ihrem Ersten Bevollmächtigten Albrecht Herold, dem wichtigsten Metaller an der Saar zur damaligen Zeit, bekundete in einer Resolution „bei dieser mutigen Aktion unsere Solidarität und unsere Hochachtung". Sie bekräftigte dies mit einem Autokorso durch die Innenstadt Saarbrückens.

Die Kirchengemeinden in Burbach solidarisierten sich mit den Streikenden. In St. Eligius wurde ein Gottesdienst dem Thema gewidmet und anschließend im Volkshaus eine breit angelegte Diskussion zur Unterstützung veranstaltet. Die katholischen Pfarrgemeinden St. Eligius und St. Helena sowie die evangelischen Kirchengemeinden Burbach erwiesen sich als treue, als verlässliche Begleiter dieses ungewöhnlichen Arbeitskampfes.

Und die Belegschaft wuchs weiter zusammen. Die Hungerstreikenden wurden geradezu gehegt und gepflegt, die Nachtschicht schaute nach ihnen, einige von der Frühschicht blieben bis spät in die Nacht. „Soviel Zeit, um miteinander zu reden, haben wir eigentlich noch nie gehabt. Sonst, während der Schicht, haben wir kaum einmal so richtig miteinander geredet." Womit auch Brechts Charakterisierung des Menschen, den ein Geschwätz nicht satt mache, partiell außer Kraft gesetzt wurde.

Für die Vielzahl von Solidaritätsbesuchen gab es einen eigenen „Ombudsmann", der auch Briefe und Telegramme verwaltete, Heinz Clos, Sozialdemokrat aus Gersweiler, einarmig. Er hatte mehr zu tun, als ihm eigentlich lieb gewesen wäre, aber das Gefühl, etwas Richtiges, etwas Notwendiges zu tun, gab für eine kurze, erleuchtete Zeit mehr Kraft als sonst bei der Arbeit für sich selbst auf eigene Rechnung.

Und für eine kurze Phase schienen sie das Schicksal besiegt zu haben. Am 16. Juli tagte der Aufsichtsrat der Techno-ARBED auf Antrag des stellvertretenden Vorsitzenden Albrecht Herold und stoppte die Schließungspläne. Bis zum 31. Oktober gab man sich Zeit, alle technischen und wirtschaftlichen Planungen erneut zu überprüfen, mit dem ergänzenden Auftrag „an der Saar, mit Schwerpunkt Burbach, Ersatzaktivitäten zu entwickeln, die personell die Auswirkungen einer Aufgabe der Stahldrahtfertigung bei Georg Heckel GmbH kompensieren".

Das war durchaus ein Erfolg, weshalb sich die Aufsichtsratsmitglieder mit dem Arbeitsdirektor Wolfgang Wenzel gerne bei den Streikenden zeigten und das Ergebnis präsentierten. Auch die in der Lagerhalle zusammengerufene Belegschaft war erleichtert und akzeptierte es dankbar mit dem aus Erfahrung dazu gemixten Schuss Skepsis. Erleichtert auch deswegen, weil die tapferen Fünfzehn ihren Hungerstreik abbrachen und damit die Zweifel beseitigt waren, ob man sich nicht doch eigentlich den Hungernden hätte anschließen müssen, die, wenn man das Werk betrat, ein fröhliches Menetekel darstellten, das immer noch da war, wenn man das Werk wieder verließ. Ein Bild, das jeder zu sich nach Hause mitnahm, und mancher stand verblüfft vor der Frage seiner Frau oder eines seiner Kinder, warum er eigentlich nicht an dem Hungerstreik teilnehmen würde – und sei es nur (auch das ist legitim), um eventuell in der Zeitung genannt oder gar abgebildet zu werden.

* * *

Für die IG Metall war Heckel quasi ein Nebenkriegsschauplatz. In den Betrieben der Weiterverarbeitung brannte es auch an anderen Stellen lichterloh. Im eigentlichen Kerngeschäft, in der Stahlindustrie, verschlechterte sich die Lage derartig, dass die sonst so leicht von den Lippen gehende Floskel „dramatisch" eher noch zu milde war. Der Landtag war kaum aus den Ferien zurück, schon setzten sich die Abgeordneten in den Plenarsitzungen und in der „Stahlfraktion" in immer neuen und mittlerweile zur Gewohnheit gewordenen Debatten wieder mit den Problemen auseinander. Dabei spielte das Misstrauen gegen das Handling der ARBED, wenn es um die Verteilung von Aufträgen ging, eine zentrale Rolle und die Frage, ob tatsächlich die Formel „Aufbau- und Opfergleichheit", die für die saarländischen Standorte formuliert worden war, auch in der Beziehung zu den sonstigen deutschen – und luxemburgischen – Standorten eingehalten wurde.

Für die Betriebe der Techno-ARBED gab es im September 1982 neue Eingriffe in den sozialen Besitzstand, und der Gesamtbetriebsrat warf die auch mir berechtigt erscheinende Frage auf, „welche Beiträge die Anteilseigner zur Erhaltung des Standortes Saar erbracht" hätten.

Die Antwort blieb aus, denn auch aus Bonn wehte ein neuer, ein anderer Wind. Die Koalition aus CDU und FDP versuchte – von der saarländischen Landesregierung aktiv unterstützt – die Abfindungen für ausscheidende Belegschaftsmitglieder zu kürzen und die Jahressonderzahlungen 1983 und 1984, unter dem Begriff Weihnachtsgeld besser bekannt, zu verschieben. In einer Regierungserklärung vom 3. Dezember drohte Ministerpräsident Zeyer mit dem Konkurs des gesamten Unternehmens, wenn kein weiteres Entgegenkommen der Beschäftigten erfolge, und schob so indirekt der IG Metall die Konsequenzen einer möglichen Katastrophe in die Schuhe.

Heckel ist besetzt

Zu diesem Zeitpunkt hielten die Heckelarbeiter ihren Betrieb fast genau auf den Tag seit einem Monat besetzt. Sie hatten die Frist des Aufsichtsratsbeschlusses vom Sommer „bis zum 31. Oktober" nicht vergessen. Auch diesmal sahen sich wieder alle im Irrtum, die auf Zeit gespielt hatten. Spekulationen des Saarländischen Rundfunks über eine bevorstehende Schließung und die kühle Feststellung des Saarstahl-Chefs Krackow, er könne „keine 200 Arbeitsplätze aus dem Hut zaubern", provozierten eine drei Monate dauernde Betriebsbesetzung der ganz besonderen Art.

Wieder hatten Günter Gard und seine Kollegen nüchtern überlegt. Streik hieß Verlagerung der Produktion. Eine Übernahme des Werks in eigene Regie würde schon an den Abnehmern aus der Industrie scheitern. So bildete sich die Idee heraus, den Arbeitsplatz, für den man sich stark machte, einfach nicht mehr alleine zu lassen, solange nicht, bis die gemachten Zusagen eingelöst werden würden. Vor allem galt es, die Landesregierung in Trab zu halten, die bei allen den Stahl betreffenden Fragen als Bürge für die Bankenkredite und als Zuschussgeber mitreden konnte, was sie nach Auffassung der Gewerkschafter und der Belegschaften sträflich vernachlässigte und einfach nicht tat, wohl um nicht noch mehr in die Verantwortung gezogen zu werden.

Die Belegschaft fackelte nicht lange und setzte die Idee erst in einen Beschluss und dann in die Tat um. Leer stehende Räume wurden zu Schlafsälen. Schlosser und Elektriker schliefen in ihrer Werkstatt, die Angestellten im Büro, die Maurer im Zementlager, die Badewärter in der Waschkaue, die Magaziner im Magazin, die Lagerarbeiter im Lager. „Einige hatten so viel Talent, dass man meinte, man tritt in ein Wohnzimmer. Andere lebten richtig spartanisch. Campingliege, Kleiderkiste, fertig. Auch die Geschäftsleitung wollte ihren Beitrag leisten. Sie brachte einen Aushang heraus, wo zu lesen war, dass die Werksbesetzung verboten ist", heißt es im Tagebuch.

Für die Verpflegung sorgte mittags die Werksküche, für Frühstück und Abendessen musste eine Lösung gefunden werden. Die Falken und das Jugendzentrum in Saarbrücken stellten ein Zelt bereit. Der gedrungene, spontane und hilfsbereite Paul Theis, Betriebsratsvorsitzender der Halberger Hütte, besorgte Tische und Bänke, die berühmten „Garnituren", mit denen unser Land zu den Zeiten günstiger Witterung geradezu übersät ist, um Festlichkeiten, Grillfeste, Schwenkorgien und andere Formen der Geselligkeit mit der nötigen Hardware zu versehen. Das Werk Burbach, unter Anführung von den beiden Herberts, Jager und Bonenberger, sowie Dieter Raubuch, lieferte die Heizkörper, denn die herbstliche Kühle hatte sich die Nächte zu eigen gemacht, und der Winter kam bestimmt.

Nun war alles beisammen, es konnte aufgetragen werden. Die IG Metall hatte Kartoffelsalat und Würstchen spendiert. Es gibt wenige Komplimente, die mir im Leben auf Dauer etwas Wert waren. Rüdiger Zakrzewski, heute Vorsitzender der Arbeitskammer, Landtagsabgeordneter und (das Wichtigste!) Erster Bevollmächtigter der IG Metall, Verwaltungsstelle Saarbrücken, damals praktisch noch „Stift", und ich hatten uns erboten, für einige Abendessen zu sorgen. So, und nun das Kompliment: „Später hat sich dann gezeigt, dass beide Kollegen ihr Wort hielten. Allein Reinhard Klimmt hat bald die Hälfte aller Abendessen aus seiner Partei organisiert." Und an anderer Stelle: „Über Reinhard Klimmt brauchen wir nicht zu sprechen, er hat diesen Kampf ja mitgetragen."

Mit der Essensproblematik war eine der – auch für die seelische, die mentale Ausgewogenheit – wichtigsten Fragen, für Saarländer zumindest, beantwortet. Aber die Zeiten zwischen Schicht und Schlafen können nicht alleine mit der Nahrungsaufnahme ausgefüllt werden. Die Freizeit einer durch eigene Entscheidung kasernierten Truppe braucht Gestalt. Das mittlerweile unverzichtbarste Gerät unserer Gesellschaft, der Fernseher, einschließlich Videorecorder, machte den Anfang. Tischtennis, Fußball, Karate waren die bevorzugten sportlichen Betätigungen, Skatturniere, sogar ein Knobelturnier wurden akribisch vorbereitet und mit dem für den Spaß unerlässlichen Ernst zelebriert. Samstags kamen die Familien. Im großen Zelt wurde gemeinsam gegessen, musiziert, gesungen. Auch von außen häuften sich die Angebote: Vorträge wurden gehalten, Filme gezeigt, Hannes Wader kam, die „Sands Family" aus Irland, das Staatstheater gab eine Sondervorstellung, die saarländischen Künstler Rolf Linnemann, Jürgen Albers, Zeitenklang, Jakobi und Schorsch und der große Jazzer Fritz Maldener traten auf, und sie säten auf einem Acker, der bereit war, auch ihre gesellschaftlichen Botschaften aufzunehmen. In einer Bilanz hieß es später, „diese Unterstützung hat uns nicht nur sehr gefreut, sondern sie hat uns auch für die Zukunft geformt".

Das Zelt diente auch den so genannten Infogesprächen, in denen täglich Bericht über den Fortgang der Dinge erstattet wurde und alle Beschwerden und Anregungen zumindest diskutiert und zumeist auch umgesetzt wurden. Man stützte sich wechselseitig und half sich über den toten Punkt hinweg, den jeder früher oder später erreichte und der den Wunsch weckte, die Brocken einfach hinzuknallen und nach Hause zu entschwinden. So wurde auch das Gemeinschaftsgefühl erfahren. „Setzte man sich noch zu Anfang der Besetzung abteilungsweise zusammen, so änderte sich das später immer mehr. Je länger der Kampf dauerte, desto unwichtiger war es, wo man sich hinsetzte.“

Das war die Innenansicht. Und es gab die Außenansicht, medial und in direkter Fühlungnahme durch Präsenz. Dieser in manchen Facetten dem Außenstehenden bauernschlau und merkwürdig erscheinende Konflikt in einer – im Vergleich zu den anderen in die Stahlkrise involvierten Betriebe – eher kleinen „Bude“ wurde überregional wahrgenommen und beschrieben.

Natürlich kümmerten sich auch die Parteien und – eigentlich so nicht erwartet – die beiden Kirchen darum. Sie beließen es nicht beim Beten, sondern halfen und bezogen klar Position. Da war auch etwas von der alten Kraft des Glaubens, und mir klang es wie Musik in den Ohren: „Wir nehmen es einfach nicht hin, dass Profit und Erwerbsstreben die bestimmenden Faktoren unseres Wirtschaftssystems sind, und wehren uns dagegen, dass Menschen zum Spielball wirtschaftlicher Interessen erniedrigt werden.“ Ich verstand, warum die katholische Kirche, warum eine sozialengagierte Zentrumspartei so lange Zeit den Sozialdemokraten keinen Raum gelassen hatte.

Die Kirchengemeinden von Burbach, Priester und Pfarrer, erlebten in ihrer täglichen Arbeit, wie fehlende Arbeitsplätze den Ort veränderten, Jugendliche auf der Straße ohne Ausbildung, voller Träume, aber ohne sichtbare Chance, diese zu realisieren, und Familien, die aus finanzieller Not und sozialer Ächtung zerbrachen. In einem Arbeitskreis Kirchen und Betriebsräte schlossen sich weitere Betriebe wie das Eisenbahnausbesserungswerk der Bahn sowie die anderen von der ARBED abhängigen Unternehmen im Stadtteil zusammen.

Filmberichte, Bilder in Zeitungen und Zeitschriften über die Betriebsbesetzung entzündeten die Fantasie vieler Menschen in der gesamten Republik. Delegationen der IG-Metaller aus Salzgitter, von

Hoesch Dortmund, aus den anderen Industriegewerkschaften und den öffentlichen Dienstgewerkschaften, Rolf Linsler vorneweg, bezeugten ihre Solidarität, Schulklassen tauchten auf und eine Kindergruppe der Pädsak (Pädagogisch-soziale Aktionsgemeinschaft), was sofort Tadel der konservativen SZ hervorrief, die sonst keinen rechten Hebel finden konnte, um im Heckel-Konflikt die Landesregierung aus dem Feuer zu nehmen.

Nachbarn, Bekannte, Verwandte, alle schauten mal vorbei, um zu prüfen, wie das aussah in dem besetzten Betrieb. Und manchmal schoss uns der Gedanke durch den Kopf, ob man nicht eine Rostwurstbude betreiben sollte, um die Schaulustigen zu verköstigen, damit es ihnen an nichts mangele. Und der Betriebsrat gab in etwas sperriger, aber klarer Sprache zu Protokoll: „Die Anzahl der Besucher, sowie die Art und Weise, wie sie diskutierten, ließ uns erkennen, dass sich viele Leute für die Probleme der arbeitenden Menschen interessierten. Man konnte auch feststellen, dass viele ebenfalls Probleme auf ihrem Arbeitsplatz hatten, sie auch bereit waren, sich zu wehren, aber nicht wussten wie. Viele solcher Gespräche gingen dann bis in die Nacht hinein, und ich glaube, beide Seiten haben dabei viel gelernt. So lernten wir arbeitslose Lehrer kennen, Sozialarbeiter, denen immer mehr der Etat gekürzt wurde oder auch Vertrauensleute (der IG Metall), die in ähnlicher Situation standen, wo aber der Betriebsrat nicht mitmachte. Es ist schade, dass wir uns immer nur dann für die Probleme der anderen interessieren, wenn wir selbst in der Scheiße stecken."

* * *

Und natürlich war auch die Szene aufmerksam geworden: Telegramme von den üblichen Verdächtigen, sozusagen von Abendroth bis Zwerenz; Jakob Moneta sandte 100 DM, Frank Deppe einen „Solidaritätsscheck", Dietrich Kittner „solidarische Grüße und

Scheck“, und sie sangen wie Hannes Wader die alten Lieder, das süße Tandaradei von der Solidarität, vom Zusammenstehn, und es klang ehrlich. Es klang ehrlich, wenn vom Mutmachen und von neuen Kampfformen zur Erhaltung und Verteidigung der Arbeitsplätze die Rede war. Sätze wie „Ihr steht beim Kampf an vorderster Front“ klangen für die Ohren der Besetzer zwar schmeichelhaft, aber ich sah auch, dass dies nicht der Beginn eines Flächenbrandes war, der andere anstecken würde, um das politische und ökonomische System in einem gigantischen Purgatorium umzuschmelzen. Die faszinierten Gesichter maoistischer und trotzkistischer Sektierer, die der vielen auch mir bekannten und zu Teilen durchaus sympathischen DKPler, mit denen ich beim Ostermarsch und auch bei den Demonstrationen gegen den Vietnamkrieg, wie es in dem schönen Lied heißt, „Seit an Seit“ geschritten war – beim Protest gegen das Niederwalzen des Prager Frühlings habe ich sie allerdings nicht an meiner Seite gehabt –, schienen mir naiv und ein wenig sensationslüstern, rechthaberisch, aber auch von einer sentimentalen Hilfsbereitschaft, um das sich immer mehr abnutzende Wort Solidarität nicht zu gebrauchen.

Es war ein Kampf der Arbeiterklasse, in der Tat, er war ungewöhnlich und ungewöhnlich ehrlich, nicht durch Agitatoren entzündet und fremdbestimmt, sondern aus der Erfahrung mit den Mächtigen und aus der Empörung über den Verrat an Tugenden (oder Prinzipien oder Regeln) entstanden, die sie zwar auch bei sich selber zuweilen als hart und lästig empfanden, die sie aber bei den Mächtigen, bei den Verantwortlichen glaubten erwarten zu können, Tugenden wie Verlässlichkeit und Aufrichtigkeit im Wesentlichen.

Ja es war ein Kampf, aber damals bereits abzusehen, dass es ein Kampf war, der einen Rückzug ehrenvoll verbrämte, nein nicht der des Don Quichotte, eher dem Kampf der Goten am Vesuv vergleichbar.

Gespräche in der Nacht

Das Dunkel der Nacht, wenn sich einer nach dem anderen in seinen Schlafsack oder auf seine Campingliege zurückgezogen hatte, ermutigte zu Gesprächen, die über das Naheliegende hinausgingen. Gard und ich hatten Vertrauen zueinander gefasst, und öfter saßen wir nachts spät noch alleine beisammen.

> „Glaubst du, dass wir eine Chance haben, hat das Zweck, dass wir diese Strapazen auf uns nehmen? Du musst wissen, dass es mich nicht kalt lässt, wie die Kollegen sich ins Zeug legen, und es macht mir schon zu schaffen, dass ich dafür den Hauptteil der Verantwortung trage", eröffnete Gard in einer Nacht das Gespräch.
> Ich drehte mir gerade eine Zigarette – damals war ich noch nikotinsüchtig bis in die Haarspitzen. „Woher soll ich das wissen? Aber andersherum: wenn ihr nicht kämpfen würdet, wärt ihr schon längst versetzt – klar, mit Lohngarantie auf fünf Jahre, aber der Betrieb wäre zu. Vielleicht kommt es auch sowieso, aber es ist nicht mehr so leicht, hier alles platt zu machen. Wenn andere moderner sind, mehr investiert haben, billiger arbeiten, wenn der Markt weniger nachfragt –, was willst du daran ändern? Ihr wart mal die Ersten auf dem Markt mit euren Drahtseilen."
> „Ja, anno Tobak", funkte er mir dazwischen.
> Ich ließ mich nicht beirren: „Dann kamen andere, konnten das auch, machten es billiger. Die Maschinen produzieren mehr und schneller. Wir müssen zusehen, dass wir uns hier in diesem Wettbewerb behaupten, dass die Arbeitsplätze hier bleiben und nicht nach Köln, Belgien oder Luxemburg wandern. Aber du kannst keine Produktion aufrecht erhalten, die niemand mehr braucht. Es gibt sicher genug, was ihr

produzieren könntet, aber der ganze Laden ist im Umbruch, da kann es nie verkehrt sein, sich zu Wort zu melden, sich zur Wehr zu setzen."
Er sagte eine Weile nichts, ich schwieg ebenfalls, dann schob er die Kassette mit den Arbeiterliedern von Hannes Wader in den Apparat, und die klare, leicht fistelige Stimme erfüllte den Raum, ich hatte ihn in den 60ern im Smugglers Inn in Dudweiler gehört – damals gefiel er mir besser: Will nach Süden, bis ans Meer (Degenhard gefiel mir in den 60ern auch besser).
„Es wäre schön, wenn wir es nicht alleine wären", fing er wieder an, „überall wird zugemacht, abgebaut, im Bergbau Tausende, Zigtausende, im Stahl dasselbe. Wo soll es enden, wo sollen unsere Kinder arbeiten?"
„Vielleicht bauen sie Autos oder was anderes, ZF legt immer mehr zu. Wir müssen umstrukturieren, Arbeitsplätze in anderen Bereichen schaffen, das ist sowieso klar, wir dürfen uns aber auch nicht von den Konzernen rumschubsen lassen, und deswegen ist das richtig, was ihr macht."
„Du hast wahrscheinlich recht, ich will mich aber nicht mehr umschulen lassen."
„Das musst du auch nicht, ihr seid doch ziemlich gut abgesichert, bei dir kommt noch – *sorry* – das Alter dazu, du erreichst ja wohl die Frühpension. Da geht es euch übrigens viel besser als so manchem, der in einer kleinen Klitsche arbeitet und mir nichts dir nichts auf die Straße gesetzt werden kann. Ein erfolgreicher Strukturwandel ist für die Jungen bei euch wichtig, die können noch was Neues machen oder lernen und noch wichtiger für eure, für unsere Kinder und für die Enkelkinder erst recht."
Nach einem kurzen Innehalten sagte er, an mir vorbei blickend: „Ich bin weiß Gott gern zu Haus, im Freien, im Garten,

in der Turnhalle, in der Kneipe, aber ich bin auch gerne hier. Ich mag den Geruch des Betriebes, meinen Spind, meine Ecke, die immer gleich bleibt, ganz unabhängig davon, was ich vorher erlebt habe; ich mag das erste Hallo am Morgen, die Geräusche der Maschinen, das unregelmäßige Hämmern aus der Werkstatt, den scharfen Dunst aus der Beize, die Uniformität der Arbeitskleidung, wie Trikots beim Sport, das Umziehen vor und nach der Arbeit, wie eine zweimalige Häutung, die vertrauten Wege. Es ist nicht nur der Rhythmus des Betriebs, den alle kennen, sondern alles zusammen – auch die Gespräche mit den Kollegen, die Einblicke in ihr Leben, in ihre Wünsche, ihre Enttäuschungen, ihre kleinen Siege und Niederlagen, ihre vorausberechenbaren Launen, die meinem Leben einen von mir akzeptierten Rahmen, ja, auch einen Rhythmus geben."

„Deswegen ist ja das Geschwätz von der Arbeit als Strafe, als Strafe für den Sündenfall im Paradies großer Unsinn. Arbeit gibt unserem Leben nicht nur Struktur, nicht nur den Rhythmus, von dem du sprachst, sondern auch Würde. Du kannst für dich und deine Familie sorgen, bist Teil des großen Arbeitsprozesses, der unsere Gesellschaft im Groben zusammenhält und überhaupt erst so vielen Menschen das Überleben sichert. Aus der unvermeidlichen Arbeitsteilung folgt, dass die Teilhabe an der Arbeit Sinn macht und Sinn gibt, wenn ich das mal so pathetisch formulieren darf."

„Du darfst", sagte er, „es hört ja niemand zu. Ich jedenfalls möchte arbeiten, etwas leisten, ich finde es zum Beispiel gut, dass die DKP ein Recht auf Arbeit fordert."

„Nicht nur die," antwortete ich ihm, „es ist nur sauschwer, den richtigen Hebel zu finden."

Wir schwiegen erneut, die Musik war wie die Zigarette, sie schien süchtig zu machen, und im Betriebsratsbüro lief sie

immer wieder – mal von diesem, mal von jenem in Gang gesetzt – fast wie ein Dopingmittel.
„Warum machst du das eigentlich?“
Ich blickte ihn fragend an: „Was, dass ich euch helfe? Ich bin hier Abgeordneter, und ich bin Sozi; wo soll ich denn sonst sein, wenn nicht hier?“
„Nein, das meine ich nicht, wieso machst du überhaupt Politik, Landtag und so?“
„Ich bin da reingeraten.“
„Ach, ein armer Verführter, und jetzt kommt er nicht mehr davon los.“
Sein Hang zum Spotten gefiel mir, was allerdings nicht jedermanns Sache war. „Nein, nicht verführt, ich hatte einfach keine Lust, mich in die Gesellschaft, wie ich sie vorfand, einzugliedern, nix Lehrer, nix Professor, nix garnix, ich wollte es besser machen, gerechter, ohne Krieg, mit Verantwortung, aber ich gebe zu: vor allem Freiheit, nur das zu machen, wozu ich mich verpflichtet habe, freiwillig, wenn du so willst, der gute alte Anarchotrip – das ist sowieso die schwierigste Weltanschauung, weil du für dich selber verantwortlich bist, ein bisschen auch protestantisch; mit den Kommunisten hab’ ich nichts am Hut, wer seine Leute zum Glücklichsein einsperren muss, kann nicht recht haben; Dogmen, Solidaritätsgerede, glaub’s nicht. Das ist ein toter Ast.“
Ich redete mich in Rage, vielleicht war ich eifersüchtig auf Wader, der mir – so empfand ich es – mit der DKP von der Fahne gegangen war, vielleicht wollte ich Sperrfeuer legen gegen all die Solidaritätsbekundungen, die Eintrittsbillette waren, um die Ereignisse in dem kleinen Burbacher Unternehmen ganz anders zu nutzen, die einen Nukleus gesellschaftlicher Sprengkraft entdeckt zu haben glaubten.

„Du spinnst“, sagte er, „die machen unheimlich viel für uns, aber die Kirchen auch und die Betriebsräte, die IG Metall, der DGB, die anderen Gewerkschaften. Wir freuen uns über jede Hilfe, aber was liegt hintendran. Ihr sagt, ihr vertretet die Arbeiter, die IG Metall sagt das auch, und trotzdem nimmt die Arbeitslosigkeit zu, und die Schere bei den Einkommen geht immer weiter auseinander – auch mit Billigung der Gewerkschaften – anders kann es ja gar nicht sein, trotz Sockelbeträgen und so.“
„Ohne Gewerkschaft sähe es noch viel trüber aus, du bist doch selber drin.“
„Ja sicher, weißt du überhaupt, was man bei uns verdient?“
„Na so etwa um die 2.000 DM brutto.“
„Wenn einer das hat, liegt er nicht schlecht, na dann weißt du ja auch, dass wir keine großen Sprünge machen können.“
Ich schwieg, was sollte ich sagen. Er drehte die Kassette um, ich zündete mir die nächste Zigarette an, die ich mir vorher mechanisch gedreht hatte.
„Wenn du's wissen willst,“ sagte ich, „ich stelle mir vor, dass der wachsende Reichtum, den diese Gesellschaft erzeugt – vor 20 Jahren habt ihr auch weniger gehabt, nicht nur nominell, sondern auch an Kaufkraft – gerecht verteilt wird. Warum soll ein Manager nicht mehr haben?
Aber der Abstand darf nicht uneinsichtig groß zu den Arbeitnehmern sein. Und wir brauchen effektive öffentliche Einrichtungen, Kinderbetreuung, Krankenhäuser, Schulen, Nahverkehr und zumutbare Arbeitsbedingungen und Absicherung gegen Krankheit, Arbeitslosigkeit und Krankheit im Alter.“
„Gut gebrüllt, Löwe“, sagte er, und der Spott blieb in seinen Augenwinkeln, „und wie soll's bei uns weitergehen, mit der ARBED, mit dem Stahl überhaupt?“

„Lass mich eins noch sagen“, blieb ich stur, nach bewährter Interviewtechnik meinen Faden abspulend, „entscheidend ist für mich, dass das alles verbriefte Rechte sind, keine Almosen, keine Gnadenakte, sondern Rechte, für die man durchaus dankbar sein sollte, aber nur Danke sagt, wenn man will und nicht, weil man muss! Das hat was mit dem Begriff von vorhin zu tun, mit Menschenwürde, und die ist erstens unteilbar und zweitens hängt sie nicht von der Höhe des Einkommens ab, auch nicht vom Wohlwollen der anderen, sondern gründet sich auf Rechte.“
Ich war tatsächlich ein wenig außer Atem gekommen und redete erst nach einer kleinen Pause weiter: „Und nun zu unseren aktuellen Problemen beim Stahl. Wir brauchen eine Lösung, die die beiden verbliebenen Unternehmen, Dillinger Hütte und Saarstahl, zusammenbringt, und wir müssen saarländische Interessen im Spiel halten, nicht nur die eines, wie sie sagen, elegant die nationalen Grenzen überspringenden internationalen Großkonzerns, ganz gleich, wo er seinen Sitz hat. Und ihr, die Weiterverarbeitung, seid wichtig, irgendwo muss das Zeugs ja hin, das in Völklingen, Neunkirchen und unten in der Drahtstraße“ – ich deutete mit einer ausholenden Bewegung in die Richtung, in der die Burbacher Hütte lag – „immer schneller, immer rationeller produziert wird. Das haut aber ohne Investitionen, ohne Rationalisierungen nicht hin.“
„Also gehen wieder Arbeitsplätze verloren?“
„Ja, aber dafür entstehen – hoffentlich – andere und, das sind wir den Montanindustriebeschäftigten schuldig: es darf keine betriebsbedingten Kündigungen geben, im Bergbau nicht und bei euch auch nicht.“
„Du bist nicht gerade eine Hilfe“, maulte er, „draußen im Zelt schwätzt du anders.“

„Nein, nicht anders, wenn ich die ARBED und die Landesregierung angreife, dann wegen schlechtem Management, mangelnder Strategie und – bei der ARBED – Interesselosigkeit gegenüber unseren Problemen, wegen nackter Zahlenspielerei, wegen unsoliden Berechnungen, fantasielosen Plänen, die euch plattmachen und damit auch das Land, die Region schwächen."
Wir schwiegen. Wader schwieg nun auch. Wir saßen noch eine Weile, Gard fiel hin und wieder der Kopf nach vorne. Er war einfach müde, „kaputt".
Ich stand auf mit einem „Ich zisch mal ab", und als ich in der Tür war, rief er mir noch nach – sozusagen eine Umdrehung des Columbo-Prinzips: „Eins möchte ich dich noch fragen: Meinst du, daß die IG Metall ein doppeltes Spiel treibt?"
„Nein," sagte ich, von der Frage nicht überrascht, „sie tun, was sie tun müssen, sie gehören zum System, und das ist nicht das Schlechteste, klar, man kann's besser machen, sieht man ja, aber es funktioniert anderswo nicht grundlegend besser. Der Arbeitsdirektor Wenzel will euch helfen, er ist sowas wie ein Doppelagent, er kennt beide Seiten. Die IG Metall will natürlich ein Höchstmaß an Arbeitsplätzen – und auch Mitglieder, Beitragszahler, wenn du so willst – und gutes Geld für eure Arbeit. Du bist doch auch einer!?
So wie du sind nicht alle, vielleicht hat auch der eine oder andere die Seite gewechselt – die Regel ist das aber nicht. Du kannst dich schon auf sie verlassen, aber: deine Strategie muss nicht unbedingt die ihre sein."

Er sagte darauf nichts mehr, ich winkte ihm zu, schwang mich in mein Fahrzeug und schnurrte durch die Nacht zurück nach Hause, ins bequeme Bett.

Die Geschichte der Arbeiterbewegung, ihre ökonomischen, politischen und kulturellen Beweggründe interessierten Gard mehr und mehr. Die DKP – ganz den aufklärerischen Traditionen des wissenschaftlichen Sozialismus verpflichtet – hatte eine kleine Bibliothek zur Verfügung gestellt, Unterhaltungsliteratur zum Anfüttern und dann ihre Pamphlete, die teilweise wirklich brauchbaren Bücher aus dem Pahl-Rugenstein Verlag bis hin zu den DDR-Klassikern. Aus Langeweile, auch aus Neugier und einem Suchen nach Erklärungen für die seltsame Lage, in die sie geraten waren, griffen viele der Besetzer zu einem Buch. Nimm und lies! Engelmann und Wallraff waren die beliebtesten Autoren.

> „Einige haben jetzt erst mitgekriegt, dass es noch etwas anderes als die ‚Bildzeitung' gibt", bemerkte Gard bei einem unserer Gespräche, „aber die Sachen sind oft schwer zu lesen und noch schwerer zu verstehen."
> „Gib nicht so viel drauf", sagte ich und musste aufpassen, nicht gönnerhaft zu wirken, „vieles ist gequirlte Scheiße, kommt mit vielen Fremdwörtern gespickt bedeutend daher und ist doch nichts als abgehobene Theorie und durch und durch falsch, weil der Ausgangspunkt, weil die Voraussetzungen nicht stimmen. In der EVA und auch bei Suhrkamp sind Hunderttausende von Blättern bedruckt worden, für nichts, rein für gar nichts nutze. Die Dinge sind – zumindest für mich – ganz einfach: Du musst die Menschen selber, über sich, ihr Leben und das der Gemeinschaft entscheiden lassen. Jeder braucht eine möglichst gute Ausbildung mit der Fähigkeit zur Kritik. Jeder soll, so gut es geht, sein Leben gestalten, aber dabei wissen, dass er Pech haben kann, Krankheit, Arbeitslosigkeit, Unfall, Sucht, was weiß ich, und wenn er dann erwartet, dass er Hilfe bekommt, sollte er eigentlich auch bereit sein, Hilfe zu geben, und das nennt

man dann Solidarität oder Mitverantwortung oder Nächstenliebe.“ Ich legte meine rechte Hand unter meinen linken Ellenbogen und warf den Unterarm in die Luft. „Wie du es nennst ist egal, Hauptsache du machst es.“

„Nur zu, nur weiter so, tu dir keinen Zwang an, erzähl's uns“, spöttelte er und zwinkerte einigen zu, die um uns einen kleinen Ring bildeten, neugierig und in der Hoffnung, einen Streit mitzuerleben, am besten so einen, bei dem die beiden Klugscheißer aufeinander losgehen.

„Man muss auch selber Gas geben, die Gesellschaft ist insgesamt reich genug, so dass man viel mehr für sich selber sorgen kann, als das noch vor 30, 50 oder 100 Jahren der Fall war. Aber es geht nicht ohne Solidarität, nicht nur für Kranke, Alte, Süchtige, für die, die wir, Amerika erobert auch unsere Sprache, *drop outs* nennen – nein, wenn wir für alle einen gerechten Anteil am wirtschaftlichen Erfolg haben wollen, müssen wir zusammenhalten, deswegen auch die Gewerkschaft, das geht schlecht alleine.“

„Manchmal redest du so, als ob dich einer geschickt hätte, uns zu zähmen.“

„Quatschkopf, ich sage was ich denke.“

Und so ging das weiter, mehrere Stunden lang. Mir tat es gut, meine Argumente wägen zu müssen, präzise zu sein, weil man mir zuhörte. Und im Gegenzug hörte ich gerne und viel zu, war dankbar und von innerer Zufriedenheit erfüllt, nur weil ich dabei sein konnte, und irgendwann fing einer an, von sich zu erzählen. Norbert Schmitz, der sich vom ersten Hungerstreik, trotz Warnung der Ärzte, nicht hatte abhalten lassen, saß, freundlich lächelnd, auf einem Campingstuhl, trug einen Strickpullover mit hellen Streifen, zwei waren um ein vielfaches dicker, so dass es aussah, als hätte man ihn mit einem hawaiianischen Blütenkranz geschmückt. Er kam aus Dudweiler, war 49 Jahre alt, verheiratet, hatte vier Kinder und arbeitete seit 24 Jahren bei der Firma Georg Heckel. Er hatte vor drei Jahren das Haus, in dem er 20 Jahre zur Miete wohnte, von der Siedlungsgesellschaft gekauft – es ist nun mal ein unbezähmbarer Wunsch der Saarländer, im Eigenen zu leben. Er sorgte sich vor Arbeitslosigkeit und Kurzarbeit, er wollte renovieren, investieren, anbauen. Aber was tun, wenn man nicht weiß, wie es weitergeht, wenn man nicht weiß, „ob man die paar Spargroschen nicht morgen braucht, um ohne Sozialamt zu überleben". (Übrigens ein kleiner Beitrag zum Thema flächendeckender Missbrauch des Sozialstaats.)

Ich lernte Menschen kennen, die alle ihre Macken, Unarten hatten, wie wir es von uns selber kennen, wenn wir uns ohne Selbstbetrug genauer mustern. Es waren keine edlen „Proletarier", das war für mich auch nicht das Thema. Ich hatte mich von ihnen wählen lassen, zumindest hatten einige dies getan, also waren es auch meine Leute – und das zu empfinden, fiel mir ganz und gar nicht schwer. Ich war wieder in den Kreisen meiner Jugend, mit den Themen, Sorgen und Wünschen, und es war schön, zumindest für eine kurze Zeit, die aber auch Leben ist, ihnen sogar noch näher zu kommen.

Ich konnte Franz Jung nicht zustimmen, wenn er am Anfang seiner Autobiografie „Der Weg nach unten" schrieb: „... hatten die Arbeiter in Wirklichkeit keine anderen Forderungen, als sich satt zu essen; das hatten sie aber auch schon früher getan. Die Arbeiter, sofern sie als Klasse angesprochen werden, sind gegen jede soziale Entwicklung. Das erklärt das völlige Versagen in den Revolutionsjahren (nach dem Ersten Weltkrieg). Die Arbeiterschicht beginnt sich bereits als Kaste abzugrenzen in der Gewerkschaftsbewegung, die in den westlichen Ländern und Amerika dabei ist, die gesellschaftliche Struktur zu bestimmen nach Beruf, Vordermann und Führungsanspruch, nach dem Bargeld, was jeder aus der Gesellschaft herauspressen kann, und der Lohntüte. In Neiße (in Oberschlesien, wo Jung aufwuchs) gab es keine Arbeiter. Ich hätte das alles sonst schon früher erkannt und mir die Illusionen, die Verbitterung und den Leerlauf eines langen Lebens sparen können …" Welch ein Irrtum, die Seligkeit immer am anderen Ufer zu wähnen, die guten Menschen bei denen zu vermuten, die man nicht kennt.

Marx hatte nicht idealisiert, nicht verklärt, sondern simpel konstatiert: Wenn die Mehrheit ihre Verhältnisse selber organisiert und niemanden hat, den sie ausbeuten kann, wird sie sich um gerechtere Verhältnisse bemühen (müssen). Mehr eigentlich nicht, das ist die Essenz seiner Gesellschaftsanalyse. Und das vertrat ich auch gegenüber denjenigen in der Belegschaft, die, inspiriert von DKP, MLPD u. a., weitergehende gesellschaftliche Konsequenzen forderten und sich schon in der Rolle wähnten, den historischen Auftrag zu erfüllen, ein Zeitalter in die Schranken zu weisen, und ihre Besetzung zu einem aufrührerischen Akt hochstilisierten, der die Verhältnisse zum Tanzen bringen würde.

Auch Gard hatte Momente, in denen er, von Wader faktisch in Trance versetzt, „Konsequenzen" forderte. „Du bist nicht konsequent", fuhr er mich dann an, „du bist doch längst im anderen Lager, du bist eigentlich schlimmer als andere, weil du in der Maskerade des Freundes kommst, uns mit der Sprache der Solidarität betörst und uns das Essen ranschaffst, damit wir nicht mit leerem Magen die Sache konsequent – konsequent", wiederholte er, jede Silbe mir fast ins Gesicht spuckend, „zu Ende denken."
Obwohl ich mich verletzt fühlte, gab ich ihm ruhig meine Anwort: „Man darf nicht immer alles zu Ende denken, weil auch die Logik ihre Fallen hat. Das führt öfter, als man denkt, in die Wüste oder ins ewige Eis. Natürlich wollen und brauchen wir bessere Verhältnisse und solidarischeres Verhalten untereinander, aber wenn du dann noch den ‚neuen Menschen' forderst oder ihn gar ‚schaffen' willst,

landest du schnell bei Maos Kulturrevolution und schlimmstenfalls im Endeffekt bei Pol Pot."
Wir blickten uns stumm und mürrisch eine Weile an. Besetzer, die nicht schlafen konnten, steckten den Kopf durch die Tür, nahmen die Endlosschleife der Musik spöttisch oder genervt wahr, sahen unsere wenig einladenden Mienen und suchten sich freundlichere Kumpane, um die Spukgestalten und -gedanken der Nacht zu vertreiben.
Ich setzte nach: „Das ist etwas anderes als in der Physik, Politik ist nicht Ingenieursarbeit, beruht eben nicht auf ehernen Gesetzen. Aber trotzdem gilt auch hier: Wenn du falsch analysierst und wertest, gibst du die falschen Antworten. Und das gilt auch für eure, für unsere Situation. Unsere Gesellschaft ist in vielen Bereichen ungerecht organisiert, aber sie ist nicht faschistisch, noch nicht mal faschistoid, wir haben auch kein Schweinesystem – es ist das bisher am besten funktionierende Gemeinwesen, das wir hier in Deutschland zustande gebracht haben."
Das Band war abgespielt, der Raum stank nach kaltem Rauch. Gard blickte mich müde und ein wenig missmutig an – als ob ich ihn bei etwas wirklich Wichtigem gestört hätte –, aber es war ihm auch anzusehen, dass er fürchtete, ich hätte womöglich Recht. Das Schweigen wurde schwer und lastete auf uns.
So konnten wir das Gespräch nicht beenden, und – obwohl erkennbar müde – fing Gard wieder an zu sprechen: „Eigentlich ist es doch schön hier. Es macht Spaß zu kämpfen – besser jedenfalls, als zu Hause vor der Glotze zu liegen und zu lamentieren."
„Nun fall nicht gleich wieder in das andere Extrem", antwortete ich, immer noch ein bisschen auf Krawall gestimmt, zumindest auf Widerspruch und Besserwisserei, „ich meine

eher, du machst hier etwas, was du für notwendig hältst, und dazu hast du Kumpels, hast Kollegen, Freunde, die dir helfen, Aufregungen, und alles spielt sich hier ab, auf diesem Gelände und in diesem Büro. Es ist etwas Besonderes – vielleicht so, wie wenn wir als Kinder einen Nachtmarsch machen durften – etwas Außergewöhnliches eben. Du liegst doch sowieso nicht vor der Glotze, hast dein Karate, deine Familie und vieles mehr. Aber es ist kein Abenteuerurlaub, entscheidend ist, dass wir etwas erreichen wollen, das gibt uns die Kraft und verklärt das ganze Drumherum."

Wir schwiegen erneut, saßen so da, als ob wir uns bei etwas Unziemlichem erwischt hätten.

Ich leitete einen Gegenangriff ein: „Hast du nicht Lust mehr zu machen? In der Gewerkschaft, in der SPD? – Du kannst doch überzeugen, Vertrauen wecken und auch einlösen."

„Ich weiß nicht," sagte er, „irgendwie pass' ich in beides nicht, Gemeinderat und so, Gewerkschaftsfunktionär, immer unterwegs – klar, mehr Geld wahrscheinlich – aber wofür? Weißt du, wofür? Karriere, Wichtigmacherei ... Wenn das hier rum ist, werde ich wohl so weiterleben wie vorher. Auf jeden Fall können und werden wir hier nicht ewig bleiben. Das hier hat ein Ziel. Einfach nur Vereinsmeier?"

Er schüttelte den Kopf.

Ich erwiderte: „Das gibt es auch, viel zu oft wahrscheinlich. Wer engagiert sich heute? Wann? Warum? Karriere – das ist legitim! Aber als einziges Motiv, als alleiniges Ziel?"

Gard hörte aufmerksam zu. Also machte ich weiter, ein vielleicht erhitztes Eisen schmieden wollend: „Irgendwo dazuzugehören, der Wunsch, eventuell an der Macht partizipieren zu können, am Ende selber Macht auszuüben. Warum nicht? Irgendwie schliddert jeder mal rein. Bewusste Entscheidungen für ein Parteiengagement sind wohl eher selten. Aber es gibt sie auch, meistens in Wellen. Willy Brandt und sein zweifacher Aufbruch, die mutige Beendigung der großen Koalition 1969 („Mehr Demokratie wagen!") und dann die Ostpolitik, das abgewehrte Misstrauensvotum, der Kniefall in Warschau, zogen viele Menschen in die SPD. Die Schmidtsche Kaltschnäuzigkeit gegenüber den von Sorgen und Ängsten getriebenen Atom- und Rüstungsgegnern, die durch den *Club of Rome* verstärkte Zukunftsskepsis angesichts sicht- und fühlbar werdender Umweltschäden gründeten fast wie von selbst eine eigene Partei, in der sich diese Ideen eine Form suchten. Der Aufstand der Frauen gegen die männerdominierten gesellschaftlichen und politischen Strukturen bescherte allen Parteien Auffrischung, Engagement und zusätzliches, qualifiziertes Personal. In diesen Fällen drängten Probleme und Missstände auf Abhilfe, und die Protagonisten hatten einen eindeutigen Antrieb."

„Und wie war es bei dir?", fiel er mir in meinen Wortschwall, machte aber noch einen halbwegs interessierten Eindruck.

„Ich selber bin eigentlich mehr reingeschliddert. Journalist wollte ich werden. – Und das Feuilleton war immer *(immer!!!)* ein Konkurrent zur Sport- und Politikseite. Beeinflusst hat mich am Anfang nur das Geschriebene. Ich hörte keine Reden an, ging in keine Versammlung, sah nicht fern, sondern ich las. Mein Unmut, mein Veränderungswille konnte sich nur im Schriftlichen niederschlagen …"

„Dafür bist du aber mittlerweile ein flotter Schwätzer", stichelte Gard.

„Jetzt hör auch zu", sagte ich, in Fahrt geraten. „Ich wurde deshalb – Gestaltungswille, Gestaltungswahn? – zweimal Chefredakteur, bei der Schulzeitung in Osnabrück und dann bei der Saarbrücker Studentenzeitung *speculum*. Über das

Studentenparlament kam ich ans Reden, über die Demonstrationen ans Agitieren, übers Bildungswerben auf dem Land ans Dozieren und das alles mit dem angelesenen Fundus und den Prägungen von daheim. Und irgendwann lernt man beim Zuhören, wenn man das kann, auch eine Menge. Da ich mit dem Adenauerdeutschland nicht zurechtkam, landete ich dann in der SPD."
„Und nun sitzt du hier. Mir reicht's jetzt", sagte er, aber ich versuchte ihn mit einem anderen Thema: „Dann mach doch mehr in der Gewerkschaft, wenn dir die Partei nicht schmeckt. Das ist auch ein interessengeleiteter Zusammenschluss und in vielem ganz konkret. Und du wolltest ja auch Zusammenhänge, wolltest konsequent sein", erinnerte ich an den Beginn unseres Disputs oder besser an den Beginn meiner nicht aufzuhaltenden Suada, „die Gewerkschaften sind durchaus konsequent, gerade die deutschen. Es ist ihr besonderes Verdienst, im Unterschied zu den amerikanischen, auch abweichend von den südeuropäischen und britischen Ansätzen, die Partikularinteressen in einen größeren – gesellschaftlichen, politischen – Zusammenhang zu stellen und somit Verbindungen, Verflechtungen, manchmal auch Verfilzungen, in die Gesellschaft und in die Politik zu knüpfen und so die eigenen Interessen auch anderen Gruppierungen mit ins Gepäck zu geben."
„Hört sich gut an", sagte er ziemlich knapp, „nur ich merke nichts davon, oder ich bin zu blöd. In beiden Fällen ändert sich an meiner Haltung nichts. Ich bring das hier zu Ende, mehr darfst du von mir nicht erwarten."

Ich bedauerte seine Ablehnung. Ich sollte meine Aufforderung noch öfter wiederholen, je mehr ich ihn kannte umso drängender, aber immer ebenso erfolglos wie in dieser Nacht. Und ich muss gestehen, dass er bei späteren Begegnungen nie den Eindruck machte, dass er seine Abstinenz bereute, bis zum heutigen Tag. Auch nicht in den Zeiten nach dem Kampf, als man die Belegschaft – mit fünf Jahren Lohngarantie, das wenigstens war herausgesprungen – auf andere Betriebe der ARBED versetzt hatte. Gard kam zur Burbacher Hütte. Wenn ich nach ihm fragte, schickte man mich in die Halle 3, immerhin dem Zentrallager Edelstahl. Dort stand er, in seinem Blaumann, auf den Besen gestützt, mit der gleichen, mir so vertraut gewordenen Physiognomie. Auf den ersten Blick kam sie mir etwas abgenutzt vor, der Schnurrbart irgendwie trauriger hängend, die Augen müder, Falten an allen möglichen Stellen. Aber der Eindruck täuschte. Als er mich – sichtlich und wirklich erfreut – begrüßte, war das spöttische und zugleich selbstbewusste Lächeln in den Augen wieder da, als ob es ein Eigenleben führte, unabhängig von den Umständen und Gelegenheiten.

Er steckte die absichtlichen Demütigungen genau so weg wie die unabsichtlichen. Er hatte es wohl vorher geahnt, vielleicht sogar gewusst, dass nach der Niederlage der vorher unterdrückte Neid der „Kollegen", die verborgene Eifersucht auf die zwar unbequeme, risikoreiche, aber auch heldenhafte, in jedem Fall Aufmerksamkeit und Zustimmung erhaltende Besetzung mit ihren pittoresken und emotionalen Begleiterscheinungen freien Lauf finden würde. Er hätte dem entgehen können, gerade er als Person, wenn er sich an die SPD angelehnt, den Avancen der Gewerkschaftsführung nachgegeben und „in der Spur" gegangen wäre. Er tat es nicht, hielt ruhig seinen Besen und beschied mich, es sei alles in Ordnung, und er brauche nichts. Er verbarg die Enttäuschung, die auch wohl nicht ihm selber und seinem Schicksal galt, sondern seinen Mitstreitern:

„Es ist mir noch immer unverständlich, dass nach der Besetzung viele von uns von den so genannten ‚Kollegen' im Stich gelassen wurden. Hier möchte ich noch nicht einmal die hauptamtlichen Kollegen ansprechen, obwohl auch hier einiges im Argen lag, als vielmehr die Kollegen aus anderen Betrieben, die sich plötzlich, als der Arbeitskampf vorbei war, von uns distanzierten und zwar in einer Art, dass man sich wie ein Aussätziger vorkam", formulierte er in seinem Vorwort zu der ungedruckten dreibändigen Dokumentation über die Besetzung.

Als ich ihn in Vorbereitung dieses Kapitels fragte, ob ich über ihn schreiben dürfe, gab er mir einen Blankoscheck: „Schreib was du willst, ich bin einverstanden", mit einer kleinen Bedingung, mehr eigentlich ein Wunsch als eine Bedingung: „Ich möchte gerne den Satz lesen: Am 1. Mai kann die Straße nicht breit genug sein, damit sich alle die in der ersten Reihe präsentieren können, die man sonst nicht sieht! Das ist alles, mehr nicht." – Ich sagte ihm das zu, und somit habe ich dieses Versprechen eingelöst.

Im Stich gelassen

Die Besetzung wurde fast zum Alltag, auch die Öffentlichkeit begann, sich an sie zu gewöhnen. Die ARBED-Geschäftsführung hielt, ohne Kompromissbereitschaft zu zeigen, an ihrem Konzept fest und verlangte die Schließung des Werkes, für die Arbeitsdirektoren eine komplizierte Zwickmühle, nicht minder für die Gewerkschaftsführung, die auf der für sie viel gewichtigeren Ebene des Stahls in ständige Kämpfe mit der Unternehmensleitung, aber auch mit Bundes- und Landesregierung verwickelt war.

Noch hielt das Bündnis. Der Kraftakt der Heckelbelegschaft barg ja auch Drohpotenziale in sich, man konnte mit Hinweis auf die Drahtzieher in Burbach mit dem Zaunpfahl winken und einen sich verstärkenden Arbeitskampf an die Wand malen, um so mehr Zugeständnisse auf allen Ebenen zu erreichen. Aber die Äußerungen des neuen Arbeitsdirektors von Saarstahl, Dr. Werner Esser, der u.a. von „Traumtänzern“ sprach, waren erste düstere Vorboten einer schleichenden Veränderung in der Beurteilung der Besetzung. Gard hatte das erkannt und brachte die Kraft auf, sich von falschen Solidarisierungen und Interpretationen fern zu halten, nicht zu provozieren und vor allem sich nicht provozieren zu lassen.

Wir hatten in dieser Zeit öfter Gäste zum Frühstück im Haus am Zoo. Wolfgang Wenzel, als Nachfolger von Peter Hartz Arbeitsdirektor bei der Techno ARBED, kam regelmäßig zum Meinungsaustausch, so dass ich helfen konnte, Missverständnisse und Fehleinschätzungen zu vermeiden. Jürgen Peters, zur Zeit umstrittener Stellvertretender Vorsitzender der IG Metall und ihr designierter Vorsitzender, damals vom Mitbestimmungsbüro Düsseldorf mit der Betreuung der Saar-Verwaltungsstellen beauftragt, stieß hin und wieder dazu, um sein Bild der Lage auch mit den auf Grund einer anderen Sichtweise gesammelten Eindrücken und Informationen zu komplettieren oder zu korrigieren.

Es waren durchaus angenehme Treffen, nicht nur wegen des Kaffees und des gut und reichlich gedeckten Tischs sowie der häuslich-privaten Atmosphäre. Keiner der Beteiligten versuchte, den anderen zu instrumentalisieren oder zur Illoyalität zu verleiten. Die Rollen waren klar definiert, die Einschätzungen der Lage kaum unterschiedlich und die ganz privaten Sympathien eindeutig auf Seiten der Besetzer. Für mich war es wichtig, den ständigen Verdächtigungen, die Aktionen seien fremd bestimmt und von außen gesteuert, zu begegnen und den an vielen Stellen heimlich mitschwingenden Neid auf die so „edel Kämpfenden“ und die daraus resultierenden Zweifel an der eigenen Strategie zu dämpfen.

Der Schulterschluss hielt immer noch. Aber, so wie kleine Rinnsale das Brechen des Deiches ankündigen, kamen Signale des Aufgebens, der Kapitulation, wie etwa die Stellungnahme des Vorsitzenden des Wirtschaftsausschusses im Landtag nach einer Sitzung, dass er der Landesregierung empfehlen werde, dem (Schließungs-) Konzept der ARBED zuzustimmen. Diese Kehrtwende der Mehrheitsfraktionen im Landtag beruhte auf einem erneuten Antrag der Geschäftsführung der Techno-ARBED im Aufsichtsrat, die Stahldrahtproduktion nach Köln zu verlagern und den Standort Burbach, sprich: Heckel zu schließen. Dieser Beschluss scheiterte an der Ablehnung der Arbeitnehmervertreter im Aufsichtsrat, die ihre Zustimmung verweigerten, da keine Lösung für die zugesagten Ersatzarbeitsplätze erkennbar sei.

Die Geschäftsführung witterte die Verletzbarkeit der Gewerkschaftshaltung, spürte die nachlassende öffentliche Unterstützung und setzte nach. Auf einer weiteren Sitzung des Aufsichtsrates am 23. November 1982 stimmten die acht Arbeitnehmervertreter – wie mit den Heckelanern abgesprochen – gegen die Vorlage der Geschäftsführung, die auf Grund der dadurch eingetretenen Pattsituation, abgelehnt war. Damit war allerdings nur eine Galgenfrist gewonnen, da in einer weiteren Sitzung der Aufsichtsratsvorsitzende zugunsten der Geschäftsführung – das war unmissverständlich angekündigt worden – von seiner zweiten Stimme Gebrauch machen würde. Eine derartige Konfrontation wollte die IG Metall zu diesem Zeitpunkt unbedingt vermeiden. So kam – mit der „verbindlichen" Zusage auf 80 Ersatzarbeitsplätze – ein einstimmiger Schließungsbeschluss zustande.

Das brachte aber die Heckelbelegschaft nicht von ihrem eingeschlagenen Weg ab. Sie hielt sich nicht mit Rechthabereien gegenüber „ihren" Vertretern im Aufsichtsrat auf, nahm die Erneuerung ihrer fünfjährigen Weiterbeschäftigungsgarantie ohne größere Dankbarkeitsbezeugungen entgegen und führte den Arbeitskampf weiter. Zwar war das gewerkschaftliche Pulver weitgehend verschossen, aber noch stand die Zustimmung der Landesregierung zu den Plänen der ARBED aus – diese Zustimmung galt es jetzt durch nachhaltigen Widerstand zu verhindern.

Die Heckelfrauen

Der *point of no return*, die nicht mehr zu revidierende Entscheidung für einen aus Verzweiflung und Hoffnung, aus Prinzip und Wut genährten Kampf, war schon früher erreicht. Es war die Sitzung des neu gewählten Aufsichtsrates der Techno-ARBED am 12. November 1982, die keine Wendung zugunsten des Burbacher Werkes gebracht hatte. „Jetzt erst recht" war die Parole jener Nacht, verbunden mit der festen Entscheidung, den eingeschlagenen, immer unkomfortabler werdenden Weg zu Ende zu gehen. Eine Frage war dabei aber offen geblieben: Wie würden die Familien, vor allem die Frauen reagieren, von denen viele – wie es in deutschen Familien eher die Regel als die Ausnahme ist – zu Hause die Hosen an hatten.

Am Tag nach der Aufsichtsratssitzung, einem Samstag, war Familienabend, und es war auch klar, dass Frauen und Kinder vollständig anrücken würden, Versprechen und Drohung in einem. Die Heckelaner wurden fleißig, die Zelte gesäubert, der Schlafplatz – falls doch jemand mal „gugge" wollt – aufgeräumt und der Nachbar, ob er nun wollte oder nicht, zum Gleichen angehalten; über dem ganzen Gelände lag so etwas Ähnliches wie Prüfungsangst.

Und dann wäre eigentlich alles nicht nötig gewesen, das Aufräumen vielleicht, das Ängstigen jedenfalls nicht. War es die Stimmung im Zelt, die Songgruppe der IG Metall mit ihren Liedern, war es der Mond, der wie die Sichel auf meiner Uhr über den Dächern Burbachs stand und das Gelände mit seinem Licht verzauberte? Ich weiß es nicht. Jedenfalls waren die Frauen vorbehaltlos dabei, gaben ihren Männern Rückhalt und wollten mehr als das, wollten selber etwas tun. Sie schlossen sich zusammen, um auf ihre Art mitzukämpfen. In einem Tagebuch stand folgender lakonische Satz: „Das Wichtigste: Ehefrauen wollen mitkämpfen."

Der Kampf der Heckelfrauen, das ist eine eigene Geschichte. Zuerst unterzeichneten sie ihre Flugblätter und (offenen) Briefe mit „Die Frauen der Heckelmänner“, was so ähnlich klang wie: Ernst Kuzorra seine Frau ihr Stadion, aber dann verwandelten sie sich für uns und für sich selber in die Heckelfrauen, gleichgestellt an der Seite der Heckelmänner. Sie trafen sich mittwochs. Die Pfarrerin Eva Pollmann, eine kleine, kurzhaarige, beseelte Frau war immer dabei, einfach da und immer bereit, auf Fragen zu antworten, immer bereit, bei allem was getan werden musste, das Ihrige zu tun.

Die Frauen übernahmen die Werksküche an den Wochenenden und stachelten damit die ständige Besatzung zu vergleichbaren Höchstleistungen an, was im Saarland zum Ernst eines derartigen Arbeitskampfes keinen Widerspruch bedeutet. Wichtiger waren aber ihre politischen Aktionen. Sie waren nicht an das Werk gefesselt wie die Besetzer. Als kleine, bewegliche Einheit stießen sie mit ihren selbst verfassten Flugblättern und Liedern weit in die das Werk umgebende Öffentlichkeit vor, drangsalierten die Vorzimmer aller für sie als verantwortlich identifizierten Großkopfeten.

Ihre Patrouillenritte und Nadelstichaktionen führten sie bis vor das imposante, imperiale Ambitionen symbolisierende Direktionsgebäude der ARBED in Luxemburg, wo sie mit ihren Songs und Liedern Laut gaben und Flugblätter verteilten. Ihre Flugblätter.

Wenn sie sangen, klang es tapfer, unbeirrt, nicht immer melodiös und harmonisch. Es waren ihre Stimmen, nicht unbedingt zum Singen geschaffen, aber ihre kleine Gruppe, wenn sie sich formiert hatte, strahlte so viel Kraft aus, dass der Gesang einen eigenartigen Reiz ausübte, der noch nicht mal ein spöttisches Lächeln zuließ, sondern an die ursprüngliche Tonalität südlicher Frauenstimmen erinnerte. Sie waren keine *girlie group*, keine *cheerleader*-Truppe, sie waren eine Gruppe von Frauen gemischten Alters, unterschiedlicher Statur, mit ihren jeweils eigenen Lebenswegen. Sie stellten sich der für sie ungewöhnlichen Wucht der Ereignisse, und indem sie sich gegen das

Schicksal stemmten, entwickelten sie eine Kraft, der sich niemand, der mit ihr konfrontiert wurde, entziehen konnte.

Dies begab sich aber alles zu einer Zeit – so wollen es die Tradition und unser Familien- oder Horden-Gen –, die im besonderem Maße der Familie gewidmet war. „Es war bestimmt nicht leicht, abends mit den Kindern nach Hause zu gehen und den Mann im Werk zu lassen. Alle Probleme und Schwierigkeiten, die in dieser Zeit auf die Familie zukamen, mussten sie allein meistern. Oder denken wir nur an die ganze Vorweihnachtszeit und Weihnachten überhaupt. In einer Zeit, die sonst die schönste des Jahres ist, wo man auch innerhalb der Familie noch näher aneinander rückt, waren sie mit ihren Kindern allein. Und trotzdem hat, meines Wissens, keine von ihnen ihren Mann aufgefordert aufzuhören."

Wie auch? Die Löwin war geweckt: „Wir – die Heckel-Frauen – kämpfen für unsere Familien und für unser Land!" Und weiter, ohne jeden Unterton von Zweifel oder Angst: „Wir feiern Weihnachten mit unseren Männern und unseren Familien im Betrieb." Basta!

Dieser Plan wurde in die Tat umgesetzt. Die Betriebsleitung – wohl auf Anordnung „höheren Orts" – untersagte einen Gottesdienst auf dem Betriebsgelände. Gegen „Betriebsfremde" wolle man „juristisch" vorgehen, und so fand der Heiland an diesem Abend keine Herberge bei der ARBED, sondern vor dem Werkstor beim ökumenischen Gottesdienst und in den Herzen der Menschen, die ihn dann auf diese Weise ins Werk schmuggelten und in der Christnacht bei sich behielten. Die Zeremonie fand um 20 Uhr statt, in strammer Kälte, katholische und protestantische Geistliche auf der Straße vereint mit mehr als 500 Menschen, Gläubige und Ungläubige, von denen viele brennende Kerzen in ihren Händen hielten.

Nach dem Gottesdienst wurde in der Lagerhalle gefeiert. Tische und Bänke erwiesen sich auch hier als geeignet, Öfen und „Brumse" wärmten den Raum, der picobello sauber und behutsam geschmückt, an dieser neuen, lebendigen Aufgabe Gefallen zu finden schien. Alle Besetzer bekamen nach dem gemeinsamen Mahl ein Geschenk, und so bin auch ich zu einer Uhr gekommen, alle sind zu einer Uhr gekommen und wissen seitdem etwas besser, was die Stunde geschlagen hat.

Ich hätte an diesem Abend nirgendwo anders auf der Welt sein mögen. Wir hatten für einen Inselaufenthalt in Griechenland bereits alles vorbereitet und festgemacht –, aber wie hätte ich in der ägäischen Wintersonne lesen können, wie hätte ich auf Syros Retsina trinken und Oliven essen können, wie hätte ich alkoholbefeuert Sirtaki tanzen können, wo ich doch sicher war, dass man mit mir in Burbach mehr anfangen konnte. Auch ich bekam keinen Ärger – die Heckelfrauen hatten Maßstäbe gesetzt. Und als wir an diesem Abend zurückfuhren, die vertraute Strecke quer durch die stille, weihnachtliche Stadt, war ich voller Stolz über meine Uhr, die ich immer wieder aufs Neue in meiner Tasche befühlte, mit der gleichen Genugtuung, die ich als Kind empfunden hatte, wenn ich im Steinbruch auf einen Ammoniten gestoßen war und ihn nicht oft genug anfassen konnte, ehe ich ihn zu Hause präsentierte.

War es eine weiße Weihnacht, ich weiß es nicht mehr, ja, kalt war es, und der Himmel kam mir im gleichen Maße nah und fern vor. Und in dieser Nacht zumindest glaubte ich, dass das Gute, das zweifellos auch auf der Welt war, irgendwo hergekommen sein musste.

* * *

Weihnachten und auch Sylvester im Betrieb zu feiern, war ein emotionaler Kulminationspunkt des Kampfes um die Arbeitsplätze bei Heckel. An diesen Tagen trat der Opfercharakter der ganzen Aktion hervor. Weihnachten hatte Burgfrieden zu herrschen, Weihnachten hatte sich die Gesellschaft unter dem Weihnachtsbaum zu Hause zu versammeln, und man gedachte derer, die im Interesse der Allgemeinheit im Krankenhaus, bei der Feuerwehr oder ähnlichen Einrichtungen Dienst taten.

Bei Heckel ging es doch eigentlich „nur" um 220 Arbeitsplätze und das bei einer Arbeitsplatz- und Lohngarantie für fünf Jahre. Wozu also dieser übersteigerte persönliche Einsatz?

Es war die Offenlegung eines brutalen ökonomischen Prozesses, der von immer mehr Verantwortlichen als unabänderlich empfunden wurde, den es zwar zu steuern galt, so gut es ging, der aber seinen Schrecken in der angeblichen Rationalität des Vorgangs und durch die Instrumente des Sozialstaats fast verloren hatte. Die Besetzer stellten den ganz direkten Bezug wieder her zwischen dem Schicksal von Familien und den Entscheidungen von Unternehmen und politischen Institutionen.

Dies hatte auch die Landesregierung nicht kalt gelassen, die – sozusagen letzte Hoffnung auf Entsatz – sich lange weigerte, als Bürge und Zuschussgeber die Pläne der ARBED zu akzeptieren. Wie vorherzusehen, bröckelte auch diese letzte Bastion. Das Kabinett verbrämte die Ankündigung, der Schließung zuzustimmen, mit der erneuten Forderung nach Ersatzarbeitsplätzen im Weiterverarbeitungsbereich und mit dem Hinweis auf die Haltung der Arbeitnehmervertreter im Aufsichtsrat. Damit war kein Bewegungsspielraum mehr vorhanden.

Nach 91 Tagen beendete die Belegschaft der Firma Heckel in Saarbrücken-Burbach die Besetzung ihres Betriebes, die sie um der Arbeitsplätze willen – zu keinem anderen Zweck – begonnen hatte. Die Männer rollten ihre Matratzen und Decken ein und kehrten in ihre Wohnungen und Häuser zurück, ruhig, selbstbewusst und ohne Reue. Sie wurden freundlich aufgenommen und waren wieder Partner, Väter, Ehemänner, wie vorher. Sie waren aber verändert. Jeder hatte seine ganz individuellen Lehren gezogen, und es ist in diesem

Fall kein hohles Geschwafel, wenn Günter Gard zusammenfasst: „Obwohl die Belegschaft zu 95 Prozent in der IG Metall organisiert ist, waren die meisten von uns über die reine Mitgliedschaft nicht hinausgekommen. Über das Wort Solidarität hat keiner nachgedacht, warum auch? Jeder ist sich selbst der Nächste. Nun, im Laufe der Besetzung änderte sich das immer mehr. Das Wort bekam für uns einen Sinn. Jeder begriff, dass wir nur gemeinsam etwas erreichen können und dass wir nur dann stark sind, wenn wir zusammenstehen."

Die IG Metall kämpft weiter

Mit dem Regierungswechsel 1982 in Bonn hatte sich die Lage in der saarländischen Stahlindustrie für die IG Metall noch einmal drastisch verschlechtert. Sie stand ab diesem Zeitpunkt in einem ständigen Abwehrkampf gegen die von Bund und Land inspirierten Forderungen der ARBED-Saarstahl-Geschäftsführung nach immer neuen Opfern der Belegschaft. Als Drohkulisse wurde ständig vom Konkurs geredet, um den Verzicht auf die Jahressonderzahlung zu erzwingen.

Auf einer großen Demonstration mit mehr als 22.000 Teilnehmern und anschließender Betriebsversammlung am 22. Oktober 1982 in Völklingen wurden die Kampfbereitschaft der Belegschaft und die darüber hinaus reichende Unterstützung durch die gesamte IG Metall unmissverständlich artikuliert. Das hielt aber den gern mit seiner marktwirtschaftlichen Kompetenz und Konsequenz kokettierenden damaligen Bundeswirtschaftsminister Graf Lambsdorff nicht davon ab, eine Kürzung der Abfindungen für ausscheidende Mitarbeiter von 90 auf 82 Prozent des letzten Einkommens zu verlangen, verbunden mit der Forderung, die Zahlung des 13. Monatsgehaltes der Jahre 1983 und 1984 zu verschieben. Die Antwort der IG Metall durch Eugen Loderer und Rudolf Judith ließ nicht lange auf sich warten: „Die IG Metall ist nicht bereit, Eingriffe in bestehende Tarifverträge hinzunehmen."

Diese knappe Sprache konnte sich die IG Metall-Führung durchaus erlauben. Die Arbeitnehmerschaft der Saarhütten war fast ausnahmslos gewerkschaftlich organisiert und hatte eine kampfbereite Führung, die seit 1977 immer wieder zu großen Demonstrationen aufgerufen hatte, die ihre Wirkung nicht verfehlten. Die Menschen an der Saar fühlten mit den Stahlarbeitern, verhehlten ihre Sympathien nicht, und so hatte die Gewerkschaftsführung genug Kraft, um mit den Instrumenten der Montanmitbestimmung, flankiert von öffentlichem Druck, ihre und die Interessen ihrer Mitglieder zu wahren.

Beispielhaft war der 1978 geschlossene Vertrag, der betriebsbedingte Kündigungen ausschloss und – nach den bei Röchling Burbach entwickelten Sozialplänen – für den unvermeidbaren Personalabbau das Instrument der freiwilligen vorzeitigen Pensionierung vorsah. Das waren harte, klar formulierte Regeln, auf die man bauen konnte, während die allgemeine Forderung nach Schaffung von Ersatzarbeitsplätzen – wie bei Heckel gesehen – eher als gutwillige Garnierung zu werten war.

Die Erwartungen und Hoffnungen, die sowohl bei Arbeitnehmern und Unternehmern als auch bei Bund und Land nach den tiefgreifenden Restrukturierungsmaßnahmen in die Zukunft der saarländischen Stahlindustrie gesetzt worden waren, erfüllten sich nicht. Die Krise hielt an, die Zahlen sackten weiter ab. Der IG Metall-Bevollmächtigte und SPD-MdL Kurt Hartz brach bei einer der vielen Hiobsbotschaften über neue Finanzlöcher in den erstaunten Ruf aus: „Ja, fressen die denn das Geld?" Ich antwortete ihm damals: „Das wohl nicht, aber offensichtlich befeuern sie die Hochöfen damit."

Zu den hausgemachten Problemen traten die düsteren Rahmenbedingungen des deutschen und europäischen Stahlmarktes. Mit einer Kombination von Kurzarbeit und weiterem Arbeitsplatzabbau sowie zusätzlichen Beihilfen der Bundes- und Landesregierung sollte das Problem endgültig bewältigt werden. Niemand wollte auf halbem Wege stehen bleiben. Die Parole vom guten Geld, das dem schlechten hinterhergeworfen würde, geisterte zwar durchs Land, das Bild vom Fass ohne Boden gehörte zum Standardrepertoire der Polemiker, aber es war bereits so viel an Unterstützung geleistet worden, dass die Losung, den einmal begonnenen Weg auch zu Ende zu gehen, den Sieg davon trug.

Immer drängender wurden aber auch die Forderungen von Bund und Land nach einem „substantiellen“ Beitrag der Arbeitnehmer. Dabei wurde nicht nur über den „13. Monat“ diskutiert, sondern auch über eine Veränderung der Sozialpläne und ihrer Konditionen. Unternehmensführung, Bund und Landesregierung bissen mit dieser Forderung genauso auf Granit wie vorher. 160.000 Unterschriften wurden gegen „Massenentlassungen und Sozialabbau bei ARBED Saarstahl“ gesammelt und der Landesregierung überreicht. Mit einer Vielzahl von Aktionen wurde die Bevölkerung geradezu in die Solidarität gezwungen. Höhepunkt war ein Protestmarsch mit Kundgebung in Bonn am 29. September 1983, zu dem 10.000 Saarländer in die Bundeshauptstadt gereist waren. Insgesamt demonstrierten 130.000 Stahl- und Werftarbeiter für ihre Arbeitsplätze.

All diese Aktionen konnten aber nicht verdecken, dass sich die Lage bei ARBED-Saarstahl weiter verschlechterte. Im Sommer wurde ein zusätzlicher finanzieller „Mehrbedarf“, wie es so schön hieß, für 1983 in Höhe von 160 Millionen bekannt, dann war von 280 Millionen die Rede und in der Folge von jeweils 200 Millionen für 1984 und 1985. In dem Maße, wie die geforderten Summen stiegen, wuchs – trotz aller Bereitschaft zur Solidarität – das Unbehagen über das nahezu spurlose Verschwinden der Millionen, die an anderer Stelle ebenfalls dringend gebraucht wurden.

Wieder unternahmen Bund und Land einen Anlauf und forderten unter massivem Druck auf die Belegschaft, die Sozialpläne auf erst 80, dann auf 82 Prozent des monatlichen Nettoeinkommens zu stutzen. Der Gesamtbetriebsrat unter der Führung Edwin Eberts knickte nicht ein. Er war weder durch die Drohungen der Landesregierung noch durch die von der „Saarbrücker Zeitung" inszenierte Kampagne, mit drei Extrablättern neben den normalen Ausgaben, von seinem „Nein!" abzubringen. Erst mittels eines Schiedsspruchs der Präsidentin des Landesarbeitsamtes konnten Bund und Land ihren Kopf durchsetzen.

* * *

Wie nicht anders zu erwarten, war das Problem damit noch lange nicht bewältigt. 1984 – das Orwell-Jahr – war das Jahr der Gutachten bei Saarstahl. Bundesregierung und EU-Kommission verlangten eine Überprüfung des Sanierungskonzeptes durch unabhängige Unternehmensberater. Im Sommer des Jahres, nachdem eine nachhaltige Besserung der Situation ganz und gar nicht zu erkennen war, räumte die ARBED Bund und Land eine Option auf 76 Prozent des Kapitals von Saarstahl als Gegenleistung für die bisher gezahlten Subventionen und für die gegebenen Bürgschaften ein.

Das Land blieb weiter in Gärung. Die Unzufriedenheit mit der Situation in der Stahlindustrie trug, neben vielen anderen Faktoren, dazu bei, dass am 10. März 1985 die Sozialdemokraten unter Führung Oskar Lafontaines einen glanzvollen Wahlsieg erreichten, der dem Land eine zwar nicht unerwartete, aber gänzlich ungewohnte Konstellation bescherte. Nachdem sich die Freude bei den einen, der Schmerz bei den anderen gelegt hatte, Überraschung und Genugtuung verarbeitet waren, stellten alle Beteiligten fest, dass das

Land zwar einerseits ein anderes, aber immer noch dasselbe war. Vor allem die Probleme waren noch dieselben.

Jetzt zahlte es sich aus, dass Oskar Lafontaine und die SPD vor der Wahl reinen Wein eingeschenkt hatten. Neben der – bei den Stahlarbeitern gern gehörten – Absicht, die Option auf 76 Prozent der Saarstahlanteile zu ziehen, hatte Lafontaine auch von einem Beitrag der Arbeitnehmer zur Bewältigung der Krise gesprochen.

Es zeigte sich, dass neue Besen tatsächlich gut kehren können, vor allem dann, wenn man nicht in die (Fehl-)Entscheidungen der Vergangenheit verstrickt ist. Der erste Schritt zur Besserung bestand darin, eine ganz simple Wahrheit zu artikulieren: Die Stahlindustrie an der Saar musste auf einen konkurrenzfähigen Stand gehoben, d.h. modernisiert und gleichzeitig konzentriert werden, ohne die dauerhaft erfolgreiche Dillinger Hütte dabei zu beschädigen. Der zweite Basissatz war der, dass nur eine Lösung in Frage kommen konnte, die die Steuerung des Prozesses an der Saar beließ und nicht Konzernzentralen außerhalb des Saarlandes – in Luxemburg, Paris, Duisburg, Salzgitter, Wien oder sonstwo – überantwortete. Die Versuchung wäre zu groß gewesen, eine Marktbereinigung auf Kosten der Saar durchzuführen.

Das Konzept der Landesregierung – und hierin stimmte sie mit der IG Metall überein – bestand darin, die Eigentumsverhältnisse neu zu regeln, das Nebeneinanderherwurschteln zu beenden und die Entschuldung des Unternehmens zu erreichen. Der Schlüssel lag für die Landesregierung im Ziehen der Option auf 76 Prozent der Anteile. Dagegen wehrten sich sowohl die Bundesregierung, die sich die Verkleinerung des Bundesbesitzes durch Privatisierung und nicht seine Vergrößerung vorgenommen hatte, als auch die Banken, die zu einem Forderungsverzicht im Rahmen der unabdingbaren Entschuldung des Unternehmens nicht – noch nicht – bereit waren.

Es zeichnete sich aber auch ab, dass der geltende Zustand nicht mehr tragbar war. Nachdem sich bei den Verhandlungen mit der Dillinger Hütte ein *modus vivendi* für die Zukunft andeutete, entschloss sich auch die Bundesregierung am 20. März 1986, etwa ein Jahr nach der Landtagswahl, die Option zu ziehen. Die Anteile wurden auf Manfred Schäfer, den ehemaligen CDU-Wirtschaftsminister und Mitglied im Sachverständigenrat, als Treuhänder übertragen.

Auch die IG Metall konnte ihre wichtigsten Ziele abhaken. In einer Vereinbarung zwischen IG Metall, DGB Saar sowie Saarstahl Völklingen, wie das Unternehmen jetzt hieß, Techno-Saarstahl, ehemals Techno-ARBED und Dillinger Hütte wurden die Sozialpläne unter Einbeziehung Dillingens neu definiert. Daraus ergab sich mehr Flexibilität. Die Stahlstiftung wurde gegründet, die mit der ihr zugeordneten Beschäftigungsgesellschaft Modell für andere Problemregionen wurde, wenn es darum ging, strukturelle Krisen zu bewältigen und den unvermeidbaren Personalabbau sozialverträglich zu gestalten. Hauptzwecke waren die Wiedereingliederung in das Arbeitsleben mit Hilfe von Qualifizierungsmaßnahmen oder aber – bei Älteren – die Überbrückung bis zur Frühpensionierung bei Vollendung des 55. Lebensjahres.

Ende 1986 konnte Oskar Lafontaine im Landtag sagen: „Die Landesregierung hat binnen eines Jahres folgendes veranlasst: Sie hat die eigentumsrechtlichen Voraussetzungen für die Restrukturierung von Saarstahl Völklingen im Rahmen einer saarländischen industriellen Lösung mit direkten Einwirkungsmöglichkeiten der Landesregierung geschaffen; sie hat mit der Dillinger Hütte einen ernsthaften Fusionspartner gefunden; sie hat mit ihrer saarländischen Lösung zugleich stabilisierende Wirkungen für Dillingen geschaffen; es verdient, hier einmal erwähnt zu werden, dass das gemeinsame Engagement der beiden Hütten zu den günstigsten Roheisenkosten der Bundesrepublik geführt hat; sie hat einen kompetenten und die saarländischen Kräfte insgesamt repräsentierenden Aufsichtsrat berufen; sie hat ein funktionstüchtiges und schnell arbeitendes Management eingesetzt; sie hat zusammen mit den beiden Hütten und den Gewerkschaften ein soziales Netz geknüpft, das für die saarländische Stahlindustrie insgesamt in Kraft ist und das die Auswirkungen der unumgänglichen Anpassungsmaßnahmen sozial verträglich macht; sie hat in Verhandlungen mit dem Bund, den Banken und der Gewerkschaft Zusagen erreicht, die für den Fall der Fusion von Saarstahl mit der Dillinger Hütte die Entschuldung von Saarstahl in greifbare Nähe rücken … und sie hat schließlich, das heißt, das Saarland, nicht die Landesregierung, hat die Liquidität des Unternehmens durch eine Beihilfe in Höhe von 350 Millionen DM bis zur Fusion gesichert und damit ein sonst unumgängliches Ordnungsverfahren abgewendet."

Die Tüchtigen hatten auch noch Glück dazu: Vor dem Hintergrund einer besser laufenden Stahlkonjunktur wurde am 20. April 1989 die Grundsatzvereinbarung zur Zusammenführung von Dillinger Hütte und Saarstahl unterzeichnet. Das Saarland, im Besitz von 27,5 Prozent der Anteile der Holding, saß mit am Tisch und konnte so den Einfluss gegenüber Usinor/Sacilor sicherstellen – was sich in dem später doch noch eintretenden Konkursfall als Segen erwies.

Der Niedergang der saarländischen Stahlindustrie war fürs Erste gestoppt. Dennoch war es ein schmerzlicher, ein quälender Prozess – Saarstahl hatte 1989 noch rund 9.100 Mitarbeiter, 1974 waren es fast 30.000 gewesen – aber es war auch ein sozialverträglicher Prozess, der durch den Einfallsreichtum der Gewerkschaft und der Betriebsräte, deren Standfestigkeit und Flexibilität überhaupt erst möglich wurde und durch die weitgehende Unterstützung der Bevölkerung.

Rückblickend ist der historische Parcours der saarländischen Stahlindustrie ein Hindernislauf gewesen, bei dem die Hindernisse des

Öfteren einfach verschoben wurden, selten von selbst verschwanden, bei dem die Regeln ständig verändert wurden und die Frage nach dem Schiedsrichter nicht beantwortet werden konnte. Das Ziel war aber immer das gleiche: Eine stabile, auf hohem technischen Niveau arbeitende, wettbewerbsfähige Stahlindustrie mit möglichst vielen Arbeitsplätzen an den ehemaligen Standorten. Und auch die Menschen blieben die selben, voller Hoffnungen und Ängste einem Prozess unterworfen, den sie nicht steuern, den sie nur marginal beeinflussen konnten. Sucht man nach den stabilen Elementen, bleibt fast nur die IG Metall zu nennen. Die Eigentümer, wie die Stumms und Röchlings oder Otto Wolff, nahmen ihre Verantwortung nicht mehr wahr, und die Politik war zu weit entfernt, um auf der ständig wechselnden Szene Regie zu führen.

* * *

Die IG Metall hatte damals vier Verwaltungsstellen im Saarland: Völklingen, Saarbrücken, Neunkirchen und Homburg mit ca. 73.000 Mitgliedern im Jahre 1986 gegenüber etwa 27.000 im Jahre 1961. Sie zählte damit zu den bestorganisierten regionalen Einheiten der größten Einzelgewerkschaft der Welt. In dieser Zeit und in der gesamten Krisenphase war Albrecht Herold, Bevollmächtigter in Saarbrücken, so etwas wie der Doyen der IG Metall-Funktionäre an der Saar. Er fand instinktsicher den oft schmalen Grat zwischen Starrsinnigkeit und Anpasslertum, auf dem die individuellen (auch die seinen) und allgemeinen Interessen sinnvoll zu bündeln waren. Er verknüpfte virtuos seine gehäuften Funktionen zu einem effektiven Netzwerk, setzte seinen wachen Verstand ein, war ständig in Bewegung, um das jeweils Notwendige oder ihm notwendig Erscheinende voranzubringen. Er hatte die unverzichtbare Power, um aus seinen vielen Ämtern Nutzen für alle Beteiligten zu produzieren und widerlegte damit das Jungsozialisten-Verdikt gegen die Ämterhäufung:

Mit den Ämtern sei es wie mit dem Mist, auf einem Haufen würden sie stinken, gut verteilt aber reichen Segen bringen. In diesem Fall war es anders. Die Häufung gewerkschaftlicher, politischer und anderer öffentlicher Ämter machte den Landtagspräsidenten fast zu so etwas wie einen Schutzpatron der Metaller an der Saar.

An seiner Seite focht Kurt Hartz, mit Herold seit ihrer gemeinsamen Tätigkeit auf der „Schmelz“ in St. Ingbert symbiotisch verbunden, Herold der Vormann, Kurt Hartz aber mehr als ein Gefolgsmann und keinesfalls mehr der Lehrling, der er einmal realiter in St. Ingbert gewesen war. Hartz führte die zahlenmäßig größte und damit auch einflussreichste Verwaltungsstelle der IG Metall in Völklingen, verantwortlich nicht nur für die Dillinger Hütte und die Völklinger Anlagen von Saarstahl, sondern auch für das Fordwerk in Saarlouis und die Stahlbaufirma DSD. Mit dieser Kraft im Rücken und mit der ihm eigenen Unbekümmertheit setzte er sich, seine eigenen Leute und die der anderen Verwaltungsstellen ständig unter Druck und trieb sie zu immer neuen Aktionen. Im Landtag war er der verbale Kanonier der IG Metall. Als Vorsitzender der „Stahlfraktion“, Titel eines zusätzlichen Ausschusses im Landtag, nutzte er die ihm gegebene Klaviatur, um bei jeder Gelegenheit das Thema Stahl anzusprechen und nahm dabei kein Blatt vor den Mund. Er zwiebelte gerne die Opposition, gab das mit Zinsen zurück, was er und wir alle über viele Jahre hinweg in den Zeiten der machtlosen Opposition hatten einstecken müssen. Auf den Vorwurf, die IG Metall habe bewusst und absichtsvoll auf den Regierungswechsel hingearbeitet – was ja auch nicht ganz falsch war – und deswegen der Vorgängerregierung den Erfolg nicht gegönnt, konterte er im Landtag mühelos: „Wer keinen Erfolg hat, dem kann man auch keinen gönnen.“ Knapper und vor allem treffender konnte man die Situation nicht beschreiben – darin lag auch letztlich das Geheimnis des Regierungswechsels.

Hartz – bei dem Namen klingelt was und das zu Recht. Kurt Hartz, so würden wir es heute formulieren, das ist ein Bruder von

Peter Hartz, dem Matador der Arbeitsmarktreform. Es gab auch die Zeiten, als der TV Niederwürzbach noch in der Handballbundesliga oben mitmischte, in denen man sagte, Kurt Hartz sei der Bruder von Rudi Hartz, dem Manager des erfolgreichen Bundesligisten, oder der Onkel von Jürgen Hartz, der in der deutschen Handballnationalmannschaft spielt. Noch früher hatte es über eine lange Zeit ganz anders geheißen: Rudi und Peter Hartz, die kleinen Brüder von Kurt Hartz, dem Bürgermeister von Niederwürzbach.

So hatte jeder der drei Brüder, Kurt, Rudi und Peter, seine Zeit, in der er glänzte und Glanz abgab, beziehungsweise vom Glanz der Brüder etwas abbekam. Der eine Gewerkschaftsführer und MdL, der zweite mittelständischer Unternehmer und im Kreistag, der dritte zwischen den Stühlen von Kapital und Arbeit im Sessel des Arbeitsdirektors; zweifellos ein bemerkenswertes Trio.

Edwin Ebert

In der schwierigen Phase, die mit dem Regierungswechsel in Bonn einherging, wurde Edwin Ebert Betriebsratsvorsitzender bei Saarstahl als Nachfolger von Siggi Dorr. Der ruhige, zugleich aber auch hoch engagierte Mann wohnte mit seiner Familie in Nalbach, an der Prims, oberhalb von Dillingen, unterhalb von Schmelz, der Gemeinde mit diesem Kunstnamen, den sich die Ortsteile Bettingen und Außen bei ihrem Zusammenschluss gewählt hatten, um an die Zeiten zu erinnern, als an diesem Ort für die Dillinger Hütte im 18. und 19. Jahrhundert das Roheisen erschmolzen wurde. Auf diese Weise war Edwin Ebert an seinem Wohnort quasi in die Zange genommen worden von der in all den Jahren der Stahlkrise unverdrossen und erfolgreich – „das schlechteste war eine schwarze Null“ – arbeitenden Dillinger Hütte: von ihren ausgedehnten, längs der Prims ausgebreiteten Produktionsanlagen einerseits und ihrer Tradition andererseits.

Jeden Morgen, wenn er zur Arbeit fuhr, und abends, wenn er heimkehrte, lag die Schwesterhütte selbstgefällig und protzig, so musste es ihm scheinen, da, und die hämischen oder auch mitleidsvollen Blicke der in Nalbach wohnenden „Dillinger“, die ein ganz besonderes Eigen- und Selbstbewusstsein hatten, dazu noch bei weitem in der Überzahl waren, konnten nur mit der Tatsache pariert werden, dass er schließlich Betriebsratsvorsitzender war, in einer sozialdemokratisch dominierten Gemeinde doppelt wichtig. Ein Betriebsratsvorsitzender gehört „oben“ dazu, hat die „Ehr“ und – wichtiger noch – setzt sich für andere ein, so etwas wie ein säkularer Seelenhirte, dem man Vertrauen, in diesem Fall auch zu Recht, entgegenbringt und der die „gute“ Hälfte in ihrem Bewusstsein anrührt.

Edwin Ebert vertrat außerdem die SPD im Gemeinderat. Sein von traurigen, immer etwas müde wirkenden Augen beherrschtes Gesicht mit dem kleinen Schnurrbart und den sorgfältig nach hinten gekämmten Haaren vermittelte die Aura von Zuverlässigkeit und Sensibilität, kein Haudrauf, sondern ein bedächtig wägender Mann von unglaublicher Zähigkeit, wenn es um seine Sache, um die von Hütte und Belegschaft ging. Das ihm entgegengebrachte Vertrauen übertrug sich auch auf die Partei. Und es war ein gutes, warmes Gefühl, wenn er beim Verteilen von Flugblättern vor den Werkstoren in Völklingen mithalf, das „Material“ an den Mann zu bringen.

Wenn noch Zeit war, trafen wir uns hinterher in dem kleinen, mit Fotos vergangener Aktionen geschmückten Besprechungsraum des Betriebsrates, tranken – je nach Jahreszeit – heißen Kaffee oder kühles Wasser. So wie es ihm gelang, die doch häufig unterschiedlich gelagerten Interessen der beiden zu Nebenstandorten geschrumpften Betriebe in Neunkirchen und Burbach und des dominanten Völklingen zu arrangieren und in eine gemeinsame, zukunftsorientierte Zielsetzung zu transformieren, so schaffte er es auch bei mir, der ich mich in seiner Gegenwart immer als der Jüngere empfand, auch in der Zeit als Ministerpräsident, den von Zeit zu Zeit verloren gehenden Mut wiederzubeleben. Er gab Kraft ab, nicht immer freiwillig. Vieles und viele zehrten an ihm, nahmen ihn – unbewusst wohl – regelrecht aus. Sie achteten nicht auf die Zeichen der Müdigkeit, der Anstrengung, der Erschöpfung, der Krankheit. Sein gutes Herz war auch ein schwaches Herz.

Ich habe ihn mit zu Grabe getragen. Es waren viele, sehr viele Menschen da, und über dem weitläufigen Friedhof in Nalbach lag eine Aufrichtigkeit der Trauer, wie sie selten vorkommt. Mir fiel das Sprechen leicht – ich wusste, was ich sagen konnte, musste –, und es fiel mir schwer, denn die Wörter, die Töne müssen raus aus Kehle und Mund, und der Wörterstrom darf nicht abreißen.

Seine Leistung ist unbestritten. Er hatte der Saarstahlbelegschaft das Selbstbewusstsein gestärkt, das wegen der langen Wege zwischen den drei Standorten als Fuhrgeschäft verspottete Unternehmen stabilisieren helfen, mit der IG Metall notwendige Investitionen durchgesetzt und in der gleichsam über Nacht hereingebrochenen Katastrophe des Konkurses die Energie aufgebracht, nicht nur die im Unternehmen aus den Fugen geratenen Gruppeninteressen zu bündeln, sondern vor allem für die risikobehafteten Rettungsaktionen der Landesregierung als Bürge für das Unternehmen und für die Belegschaft zu fungieren.

Jetzt zahlte es sich aus, dass jeder, der ihn kannte, wusste, dass er auch in noch so schwierigen Lagen nicht betrügen würde. Aber alle wussten auch, dass er seinen Auftrag, die Interessen der Belegschaft zu vertreten, nicht verraten würde. Er war gefeit gegen Versuchungen, die mit dem Platznehmen auf der Ebene der Unternehmensführung nun mal verbunden sind. Er wusste sich dort zu bewegen, hatte aber seine Loyalität und auch sein Wohlbefinden an die dörflichen und gewerkschaftlichen Milieus gebunden und war mit Aufsichtsratstantiemen, mit all den Annehmlichkeiten der Gremienarbeit nicht zu ködern.

Wenn in der saarländischen Stahlindustrie heute weitgehend (vorläufige) Ruhe eingekehrt ist, auf niedrigerem Niveau zwar, aber sowohl bei der Dillinger Hütte als auch bei Saarstahl und den verbliebenen Resten der Weiterverarbeitung mit positiver Zukunftserwartung, so ist dies nicht nur einer mutigen Landesregierung und erfolgreichen Managern zu verdanken, sondern auch einer strategisch begabten Gewerkschaftsführung. Die Basis für derartige Erfolge hatten Männer wie Edwin Ebert und Günter Gard geschaffen.

Gard, der Rebell, der sich keinen Strukturen unterwarf und die urwüchsigen Kräfte der Solidarität und des Widerstands gegen vermeintliches Unrecht entfesselte. Der für Kumpanei und Komplizenschaft unempfänglich und so auch ein ständiger Dorn im Fleisch der IG Metall und ein im Gedächtnis haften bleibender Stolperstein für jede Form der moralischen und geistigen Bequemlichkeit war, auch dann noch, als sein Leben schon längst wieder in den gewohnten Bahnen seiner familiären und sportlichen Bindungen verlief und im Unternehmen in das gegen viele verhängte Schicksal des Frühpensionärs mündete.

Ebert hingegen, der Gewerkschaftsfunktionär im besten Sinne des Wortes, der Glaubwürdigkeit symbolisierte und somit die oft schweren und quälenden Entscheidungen vermitteln konnte, die andernfalls ähnliche Aufstände entfesselt hätten wie jenen der Hekkelbelegschaft. Ihm glaubte man, schon allein wegen der Spuren der Erschöpfung in seinem Gesicht, die sich nach den ständigen, nächtelang dauernden Verhandlungsmarathons zeigten, dass nicht mehr herauszuholen gewesen wäre.

* * *

Es wären noch viele zu nennen. Mit jedem zusätzlichen Namen würden die Ungerechtigkeiten gegenüber den Ungenannten wachsen. Außerdem darf man die Dinge nicht nur mit dem verklärenden Blick der Rückschau betrachten.
Es gab und gibt auch bei den Arbeitnehmervertretern die Wichtigtuer, die eigensüchtigen Vorteilsucher („Ich möchte mich auch einmal an den gedeckten Tisch setzen."), die Verräter, aber sie bestimmten nicht das Klima, und sie gaben nicht den Ton an.
Von einer rauen – als wäre *nomen* hier *omen* – aber verlässlichen Herzlichkeit war und ist Dieter Raubuch, Betriebsratsvorsitzender im Werk Burbach, jetzt einer der Herren der Drahtstraße. Seit dem 4. April 1960 im Werk, hat er die Entwicklung in allen ihren Phasen miterlebt. Die stolze Herrschaft der Hütte über Burbach, den Beginn der Krise, den versuchten und gescheiterten Neuanfang, die permanenten Verluste, die Schließung der Anlagen im Werk, eine nach der anderen, bis nur noch die Drahtstraße übrig blieb. Sie war der Stolz der Burbacher, immer an vorderster Stelle im Wettbewerb, nicht nur saarlandweit, deutschland- und europaweit, nein man darf getrost sagen: weltweit.
Ich erzählte dies und erzähle es noch, ebenso voller Stolz, meinen Gästen, als ob ich einen geheimen Anteil daran hätte, wenn ich über die Autobahn fuhr und fahre und die riesigen Drahtrollen, in der Halle oder bereits auf Waggons verladen, jenseits des Flusses in seinen sanften Bogen geschmiegt, aufblitzen sah.

Es war die Sonne, die dem Draht Glanz gab. Er selber war schon erkaltet, leuchtete nicht mehr aus eigener Kraft, aber in mir war das Geschehen gespeichert, wie die erhitzten, zum hellen Glühen gebrachten Stahlstäbe zur permanenten Verjüngung durch die Straße gepeitscht wurden, immer schneller und schneller, um sich am Ende, schicksalsergeben zusammenzuringeln wie eine gefährliche Natter, die zur Ruhe gekommen ist.

Ich kenne die Drahtstraße, die Straße 11 in- und auswendig. Ich bin an ihr entlang gegangen, habe sie überquert, bestaunt, die Mehradrigkeit bewundert, und immer war Dieter Raubuch dabei, ein freundlicher Schatten, ein geduldiger Erklärer, ein Forderer, der die Zeit nutzte, um seine und der Belegschaft Sorgen an mich weiterzureichen.

Konkurs und ein Sieg von Mut und Vernunft

Die grundsätzlichen Befürchtungen, die eine Führung der saarländischen Stahlindustrie von außerhalb des Landes auslöste, die zu dem intransingenten Bestehen auf einer Sperrminorität für das Land geführt hatten, fanden sich bestätigt, als Usinor/Sacilor mit der Entscheidung vom 17. Mai 1993, keine Finanzmittel nachzuschießen, Saarstahl quasi über Nacht in den Konkurs trieb. Geschah dies aus Not oder war es ein im Geheimen vorbereiteter Coup, um sich eines Risikofaktors zu entledigen und für eine Marktbereinigung zu sorgen? Ich will das offen lassen.

Es gibt aus meiner Sicht sehr, sehr viel Positives über die Regierungszeit der SPD im Saarland zu berichten – auch und gerade aus heutiger Sicht eine Erfolgsstory. Eines der Glanzstücke war die mutige Reaktion des Landes auf den Konkurs mit der Bereitschaft, die Fortführung des Unternehmens und damit ein Maximum von Arbeitsplätzen zu sichern, sowie die Weckung der Kooperationsbereitschaft bei fast allen Beteiligten.

Saarstahl im Konkurs, das ist eine eigene Geschichte, die Geschichte eines gelungenen Coups mit pünktlich gezahlten Löhnen und Gehältern, mit Investitionen in die Zukunft. Die Absicht der Landesregierung, nach den Erfahrungen zuerst mit der ARBED, dann mit Usinor/Sacilor, diesen sensiblen Wirtschaftsbereich auf dem Markt nicht allein zu lassen, den saarländischen Einfluss zu halten, stand als Bank, war verlässlicher Orientierungspunkt für alle Beteiligten.

Es ist ein Sieg der Vernunft, dass die Nachfolgeregierung der CDU ihre parteipolitischen und dann auch regierungsamtlichen Ankündigungen, die Anteile sozusagen meistbietend zu verkaufen, nicht wahr gemacht hat. Die Umsetzung unserer Pläne, die Landesanteile auf eine Stiftung – hier Montan-Stiftung – zu übertragen, wie es jetzt im Großen und Ganzen vollzogen wurde, gibt eine gewisse Sicherheit für die Zukunft.

Als Arbeitsdirektor fungiert nun Henner Wittling. Wir kennen uns seit Juso-Zeiten, mittlerweile mehr als dreißig Jahre. Eine Zeit lang exiliert, kehrte er 1985 an die Saar zurück und diente der Landesregierung als Staatssekretär im Innen- und Finanzministerium, als Chef der Staatskanzlei und als Kultusminister. Mit seinem unaufgeregten und verlässlichen Arbeitsstil hatte er zuletzt im Berliner Verkehrsministerium als Staatssekretär viel zu unseren gelungenen Aktionen beigetragen.

Der technische Wandel, der über mehr als 2000 Jahre hinweg die Arbeitsbedingungen, die Abläufe und die Absatzchancen immer wieder tiefgreifend verändert hat, geht weiter.

Bei den saarländischen Standorten haben sich die Gewichte verschoben. Neunkirchen, das große, dominierende Werk, ehe es Völklingen gab, ist bis auf einen Rest geschrumpft, die Kokereien sind bis auf die Zentralkokerei (ZKS) in Dillingen, die von Saarberg, jetzt DSK, Dillinger Hütte und Saarstahl gemeinsam getragen wird, stillgelegt, und die Roheisenerzeugung ist in den Dillinger Hochöfen konzentriert.

Elektronische Steuerungsanlagen verändern die Technik in allen Unternehmensbereichen und verringern auch hier die Arbeitsplätze im direkten Produktionsprozess. Es ist kaum vorstellbar, dass die riesigen und komplexen Anlagen, die von oben wie gigantisch aufgezoomte Mikrochips wirken, von eben solchen gesteuert und in Bewegung gehalten werden.

Neben Qualität und Preis des erzeugten Stahls wächst die Bedeutung von Liefergenauigkeit, Geschwindigkeit, Service und Beratung. Auch der Stahl wird mehr und mehr ganz präzise, an den Wünschen der Kunden orientiert, sozusagen maßgeschneidert. Die Halbwertzeiten von Produkten und Herstellungsverfahren werden immer kürzer. Fünfzig Prozent der Stahlqualitäten waren schon 1990 keine fünf Jahre alt. Mit der Weiterentwicklung des Werkstoffs, auch unter dem Gesichtspunkt der Wiederverwertung und mit der erfolgreichen Suche nach neuen Anwendungen bleibt die Stahlerzeugung eine Zukunftstechnologie, die heute ohne Zögern dem High-Tech-Bereich zuzuordnen ist.

Die Weiterverarbeitung verändert sich ebenfalls. Der Wunsch nach kompensierendem Arbeitsplatzaufbau in diesem Sektor hat sich bis heute noch nicht erfüllt. Die Marktverhältnisse haben auch hier – Heckel ist nur ein Beispiel von vielen – große Veränderungen erzwungen. Es bleibt aber eine wichtige Aufgabe, die Verarbeitung und damit die Abnahme der Vorprodukte möglichst nahe am Entstehungsort zu garantieren Die Voraussetzungen dafür sind gegeben: ein hoher Technisierungsgrad, Modernität der Anlagen und vor allem die unschlagbare Qualifikation der Arbeitnehmer an der Saar, die sie komplizierte Produktionsabläufe verantwortlich und virtuos handhaben lässt.

Es sind auch die stabilen sozialen Verhältnisse in den Dörfern entlang der Prims, der Blies, der Ill, im Haustadter Tal, auf dem „Gau“, praktisch in allen Landesteilen, aus denen diese Zuverlässigkeit entsteht. Jeder hat mehr, viel mehr zu verlieren als den Arbeitsplatz.

Die Verbindung mit der Hütte geht tiefer, besonders in Dillingen.

Mehrere Generationen einer Familie haben dort gearbeitet, gemeinsam oder auch zu verschiedenen Zeiten. Die Hütte ist ihnen Heimat, wie ihre Häuser, die Nachbarn, die Vereine. Und die damit verbundene soziale Kontrolle ist ihnen Stütze, für manchen aber auch Zwangsjacke – das ist die Kehrseite der Medaille –, besonders für diejenigen, deren Wünsche über das Werk, über das Tal, über die Region hinauswachsen.

Produktion und Produktivität werden weiter steigen, die Zahl der Arbeitsplätze abnehmen – auch eine Voraussetzung für höhere Löhne. Neue Produkte, vielfältige, industrienahe Dienstleistungen, Dienstleistungen in jeder Form werden den Arbeitsmarkt der Zukunft bestimmen, auch an der Saar. Strukturwandel ist das Faktum, Umstrukturierung der Auftrag.

Auch die Arbeitnehmerschaft wandelt sich. IG Metall plus IG Bergbau und Energie, das war im DGB eine für viele Jahrzehnte nicht zu schlagende Konstellation. In der IG Metall dominierte die Schwerindustrie, die Betriebsräte der Hütten waren der gewerkschaftliche Adel. Heute ist die IG Metall immer noch dominierend, aber nicht mehr die Betriebsräte der gebeutelten Stahlindustrie geben den Ton an, sondern die aus den Großunternehmen im Automobilsektor: Ford in Saarlouis (6.500 Beschäftigte), Bosch in Homburg (6.000), ZF in Saarbrücken (5.000) und eine große Zahl mittlerer und kleiner Unternehmen.

Das ändert an den Grundtatsachen und den daraus abgeleiteten politischen Aufgaben wenig:

1. Der Umstrukturierungsprozess muss sozialverträglich gestaltet werden und darf nicht bruchartig sein. Die in den Krisenbranchen Beschäftigten und ihre Familien haben einen Anspruch darauf, nicht ins soziale Abseits gedrängt zu werden.

2. Qualitatives Wachstum muss Vorrang vor quantitativem Wachstum haben. Die ökologische Ausrichtung der Wirtschaftpolitik hilft beim Erhalt und bei der Verbesserung unserer Lebenswelt und eröffnet neue Perspektiven im expansiven Markt der Energie- und Umwelttechnologien.
3. Innovationskraft und Wettbewerbsfähigkeit der saarländischen Wirtschaft müssen durch Forschung und Entwicklung und – ja, auch das – durch Rationalisierung verbessert werden. Das sichert langfristig Arbeitsplätze und Einkommen.

Wenn man die letzten Jahrzehnte Revue passieren lässt, registriert man erst, wie viel schon erreicht worden ist. Mit dem Aufbau einer beeindruckenden Forschungslandschaft, wo vorher praktisch gar nichts war, mit der Qualifizierungsoffensive für die Beschäftigten, mit der Entwicklung zukunftsfähiger industrieller Fertigungskonzepte wie dem Suppliers Park bei Ford in Saarlouis, mit verbessertem Wissens- und Technologietransfer, mit dem Ausbau der Infrastruktur bei Ver- und Entsorgung und bei Verkehr und Telekommunikation hat die SPD in ihrer Regierungszeit die Weichen richtig gestellt.

Mich grämt es nur wenig, dass jetzt andere für sich den politischen Nutzen daraus ziehen, denn es geht nun mal ums Land und seine Menschen und nicht um die Parteien. Und erst recht nicht um das Wohlbefinden von Einzelnen.

* * *

Wir haben einen weiten Bogen geschlagen, ehe wir jetzt in die Altenkesseler Straße in Burbach zurückkehren. Eine Beschreibung der letzten dreißig Jahre der Stahlindustrie ohne das Kapitel Heckel wäre unvollständig. Es war einer jener Brennpunkte bei großen Konflikten, die schnell wieder in Vergessenheit geraten. Die Geschichte schreiben die Sieger und, wenn sie es nicht sind, zumindest die übrig

Gebliebenen. Die quasi permanente Stahlkrise an der Saar hat mich beschäftigt, seit ich dem Landtag angehörte. Die Ereignisse überschlugen sich ständig, die Schauplätze wechselten.

In diesen Jahren war das aus der Heckelhinterlassenschaft stammende Schild „Drahtzieher beachtet die Notausschaltung" immer in meinem Blickfeld. Ich habe das Motto nur bedingt beherzigt, zumindest was meine Gesundheit angeht. Im Laufe der Zeit provozierte es immer seltener die Erinnerung an diese so außergewöhnlichen Begebenheiten, wie auch die Eisenplatte, auf der mein Kaminofen steht und die mir Jürgen Troubal in seiner Werkstatt bei Heckel zugeschnitten und lackiert hat.

Ich glaube nicht, dass ich noch einmal eine so enge Begegnung mit dieser Zeit haben werde, auch nicht mit den Menschen, die sich verändern, die einer nach dem anderen gehen werden. Günther Setz sind wir schon früh in Gronig zum Grabe gefolgt, Jürgen Troubal starb 2003. Jetzt sind schon zwei der türkischen Eisenbahneruhren vererbt worden.

Die Bilder im Kopf verblassen, so wie die Flugblätter vergilben. Das Gelände am Ende der Altenkesseler Straße hat sich völlig verändert. Um einen riesigen Parkplatz herum gruppieren sich die Gebäude des „SITZ", des Saarbrücker Innovations- und Technologiezentrums, mittlerweile zum IT Park Saarland umgetauft, zumeist Neubauten, aber auch ausgebaute Fabrikhallen der ehemaligen Georg Heckel GmbH. Prunkstück ist das Renommierunternehmen IDS Scheer. Dies ist ein Ergebnis des Strukturwandels, ein gewolltes Ergebnis, mit viel Einsatz von Steuergeldern, von Fördergeldern aus den Honigtöpfen von Land, Bund und EU. Es ist auch das Ergebnis von Engagement, von dem selben Unternehmungsgeist, mit dem vor mehr als 200 Jahren die Hanfseilerei, später die Drahtseilerei und all die anderen Unternehmensteile der Firma Georg Heckel entstanden waren.

Und ich ertappe mich dabei, dass ich – wenn die SPD in der Kantine des Geländes, in der Kantine des SITZ etwas veranstaltet – mir des Ortes, der Geschehnisse und der Schatten der vergangenen Zeiten immer seltener bewusst werde. Es gibt neue Schichten im Gedächtnis, andere Erfahrungen, die ebenfalls zur Erinnerung werden und sich über das Vorhergegangene legen.

Dennoch sind die Gesichter immer noch in mir präsent, Mimik, Haltung und Gestik. Und ich hüte den Schatz, die unseren Zeiten gemäße Form der Vergegenwärtigung: ein großes, ledergebundenes Fotoalbum, in das alle Besetzer ihre Namen geschrieben haben, manche hingekritzelt wie die Unterschriften auf den Mannschaftsfotos und Trainingslagergrüßen des 1. FCS. Irgendwann wird jemand in der Familie sagen: „Müssen wir dieses Album eigentlich noch aufheben – ich kenne da niemand.“ So ist das mit den Schätzen, sie sind es nur für diejenigen, denen sie etwas bedeuten.

Während der Füller über das Papier gleitet – jawoll! Das soll sich auch ändern, ich gewöhne mich an PC und Laptop – spüre ich die Uhr an meinem Bein. Sie tut unverdrossen ihren Dienst. Ich gehe ohne sie nicht aus dem Haus, kehre um, falls ich sie vergesse. (Wie oft war das? Manchmal denke ich, sogar meinen Kopf habe ich öfter vergessen als diese Uhr.) Wenn ich abzuheben drohe, reibt sie sacht meinen Oberschenkel und mahnt, schöpft die überschüssige Kraft ab, speichert sie und gibt sie mir zurück, wenn ich mal meine, dass es mir zu viel, zu schwer wird. Und falls sich jemals jemand gefragt haben sollte, was das Kettchen bedeutet, das – von einer Gürtelschlaufe ausgehend – in meiner rechten Hosentasche verschwindet, nun, jetzt hat er die Antwort.

BILDVERZEICHNIS 1-11

Abb. 1: Heckelarbeiter in der Verzinkerei. **Abb. 2:** Heckelarbeiter vor dem Werkstor. Foto: Neue Arbeiterpresse. **Abb. 3:** Drahtzieher bei Heckel. **Abb. 4:** Drahtzieher bei Heckel. Foto: Klaus Drinkwitz. **Abb. 5:** Betriebsversammlung in Völklingen am 22.Oktober 1982. Foto: Rolf Ruppenthal. **Abb. 6:** Demonstration der Heckelbelegschaft vor dem Saarländischen Landtag am 2. Dezember 1982. Foto: Werner Wunderlich. **Abb. 7:** Im Drahtlager bei Heckel. **Abb. 8:** Menschenkette in Völklingen am 21. Mai 1993. Foto: Andreas Engel. **Abb. 9:** Heckelarbeiter vor dem Werkstor. **Abb. 10:** Der erste Hungerstreik bei Heckel. Foto: Werner Wunderlich. **Abb. 11:** Die Heckelfrauen vor der Burbacher Hütte.

1

2

5

BED, wir klagen Dich an:
Milliarden bekommen
die Arbeit genommen
Stoppt Arbed
Burbach

HECKEL UND DIE STAHLKRISE

ÖTV

Wir haben den
Betrieb besetzt,
um die Arbeitsplätze
zu erhalten.
IGM
SHALB:

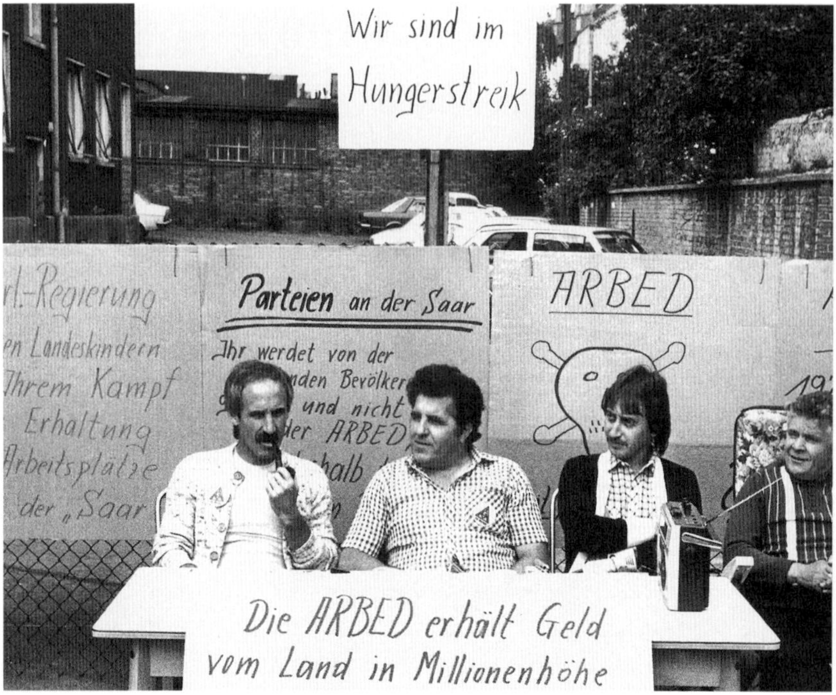
Wir sind im Hungerstreik
Parteien an der Saar
Ihr werdet von der
ARBED
Die ARBED erhält Geld vom Land in Millionenhöhe

10

KEINER SCHIEBT UNS WEG DENN: GEMEINSAM SIND WIR STARK!!

11

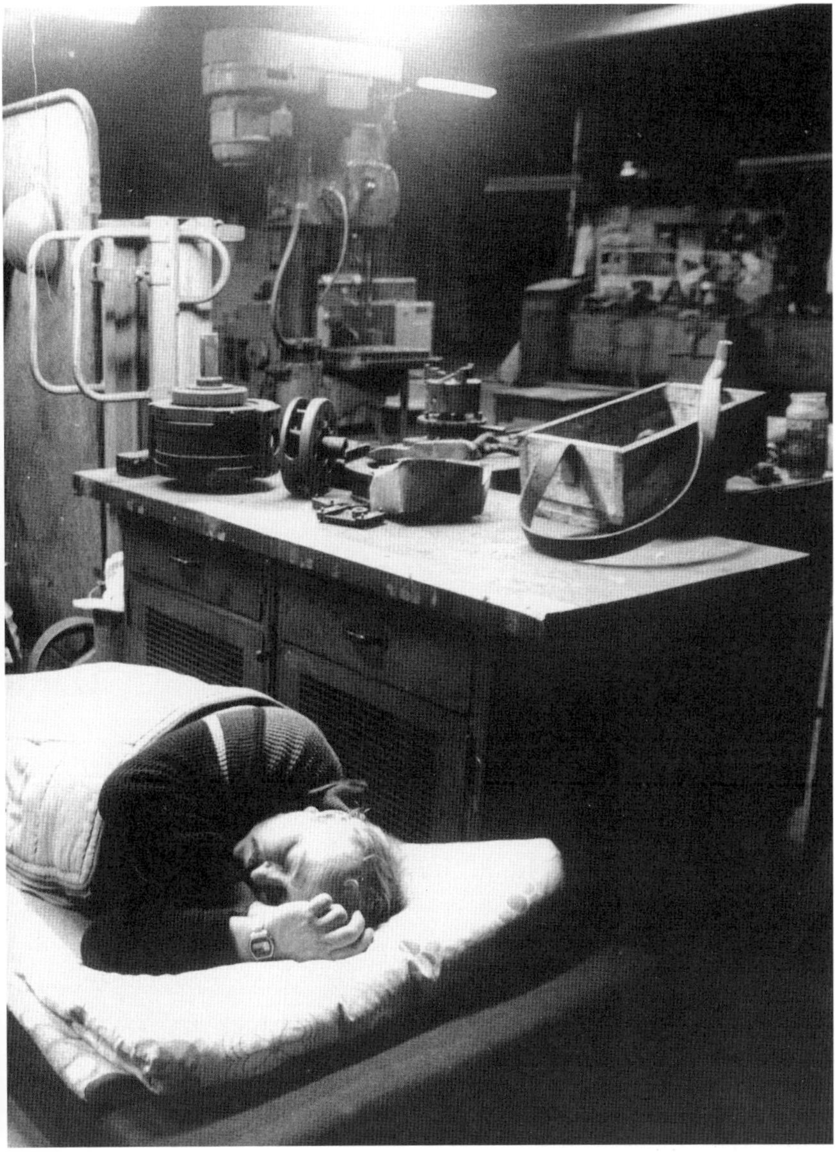

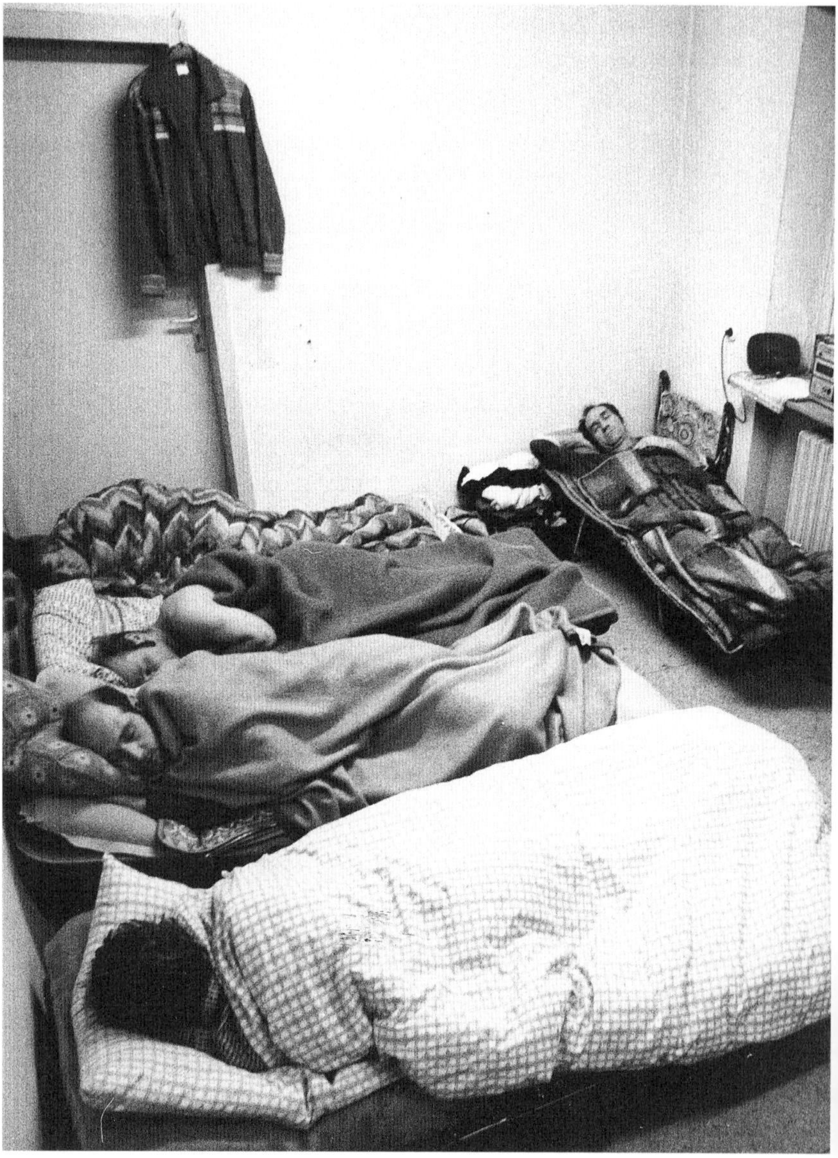

16

Tabak
Vorrang für die heimische Steinkohle
Abrüstung in OST und WEST
Frauen fordern: Gleicher Lohn für gleichwertige Arbeit
Gegen Privatfunk - für den Erhalt der Arbeitsplätze beim Saarländischen Rundfunk
in OST und WEST
Nicht der Sozialstaat - die Arbeitslosigkeit ist zu teuer! IGBE Saar

17

SWS
DGB Kampf gegen ARBEITSLOSIGKEIT

BILDVERZEICHNIS 12-19

Abb. 12: In der Werkstatt bei Heckel. Foto: Klaus Drinkwitz. **Abb. 13:** Demonstration der IG Metall im Jahre 1977. Foto: Röchling-Burbach. **Abb. 14**: Günter Gard. Foto: Klaus Drinkwitz. **Abb. 15**: Büro im besetzten Werk. Foto: Klaus Drinkwitz. **Abb. 16:** Demonstration „Wir schützen unser Werk" der IG Metall in Völklingen (Mai 1993). Foto: Rolf Ruppenthal. **Abb. 17:** 1. Mai 1985 auf dem St. Johanner Markt in Saarbrücken. Foto: Rolf Ruppenthal. **Abb. 18:** Demonstration der IG Metall in Burbach im Jahre 1977. Foto: Röchling-Burbach. **Abb. 19:** Die Heckel-Uhr. Foto: Jim Rakete.

DAS FÜNFTE KAPITEL

Die Flamme am Brennen halten

In der Kongresshalle – Netzwerke – Winner und Loser?
Steiniger Beginn – Max Braun, ein Europäer – Neuanfang
Grundwerte – Mein Verein

In der Kongresshalle

In den 60er und 70er Jahren strömten die Saarbrücker Sozialdemokraten einmal im Jahr, wenn im Herbst die Abende länger wurden, in den großen Saal der Kongresshalle, um sich selbst, die eigene Tradition und die „Jubilare“, die diese personifizierten, zu feiern. Die Halle, auf dem Gelände des zugeschütteten alten Hafens errichtet, ist der in Beton gegossene Dank der Bundesrepublik Deutschland für die Entscheidung der Saarländer vom 23. Oktober 1955 gegen das Saarstatut. Die Wahl dieses damals repräsentativsten und teuersten Versammlungsortes der Stadt hatte symbolische Kraft: Die SPD präsentierte sich in der Mitte der Gesellschaft und nicht im Hinterzimmer.

An langen blumengeschmückten Tischen – die Ehrengäste (Beigeordnete, Bundes- und Landtagsabgeordnete, Stadtverordnete, der Parteivorstand, Gewerkschaftssekretäre, Betriebsratsvorsitzende, Arbeiterwohlfahrtsvertreter usw.) vorne an der Bühne prominent platziert – erlebten wir einen Abend, der Essen und Trinken mit einschloss, aber doch auf einen anderen, von Emotionen getragenen Höhepunkt zusteuerte: auf den Moment, wo der Parteivorsitzende die Namen der zu Ehrenden, die im Mittelpunkt der Veranstaltung standen, aufrief, damit sie auf die Bühne kamen. Zuerst diejenigen, die 25 Jahre Mitgliedschaft in der SPD aufzuweisen hatten, dann jene, die bereits 40, 50, 60 Jahre Mitglied waren und solche – auch die gab es –, die noch länger das Parteibuch hatten.

Eine politische Idee lebt von den Kräften, die sie in den Menschen freisetzt; diese Kräfte wirken nur dann, wenn sie Gestalt bekommen durch Organisation, durch Strukturen, die Verbindungslinien schaffen und verknüpfen und so dem Handeln Ziel und Mittel geben. Die Gegenwart baut auf Vergangenem auf, erhofft sich Zukunft und plant dafür.

Auf diese Weise sind auch politische Parteien definiert. Jeder Aspekt der Umsetzung einer Idee sucht seine eigene Form. Parteitage sollen Weichen für die Zukunft stellen, personell und programmatisch. Kundgebungen sollen die eigenen Anhänger bestärken, Neugierige binden, Gegner verunsichern und möglichst zusätzliche Kräfte wecken. Mitgliederversammlungen organisieren und fördern die Arbeit in den Wohnquartieren oder Unternehmen, produzieren Ideen und geben sie weiter. Sie sind die Verbindung zur realen Lebenswelt, die Wurzeln, die im Idealfall weit in die Gesellschaft reichen. Und diese kleinsten Einheiten haben auch ihr eigenes Leben, ihr eigenes Gesicht. Das politische Leben „an der Basis" entfaltet sich ganz nach dem Gusto der Protagonisten. Es sind keine Filialen, sondern eigenständige Zellen; aber trotz dieser – gewünschten – Vielfalt (Lasst tausend Blumen blühen!) sind viele Rituale und Verhaltensweisen im Prinzip die gleichen, ergeben sich aus den Regeln kollektiven Handelns und vor allem aus der partiellen inhaltlichen Übereinstimmung, die aus der Abgrenzung gegenüber anderen Parteien und gesellschaftlichen Gruppen erwächst.

Jubilarehrungen beschwören die Tradition, die guten Geister der Vergangenheit, verklären die Leistungen, verzeihen die Fehler – zumindest die der eigenen Leute –, beschreiben die Fundamente der Organisation und brauchen eine äußere Form, die der Würde des Vorgangs gerecht wird – bis hin zum damals fast ultimativ gewünschten Anzug (dunkel, zumindest „gedeckt").

Zu den dauerhaften Elementen dieser Zeremonien gehört die Urkunde mit den Unterschriften des Parteivorsitzenden, des oder der Landesvorsitzenden und Ortsvereinsvorsitzenden. Dass der Parteivorsitzende, der in besten Zeiten der SPD mehr als eine Million Mitglieder repräsentierte, nur in seltenen Fällen selber unterzeichnete, ist verständlich. Die große Zahl lässt nichts anderes zu. Von den Ortsvereinsvorsitzenden kann und konnte man mit Fug und Recht erwarten, dass sie eigenhändig unterschreiben und sich nicht eines Stempels oder Schreibautomaten bedienen.

Schwieriger wurde es für mich als Landesvorsitzenden von etwa 37.000 Sozialdemokratinnen und Sozialdemokraten an der Saar. Aber die Vorstellung, dass jemand mit einer Urkunde für 25-jährige Mitgliedschaft – was zwar nicht immer Mitarbeit hieß – geehrt wurde, oder gar für 40 oder 50 Jahre, und letztlich noch nicht einmal optisch von dem Unterschreibenden mit seinem Namen, stellvertretend für seine Person und seine reale Existenz, wahrgenommen wurde, schien mir nicht akzeptabel. Das war keine Frage des Stils, sondern des Respekts vor Leistung und Persönlichkeit derjenigen, die mich zu ihrem Repräsentanten gewählt hatten.

Es ist beileibe keine Kritik an Hans Eichel, wenn ich mit Blick auf die mit einer Briefmarke verzierten Ersttagsblätter Folgendes anmerke: Wenn neue Marken herauskamen – und der Einfallsreichtum von zumeist doch eher spröden Finanzern ist unerschöpflich, wenn es darum geht, neue Vorwände für Briefmarken zu finden, die dann gefälligst in Sammelalben zu verschwinden haben, am besten noch in ganzen Bögen und am allerbesten spekulationshalber in ganzen Fächern von Bögen, bestehend aus unzähligen Viererblöcken, linken und rechten, oberen und unteren Eck- und Randstücken –, also bei diesen Ersttagsfaltblättern wurde die quasi als Echtheitsgarantie mitgelieferte Unterschrift des Finanzministers von mir immer wieder neugierig überprüft. Und sie war identisch, immer sie selbst, schwungvoll, ohne Abweichung, wie das Markenbild, kein einziger Fehldruck, vielleicht ein geringes Schwanken in der Farbkonsistenz, unverkennbar mit der „Kralle“ geschrieben, wie in der Saarbrücker Staatskanzlei, Respekt vermissen lassend, der Schreibautomat genannt wurde, zumindest zu meinen und Lafontaines Zeiten.

Viele Urkunden unterschrieb ich auf Vorrat, aber mich interessierten die Listen mit den Daten der zu Ehrenden und so verbrachte ich viel Zeit mit dem Registrieren der Namen, mit dem Nachforschen in meinem Kopf, ob wir uns kannten, ob zu dem Schriftzug eine Person trat, die persönliche Assoziationen erlaubte. Am liebsten hätte ich bei vielen noch eine persönliche Bemerkung hinzugefügt, wie es bei Geburtstagsglückwünschen zum Beispiel üblich ist, aber es hätte den feierlichen Charakter der Urkunde beeinträchtigt, und so unterdrückte ich diesen Wunsch. Ich habe Tausende dieser Urkunden unterschrieben und auch überreicht. In der Regel wurden die Jubilare (ein merkwürdiges Wort, wenn man ihm nachlauscht) von den Ortsvereinsvorsitzenden oder ihren Stellvertretern nach vorne, meistens auf die Saalbühne, gerufen; zuerst die 25-jährigen, die neben einem Händedruck, einem freundlichen Blick, ein Buch oder eine Flasche Wein sowie als sichtbares und dauerhaftes Zeichen eine silberne Nadel für die Männer und eine silberne Brosche für die Frauen mit dem SPD-Signet überreicht bekamen.

Anfangs, zu Beginn meiner Parteifunktionen (ich bin 1964 in die SPD eingetreten) waren die Jubilare für mich Fabelwesen, die in der Vergangenheit an geheimnisvollen Klassenkämpfen teilgehabt, konspirativen Zirkeln zu Zeiten der Abstimmungskämpfe angehört, in Landes- und Kommunalverwaltungen als Außenseiter zu ihrer Überzeugung gestanden hatten, also eher Nach- als Vorteile zu gewärtigen gehabt hatten, oft auch ohne Hoffnung auf mögliche Änderung. Sie nahmen die aus meinen jungen Augen zu lesende heimliche Huldigung mit gelassener Selbstverständlichkeit entgegen – besonders diejenigen, die in der Hitlerzeit emigriert waren, die sich ihrer Überzeugung sicher waren, sicher waren, auf der richtigen Seite gestanden zu haben und jetzt wieder zu stehen und für die das Anderssein in dem durchgängig CVP- und CDU-bestimmten Land nicht Stigma und Ausgeschlossensein bedeutete, sondern Auszeichnung und Selbstbestätigung. Es waren unterschiedliche, aber auch vielfach miteinander verknüpfte und verschränkte Ebenen und Kreise, fast Parallelwelten, in denen sich diese Existenz neben der täglichen – oft nur dem Broterwerb dienenden – Arbeit realisierte.

Netzwerke

Die Partei war das eine – 1964 hatte die SPD Saar etwa 12.000 Mitglieder in 248 Ortsvereinen und 41 Distrikten. Dazu gehörten fünf „Stützpunkte“, die in Orten die Organisation repräsentierten, in denen sich nur wenige zur SPD bekannten, so dass es zu einer den Normen entsprechenden Arbeit nicht kommen konnte. Es war die Zeit eines außergewöhnlichen Mitgliederzuwachses. Ende 1965 war die Zahl bereis auf 15.000 angestiegen.

Die zum klerikal bestimmten Mainstream im Lande querliegenden gesellschaftlichen Gruppen waren ein anderer, ebenso wichtiger Bereich. Da war die Arbeiterwohlfahrt, 1924 von Angela Braun, die sich Angèle nannte, im damaligen Saargebiet gegründet. Das in der Saarbrücker Hohenzollernstraße 45 im Jahre 1930 bezogene „Haus der Arbeiterwohlfahrt“, ein ehemaliges Garnisonsgebäude, von Otto Zollinger im Bauhausstil „umgebaut, umbaut und aufgebaut“, geschmückt u. a. mit dem von Käthe Kollwitz vor Ort geschaffenen Sgraffito „Mütter wehren die Not von ihren Kindern“, ist noch heute die Zentrale dieses mittlerweile fast riesig zu nennenden Wohlfahrtsverbandes. Das in der damaligen Zeit modernste Gebäude Saarbrückens symbolisierte das ungebundene Anderssein, den Drang nach Neuem, die Wendung auf andere ästhetische und städtebauliche Ziele, aber auch die „idee und das wesen der gemeinschaft“, wie es Architekt Otto Zollinger in der Festschrift zur Einweihung in ebenfalls programmatischer Kleinschreibung formulierte. Ich bin von 1962 bis 1967 fast täglich an diesem Gebäude vorbei gegangen und habe doch mehr in die Schaukästen der daneben gelegenen Filmbühne geschaut, wo des öfteren Horrorfilme liefen, die eine manchmal durchaus willkommene Abwechslung waren zu den vom eigenen Anspruch und vom offiziellen Kanon bestimmten Vergnügen, den Theateraufführungen und den Filmen des in der Ludwigstraße, danach an der Berliner Promenade gelegenen Programmkinos Camera.

Das Haus der Arbeiterwohlfahrt wurde, nachdem Unterbezirk und Landesverband der SPD dort ihr Domizil gefunden hatten, so etwas wie eine zweite Heimat für mich. Als Juso-Landesvorsitzender, als Saarbrücker Unterbezirksvorsitzender und später als Landesvorsitzender der SPD ging ich dort ein und aus, weil ich in den verschiedenen Stockwerken, mal im Landesverband, mal im Unterbezirk und dann wieder bei der Arbeiterwohlfahrt – wie man so sagt – „zu tun" hatte.

Die Arbeiterwohlfahrt entwickelte sich über die Jahre zu einer ernst zu nehmenden und ernst genommenen Konkurrentin von Caritas und Diakonischem Werk und hat sich heute mit 16.500 Mitgliedern in 117 Ortsvereinen und mehr als 3.000 Mitarbeitern einen festen Platz in der subsidiären Sozial- und Wohlfahrtsarbeit erkämpft.

Zu den frühen Netzwerken der Sozialdemokratie zählten die freien Gewerkschaften, die aber lange Zeit an der Saar nicht richtig Fuß fassen konnten. Nach dem Zweiten Weltkrieg wurde auch hier eine „Einheitsgewerkschaft der Arbeiter, Angestellten und Beamten" gegründet, die aber bereits 1947 mit dem „Gesamtverband der Christlichen Gewerkschaften des Saarlandes" wieder eine besonders im Bergbau erfolgreiche Konkurrenz bekam. Nach der Saarabstimmung 1955 gewann der aus der Einheitsgewerkschaft gegründete DGB zunehmend an Gewicht, und 1966 wurden die beiden Gewerkschaften im Bergbaubereich verschmolzen, womit die Kraft der christlichen Gewerkschaften gebrochen war.

Viele Betriebs- und Personalräte hatten sozialdemokratische Mehrheiten und somit auch Vorsitzende, die in der SPD Einfluss und oftmals auch Mandate besaßen. Sie waren Beispiele und im Idealfall auch Vorbilder, die mit ihrer Persönlichkeit für das linke

Spektrum standen, durch ihre bloße Gegenwart überzeugten und warben. Für die sozialdemokratischen Aktivisten war es im Gegenzug eine Selbstverständlichkeit, sich auch in einer Gewerkschaft und bei der Arbeiterwohlfahrt zu engagieren.

Es gab befreundete Organisationen wie die Falken, die als Kinder- und Jugendverband präsent waren, und die Naturfreunde, bei denen über viele Jahre hinweg ein zäher innerer Kampf zwischen sozialdemokratisch und kommunistisch orientierten Mitgliedern um die richtige Strategie stattfand. Viele Sport- und Gesangvereine im gesamten Land stammten aus dem nach dem Krieg bewusst nicht wiederbelebten Spektrum der Arbeitersport- und -kulturvereine. All diesen Gruppen und Grüppchen begegnete ich bei solchen Gelegenheiten immer wieder, und ich erkannte daran die Breite der Bewegung und die Kraft der Idee, die auch im Verborgenen und im Unerwarteten sich eingenistet hatte.

So traten bei den „großen" Jubilarehrungen in der Kongresshalle Künstler des Stadttheaters auf, gaben prominente Nachrichtensprecher in bereits damals parodierten Tagesschauvorführungen ihre Sympathien oder gar ihre Zugehörigkeit zur Partei preis. Veritable Professoren hielten Festansprachen – unter anderem Werner Maihofer, als er noch nicht wusste, ob er sich in der FDP oder in der SPD engagieren sollte. Dazu übten sich die Parteihonoratioren in Gelächter stimulierenden Aktivitäten wie Tauziehen, Sackhüpfen, Eierlaufen, und das Publikum im Saal freute sich an den harmlosen Vergnügungen und an sich selbst. Die Älteren, die eher zögernd der Einladung gefolgt waren, tauten auf, und der Dank der Jubilare, von einem – selbst ausgewählten – Sprecher vorgetragen, offenbarte vieles von ihrer Kraft, von ihrem Stolz und von ihrer Ungebrochenheit angesichts einer Gesellschaft, die ihre Ideale zwar noch beschwor, aber immer weniger – auch in der eigenen Partei – praktizierte.

Wenn ich die Gesichter betrachtete, die unterschiedlichen, selten eleganten, vom Leben geprägten Haltungen in mich aufnahm, fragte ich mich, wer eigentlich heute noch eine Chance haben würde, wenn es um das politische Engagement – ja sagen wir doch ehrlich – um das politische Geschäft geht? Nicht hübsch, nicht elegant, nicht originell – nur zuverlässig, geradlinig, mehr nicht zu bieten!

Aber es ging und geht doch um sie, um ihre Lebenschancen. Oder sollte Politik am Ende nur eine Durchstiegsluke sein für die Sonnendecks unserer Gesellschaft? War es der Wunsch dieser fröhlich aneinander gereihten Schar, dass ihre Repräsentanten stellvertretend – demokratischer Adel – Teil der High Society sein sollten? Die Regierenden: Könige auf Zeit, aber immerhin die eigenen Könige, deren Abglanz sich auf die eigene Stirn und Aura überträgt; als Gegenleistung ein hoher Unterhaltungswert, der hingeworfene – natürlich treffende, auch wieder nicht zu originelle – Spruch, der Einblick in die Privatsphäre, das foto- und telegene Outfit mit trainierter Mimik und trainierten Posen, Sympathie erzwingend, nicht nur heischend.

Manche der alten Sozis waren zu Zeiten Mitglied geworden, in denen nichts zu holen war, und in denen Niederlagen so sehr an der Tagesordnung waren, dass Pyrrhus zum Traumbild wurde, zum Symbol der Hoffnung, der Gegner würde sich zu Tode siegen und das Wort „Das Proletariat schreitet von Niederlage zu Niederlage zum Sieg“ auch denjenigen ein Trost war, die sich sicher waren, diesen Tag nicht mehr zu erleben – zumindest nicht auf Erden.

Man wusste sich geborgen in einer langen historischen Kette und setzte auf eine Zeit, in der – wie Heinrich Heine sagte – „Zuckererbsen für alle“ da sein sollten oder wie es in der Internationale hieß, „die Sonn’ ohn’ Unterlass scheinen“ würde, was natürlich bildlich gemeint war, denn wörtlich genommen, würde es mittelfristig unser aller Tod bedeuten und ist in der Botschaft – wiederum wörtlich genommen – absolut unökologisch und unter diesen Gesichtspunkten auch programmatischer Nonsens. Mit diesem Glauben an das „Paradies auf Erden“ räumte der große reformistische Theoretiker der Partei, Eduard Bernstein, gründlich auf und propagierte den Weg als Ziel, gab so der gesellschaftlichen und politischen Entwicklung ihre Dynamik zurück und machte mit dem Irrsinn Schluss, der Einzelne sei nichts anderes als eine Funktion des gesetzmäßig beherrschten und damit kontrollier- und steuerbaren Entwicklungsprozesses, für den er seine Individualität gefälligst zu spendieren habe.

Damit waren aber die Ideale einer menschenwürdigen Gesellschaft, die zu Hilfsbereitschaft, Nächstenliebe, Solidarität – nennt es wie ihr wollt – fähig sein sollte, nicht außer Kraft gesetzt, und es galt weiter, dass der Mensch ein soziales Wesen sei, das zu seiner Selbstverwirklichung (später als Synonym und Vorwand für krassen Egoismus missbraucht) diese Tatsache anerkennen müsse und die platte Philosophie „Wenn jeder an sich selber denkt, so ist an alle gedacht“ höchstens als Paradoxon ins Feld führte und darin nicht die Rechtfertigung der eigenen Bereicherungswünsche sah.

Politik machen war unter diesem Banner der Versuch, die Verhältnisse zugunsten möglichst aller Menschen zu verbessern, im Kleinen und im Großen – die Einweihung einer Schule, die Fertigstellung einer Straße, eines Gebäudes, die Besiegung von Analphabetentum, Seuchen und Krankheiten, das Knüpfen sozialer Sicherungsnetze, das Stiften von Frieden usw.: Dies waren Ergebnisse, die als Erfolge sich selber rechtfertigten und nicht als Mittel zu dem Zweck dienten, andere zu besiegen, den politischen Gegner, die eigenen Kollegen.

Das liest sich heute völlig anders. Politik wird fast nur noch in den auf die Person bezogenen Kategorien gemessen: Wer ist Sieger? Wer ist Verlierer? Ohne Sieger, ohne Verlierer, ohne strahlendes Glück, ohne deprimierende, zerstörerische Niederlage wird jeder Vorgang – auch der politische – langweilig. Nach jedem Parteitag, nach jeder Debatte, nach jeder Talkshow wird zusammengezählt: Ko-Sieger, Punktsieger usw. Einst wird kommen der Tag, wo auch diese Definition als Pfand den physischen und psychischen Tod eines der Kontrahenten verlangt!

Und was ist, wenn es das in der Realität so nicht gibt, wenn die Zustände friedlich sind oder einfach nur langweilig? Dann werden solche Konflikte, werden die Dramen, die man beschreibt, die man beschreiben will, um Auflage und Quote zu machen, kurzerhand selbst inszeniert, was sich zudem als praktisch erweist, weil man dann immer auch zur rechten Zeit am rechten Ort präsent sein kann.

Für eine politische Partei, die Solidarität, Gleichberechtigung, demokratische Entscheidungsprozesse, von Basisdemokratie gar nicht erst zu reden, formal zu praktizieren propagiert und Gerechtigkeit, Emanzipation und andere Inhalte befördern will, ist es ein Weg in die Bedeutungslosigkeit, in die amerikanische Welt der Wahlvereine, in denen Gefolgschaft – wie im Mittelalter – mit Positionen, Pöstchen und Entlohnung auf Kosten anderer vergolten wird, wenn Politik sich an Umfragen und „Presselagen“, an den Beliebtheits- und Bedeutungsskalen, an Ranglisten wie beim Tennis, anstatt an Inhalten und gemeinschaftlicher Willensbildung orientiert. Am Ende dieser Entwicklung wird die politische Debatte nicht mehr um Richtig oder Falsch, sondern mit den Kategorien „Was nützt mir, was bringt mich weiter“ geführt, als ob das Gewissen längst dem Eigennutz anstatt dem Gemeinnutz verpflichtet wäre: Ergebnis der Gehirnwäsche durch den Konkurrenzkapitalismus, dem wir ständig unterworfen sind.

Wen hatten die vielen Frauen und Männer im Saal in ihrer Partei besiegt? Waren sie Loser, weil sie es nicht zu Vorsitzenden gebracht hatten? War Karl Hoppe, der in der städtischen Kläranlage arbeitete, als Organisationsleiter seines Ortsvereins unzählige Veranstaltungen, Verteilaktionen organisiert, selber Flugblätter und die „Zeitung am Sonntag" verteilt, Plakate geklebt hatte – ehe die Kommerzialisierung auch diesen Bereich erfasste –, ein Loser, ein Verlierer? Wo fingen die Sieger an? Erst bei den Mandatsträgern? Hatten sie sich nicht bemüht, für die gemeinsame Sache in jeder Position, die ihnen am geeignetsten erscheinende Besetzung zu finden, ob Mann oder Frau, und nicht immer gleich an sich selbst gedacht?

War Jakob Schwarz ein Loser, der in seinem Betrieb für Partei und IG Metall den Kopf hingehalten hatte, der unter einer Staublunge litt, dennoch gerne im Chor der IG Metall sang und auf Festlichkeiten von Gewerkschaften, Arbeiterwohlfahrt und Partei auftrat? War er ein Loser, weil er nicht einen Pfennig Diäten, Aufwandsentschädigungen oder Spesen erhalten, im Gegenzug aber Abgeordnete, Bürgermeister, Beigeordnete und Direktoren in nicht schlecht dotierte Ämter zu bringen geholfen hatte?

War Anneliese Bertges, deren Mann Hausmeister war, die fröhlich und gut gelaunt bei vielen Gelegenheiten – beim Roten Kreuz, im Ortsverein, im Turnverein – mithalf, kochte, Essen ausgab, abwusch und mit ihrem Erscheinen Sonne in den Tag brachte, eine Loserin, weil sie dabei selber Freude hatte und gar nicht auf die Idee kam, anderen ihre Positionen, die sie in die Zeitung brachten, zu neiden? Sie konnte sich über unsere Siege freuen, auch wenn sie selber daraus keinen persönlichen Nutzen zog.

Konkurrenz, Rivalitäten, Kämpfe um Macht und Einfluss gibt es in jeder Organisation, in den Kirchen gleichermaßen wie in Krankenhäusern, Universitäten, Unternehmen, Vereinen, aber sie sind nicht der eigentliche Zweck. Es geht nicht um ein Spiel, bei dem am Ende einer gewinnt und einer verliert wie beim Schach oder im Sport mit der institutionalisierten Chance zur Revanche. Es geht vielmehr um das Wohl und Wehe der Menschen, für die sich einzusetzen man vorgibt. Das ist nur bedingt ein Spiel. Es war zu früheren Zeiten und ist auch heutzutage in weiten Teilen der Welt vielmehr tödlicher Ernst. Wer in kriegerischen Auseinandersetzungen sein Leben verliert, hat keine Chance zur Revanche. Was uns gerade noch gefehlt hätte, wäre die Renaissance der starken Männer (und Frauen natürlich). Die Zeiten, in denen allgemein die Autorität der Sieger gefeiert wurde, der Stalin, Mussolini, Pilsudski usw., widerlegten sich selber durch die Ausgeburt der Hölle, die Nazis, die anstelle des Himmels ein Inferno auf Erden entfesselten.

Die Männer und Frauen, die sich bei diesen Ehrungen trafen, manche mühsam aus ihrem häuslichen Umfeld noch einmal zur „Versammlung“ aufgebrochen, hatten etwas anderes im Sinn („Uns rettet kein höheres Wesen, kein Kaiser, kein Tribun!“); sie glaubten an die eigene Kraft – in manchem zutraulich wie die Kinder –, aber sie waren es, die die Partei viele Jahrzehnte geformt und repräsentiert hatten, und die „Flamme am Brennen“ hielten, wie Jean Jaurès es in ein schönes Bild gefasst hatte. Sie waren es, mit deren Unterstützung andere ihre Denkmäler bauten und sich einen Namen machten.

Noch vor der Dankesrede der Jubilare wurde das Gruppenbild geschossen, sorgfältig komponiert, begleitet von großen Gesten des oder der Fotografen – außerdem klickten während der gesamten Veranstaltung die Apparate der Angehörigen der Jubilare, nicht anders als bei Taufen und Hochzeiten (vielleicht das letzte Klicken überhaupt, denn bei Beerdigungen wird ja in der Regel nicht fotografiert, es sei denn bei ganz besonders bedeutenden Leichen) – da musste noch eine Person nach vorne, der rechte Flügel sollte näher zusammenrücken, der Vorsitzende war noch nicht richtig im Bild, jemand musste ausersehen werden, um die Urkunde noch einmal überreicht zu bekommen, alle anderen hatten sich sichtbar zu präsentieren, fast war alles akkurat, da fiel auf, dass das SPD-„Logo", früher das SPD-„Transparent", nicht zu sehen war und das gesamte Bild musste noch einmal verschoben werden, ehe es auf die Platte oder den Film gebannt werden konnte.

Es sind anrührende Fotos, stolze Blicke, freudiges und freundliches Lächeln, straffe Haltung, auch bei den vom Leben Gebeutelten. Es waren Kompositionen, wie man sie auch von gemischten Chören kennt, mit dem einen, aber gewichtigen Unterschied, dass – Abbild der Unterrepräsentation der Frauen in der Politik und damit auch eine Rechtfertigung der Quote – die Männer in der deutlichen Überzahl waren, was bei gemischten Chören bekanntlich völlig anders ist.

Ich habe auf vielen derartigen Veranstaltungen gesprochen. Das Grundmuster war sich immer ähnlich. Als Erstes mussten die Verdienste der Geehrten hervorgehoben werden, allgemein, aber auch speziell, weil es wichtig war (und ist), wenn man schon jemand Prominenten – *pars pro toto* – besonders herausstrich, dass andere sich dadurch nicht zurückgesetzt fühlten, was ja auch nicht beabsichtigt war. Ein beliebter Topos war der Hinweis auf die Fährnisse des zu würdigenden Engagements, auf die Aussichtslosigkeit von Karrierehoffnungen zum Zeitpunkt des Parteieintritts – ein schlagender Beweis für Charakterstärke; wenn dem wirklich so war, nur ein geringer Ausgleich für lange, oft entbehrungsreiche Jahre mehr oder minder erfolgreichen oder eher „erfolglosen" Wirkens. Aber für diesen einen Moment, in dem dies vor aller Augen und Ohren ausgesprochen wurde, gab es den Hervorgehobenen eine besondere Aura und ein kurzes Gefühl des Glücks, das später die Urkunde erneut zu beschwören helfen sollte, was sie aber im profanen heimischen Umfeld selten vermochte.

Geschichte und Tradition sind bei solchen Gelegenheiten – wie auch sonst bei Verbänden, Vereinen, Firmen, Dörfern und Städten, Schulen, Universitäten, Häfen und Eisenbahnen, Kirchenjubiläen usw. – ein wichtiger Themenkomplex. An Geschichte und Tradition hat die SPD sehr viel zu bieten.

Allerdings nicht an der Saar, was die Frühzeit von Arbeiterbewegung und SPD hierzulande anbetrifft. Was aus dieser Zeit zu berichten ist, hat mehr anekdotischen Charakter. Karl Marx' Großvater war Rabbiner in Saarlouis, sein Vater dort geboren, Lenchen Demuth, für Karl Marx in der Emigration mehr als eine Haushälterin, stammte – ausgerechnet! – aus dem erzkatholischen und zugleich erzkonservativen St. Wendel und Peter Imandt, prominentes Mitglied des „Bundes der Kommunisten", aus Noswendel bei Wadern.

All das wird in den genannten Orten nicht gerühmt, vermutlich wissen es nur wenige, und noch weniger wollten oder wollen es überhaupt wissen. Für Saarlouis und die Saarlouiser sind der Maréchal Ney (für die Frankophilen) und Lettow-Vorbeck (für die strammen Deutschen) wichtiger. St. Wendel verehrt seinen Namenspatron, ein wenig auch Herzogin Luise von Sachsen-Coburg, deren Sohn Albrecht von Königin Victoria geehelicht und als Prinz Albert berühmt wurde. Leider erst nach dem Tode der Mutter, so dass St. Wendels Beziehungen zum europäischen Hochadel im Abstrakten blieben. Und in Noswendel ist die SPD zur Zeit zwar dominant, aber bei den alljährlichen Treffen am 1. Mai – zu denen der langjährige Finanzminister und Landtagspräsident Hans Kasper jetzt, als Jan Ullrich verkleidet, mit dem Fahrrad kommt – waren es die alltäglichen Dinge, die die Gespräche beherrschten, die Nahverkehrsverbindungen, die neuerdings überall gewünschten Verkehrskreisel zur Entspannung der Verkehrsbrennpunkte, der dörfliche und innerparteiliche Tratsch. Und über allem hing auch hier seit den vormittäglichen Stunden des Frühschoppens – wie vorauszusehen – der Duft von Rostwürsten, Pommes frites und den obligaten Schwenkbraten in der Luft.

Ich muss gestehen, dass mir Peter Imandt auch nicht einfiel, als ich an einem solchen Tage in diesem fröhlichen und optimistischen Umfeld örtliche Jubilare auszeichnen durfte, was zudem beweist, wie wenig ein umfangreiches Wissen taugt, wenn man es nicht zur passenden Gelegenheit parat hat.

Auch bei der SPD selber tat sich in den Folgejahren nicht viel. Für August Bebel war die politische Landschaft an der Saar noch im Jahre 1891, mitten in der weithin Aufsehen erregenden Streikzeit, als der Rechtsschutzverein der Bergleute gegründet und mit dem Rechtsschutzsaal in Bildstock das erste eigene Gewerkschaftsgebäude auf deutschem Boden errichtet wurde, „eine vollständige *terra incognita*". Und in der Tat war der Boden an der Saar steinig für die anderswo blühende Sozialdemokratie.

Das Land war auf der einen Seite fest in der Hand der Bergbaubeamten und der Hüttenbarone, die konservativ bzw. (national-) liberal dachten und handelten. (Carl Ferdinand von Stumm war Mitglied im preußischen Abgeordnetenhaus und im Reichstag, seine Berliner Adresse war das Hotel Kaiserhof.) Auf der anderen Seite vertraten Zentrum und die rund um die katholische Kirche organisierten Vereine und Verbände die Mittel- und Unterschicht. Die St. Barbara- und andere Bruderschaften, katholische Knappen-, Arbeiter-, Handwerkervereine, Kirchenchöre und die um Bildung bemühten Borromäusvereine bildeten ein dichtes Netz, das Sicherheit und Geborgenheit bot bzw. verhieß. Publizistisch waren beide Lager ebenfalls hoch gerüstet, da blieb für die Sozialdemokratie und die freien Gewerkschaften wenig Platz.

Hinzu kamen Repressionsmaßnahmen, die vor und nach der Zeit

des Bismarck'schen Sozialistengesetzes die ohnehin nicht günstigen Bedingungen bis zur Aussichtslosigkeit verschlechterten. Als erste zaghafte Regungen sozialdemokratischer Agitation in Gestalt von Versammlungen und der Verbreitung von Schriften – auch heute noch mit dem geheimnisvollen Allzweckwort „Material" bezeichnet – spürbar wurden, gründeten die Saarindustriellen 1877 das „Komitee der Arbeitgeber zur Bekämpfung der Sozialdemokratie" und gaben das Ziel vor, „keine Arbeiter auf den betreffenden Werken zu dulden, welche sich direkt oder indirekt an sozialdemokratischen Agitationen beteiligen und zwar insbesondere durch Teilnahme an sozialdemokratischen Vereinen und Versammlungen, durch Halten und Verbreiten sozialdemokratischer Blätter, oder durch Besuch von Wirtshäusern, welche sich zum Auflegen von Zeitungen oder zum Abhalten von Versammlungen dieser verderblichen Richtung hergeben". So war es in der „Saarbrücker Zeitung" zu lesen, die schon damals keine Zweifel aufkommen ließ, auf wessen Seite sie denn wohl stünde.

* * *

Als im Oktober 1878 das Sozialistengesetz in Kraft trat, war die kleine revolutionäre Flamme an der Saar bereits ausgetreten, die prominenteren Sozialdemokraten hatten das für sie ungastliche Land schon verlassen oder saßen im Gefängnis. Inspiriert durch den immer verbissener gegen alles und jeden, das und der nach Sozialismus nur roch, kämpfenden „König Stumm", verbesserten sich die Verhältnisse in der Saargegend nach der Aufhebung des Sozialistengesetzes keineswegs, sondern das Zusammenspiel von Obrigkeitsstaat und Großindustrie ging weiter: „Wer in den Mitgliederversammlungen den Mund auftat, wurde gemaßregelt und musste wohl oder übel den Staub von den Füßen schütteln. Augenscheinlich waren die überwachenden Polizeibeamten schlimme Denunzianten und die Arbeitgeber folgten prompt den Winken der Polizei", der Parole gemäß, die das „Saarbrücker Gewerbeblatt" ausgegeben hatte: „Wer nicht in allen Stücken für uns ist, der ist gegen uns."

Auch die Wahlergebnisse entsprachen diesem düsteren Bild. Der einzige SPD-Vertreter der Region im Reichstag des Wilhelminischen Reiches wurde 1912 im Wahlbezirk Metz-Land im Reichsland Elsass-Lothringen gewählt. Es war der 1882 in Straßburg geborene Schriftsteller Georg Weill, dem 1915 das Mandat entzogen wurde, weil er sich der französischen Armee angeschlossen hatte und gegen Deutschland kämpfte, den Kampfbegriff „vaterlandslose Gesellen" gegen die Sozialdemokraten partiell belegend. Der in Metz geborene Hermann Wendel, eng mit der Region verbunden, später Balkanexperte des „Vorwärts", zog ebenfalls 1912 in den Reichstag ein (die SPD wurde erstmals stärkste Fraktion), allerdings für Sachsen und nicht für seine ursprüngliche Heimat. Leopold Emmel, der von 1891 bis 1894 den „St. Johanner Boten an der Saar" redigierte, vertrat von 1907 bis 1918 das elsässische Mühlhausen im Reichstag.

Ganz gleich, wer im preußischen oder bayrischen Teil des Saarreviers agierte und kandidierte, er geriet unter die Räder – wobei die Ergebnisse im bayerischen Teil glimpflicher ausfielen. In Saarbrücken trat die SPD bei der Reichstagswahl 1877 mit dem aus Pforzheim abgestellten Uhrmacher Hackenberger zum ersten Mal an. Ganze 324 Stimmen kamen zusammen, u.a. 100 in Saarbrücken, 104 in St. Johann und 36 in Malstatt-Burbach. Wilhelm Liebknecht, der 1884 und 1887 nominiert wurde, musste sich im ersten Versuch mit 20 Stimmen abfinden, im zweiten mit 16. Bei späteren Wahlen gab es zwar bessere Ergebnisse, insbesondere 1912, aber im Gegensatz zum übrigen Reichsgebiet blieb die SPD – es fällt schwer, es zu sagen – weiter bedeutungslos, eine *quantité négligeable.*

Die Zeiten änderten sich erst nach dem Zusammenbruch des Kaiserreichs, mit dem auch im Saarrevier mehr zu Bruch ging als nur das politische System. Das Zentrum beherrschte in der Völkerbundzeit eindeutig die Szene, aber in vielen Orten war auch die Linke erstarkt und hatte Mehrheiten erreicht. Für eine kurze Phase hatten sich Arbeiter- und Soldatenräte gebildet. Gleichzeitig oder wenig später – besonders in den industriegeprägten Gebieten – wurden neue Ortsvereine der SPD gegründet. Die unselige Spaltung in USPD (Unabhängige SPD) und MSPD (Mehrheits-SPD), die sich verschärfte und Sozialdemokraten und Kommunisten zu unversöhnlichen Gegnern werden ließ, beeinträchtigte den gerade erst begonnenen Aufschwung.

Bei der Wahl zur verfassungsgebenden Nationalversammlung am 19. Januar 1919 – die Saar gehörte weiter zum Reich, der Versailler Vertrag wurde noch verhandelt – ließ sich die Sache noch recht gut an. Die SPD zog 105.708 Stimmen (36,5 %) auf sich und entsandte zwei Saarbrücker in die Nationalversammlung: ihren Vorsitzenden Valentin Schäfer und den Bergmann und Gewerkschaftssekretär Franz Pokorny.

Das war's dann aber auch schon wieder. Während die USPD, die 1919 nur in den Kreisen St. Ingbert (0,3 %) und Homburg (4,0 %) kandidierte, mit insgesamt 0,5 % der Stimmen nicht wehtat, erreichte sie bei den Kommunalwahlen landesweit 12,3 %, die SPD sank auf 23,8 %. Bei weiteren Wahlgängen trat an die Stelle der USPD die KPD. Die Sozialdemokraten gerieten in den Jahren, die auf die Volksabstimmung zuliefen, in die Klemme zwischen dem dominanten, milieustarken Zentrum und den immer stärker aufkommenden Kommunisten. Bei der Landesratswahl 1932 fiel die Partei mit 35.968 Stimmen auf 9,9 % zurück – ein schmerzhafter Sturz in Richtung Bedeutungslosigkeit. Die Kommunisten erreichten bei dieser Wahl 23,2 %, weit mehr als das Doppelte des SPD-Ergebnisses.

* * *

Bei diesen Passagen war bei den Jüngeren auf den Jubiläumsveranstaltungen an den Gesichtern abzulesen, dass ich für sie von böhmischen Dörfern redete. Das war einfach zu viel: MSPD, USPD, dann wieder SPD, KPD – tja: was denn nun? Aber die Älteren konnten sich zum Teil noch gut erinnern. Sie beugten sich zueinander, klagten über die verpassten Chancen, über den Bruderzwist, der die SPD weiter begleitet hatte und auch ihre Träume und Wünsche, wenn nicht zerstört, so doch – gewollt oder ungewollt – in der Umsetzung behindert hatte.

Das Einigkeitsmotiv war ein bedeutendes in der Partei, zuviel war an der mangelnden Fähigkeit, gestufte Strategien zu entwickeln, gescheitert. Am intensivsten war das Echo in den Sälen auf die Erwähnung dieser unseligen Zeitläufte in den Ortsvereinen, die zu diesen Zeiten bereits aktiv beteiligt gewesen waren, die noch aus eigenem Erleben oder aus den Erzählungen der Älteren zumindest ahnten, wovon die Rede war, in den auf den industriellen Ballungsraum beschränkten Hochburgen in und um Saarbrücken, im Kreis Ottweiler mit der Industriestadt Neunkirchen und in den Kreisen Homburg und St. Ingbert.

Die Politik im Lande unter der Ägide des Völkerbundes hatte zudem eine Besonderheit, die den Sozialdemokraten mehr zu schaffen machte als den bei taktischen Manövern skrupelloseren Kommunisten. Es war die Gretchenfrage: „Wie hältst du es mit der Nation?“ Sowohl in dem zur Zeit der Ruhrbesetzung stattfindenden, ein Vierteljahr andauernden Bergarbeiterstreik von 1923, der von sich zunehmend verschärfenden nationalen Untertönen geprägt war, als auch bei der 1925 mit großem Pomp inszenierten Rheinischen Jahrtausendfeier überlagerte die Forderung nach „Rückkehr“ der Saar zu Deutschland immer mehr die üblichen politischen Front- und Fragestellungen.

Die SPD als Partei des Atheismus – in einem von katholischer Gläubigkeit geprägten Land nicht gerade förderlich und deswegen auch nicht ins Schaufenster gestellt – und des Internationalismus, mit dem Etikett der „vaterlandslosen Gesellen“ boshaft diffamiert, musste in dem emotional aufgeheizten Klima die nationale, die deutsche Karte spielen. Sie tat dies unter ihrem langjährigen Vorsitzenden Valentin Schäfer auch aus der Überzeugung, dass die Saar zu Deutschland gehöre, erst recht zu dem Zeitpunkt, an dem – noch mit Hilfe der Saarbevölkerung – der bis dato freiheitlichste Staat auf deutschem Boden entstanden war. Sie tat dies aber verbal nicht so radikal und bedenkenlos wie die Kommunisten, die sich bewusst gegen die Regierungskommission stellten und sie bezichtigten, „den Interessen der französischen Bourgeoisie zu dienen“.

Max Braun, ein Europäer

Auch ein behutsamer Strategiewechsel konnte an der wachsenden Isolierung der Sozialdemokraten nichts ändern. Im Februar 1929 wählte die Partei Max Braun, den 1923 von Neuß nach Saarbrücken „versetzten“ Chefredakteur der „Volksstimme“, einstimmig zu ihrem Vorsitzenden; vorher hatte er dieses Amt bereits seit dem Rücktritt Valentin Schäfers im Jahre 1928 kommissarisch innegehabt. Aber die Mitgliederzahlen (wenig mehr als 5.000) stiegen nicht, die Wahlergebnisse auch nicht. Der Parteitag wählte ihn zwar einstimmig, aber seine bohèmegeprägte Intellektualität war nicht jedermanns Sache.

Mit seinem Einsatz für die deutsch-französische Verständigung, mit seiner europäischen Perspektive, griff er Themen und Motive auf, die bereits bei August Bebel in seiner Ablehnung der Annexion Elsass-Lothringens und bei Hermann Wendel im Vorwort zu seiner Heine-Biografie, im Kriegsjahr 1916 erschienen und prompt verboten, angeklungen waren und verknüpfte sie mit der Überzeugung, zusammen mit dem Völkerbund die Gewalt der Bajonette bannen zu können. In dem in manchem doch etwas kleinräumigen und engen Saargebiet sprach Braun von „Weltfortschritt“ und von der „Menschheitskultur“. Als überzeugter Demokrat war er immun gegen den wachsenden Chauvinismus an der Saar, der weiter anschwoll, je näher der Abstimmungstermin heranrückte. Die überhitzten nationalen Gefühle steigerten sich noch, als die Nazis 1933 die Weimarer Republik stürmten und zerstörten und sogar das im katholischen Milieu unverwundbar und unverrückbar scheinende Zentrum auseinander sprengten. Am 14. Juli 1933 – dem Tag der Freiheit, dem Nationalfeiertag in Frankreich – bildeten die NSDAP, das Zentrum und die bürgerlichen Parteien die Deutsche Front an der Saar. Zu diesem Zeitpunkt hatte sich das Zentrum im Reich bereits selbst aufgelöst, der Charakter des Naziregimes lag für jeden offen. Gleichschaltung, Zerstörung des Parlamentarismus, die Einrichtung von Konzentrationslagern, das geduldete, ja animierte Wüten von SA und SS wurden – zum großen Teil billigend – in Kauf genommen. „Wo gehobelt wird, fallen Späne“, hatte Herman Göring zynisch die brutalen Begleiterscheinungen der nationalsozialistischen Machtusurpation kommentiert.

Es ist immer noch eine schwärende Wunde im saarländischen Selbstgefühl, wenn es um die Deutung und Erklärung des klaren – heute würden man sagen „überwältigenden“ – Abstimmungsergebnisses vom 13. Januar 1935 geht.

„Es ging nur um die Rückkehr nach Deutschland, von Hitler und den Nazis haben wir nicht viel gewusst“, sagen die einen; „Hitler wurde billigend in Kauf genommen“, sagen die anderen, so auch ich. Die Zeit war allgemein schlecht für Demokraten und Demokratien. Mussolini in Italien, Stalin in der Sowjetunion, Salazar in Portugal, Pilsudski in Polen; starke Männer – sprich Diktatoren – waren angesagt. Wen störte es – außer den Betroffenen – denn Anfang 1935 wirklich, dass es keine freie Presse mehr gab, keine Gewerkschaften, kein frei gewähltes Parlament, keinen Rechtsstaat, keine Parteien außer der einen. Es war bekannt, offen liegend, nachzulesen in den deutschen und internationalen Zeitungen, in Zeitschriften und Büchern.

Der Streit um die richtige Interpretation des Abstimmungsergebnisses kulminierte noch einmal 1985 zum fünfzigsten Jahrestag des Referendums. Dieser Streit wurde auch in der SPD ausgetragen, so wie in den Jahren vor der Abstimmung. Es waren noch viele am Leben, die selber nach dem Beispiel des langjährigen Vorsitzenden Valentin Schäfer den Weg der Anpassung gegangen waren. Fast in jeder Veranstaltung wurden Widerworte laut – meist nach der Versammlung – ,wenn ich in meinen Reden keinen Hehl aus meiner Überzeugung machte, dass Hitler sich, zwar mit legalen Schrittfolgen, an die Macht geputscht hatte, aber nur auf einem bereiten Boden so schnell und so verhängnisvoll Wurzeln schlagen konnte.

In den beiden Jahren vor der Abstimmung verlor die SPD weiter an Boden, verlor Mitglieder, Anhänger, Vereine. Max Braun sah es wohl, aber er wollte es nicht wahrhaben. Rastlos suchte er nach Mitteln, das Verhängnis zu bannen. Im Vorfeld der Abstimmung einigten sich SPD und KPD auf ein gemeinsames Vorgehen, von großen Teilen der jeweiligen Parteibasis begrüßt, die in kulturellen, sportlichen und sozialen Vereinen über die Jahre trotz der von oben oktroyierten und propagierten „unbedingten Unvereinbarkeit", zusammengearbeitet hatten. Aber all das kam viel zu spät. Die Parole der Zeit lautete anders: „Nix wie hemm!"

Das Abstimmungsergebnis war desaströs. Die Hoffnung hatte Illusionen genährt, die vielfache Unterstützung von außen den Blick auf die Verhältnisse im eigenen Land getrübt. Am 15. Januar wurde ausgezählt: 90,8 Prozent für die Rückkehr nach Deutschland. Das war eine brutale Zahl für diejenigen, die gemeint hatten, mit ihrer Parole „Für Deutschland, gegen Hitler" eventuell eine Chance zu haben, den Status quo zu halten.

Georg Glaser, der mit seinem großen Roman „Geheimnis und Gewalt“ diese Zeit präzise und quälend selbstkritisch beschrieben hat, hielt die Situation im Haus der Arbeiterwohlfahrt nach dem Bekanntwerden des Ergebnisses mit fotografischer Genauigkeit fest: „Leute traten sich auf die Füße, ohne sich zu entschuldigen. Wir waren kaum noch dreißig Mann, als wir die letzten Worte des Liedes sangen. Die Straßen rings um die Arbeiterwohlfahrt waren mit abgerissenen Armbinden übersät.“

Der Freudentaumel der Sieger war grenzenlos – und auch ihr Hass, den sie die Unterlegenen spüren ließen. Max Braun und sein Bruder Heinz gingen bereits am Nachmittag des 15. Januar nach Frankreich, andere folgten, auf Wegen durch die weitläufigen Wälder, die auch im Westen zur Grenze hin die Stadt Saarbrücken umgeben: Sozialdemokraten, Kommunisten (unter ihnen Gustav Regler), Gewerkschaftler und Vertreter des politischen Katholizismus wie Johannes Hoffmann.

Das Ende vom Lied: Die zu lange verfeindeten Brüder und Schwestern fanden sich gemeinsam in den Zuchthäusern und Konzentrationslagern bzw. in der Emigration wieder. Doch das ist eine andere Geschichte, eine Geschichte von Einsamkeit und Not, von Hilfsbereitschaft und Solidarität, aber auch von Verrat und Betrug, von der Zerstörung der Träume und der Seelen, von der Tapferkeit, von der Unbeirrbarkeit.

Neuanfang

Wer zurückkehrte, war doppelt gezeichnet: von der Emigration, von dem Misstrauen und der Ablehnung der Gastländer und von der Ablehnung und dem Misstrauen, mit denen ihm vielfach zu Hause begegnet wurde.

Das staatliche Leben nach dem anders als geplant erfolgten Endsieg rührte sich wieder unter der Ägide der Besatzungsmächte. Saarbrücken und andere Teile des Landes waren zerstört. Im Gegensatz zum Ersten Weltkrieg war die Front über die Stadt und das Land gezogen, aber der Großteil der fürchterlichen Verwundungen war den Bombardierungen zuzuschreiben, die ja nicht nur Saarbrücken, sondern fast alle größeren deutschen Städte in Schutt und Asche verwandelt hatten.

Als Erstes musste aufgeräumt werden. Die Saarländer, soweit sie evakuiert waren, kehrten zurück, richteten sich ein, halfen einander beim Zusammenflicken der beschädigten Wohnungen, holten Wasser aus Brunnen und Hydranten, „organisierten" das Lebensnotwendige, gingen und fuhren „hamstern", pflanzten Tabak an, Marke „Gewwel", „rafften" Kohle für den Winter, kochten und aßen „Rappsupp".

Wenn an den gemeinsamen Abenden Zeit blieb, um über dieses und jenes, über alles und nix zu reden, kamen die Älteren, die diese Zeit bewusst und aktiv erlebt hatten, immer wieder darauf zu sprechen, wie man doch trotz allem Elend, trotz Hunger und Kälte, trotz oder vielleicht sogar wegen der täglichen Sorgen um die einfachsten Lebensbedürfnisse zufrieden, um nicht zu sagen, glücklich gewesen war. In den Gesichtern derer, die dies alles nur vom Hörensagen kannten, war dann fast so etwas wie Neid zu lesen und der Wunsch, bei den bestandenen Prüfungen selber dabei gewesen zu sein. Manch einer blickte versonnen zur Saaldecke, und ich sah förmlich, wie er versuchte, den Geschmack der ersten Schokolade, den Duft der ersten Apfelsine nachzuempfinden, der damals den durch lange Entbehrungen gequälten Überlebenden wie eine Vorahnung des Paradieses erschienen war.

Und die Älteren erzählten außerdem, wie die Genossinnen und Genossen aus dem Exil, aus den Zuchthäusern und Konzentrationslagern heimkehrten, oftmals an Leib und Seele verwundet, aber fest entschlossen, den alten und in der Fremde, in den Kerkern gehüteten Idealen wieder konkretes Leben einzuhauchen. Sie erzählten, wie diejenigen, die sich in die innere Emigration zurückgezogen hatten, wieder wach wurden, und auch versöhnlich und mit einem Anflug von Verständnis von jenen, die sich an die Verhältnisse angepasst hatten, ohne zu Verrätern geworden zu sein.

Mit Johannes Hoffmann und Richard Kirn hatten zwei Emigranten in CVP und SPS das Sagen; beide Parteien dominierten eindeutig die Szene. Die SPS (Sozialdemokratische Partei Saar), am 6. Januar 1946 wieder offiziell zugelassen, hatte erneut in den Industriezonen in und um Saarbrücken, im Kreis Ottweiler und in Homburg ihre Hochburgen, brachte es 1947 bereits auf ca. 11.000 Mitglieder in 188 Ortsvereinen. Die SPS war „staatstragend". Sie formulierte die Saarländische Verfassung mit und beteiligte sich mit Richard Kirn als Arbeitsminister und Heinz Braun, dem Bruder von Max Braun, als Justizminister an der ersten von Johannes Hoffmann gebildeten Regierung. Bei den Wahlen am 5. Oktober 1947 erreichte die SPS gute 32,8 Prozent, die CVP allerdings satte 51,2 Prozent. Die Verhältnisse erschienen stabil, aber sie waren es nicht. Auch diesmal waren die politischen Gegebenheiten Nährboden für den Spaltpilz, der erneut Sozialdemokraten erst auseinander, dann gegeneinander trieb.

Der von Johannes Hoffmann und Richard Kirn eingeschlagene Autonomiekurs fand wachsende Kritik, vornehmlich bei denjenigen, die im Lande geblieben waren, am Krieg teilgenommen, sich mit den Nazis arrangiert hatten oder selber aktive Nazis gewesen waren und sich, auf der Suche nach einem neuen gesellschaftlichen Aktionsfeld, nun den Sozialdemokraten anschlossen. Aber auch bei denen, die emigriert waren, gab es so manchen, der sich vom wiedererstehenden Deutschland eine konkretere Zukunftschance erwartete als von einer wie auch immer gearteten Autonomie unter europäischer Flagge.

Erneut spitzten sich die Gegensätze zu. 1952 trennte sich die innerparteiliche Oppositionsgruppe unter Führung von Kurt Conrad von der Partei und gründete die Deutsche Sozialdemokratische Partei (DSP), die allerdings nicht zugelassen wurde und folgerichtig illegal arbeitete. So wandelten sich die einstigen Verfolgten in Verfolger, manche in exakt vertauschten Rollen. Und auch daraus entstanden Legenden, Geschichten über heimliche Grenzübertritte, geschmuggelte Materialien, über konspirative Treffs, von Abtrünnigkeit und Verrat, und noch zwanzig, ja dreißig Jahre später, gerieten die längst wieder vereinten und versöhnten Antipoden von damals – vor allem wenn der Alkohol das alte Feuer weckte und nährte – verbal und manchmal beinahe sogar handgreiflich aneinander.

Die damals geschlagenen Wunden und der immer erbitterter geführte Abstimmungskampf zerrissen die Partei, zerrissen die Anhängerschaft, zerstörten Freundschaften, fragten nicht nach Verwandtschaft und guter Nachbarschaft.

Die Abstimmung vom 23. Oktober 1955 war eindeutig, noch eindeutiger die Abfuhr für die SPS bei den Landtagswahlen vom Dezember 1955 mit 5,8 Prozent; damit war die Selbstauflösung am 18. Mai 1956 nur konsequent. Der Bruderzwist hatte weitere Einbrüche bei den Wahlen auch bei der jetzt wieder als SPD auftretenden DSP zur Folge.

Gewinner der Abstimmungskonvulsionen und Konflikte war die DPS (Demokratische Partei Saar) unter Führung des ehemaligen NSDAP-Funktionärs Heinrich Schneider. Saarbrücken bekam mit Fritz Schuster einen DPS-Oberbürgermeister, der Wahlkreis Saarbrücken wurde bei der ersten Beteiligung der Saarländer an einer Bundestagswahl 1957 von Heinrich Schneider erobert.

Der Familienstreit der Sozialdemokratie ging so weit, dass Richard Kirn und andere nicht für würdig befunden wurden, der SPD Saar unter der Führung von Kurt Conrad anzugehören. Richard Kirn, der sich enttäuscht in ein zweites Exil nach Saargemünd zurückgezogen hatte, stieß erst 1975 wieder zur SPD. Er war bis zu seinem Tode geachteter und geehrter Gast auf Parteitagen, und ich besuchte ihn hin und wieder in seinem Domizil in der längst auch uns vertrauten Nachbarschaft.

Max Braun, dem zu Ehren der Saarbrücker Stadtrat am 19. November 1946 beschlossen hatte, die Großherzog-Friedrich-Straße in Max-Braun-Straße umzubenennen, wurden als einem „Separatisten" bildlich die Achselklappen abgerissen, indem „seine" Straße am 25. September 1956 wieder in Großherzog-Friedrich-Straße umbenannt wurde. Auch er wurde später – viel zu spät – Anfang der 80er Jahre rehabilitiert, indem jetzt eine zwar kleine, aber immerhin auf dem noblen Rotenbühl liegende Straße seinen Namen trägt.

* * *

Danach begann eine lange, bis 1985 dauernde Periode, in der die CDU die Regierung führte, mit wechselnden Koalitionspartnern, darunter auch der SPD, und mit einer absoluten Mehrheit bei den Wahlen im Jahre 1970. In diesen Jahren vollzog sich der unaufhaltsame Aufstieg der SPD zur stärksten Partei und der Niedergang der DPS/F.D.P. bis in die Bedeutungslosigkeit. In der SPD verheilten die Wunden, die Gräben wurden flacher, wurden überbrückt, bis sie nur noch als historische Reminiszenzen wahrgenommen wurden.

Bergbau- und Stahlkrise bestimmten die Landespolitik. Die Jüngeren trugen wieder betont links und übernahmen 1970 mit Friedel Läpple, der Kurt Conrad ablöste, und 1977 mit Oskar Lafontaine als Parteivorsitzende die Verantwortung für den kostbaren Organismus SPD, der trotz aller Rückschläge sich immer wieder erneuerte, um den Menschen an der Saar – trotz aller Egoismen von Einzelnen und Gruppen – zu dienen.

All diese historischen Phasen wurden von den Festrednern bei den Jubilarehrungen beschworen und gewürdigt, und je nach Tagesaktualität kamen die unterschiedlichen Ingredienzen der sozialdemokratischen Gedankenwelt auf den Menüplan des Vorzutragenden, so wie das tägliche Marktangebot seinen Niederschlag auf den Speisekarten und Speisetafeln der guten Restaurants findet.

Grundwerte

In meinen Reden waren – angesichts der ständigen Kriege an allen Ecken und Enden der Welt und der bis etwa 1990 durchaus realen Bedrohung, die aus dem hochgerüsteten Gegeneinander der Supermächte und ihrer Gefolgschaft aufstieg – die Themen Frieden, Völkerverständigung und die Notwendigkeit der Europäischen Einigung, vor allem ihre Weiterentwicklung auf der Basis eines funktionierenden Zusammenspiels der ehemaligen Erbfeinde Deutschland und Frankreich, zentral, fast eine Selbstverständlichkeit, im Saarland schmerzlich, dafür aber dauerhaft gelernt! Die Saarländerinnen und Saarländer hatten es satt – unter welchem Vorwand, unter welchem Ideal auch immer –, in Feindseligkeiten hineingezogen zu werden.

August Bebel, der sich unter anderm wegen seines aktiven politischen Eintretens gegen die Annexion Elsass-Lothringens zwei Jahre Festungshaft eingehandelt hatte, war mit seiner europäischen Vision sehr früh schon, im Mai 1871, ein Beispiel für die Strahlkraft der sozialistischen Ideen, als die übergroße Mehrheit des deutschen Volkes – seine politische, ökonomische und militärische Führung sowieso – noch in nationalistischen Kategorien dachte bzw. zu denken begann.

Es gehörte nicht nur Mut dazu, sondern auch ein klares politisches Konzept, um so deutlich und zugleich visionär zu formulieren: „Ich, von meinem Standpunkt aus, protestiere entschieden gegen die Annexion, weil ich sie für einen Schandfleck in der deutschen Geschichte halte. Ich hoffe, dass die elsässische Bevölkerung, ihrer freiheitlichen Mission bewusst, den freiheitlichen Kampf gemeint mit uns in Deutschland aufnehmen werde, damit endlich die Zeit komme, wo die europäischen Bevölkerungen ihr volles Selbstbestimmungsrecht erlangen, was sie aber nur bekommen können, wenn die Völker Europas in der republikanischen Staatsform das Ziel ihrer Bestrebungen erblicken."

Wie anders wäre vielleicht unsere Geschichte, die Geschichte Europas und der Welt verlaufen, wenn diese Sätze nicht nur missbilligende „Unruhe", wie das Protokoll verzeichnete, ausgelöst hätten, sondern Leitmaßstab der deutschen Politik geworden wären?

Für Freiheit und Liberalität standen Ferdinand Lassalle, Rosa Luxemburg mit ihrem Credo, dass Freiheit immer die Freiheit des Andersdenkenden sei, Otto Wels, der im Reichstag in der Debatte über das Ermächtigungsgesetz mit Recht und am geeigneten Thema den Begriff der Ehre zur politischen Kategorie machte („Freiheit und Leben kann man uns nehmen, aber die Ehre nicht."), und Kurt Schumacher, der dem Lockruf aus Moskau, der – von allen als unselig empfundenen – Spaltung der „Arbeiterklasse" durch eine Einheitspartei ein Ende zu machen, widerstand, durch den Gang der Ereignisse bestätigt, die zur Zwangsvereinigung von SPD und KPD, zur SED in der Sowjetischen Besatzungszone, der späteren DDR, führten.

Ähnliche Diskussionen, philosophisch tiefschürfend, das Verhältnis von Freiheit und Notwendigkeit auslotend oder in blanker Rechtfertigungsabsicht, gab es in den sozialistischen Studentengruppen in den 60er und 70er Jahren, im Kampf der Linken untereinander, aber auch in der Abwehr von Volksfrontvorwürfen, die als ständig wiedergehendes Gespenst vor allem Springerpresse und Unions-, manchmal auch die Liberalenpropaganda beherrschte.

Hier brauchte sich die SPD mit ihrer nahezu ungebrochenen demokratischen Tradition – ja, auch trotz und wegen Noske – nicht zu verstecken. Es war zwar alles nicht sehr heroisch, das muss ich zugeben, Braun und Severing hätten nicht der „Gewalt weichen" müssen; vielleicht hätte es genügt, beim sogenannten Papenputsch die Preußische Polizei wirklich einsetzen zu wollen und nach dem Vorbild der Abwehr des Kapp-Putsches den Generalstreik auszurufen. Die gesamte Reichstagsfraktion hätte sich 1914 und in den folgenden Jahren gegen die Kriegskredite stemmen können, aber gerade in der Biederkeit, in dem ehrlichen Bemühtsein, auch in den kleinen Verlogenheiten und Mogeleien dokumentiert sich dieser Grad von Menschlichkeit, dem ich Regierungen und Regierungsgeschäfte lieber anvertraue als den Eiferern, den Selbstmordattentätern, den Robespierres und den Pol Pots.

Freiheit, Frieden, Völkerverständigung, Demokratie, das sind Begriffe voller Glanz und Würde – etwas, was für die Menschen in seltenen Momenten praktisch wird und ihr tägliches Leben betrifft. Es waren die Leitbilder, an denen sich die Vielen in den Sälen, in der Kongresshalle, in Pfarrheimen, in sogenannten „Nebenzimmern", in Sportheimen und auch – bei günstiger Witterung – im Freien Versammelten orientierten. Es waren ihre Leuchtfeuer, so sehr auch im Alltagsgeschäft das eigene Fortkommen, die Lehr- oder Arbeitsstelle von Sohn und Tochter, der soziale Aufstiegswille, der Erwerbstrieb und die Freude am Sagen, an der Macht als das Naheliegende, den Blick verstellten. Sie blieben aber immer, wenn auch schemenhaft, präsent und beeinflussten das Handeln, wobei es manchmal nur zu einem schlechten Gewissen reichte. An diesem Tag waren sie zusammen im Namen dieser Begriffe, bescheiden als Grundwerte betitelt, und sie wollten deren Beschwörung, und sie wollten eine Prise Pathos, nein, kein Phrasengewitter, sondern den verbalen Rahmen für ihr Engagement, sowie die in rotes Kunstleder gehüllte Urkunde mit ihrem sorgfältig arrangierten Druck, mit den in Schönschrift – es interessierte mich übrigens ungemein, wer sich beim Eintrag der Fraktur oder der Antiqua bediente, und ich knüpfte allerlei Überlegungen an diese Wahl – kalligrafierten Vor- und Nachnamen in der Urkunde, die ihren Idealismus materialisierte.

Konkreter, weniger pathosgetragen, waren die Ausführungen zur sozialen Gerechtigkeit (Gleicher Lohn für gleiche Arbeit, Mitbestimmungsrechte und Beteiligung am wirtschaftlichen Erfolg für die Arbeitnehmer), zum Grundwert der Solidarität (Der Sozialstaat als Rechtsanspruch, größere Lasten auf den starken Schultern als auf den schwachen), und – nach dem verpatzten Versuch, die mehrheitlich bei den Grünen landenden, ökologisch orientierten Aktivisten an die SPD zu binden – zu der Notwendigkeit, nicht nur untereinander Frieden zu halten, sondern auch mit der Umwelt.

Die Ausführungen zu diesen Themen fielen in den Oppositionsjahren – wen wundert's? Keine Rose ohne Dornen! – leichter als in den Jahren der Regierungsbeteiligung. Heute sind diese Themen ein besonders unangenehmer Part für Festredner. Rot-Grün regiert in einer schwierigen Phase unserer in den realen Möglichkeiten immer mehr auseinander driftenden Gesellschaft, die im wachsenden Maße von im Inneren kaum zu beeinflussenden äußeren Faktoren bestimmt wird. Die aufziehende Weltgesellschaft hat ihre Form noch nicht gefunden, es gibt noch kein Rezept, wie wir die für uns selbst in Anspruch genommenen Rechte und Lebenschancen auch anderen Völkern zubilligen, geschweige denn zukommen lassen wollen. Darin liegt eine nicht zu verdrängende, nicht zu verbergende Schuld, die das Wohlbefinden der Sensiblen trübt. Wir reden von Verantwortung und bleiben in unserem pekuniären Engagement – eine eigenartige Form von Ablass – noch immer weit unter dem akzeptierten und schon vor langer Zeit von der UNO beschlossenen Anteil von 0,7 Prozent unseres Sozialprodukts für Aufgaben und Hilfe in den bedürftigen Teilen der Welt, wohl wissend, dass die Nord-Süd-Kommission unter dem Vorsitz Willy Brandts ein Prozent gefordert hatte. Wir, die Industrienationen, verdrängen dabei, dass wir den Großteil der Probleme auf der Welt, die wir so beredt beklagen, selbst verursacht haben.

Wenn diese Themen zur Sprache kamen, veränderte sich die Ausstrahlung und das Bild bei manchen Anwesenden. Diejenigen, die sich im „Eine-Welt-Laden", früher im „Dritte-Welt-Laden" die Beine in den Bauch standen, um Kaffee, Honig, Jutetaschen, Schnitzereien und andere Produkte zu „fairen" Preisen zu verkaufen, schienen von innen zu leuchten. Sie hatten und haben meinen Respekt, besonders dann, wenn sie wie Gertraud Meyer, Motor der Partnerschaft von Saarbrücken mit Diriamba in Nicaragua, seit 1984 über Jahre hinweg an der Arbeit festhielten, obwohl die Moden, die es auch bei der Hilfsbereitschaft gibt, längst weitergezogen waren, und die verhinderten Revolutionäre von einst, wie Niedersachsens Siegmar Gabriel, nur noch selten davon redeten, geschweige denn noch etwas taten.

* * *

Die Bundesrepublik kämpft immer noch mit den Folgen der Vereinigung von 1990, den unvermeidbaren Transferzahlungen und leidet unter dem tiefgreifenden demografischen Wandel, der den geltenden Regeln des Sozialstaats die materielle Grundlage entzieht. Veränderungen sind unvermeidbar, daran zweifelt niemand. Aber was soll geschehen, in welche Richtung soll die SPD sich bewegen?

Mit einer Uminterpretation der Grundwerte der Partei wird man diesen Problemen nicht gerecht. Die ökonomische Ratio in einer global vernetzten Wirtschaft mag zwar viele unbequeme Konsequenzen mit sich bringen, kann aber niemals die wachsende Zahl der *Drop-outs* bei uns rechtfertigen, die krasse Vermögenskonzentration und die ebenso krassen Einkommensunterschiede genau so wenig. An den internationalen Themen wird die SPD ihren inneren Zusammenhalt wohl kaum verlieren, umso größer aber ist die Gefahr bei der Organisation des Arbeitsprozesses und der Arbeitswelt sowie der sozialen Sicherungssysteme. Hier müssen sich die Begriffe Solidarität und soziale Gerechtigkeit bewähren.

Die von mir vorbehaltlos unterstützte Forderung nach Rechtsansprüchen anstatt Wohltätigkeit bei sozialen Notlagen muss das Fundament des Sozialstaats bleiben. Dieser Grundsatz braucht aber im Gegenzug auch die Bereitschaft zu Selbstverantwortung und Selbsthilfe. Da liegt vermutlich das tiefe Unbehagen begründet, das sowohl Ältere wie Jüngere aus jeweils unterschiedlichen Motiven in der SPD ergriffen hat. Für die Nachkriegsgeneration war es selbstverständlich, zuerst alle Möglichkeiten der Selbsthilfe auszuschöpfen, ehe jemand, Mann oder Frau, um Unterstützung nachsuchte. Ich kann mich noch gut erinnern, wie viel Geduld es manchmal brauchte, um eine alte, bettelarme Frau davon zu überzeugen, dass es keine Schande sei, von der Sozialhilfe zu leben.

Ja, wir haben auch den Missbrauch des Sozialstaats, aber er ist nicht die Regel, deshalb muss jede „Reform" auch eine Verbreiterung der Finanzierung beinhalten und Leistungskürzungen, die in einigen Bereichen sicher vertretbar sind, punktgenau definieren. Der Satz: „Wir können die sozialen Sicherungssysteme nicht mehr bezahlen", kann erst dann als Begründung für Kürzungen herhalten, wenn der andere Satz beantwortet ist: „Zahlen auch alle, die können?"

Aber auch das alles wird nicht reichen. Die öffentlichen Einrichtungen, Bund, Länder, Kommunen, Bildungs- und Gesundheitssystem, Arbeitsverwaltung etc. befinden sich in einem beklagenswerten

Zustand. Sie sind unzureichend organisiert, die Aufgaben- und Kompetenzverteilung ist so unlogisch wie die Finanzverteilung auch. Das öffentliche Dienstrecht ist nicht mehr zeitgemäß. Es muss ebenso kritisch durchforstet werden wie die Aufgabenfülle der staatlichen Organe. Die deutsche Vorschriftenmanie ist mehr als nur kurios, sie ist einfach hinderlich bei der Bewältigung der anstehenden Aufgaben. Entbürokratisierung ist eine ernstzunehmende Parole und eine umfassende Finanzreform dringend erforderlich.

Bei den festlichen Gelegenheiten waren Fachreferate nicht erwünscht, aber doch die Einbettung des als aktuell und dringend Empfundenen in den historischen, vor allem in den programmatischen Zusammenhang. Und da mochte es schon dem einen oder anderen auffallen, dass in die Gewissheiten der Glaubensfesten immer mehr Fragezeichen einsickerten und der Brustton der Überzeugung bei manchen Basissätzen an Kraft verlor.

Hier rächte es sich, dass in der Nach-Godesberg-SPD eine ernsthafte Programmarbeit nur phasenweise betrieben worden war und das praktische Handeln der Regierenden und Opponierenden stark vom allgemeinen Diskurs, vom Mainstream bestimmt wurde. Diese mittlerweile fast institutionalisierte, auf Umfragen gestützte Anpassungsbereitschaft hat auf die Partei abgefärbt, lähmt sie, anstatt dass in jedem Fall die Verträglichkeit politischer Entscheidungen mit den immer noch gepredigten Grundsätzen überprüft werden würde. Dies ist die Substanz der Bredouille, in der sich die SPD im Jahre 2003 befindet.

Wenn dieser Teil bei den Ehrungen bewältigt war, kamen – besonders in den kleineren Dörfern und in den Stadtteilen, in denen das soziale Leben von den vielfältigen, im Saarland besonders üppig wuchernden Vereinsstrukturen geprägt war – die Gratulanten aus nah und fern, gratulierten im Namen der Freiwilligen Feuerwehr, des Roten Kreuzes, des Frauenchors Constanze, des Musikvereins Arion, des örtlichen Sportvereins, der Karnevalsgesellschaft, des Philatelistenverbandes, des Technischen Hilfswerkes, des Kleintierzuchtvereins, der Tanzgruppe Grün-Gold, des Pfälzer Waldvereins, des Berg- und Hüttenknappenvereins, der Wanderfreunde, des Kirchenchors …

Und die politischen Konkurrenten gratulierten – wenn der Saal voll war, mit säuerlichem Gesicht, war er leer, mit gönnerhafter Solidarität der Demokraten – und alle, alle hatten ein „Kuvert" dabei (mit Wandtellern, Ehrenkacheln und Ähnlichem war das Land aufgrund der langen Friedenszeit eh eingedeckt, damit war vermutlich nur noch Unmut zu ernten), in dem eine kleine Geldsumme, heutzutage eher ein Scheck, zudringlichen Blicken entzogen war, um über die Höhe der Summe keine Vergleiche anstellen zu können.

Regelmäßige Gäste waren auch die örtlichen Sparkassen und Volksbanken, die in gleicher, nicht nur edler Absicht, zur Abdeckung der entstehenden Kosten beitrugen, und deshalb – nebenbei: auch bei allen anderen Vereinen, einschließlich der Marianischen Jungfrauenkongregation – bei der Begrüßung immer ziemlich weit vorne rangierten. Weit vor der Presse, die ebenfalls immer besonders herzlich willkommen geheißen wurde, auch wenn man die Blättchen bzw. die Repräsentanten derselben nicht ausstehen konnte, in der Hoffnung auf „wohlwollende und ausführliche" Berichterstattung und um sich – die Krönung, auch für die Jubilare – die Aussicht auf ein prominent platziertes Bild in der lokalen Seite nicht zu verscherzen, was zu Zeiten der „Leser-Blatt-Bindungsphilosophie" eigentlich auch nicht passieren dürfte, denn – Verlagslinie hin, Verlagslinie her – Sozialdemokraten sind auch Leser und besonders pünktlich und zuverlässig beim Bezahlen.

Insofern präsentierte sich die SPD – wie es bereits Tucholsky in leicht boshafter Manier aufgespießt hatte – als ein ganz normaler Verein, als ein Teil des gesellschaftlichen Lebens der Städte und Dörfer, und wenn die anwesenden Vereine ihrerseits ein Jubiläum hatten, erschien ein Vertreter des SPD-Ortsvereins, ebenfalls mit einem „Kuvert" bewaffnet, um standesgemäß zu gratulieren. Das Ganze war übrigens, finanziell gesehen, ein Nullsummenspiel.

Bei solchen Gelegenheiten dachte ich an Kishons Bonbonniere, die durch Israel geistert, bereits biblisches Alter hat und demjenigen, der sie egoistisch zum Verzehr öffnet, anstatt sie wie alle anderen vorher weiterzuverschenken, eine böse Überraschung bereitet – wohingegen ein Scheck, richtig angelegt, zwischenzeitlich Zinsen bringen kann. Und in den früheren Jahren dachte ich an die Remy-Flasche (der Remy Martin galt lange Zeit im Saarland als der beste Cognac), die im Saarland bei Geburts- und Festtagen gut verpackt und nie geöffnet, kreiste (jetzt ist längst der Rotwein, kultivierter wie man nun mal geworden ist, an die Stelle der harten Sachen getreten). Und ich dachte, dass derjenige, der ihn dann öffnen würde, einen richtig alten Cognac – allerdings nicht im Fass gereift – kredenzen oder selber trinken konnte.

Solche profanen Gedanken – Derartiges widerfuhr mir schon als jugendlichem Kirchgänger: Ich konnte einfach nicht ununterbrochen konzentriert dem Ritus folgen, und die Gedanken flogen wie Vögel immer wieder in alle Richtungen davon – verschwanden, wenn die Kapelle oder der Chor das Lied „Brüder zur Sonne, zur Freiheit" anstimmte und alle im Saal ihre Gespräche abbrachen und sich erhoben, um mitzusingen oder um sich einfach dem feierlichen Augenblick hinzugeben.

Und so standen alle, sich bei der dritten Strophe „Brüder in eins nun die Hände“ an den Händen fassend, fast mystisch vereint beieinander und spürten etwas von der Kraft, die über mehr als ein Jahrhundert diesen für Außenstehende spröde und langweilig, im besten Fall rätselhaft erscheinenden Organismus am Leben gehalten hatte. In den Gesichtern war etwas davon zu lesen, Selbstbewusstsein und Stolz paarten sich mit Sentimentaliät und erzeugten eine Stimmung, der sich kaum jemand entziehen konnte.

Hier waren alle für einen kurzen Moment eins: die Nörgler, die Schaffer, die Opportunisten, die Karrieristen, die Kritikaster, die Kapitelfesten, die Redegewandten, die stillen Arbeiter, die eitlen Selbstdarsteller, die Uneitlen – die aber auch zuweilen, wie man an Herbert Wehner sehen konnte, ihre Uneitelkeit so hypertrophierten, dass man sie sozusagen als das *non plus ultra* der Eitelkeit ansehen musste –, die Vereinsmeier, von denen es in der SPD nicht wenige gibt, die Stadträte, die Mitläufer, die mitgebrachten Partner …

Die Älteren sagten zum Schluss des Liedes noch „Freundschaft“, und dann war der „offizielle“ Teil beendet und je nach Lust und Laune wurde gegessen, getanzt, natürlich auch getrunken. Die etwas Hinfälligeren gingen mit dem größeren Teil der Ehrengäste bald nach Hause, und der Saal leerte sich nach und nach, bis die Musik verstummte, die Instrumente eingepackt wurden und – wie bei allen Vereinen dieser Welt – irgendwann in der Nacht verzweifelte Kellnerinnen und Kellner, Wirte oder Hausmeister sich abmühten, die Letzten (Meine Frau sagt, ich sei immer dabei gewesen!) aus dem Saal in Richtung Heimat zu treiben.

Karfreitagszauber

Über mehr als ein Jahrzehnt hinweg bestand meine Karfreitagsbeschäftigung am Nachmittag und Abend aus Skatspielen und anschließendem Tratsch.

Alsweiler, ein Ortsteil von Marpingen, im Schatten des Schaumbergs, der höchsten saarländischen Erhebung in der Völkerbundszeit, gelegen, war Ort des Geschehens. Das benachbarte Tholey, in die Ostflanke des Berges geschmiegt, ist einer der frömmsten Plätze des Landes. Kelten und Römer siedelten dort schon früh an einer Schnittstelle mehrer Straßen. Die heidnischen Traditionen wurden, wie auch andernorts, in christliche umgemünzt. Im 7. Jahrhundert entstand dort eine Klerikerkommune, aus der später eine Benediktinerabtei wurde. Auch in diesem Fall setzte die Französische Revolution einen vorläufigen Schlusspunkt, vorläufig insofern, als am 8. Dezember 1949 mit viel Pomp die Wiedererrichtung des Klosters St. Mauritius gefeiert wurde. Auf diese Weise sollte dem von Deutschland abgetrennten Saarland ein eigener kirchlich-religiöser Mittelpunkt gegeben werden.

Für einen Restglauben-Protestanten wie mich war es schon etwas seltsam, an diesem hohen evangelischen Feiertag, manche sagen dem höchsten, in einem katholischen Pfarrheim auf einem geradezu professionell angelegten Turnier des SPD-Ortsvereins Alsweiler ganz profan Skat zu spielen. „Früher haben wir, um die Evangelischen zu ärgern, am Karfreitag große Wäsche gemacht und die Unterhosen auf die Leine gehängt oder – schlimmstenfalls – ‚Puddel' gefahren, d. h. Jauche auf den Feldern verteilt. Dort, wo die Evangelischen in der Mehrheit waren, haben sie es uns an Fronleichnam dafür heimgezahlt."

Diese, mit unverhohlener Freude am Schabernack gegebene Erläuterung zur weltanschaulichen Legitimation des unheiligen Treibens war nicht agnostisch begründet, sondern wuchs gleichsam als legitime Frucht aus dem heiligen Klima dieser im Vorhunsrückland gelegenen Orte, in denen Bergleute zu Hause waren, die ganz in der katholischen Zentrumstradition und dem Netz eines differenzierten katholischen Vereinswesens gefangen bzw. gehalten waren.

Nicht von ungefähr erschien gerade dort im Jahre 1876 am 3. Juli zum ersten Mal die Jungfrau Maria drei jungen Mädchen im Härtelwald bei Marpingen, was zu hysterischen Ausbrüchen von Frömmigkeit und Glaubenseifer führte und die Gemeinde schlagartig in ganz Deutschland und darüber hinaus bekannt machte. Diese Bekanntheit brachte sie aber auch gleichzeitig in Konfrontation mit dem kulturkämpfenden Preußen. Um die Aufläufe, Bittgänge, Wallfahrten und Versammlungen zu verhindern, forderte die preußische Kreisverwaltung in St. Wendel Militär an. Mit aufgepflanztem Bajonett versuchten die Soldaten vergeblich, die Gläubigen zurückzutreiben und den Wunderglauben zu unterdrücken. Gewalt half so wenig wie der Augenschein, was die Aufzeichnungen der Hochwaldgemeinde Kell belegen, die sich beeilt hatte, „mehrere Blinde, Lahme und andere mit verschiedenen Gebrechen behaftete Individuen an einem Abend zu verladen und an den für alle Krankheiten Heil bringenden Ort per Achse zu transportieren. Dieselben kehrten nach zwei Tagen zurück und zwar die Blinden vollständig blind, die Lahmen hinkend und die übrigen Kranken ebenfalls ohne die gewünschte Heilung, aber der Glaube an die gedachte Wundermär war durchaus nicht wankend und vertröstete sich auf bessere Zeiten."

In regelmäßigen Abständen entstanden und entstehen seitdem im Bannkreis von Marpingen neue religiöse Bewegungen, die das „deutsche Lourdes“ aus seiner Beschaulichkeit reißen und in den Blickpunkt der (Welt-) Öffentlichkeit geraten lassen.

Eigentlich kein gutes Pflaster für Sozialdemokraten, aber die Einebnung der religiösen Unterschiede, die nachlassende Frömmigkeit insgesamt, hatten die Gemeinde den Sozialdemokraten in die Hände gespielt, die dieses Vertrauen durch eine engagierte und erfolgreiche Kommunalpolitik rechtfertigten.

Der Vorgang belegt einen tiefgreifenden Bewusstseinswandel im Land. Wenige Jahrzehnte vorher konnte man, wenn man die konfessionelle Gliederung des Landes mit den Wahlergebnissen korrelierte, leicht feststellen, dass die Katholiken (heftig) der CDU zuneigten und die Protestanten (ebenfalls heftig) der SPD. Da das Saarland zu drei Vierteln aus Katholiken besteht, hatte die SPD aufgrund dieses Glaubenskatasters zweifellos schlechte Karten. Im nördlichen Saarland, in den ehemals birkenfeldisch-oldenburgischen und somit protestantischen Gebieten, gab es Wahlergebnisse weit jenseits der 50-Prozent-Grenze für die SPD – die Honoratioren der Orte hatten sich politisch ganz simpel als SPD-ler definiert. Jenseits der Konfessionsgrenze, heute teilweise in einer Gemeinde „zusammengebietsreformiert“, sah es spiegelbildlich anders aus. Die Honoratioren hatten beschlossen, CDU-ler zu sein beziehungsweise zu werden.

Kurt Conrad und Friedel Läpple, die sozialdemokratischen Parteivorsitzenden nach der Rückgliederung, waren evangelisch. Oskar Lafontaine, katholisch, zudem Cusaner und vermeintlicher Jesuitenschüler, konnte da schon einiges wettmachen, und einer der Marpinger Lokalmatadore der SPD, Richard Dewes, später Innenminister in Thüringen, war sogar katholischer Doktor der Theologie. Auf diese Weise war einiges an der konfessionellen Front durcheinander geraten. Berg- und Stahlarbeiter begannen, nach ihren sozialen Interessen zu wählen, und ignorierten den Druck des heimischen, von der Kirche bestimmten Milieus. Es darf aber auch nicht verschwiegen werden, dass die unbeirrteste, treueste Gruppe der CDU-Wähler bei den regelmäßigen Kirchgängern über sechzig zu finden ist und hier spezifisch bei den Frauen, wobei die Tatsache keine Rolle spielt, dass die Frauen die Männer erfahrungsgemäß – und statistisch nachgewiesen – überleben, denn die Befragungen sind ja „repräsentativ".

* * *

Solche Überlegungen ließen alle am alljährlichen Karfreitags-Skatspektakel Beteiligten völlig kalt. So ein Turnier war eher eine heile und überschaubare Welt. Hier gab es klare Regeln und Verhaltensweisen. Man spielte, gewann und verlor, fluchte evangelisch oder katholisch, wenn es nicht lief, und am Ende wurde zusammengezählt, nach Adam Riese.

Der Ort des Geschehens, das katholische Pfarrheim von Alsweiler, liegt eingebettet in ein schmales Tal, das dauerhafter Gegenstand der jeweiligen Dorferneuerungsprogramme und geplanter und realisierter „Unser Dorf soll schöner werden"-Wettbewerbe war, umgeben von Gärten, in denen Grün und beginnende Blütenpracht sich mehr oder weniger, ganz nach den Jahren, zögernd zeigte. Dort strömten gegen 16 Uhr aus Alsweiler selber und den umliegenden Dörfern zirka fünfzig zumeist leger gekleidete Turnierteilnehmer herbei, bei Regen und Sonnenschein, mit oder ohne Schirm, komplimentierten sich gegenseitig, voller Vorfreude, mit Scherzen und Neckereien (meist Prophezeiungen über den Turnierausgang), durch die Eingangstür, hängten ihre Mäntel, Jacken und Umhänge an die lange Reihe von Aluminiumhaken, die im Vorraum zum Schauplatz des Spiels angebracht waren, und traten dann endlich in den Spielhimmel ein.

Der große, freundliche Saal war mit Vierertischen bestückt, jeweils mit einem kleinen Teller versehen, auf dem vier bunt gefärbte Ostereier das Auge erfreuen sollten. (Blumen eigneten sich nicht, denn schlechte Karten, falsches Ausspiel, mangelndes Einfühlungsvermögen des Partners, extreme Verteilung der Karten und was einem sonst noch passieren kann, regen den Kreislauf an und führen des Öfteren zu weit ausholenden Gesten, verbunden mit der Gefahr, aufragende Gegenstände wie Vasen samt Inhalt vom Tisch zu fegen.)

Gleich rechts vom Eingang, zu dem nicht genutzten Teil des Saales einen Abschluss bildend, residierte das Organisationskomitee, grüßte und begrüßte leutselig, erhob sich für kurze Zeit bei prominenten Gästen, um im Stehen einige höfliche Worte zu wechseln, nahm das Startgeld – in den frühen Jahren fünf, später sieben DM – in Empfang und füllte den Teilnehmerausweis aus, auf dem durch gepunktete Linien die Plätze für das Ergebnis der 1. und 2. Runde und für das Endergebnis zur eigenen Kontrolle markiert waren. Dann erhielt jeder Neuankömmling seine Startnummer und wurde in das Vorparadies entlassen, in dem die Eifrigsten, solche die „früh dran" waren, bereits spielten, Groschen und Markstücke hin und her schiebend. Dort wo es am heißesten herzugehen schien, hatte sich ein Ring von Gaffern oder skatspezifisch: von Kiebitzen gebildet, räsonnierend, kommentierend, komplimentierend.

Die übergroße Zahl der Anwesenden waren Männer. Maximal zwei Frauen spielten mit. Den Ausschank, zwei kleine „Fenster" im Saal zur Küche hin, hatte der SPD-Ortsverein besetzt. Dort gab es Kaffee und natürlich Bier (aus der Flasche zu trinken), Coca-Cola, Sprudel, der andernorts Mineralwasser heißt, und Limonade zu moderaten Preisen. Im Schalter nebenan, wo gewöhnlich Wurstbrote, Hackschnittchen und Wiener angeboten wurden, präsentierten sich prachtvoll aussehende Tabletts mit Käsebroten, alle stolz eine Salzstange als Fahnenmast tragend, – ich träumte mir immer ein rotes SPD-Fähnchen dazu und wünschte mir den Tag herbei, an dem das Pfarrheim in einem roten Fahnenmeer versinken würde.

Dann wurde das Los geworfen, aber nicht über die geringe Habe Jesu, sondern die Spielgruppierungen wurden auf diese Weise festgelegt. Tisch 3, Platz 4 beispielsweise war kein schlechtes Los. Ungünstig war es, wenn man Platz 1 zog, das bedeutete nämlich, man musste schreiben, die Spielergebnisse notieren, zusammenzählen und, wenn die Mitspieler die Richtigkeit der Notate durch Unterschrift bezeugt hatten, dieselben an die Turnierleitung zwecks Eingabe in den Computer (wann die neue Mode sich durchsetzte, weiß ich nicht mehr) weiterleiten. Etwas viel Verantwortung, besonders dann, wenn man das „Kaltgetränk" Pils dem Sprudel und dem Kaffee vorgezogen hatte.

Wichtiger war aber noch, wer einem zugelost wurde – ein ähnliches Glücksspiel wie Lauf und Sitz der Karten. Da lauerten die notorischen Reizer, die „Sekt- oder Selters"-Typen, die hemmungslos auf den Skat reizten, so manches „schöne Spiel" damit schon im Vorstadium töteten. Da kamen die Frischlinge in Betracht, mit denen ein tödliches Zusammenspiel nur schwer zu inszenieren war, weil sie alle die (erlaubten) Winke eines geschickten Ausspiels konsequent ignorierten, da sie immer noch mit dem Trümpfezählen beschäftigt waren.

Wer war schon angetrunken, wer schüttete sich im Lauf des Nachmittags wie viele Fläschchen in den Kopf, wer orderte von dem feinen selbstgebrannten Obstler? Fragen über Fragen. Hier half nur eins: Gottvertrauen, Geduld und eine ruhige Hand. Wer hat das Schicksal nicht schon beredt beklagt, nur Kartenhalter zu sein, alle fünf Trümpfe in einer Hand gegen sich zu haben... Auch so kann man Contenance lernen, Schicksalsergebenheit und faire Verliererhaltung zeigen.

Selbstverständlich gab es zu Beginn eine kurze Ansprache der Ortsvereinshonoratioren mit freundlicher Begrüßung, Hinweis auf die Regeln und auf die erschienenen und noch erwarteten Ehrengäste. Wer besonders prominent war, wurde auch noch mit seiner Entschuldigung, er oder sie könne aus diesem oder jenem Grunde nicht kommen, ehrenvoll erwähnt.

Dann ebbte der Lärm ab, wurde zu einem konstanten Summen, das sich aus dem Gewirr der Reizworte, aus den ewig gleichen Fragen wie: Wer gibt? Wer sitzt vorne? und dem unterdrückten Fluchen der Loser bildete. Ruhige Höflichkeit war die Regel; nur dort, wo Bekannte aufeinander stießen, flackerten kurze Streitgespräche, am gehobenen Tonfall zu erkennen, auf, um aber bald wieder zu verlöschen – schließlich war es Karfreitag. Während ich „saß" (der Kenner weiß: immer dann, wenn ich Karten gegeben hatte und die anderen drei am Tisch spielten), ließ ich meinen Blick durch den Pfarrsaal wandern, prüfte die Gesichter, versuchte Assoziationen zu provozieren. Ich mochte diese Zufallsbekanntschaften, die sich über die Jahre verfestigten, denn ein harter Kern von etwa 30 Teilnehmern blieb konstant bei der Sache, fest entschlossen, nur durch den eigenen Tod am jährlichen Erscheinen gehindert zu werden.

* * *

Da war der alte Bergmann, schon lange pensioniert, in früheren Zeiten Anhänger des 1. FC Saarbrücken, dann zu Borussia Neunkirchen übergelaufen, konvertiert, gewechselt, je nachdem, von welcher Warte man es sieht, den ich – mit Freikarte – zu einer Rückkehr in den Saarbrücker Ludwigspark, aber auch nur vorübergehend, bewegen konnte. Wenn ich mit ihm redete, nach den vergangenen, teils besseren – der Bergmannsstand war hoch geachtet –, teils härteren Zeiten fragte, gab er bereitwillig Auskunft, erzählte von den „Hartfüßern", die weite Wege aus ihren Dörfern bis zum Arbeitsplatz in Gruben und Hütten zu bewältigen hatten, die während der Arbeitswoche in der Regel nicht zu Hause waren, in Schlafhäusern, Kellern und Mansarden in der Nähe der Bergwerke wohnten und nur den Sonntag mit der Familie verbrachten.

Das Land ist von einem Gespinst alter und neuer Verkehrswege überzogen. Da sind die Wege der Kelten und ihrer Vorläufer und vor allem die alten Römerstraßen, verborgen unter Laub, Wiesen und Feldern, zu Teilen auch sichtbar, dann wieder, in der Trasse genutzt, unter dem Asphalt. Da durchziehen die alten Grubenpfade aus den Zeiten, in denen es weder Autos noch Eisenbahnen gab, Felder und Wälder, den Förstern und Jägern bekannt und auch den Pilzsammlern, die das pilzreiche Land durchstreifen. Bis in die Pfalz reicht dieses Geäder; und auch von Alsweiler, Marpingen und Urexweiler machten sich die Männer auf, um ihr Brot in Gruben und Hütten zu verdienen. Später kamen die Eisenbahn, dann die Busse, die den Transport von und zur Arbeit besorgten, was aber weiterhin, trotz allen technischen Fortschritts, für die Frühschicht das Ende des Schlafes noch mitten in der Nacht bedeutete.

Ich sprach gerne mit August Schu, dem einarmigen, ehemaligen Bürgermeister von Marpingen in der Zeit vor der Gebietsreform, der sich schon früh, als die Region noch sozialdemokratische Diaspora war, zu den „Roten“ bekannte, und mit seinem Sohn, Briefträger in Saarbrücken, zeitweise für meinen Wohnbezirk mit zuständig. Er rückte mir – wie andere bei vielen Gelegenheiten ebenfalls – den Kopf zurecht, indem er von seinen Lebensgewohnheiten und Lebensbedingungen berichtete. In einer Spielpause erzählte er mir, dass er, außer bei solchen Gelegenheiten, nur noch selten Skat spielen könne, da mehrere verlorene „Bierlachs“-Runden in der Stammkneipe schon das Familienbudget überfordern würden.

Einer der aufmerksamsten Spieler, der statt Bier Unmengen des für eine Mark angebotenen Kaffees konsumierte, war ein Bauarbeiter. Er hatte viele Jahre im Tiefbau, im wahrsten Sinne des Wortes, auf dem Buckel. Ich schätzte sein konzentriertes Spiel und seine Fähigkeit, vom Kartensitz erzwungene Abweichungen beim ersten Anspiel geradezu telepathisch zu erfassen. (Die skatspezifische Faustregel „Dem Freunde kurz, dem Feinde lang“ oder kryptisch: „Vorne lang und hinten kurz“ lässt sich nicht immer eins zu eins umsetzen.) Wenn derartige, von der Norm abweichende Manöver gelangen, um den Alleinspieler in die Klemme zu bringen, am Ende sogar „umzumachen“, triumphierten wir nicht, sondern tauschten – quasi verstohlen – anerkennende Blicke. Kein Abklatschen, kein Freudengeheul, sondern nur stille Genugtuung über die Schönheit der Manöver. Die immer wieder entstehenden kleinen Spielpausen nutzten wir zu kurzen Dialogen über die Lage der Bauwirtschaft, insbesondere des Tiefbaus.

Das Saarland ist mit einem umfangreichen Straßennetz ausgestattet, verschandelt, sagen die einen, gesegnet, sagen die anderen. Der exzessive Bau von Autobahnen und Umgehungsstraßen hatte wohl lange Zeit den vielen – zum Teil noch aus Westwall-Zeiten stammenden – Bauunternehmen ausreichend Aufträge beschert, die wiederum für die Beschäftigten weitgehende Arbeitsplatzsicherheit bedeuteten. Die umstrittene Entscheidung für den Ausbau der Saar zu einer modernen Ansprüchen genügenden Wasserstraße (von Herbert Wehner und Willy Brandt auf Druck von Friedel Läpple, der mit Rücktritt von seinen Parteiämtern gedroht hatte, geradezu gewaltsam im Jahre 1973 durchgesetzt), bedeutete im Ergebnis zumindest eine partielle Beschäftigungsgarantie bis über die Jahrtausendwende hinaus.

Mein Spielpartner hatte, als zuverlässige und unverzichtbare Stammkraft eingestuft, die Jahre ohne Intervalle konjunktur- oder jahreszeitbedingter Entlassungen überstanden, was zum Leidwesen vieler Betroffener nicht die Regel war. Aber auch für ihn gab es in der Vergangenheit keine Garantie und erst recht keine für die Zukunft.

Seine Bemerkung „Ich bin auch nicht mehr der Jüngste“ hatte neben der koketten – Widerspruch heischenden – Melodie einen Sorgen und Ängste offenbarenden Unterton. Sorgen um den Arbeitsplatz, die bis jetzt grundlos, aber eben doch ständig präsent waren und im Blick auf die Zukunft bedrohlich wuchsen.

An seinem verhaltenen Schmunzeln, nachdem er seine Karten für das nächste Spiel geordnet hatte, erkannte ich, dass er gut „bespatzt" war und bereitete mich auf eine weitere unvermeidbare Niederlage vor.

Nach 32 Spielen war die erste Runde beendet und die zweite wurde ausgelost – die Phase der Hoffnung, wenn es gut gelaufen war, dass es so weitergehen möge, wenn es schlecht gelaufen war, es würde jetzt anders werden, Hoffnung auf einfachere, auf angemessenere, auf sympathischere Partner, auf einen Grand ouvert, Hoffnung auf die ganz, ganz große Serie ... Sieger zu sein, den Neid der anderen mehr als die Anerkennung genießend.

Dann wurde das Turnier in neuen Formationen fortgesetzt. Der Zufall, unberechenbar und unbestechlich, brachte uns an irgendeinen Tisch. Es waren Bekannte, über die man sich freute oder auch nicht. Es waren Unbekannte, bei denen man nicht genauer fragte, von denen man nur in etwa ahnte – oder erfahren würde –, in welchem Grade der Erleuchtung sie Skat zu spielen wussten. Die Scherzworte waren genormt, und die auch hier vorhandenen sozialen Unterschiede verloren sich schnell im Zigarettenrauch, im Alkoholnebel und im Hoch und Tief der Karten, im Glück und im Pech, und es rüttelte sich eine andere Art von Hierarchie zurecht, orientiert an den erspielten Punkten.

Auch in anderer Hinsicht blieb die Zeremonie in den Grundzügen über die Jahre hin gleich. Gegen Ende des Turniers – die Eier waren gepellt und verspeist, die Aschenbecher quollen über, die Zettel waren vollgeschrieben – tauchte Richard Dewes auf, im Pulli, zuerst in der Rolle als örtlicher Abgeordneter, dann durch die paternalistische Funktion als Ortsvorsteher ergänzt, dann Staatssekretär und später Minister im fernen Thüringen, einem Lande, das vielen Saarländerinnen und Saarländern aus den Zeiten der Evakuierung in guter Erinnerung geblieben ist.

Er bewegte sich leutselig von Tisch zu Tisch, klopfte seinen Gruß mit dem Knöchel, schleuderte das notorische „Unn?!“ in den Raum. Die Zeichen freudigen Erkennens, und das – wie das Ritual es verlangt – zurückgegebene „Unn?!“, überwogen gegenüber den gleichgültigen, aber nie abweisenden Reaktionen. Wenn Dewes seinen Rundgang beendet hatte, gesellte er sich zu den Gesprächsgruppen derjenigen, die mit dem Spielen fertig waren. Auch die schnellen und chronisch süchtigen Klopper, die bereits vor dem Turnierbeginn zu spielen begonnen hatten, waren wieder bei der Arbeit und ließen Groschen- und Markstücke klimpern.

Ein Tisch blieb immer übrig, brauchte länger – und hielt alle auf. Irgendwer hatte zuviel getrunken, hatte sich ständig vergeben oder die Karten fallen lassen, oder es war einer mit langer Leitung dabei, der für jedes Ausspiel unerklärlich langen Vorlauf brauchte.

Endlich! Es war abgerechnet, die Zahlen geordnet, Sieger und Verlierer tabellarisch definiert – die Ehrung konnte beginnen. An alle war gedacht. Der Letzte bekam ein Skatspiel zum Üben. Die drei vorderen Plätze wurden mit Geldpreisen belohnt, dann folgten die Ehrenpreise: Schnaps, Schinken, Wein und viele andere Kleinigkeiten, am wenigsten beliebt – es fällt mir schwer, das zuzugeben – waren die Bücher. Der Anstand erforderte es aber, sie doch mitzunehmen.

Die Preise wurden von Richard Dewes und weiteren Ehrengästen überreicht. Auch mir fiel stets eine kleine Rolle zu, obwohl ich selber aktiv am Turnier teilgenommen hatte. Über lange Zeit war Marie-Luise Kuhn die Seele des Ganzen; mit ihren rotblonden Haaren erfreute sie das Auge, und mit ihrer kraftvollen, rauen und doch samtenen Stimme schuf sie einen harmonischen Rahmen für den offiziellen Teil, für Begrüßung und Abschied.

Dann erklang der obligate Schlussbeifall, und es kam die Stunde, in der – gutmütiger – Spott die Nerven entspannte, es folgte noch ein Schwätzchen („Was machen die Saarbrücker?“, damit war die Mannschaft des 1. FC Saarbrücken gemeint), dann noch ein Schnäpschen und nach endlich vollbrachter Tat, der Raum hatte sich allmählich geleert, kam das Auslaufen, das Ausklingen bei Richard Dewes oder beim Alsweiler Ortsvereinsvorsitzenden zu Hause. Auf uns wartete ein festlich gedeckter Tisch. Das beste Geschirr (natürlich von Villeroy & Boch) war aus dem Schrank geholt worden und stand bereit. Außerdem ausreichend Pils, Wein, Käse in allen Varianten, Fisch und die berühmte „Eierschmier“, allerdings ohne das sonst dazu gehörige Dörrfleisch.

Skatspielen am Karfreitag ? Ja! Biertrinken am Karfreitag? Ebenfalls ja! Aber – das geboten Glauben und Tradition – kein Fleisch. (Da haben es die Elsässer etwas besser, bei denen Dörrfleisch nicht zum Fleisch gezählt wird.)

Hier erfuhr ich alles, was wichtig war, empfing Botschaften, konnte solche loswerden, nahm Beschwerden entgegen, selten Lob und hatte trotzdem die Möglichkeit, mich zu rechtfertigen und gleichzeitig meine Ideen zu vertreten. Hier hörte ich außerdem Neuigkeiten über Stahl, Kohle, Mittelstand, Landwirtschaft – alles war am Tisch vertreten inklusive des Öffentlichen Dienstes.

Was munkelte man in Gruben und Hütten, was hatte sich im Gemeinderat und Kreistag zugetragen, wer mit wem verkracht, wer mit wem wieder versöhnt? (Das ist fast noch wichtiger zu wissen. Der russische Bär und der englische Löwe gehen nicht zusammen, diese Fehleinschätzung hat uns unter anderem den Ersten Weltkrieg eingebrockt.) Es war, wie so oft in der Politik, eine Versammlung nach der Versammlung, in der offen gesprochen wurde, in der die eigentlichen Interessen und Absichten unverhohlen auf den Tisch kamen und in der hemmungslos kommunalpolitische Lobbyarbeit betrieben wurde. Ich lobte prophylaktisch die hervorragende Ausstattung der Gemeinde. „So was Akkurates wie bei euch, muss man erst mal suchen gehen“, war mein Eröffnungszug. Aber der half wenig. Mein Manöver war so durchsichtig wie der Schäferzug beim Schach.

Und so wurde ich, freundschaftlich gefesselt, mit den Problemen der Gemeinde vertraut gemacht: der Radweg zwischen Berschweiler und Marpingen, der Kunstrasenplatz in Marpingen, den ich dann später mit einweihen durfte, die Dorfmitte in Urexweiler, das „Hiwwelhaus“ in Alsweiler, die lang andauernden Auseinandersetzungen um die Kapelle im Härtelwald, der Dorfplatz in Marpingen, aus Städtebaumitteln gefördert, wo ich Anfang der 70er Jahre mit Henner Wittling eine Jungsozialistengruppe gegründet hatte (Sonntags morgens um 10 Uhr).

Kurz vor der Bürgermeisterwahl kehrte ich als Bundesminister zu diesem Platz zurück, um der Eröffnung durch meine Anwesenheit (natürlich der des Bundesministers) ein zusätzliches Sahnehäubchen zu geben. Wo dreißig Jahre vorher mein 2 CV geparkt hatte, stand an diesem Tag die Dienstlimousine. Dass die örtliche Opposition einen Grund fand, dem Ereignis fern zu bleiben, versteht sich von selbst und dass Bürgermeister Werner Laub (SPD) wiedergewählt wurde, ebenfalls.

An diesen Karfreitagabenden wurde mir bewusst, wie oft ich schon in der Gegend, in den Orten, gewesen war, die Straßen in jeder Richtung kannte und befahren hatte. Als Juso auf Seminaren in Berschweiler zuerst, dann zu Besuchen bei Rudolf Recktenwald, dem „Schmied von Urexweiler“ und langjährigen Vizepräsidenten für die SPD im Landtag, zu Fußballspielen im Freien und in der Halle, Gemeindebesuchen, im Altenheim in Marpingen, bei der Lebenshilfe in Urexweiler, zu Taufen und Beerdigungen, zu „Kungelgesprächen“, zu St.Barbara-Prozessionen in sengender Hitze, ja selbst zu einer Diskussion über die Marienerscheinungen mit David Blackburn, Historiker an der Harvard University, der einen dicken Wälzer über Marpingen, das „deutsche Lourdes“ verfasst hat, wurde ich gebeten.

Wenn wir uns dann, vorher noch mehrfach zum Bleiben genötigt – gut gesättigt und entspannt, die Ostersamstagsmorgen-Gartenarbeit bereits im Sinn –, doch auf den Weg machten, war die Nacht längst über das Land gekommen. Die hügelige Landschaft bildete einen Rahmen für den Mond, der manchmal groß, gelb-orange wie ein riesiger Kürbis nahe schien und dann, wenn sich der Ausblick weitete, entrückt wurde wie ein aufgestiegener Luftballon und uns, trotz des vorhergegangenen Treibens, zuverlässig heimleuchtete.

BILDVERZEICHNIS 1-9

Abb. 1: Betriebsratsvorsitzender Willi Deutsch, 1983. **Abb. 2 und 3:** Saarbrücker Schloss: Jubilarehrung des SPD-Ortsvereins Malstatt, 1992. Fotos: Walter Barbian. **Abb. 4:** Jubilarehrung in Malstatt. **Abb. 5:** Jubilarehrung in Brebach, 1981. Foto: Werner Wunderlich. **Abb. 6:** Straßenfest in Brebach. Foto: Walter Barbian. **Abb. 7:** SPD-Fest Diefflen, 1998. Foto: Dirk Guldner. **Abb. 8:** Wiesenfest in Bübingen. **Abb. 9:** Regierungsmannschaft 1975 (Von links: Hans Kasper, Peter Springer, Kurt Conrad, Friedel Läpple, Paul Jochum, Brunhilde Peter, Manfred Wagner, Norbert Engel, Alwin Brück). Foto: Reiner F. Oettinger.

1

2

3

4

EHREN
URKUNDE
SPD

6

7

8

9

11

12

13

14

15

17

BILDVERZEICHNIS 10-17

Abb. 10: Mit Friedel Läpple, 1982. Foto Rolf Ruppenthal. **Abb. 11:** Kandidaten der Saarbrücker SPD für die Landtagswahl 1985 (v.l. Margit Conrad, Reinhard Klimmt, Ludwig Triem, Marianne Granz, Reinhold Kopp). Foto: Reiner F. Oettinger. **Abb. 12:** Mit Hans-Jochen Vogel und Björn Engholm in Saarbrücken, Juni 1990, Foto: Reiner F. Oettinger. **Abb. 13:** Mit Oskar Lafontaine. Foto: Andrew Wakeford. **Abb. 14 und 15:** Mit Oskar Lafontaine. Fotos: Reiner F. Oettinger. **Abb. 16:** Mit Heiko Maas. Foto: Reiner F. Oettinger. **Abb. 17:** In der Trifelsstraße, Saarbrücken-Malstatt.

DAS SECHSTE KAPITEL

Von den Saarländern, ihrer Identität und der Heimat

Die Saarlandpartei – Wer sind die Saarländer? – Heimat

Fester Bestandteil des Parteilebens sind Versammlungen, in denen die Mitglieder – unter Beteiligung von Gästen oder unter sich – politische Zielsetzungen und Vorhaben beraten und beschließen. Ob Generalversammlungen, Mitglieder-, Diskussions- oder Wahlveranstaltungen, immer laufen sie nach festen Regeln ab, die sogar, meine ich, in einem Versammlungsgesetz festgehalten sind. So müssen Versammlungen, Kundgebungen etc., wohl aus haftungsrechtlichen Gründen, offiziell – möglichst mit fester Stimme – eröffnet und geschlossen werden. Die Versammlungsleitung hat das Hausrecht, lässt Protokolle für die Nachwelt oder als Gedächtnisstütze führen und derlei mehr.

Solche Treffen haben ihren offiziellen Teil und einen inoffiziellen, sozusagen das *after meeting meeting*, das im Saarland mit dem Spruch – Frage und Aufforderung zugleich – eingeleitet wird: „Geh'n wir noch einen trinken?!" Nach Gerhard Bungert die häufigste saarländische Lüge, da weder der Fragende noch die Bejahenden auch nur im Traum daran denken, nur *einen* zu trinken. Hier gelten die gleichen Regeln wie wohl überall auf der Welt: „Auf einem Bein kann man nicht stehen!", „Aller guten Dinge sind drei", „Vier Räder hat der Wagen", und so weiter *ad infinitum*.

Außerdem gibt es die handfestere Variante, die das Trinken natürlich mit einschließt: „Wir geh'n noch was essen!"

Wer in der Saar-SPD etwas werden oder bleiben will, darf sich diesen Bräuchen nicht entziehen, mit Ausnahme von ganz „Hochgestellten", denen man es schon wieder ankreiden würde, wenn sie nicht so viel zu tun hätten, dass es ihnen – leider, leider! – nicht möglich sei, noch auf „ein Glas" zu bleiben. Landtags- und Bundestagsabgeordnete sollten das aber schon bringen und Leutseligkeit, Sitzfleisch und Trinkfestigkeit miteinander verbinden, was so manchen und so manche (auch hier wird quotiert) in den Alkoholismus getrieben hat. Heute kommt man allerdings als Wasser- und Schorletrinker eher durch als in früheren Jahren, außerdem hat sich die Einsicht durchgesetzt, dass Wassertrinken gesund ist.

Die Gespräche sind prinzipiell immer gleich. Es wird getratscht, „wirkliche" Meinungen, die nicht öffentlichkeitskompatibel sind, finden Ausdruck und Resonanz, Personalfragen werden besprochen, Deals vorbereitet – du das, ich jenes –, Anekdoten erzählt, gewitzelt, nicht anders als in anderen Vereinen auch. Willy Brandt, Herbert Wehner, Johannes Rau, Hans Koschnick unter den Großkopfeten hatten – neben all ihren anderen Talenten – bei solchen Gelegenheiten besonders viel zu bieten, was nicht unwesentlich zu ihrer tiefen Verwurzelung in den Herzen und Seelen der Sozialdemokraten beitrug.

Bei aller Gleichförmigkeit der Rituale gab und gibt es auch im Saarland regionale Unterschiede: in Bräuchen und Sitten, in Sprache und Humor, in Speisen und Getränken. So ist der (über dem Bundesschnitt liegende) Bierkonsum zwar ein einigendes Band, aber in Perl an der Mosel dominiert der örtlich angebaute und gekelterte Wein, in Merzig, im benachbarten „Särkov" und dem Saargau, der Viez, kombiniert mit den diversen Obstbränden, Gauwhisky genannt. Auch das ist eine saarländische Spezialität: Das auf den Streuobstwiesen und in den häuslichen Gärten anfallende Obst nicht verkommen zu lassen, sondern in den über das ganze Land verstreuten Brennereien – zumeist in der Regie der Obst- und Gartenbauvereine, in Wolfersheim im Bliesgau gibt es sogar eine kommunale, zu der der Ortsvorsteher den Schlüssel hat – in helle, wunderbare Schnäpse zu verwandeln. Dabei ist es schon erstaunlich, was man alles zu Schnaps machen kann: Äpfel, Birnen, Mirabellen, Kirschen, Pflaumen, klar! aber auch Quitten, Schlehen und als Krönung Mispeln. Mispeln ergeben den sogenannten „Hondsärsch", den die früheren Landtagspräsidenten Herold und Kasper sowie der „Gaufürst" Leo Petry, Ortsvorsteher von Gerlfangen, als besondere Auszeichnung verschenkten oder auch ausschenkten, wobei sie selber durchaus nicht nur „einen“ tranken.

Auch ich bin Mitglied in einem Obst- und Gartenbauverein und lasse brennen, einen Kirsch („Baum Klimmt“), von dem ich meine, es gäbe nirgendwo einen besseren. Um diese kleine Abschweifung zu resümieren: Ich vermute, dass in saarländischen Kellern unzählige Hektoliter von hellen Schnäpsen lagern, nach Obstsorten und Jahrgängen geordnet, in großen Korb- und Weißglasflaschen, gestapelt auf tausenden Regalkilometern, genug, um den Bostalsee oder die Talsperre in Nonnweiler zu füllen.

Im Saarpfalz-Kreis dominiert das ortsansässige Bier und der Pfälzer Wein. Die Landeshauptstadt wiederum ist breit aufgestellt: Dort wird praktisch alles getrunken, die Elsässer Rieslinge haben Tradition und bei den harten Sachen der Cognac – insbesondere der legendäre Remy Martin, der gleich zwei Heilige (Remigius und Martin) dem gläubigen Trinker zur Seite stellt.

Die Sprache in den Versammlungen war und ist heute noch ein Mixtum. Hochdeutsch und Dialekt stehen gleichrangig nebeneinander, weder das eine noch das andere ist ein „Muss“. Auch hier herrscht eine über diese beiden Alternativen hinausgehende Vielfalt. Die Sprache im Saarland ist von Dorf zu Dorf verschieden, auf der Basis der zwei eigenständigen Dialekte des Mosel- und des Rheinfränkischen. Die Grenze zwischen beiden, die „dat/das“-Linie verläuft von Überherrn über Völklingen nach St. Wendel und südlich von Oberkirchen zum Hunsrück. Die Sprachforscher haben noch andere Linien identifiziert: die „Korf/Korb“-, die „us/uns“-Linien etc., nur im Groben identisch. Sie zeigen, dass die Übergänge fließend sind. Die Mär von den alemannischen Einsprengseln ist längst widerlegt.

Wenn die Gemüter sich erregten, die Stimmen lauter wurden, prallten Akzente und Begriffe aufeinander: die „Grouf“ und die „Grub“, der „Hond“ und der „Hund“, der „Vul“ und der „Vochel“.

Verbale Attacken wie „Dummschwätzer“, „Hawebraddler“ und „Schaffschuhversteckeler“ wurden je nach Sprachgebiet mit „Du“ oder „Dau“ verbunden und meinten das Gegenüber.

Da ich mich ständig im gesamten Lande bewegte, als Jungsozialistenvorsitzender, als Abgeordneter, als Fraktionsvorsitzender und als Ministerpräsident, hielt ich mich lieber an die Hochsprache und verfiel in der Hitze des verbalen Schlagabtauschs nur selten in die auch mir längst geläufigen Ausdrücke, die – wenn auch aggressiv gemeint – milder klangen und für den Angesprochenen leichter zu ertragen waren als die entsprechenden hochdeutschen Ausdrücke.

Allein an diesen kleinen Unterschieden im Alltag, wie auch am Brauchtum, an den Bauweisen der Häuser und Dörfer, erkennt man leicht, dass es in diesem doch eher klein zu nennenden Land keine einheitliche Tradition gibt. Und so entfachte sich auch in den *after meeting meetings* des Öfteren ein heftiger Streit darüber, wer oder was das Saarland und die Saarländer und Saarländerinnen eigentlich seien, über Gemeinsamkeiten und Gegensätze, über Vorurteile und Prägungen, über die eigene Identität und die der Region.

* * *

Was bei solchen Gelegenheiten einen eher spielerischen Charakter hatte, die Dialoge und Tischgespräche würzte, wurde in den regelmäßig und unvermeidlich – ob genehm oder nicht genehm – über die Parteien und das Volk hereinbrechenden Wahlkämpfen zum ernsthaften Problem. Wo kommen wir her? Wo stehen wir? Wer sind wir eigentlich, und wo wollen wir hin? Diese Fragen bildeten den Hintergrund, wenn sich die Sozialdemokraten an die Vorbereitung der Kommunal-, Landtags-, Bundestags- oder Europawahlen machten und in den Dörfern, Städten, Kreisen und im Land ihre Pläne schmiedeten, um das Wahlvolk anzuziehen, im besten Fall zu überzeugen. Die Strickmuster waren in etwa die gleichen: Am Anfang hatte das Programm zu stehen, die Formulierung und Verschriftung der Vorhaben und Einsichten, der Pläne und Ideen für die Zukunft, auf einer positiven Bilanzierung der eigenen Arbeit in den vergangenen Jahren basierend, sei es in der Regierung oder in der Opposition. Die programmatische Arbeit lief immer sehr zäh an. Es waren die Theorieversessenen, die gedanklichen Perfektionisten und die Einthemenmissionare, die sich in den ersten Entwürfen austoben konnten. Hier rechtzeitig einen Riegel vorzuschieben, den Pragmatismus ins Spiel zu bringen, war Aufgabe eines Repräsentanten des jeweiligen Vorstandes. Praktischerweise mit der Leitung des Gremiums betraut, boten sich ihm alle Möglichkeiten, über Tagungsrhythmen und Tagesordnungen den Prozess zu steuern.

Man wälzte die alten Texte (Was haben wir früher eigentlich gesagt? Was hat noch Gültigkeit? Wovon schweigen wir besser?), setzte Erfahrungen in Korrekturen um, formulierte neue Ziele, versah sie mit der Überschrift „Perspektiven" und hoffte auf Erleuchtungen, die man den eigenen Leuten, den Medien und dem Publikum als Visionen – „Was ist ihre Vision?" ist die Frage aller Fragen unserer zukunftsgierigen Gesellschaft – andienen konnte.

Das allgemeine Interesse am Programm wuchs proportional zum Näherrücken der wichtigsten Termine überhaupt: der Nominierungen von Kandidatinnen und Kandidaten für die Wahllisten und Wahlkreise, wichtiger und aufregender als der Wahltag selber – und für viele mindestens so arbeitsintensiv. Mit den Personen bekam das Programm Gesicht und Gestalt, Verkörperung in Fleisch und Blut, kein Wunder also, dass die Bewerber wachsendes Interesse an der Programmarbeit fanden. Es machte erstens einen guten Eindruck, programmatisch interessiert zu sein, und zweitens durften die Inhalte nicht so definiert werden, dass die eigene Person nicht mehr ins gewünschte Bild passte. Dieses ließ ja ohnehin nur wenig Spielräume übrig: Quotierung, Alters- und Regionalproporz sowie die angemessene Beteiligung unterschiedlicher Berufsgruppen machten die ganze Prozedur zu einem schwierigen Puzzle. Alle, die in den vorbereitenden Arbeiten der Vorstände nicht berücksichtigt worden waren, suchten nach einem Vehikel, das sie vielleicht doch noch auf die Listen brachte. Programmatisches Profil war eine solche Möglichkeit, ganz gleich, ob aus Überzeugung oder aus Taktik geboren.

Zeitzwänge und Terminfahrpläne beendeten irgendwann diese Phase, die Listenaufstellungen wurden vollzogen, die Übereinstimmung von Personen und Programm – und war sie auch noch so unvollkommen gelungen – konstatiert oder von der Mehrheit dekretiert.

Im Anschluss an diesen Prozess, oder auch parallel dazu, wurden die Strategien festgelegt, mit denen die Zustimmung einer Mehrheit der Wählerinnen und Wähler erreicht werden sollte. Was war das überwölbende Thema, die Klammer für die einzelnen Politikbereiche? Sozial – logo! Demokratisch – ebenfalls! Ökologisch – wer wollte widersprechen?! Aber das alles galt überall. Was war saarspezifisch?

* * *

Hier hatte die SPD lange Zeit eine klare Konzeption, die mit großer Übereinstimmung in allen Landesteilen mitgetragen wurde: An erster Stelle musste das Land gegen die immer wieder – wie Nessie im Sommer – auftauchenden Neugliederungspläne für das Bundesgebiet verteidigt werden und gegen die dabei stets geäußerte Absicht, die Saar mit Rheinland-Pfalz zu fusionieren, zusammenzuzwingen.

Das Saarland und auch Rheinland-Pfalz sind willkürliche politische Kunstgebilde, wie übrigens fast alle Bundesländer, die deshalb stets nach Gründungen eines Wir-Gefühls gesucht haben und immer noch weiter suchen. „Wir Saarländer" geht noch ziemlich flüssig von der Zunge – auch für die Moselanwohner, die erst in der zweiten Saargebietszeit vereinnahmt wurden, und für die pfälzischen Anwohner der Blies im Saar-Pfalz-Kreis.

„Wir Rheinland-Pfälzer" ist für die Eifelaner, Westerwälder, Moselaner, Rheinländer, Nassauer, Rheinhessen, Hunsrücker und Pfälzer schwer zur einigenden Parole zu erheben. Schwierig auch für Rheinländer am Unterlauf des Flusses, sich mit Westfalen und Sauerländern in einen Topf rühren zu lassen, und für Badener, das württembergische Stuttgart als Hauptstadt ertragen zu müssen. So bemüht man sich, Symbole und Ereignisse zu schaffen, die „Identität stiften" und „Wir-Gefühl" erzeugen, wenn nicht „Wir Rheinland-Pfälzer", so doch „Wir in Rheinland-Pfalz" oder auch „Wir in Nordrhein-Westfalen". Und diese Mangellage, dieser Zwang zum Selbstgefühl steckt hinter so mancher Entscheidung, die auf den ersten Blick nicht überzeugt.

Die Weigerung der Saarländer, ganz gleich wer regiert, ihren Rundfunksender SR in dem rheinland-pfälzischen, baden-württembergischen Zusammenschluss von SDR und SWF zum SWR als dritten Teil ein- und aufgehen zu lassen, ist zuallererst dem Bewahren der eigenen Staatlichkeit und der im Laufe fast eines Jahrhunderts unter Schmerzen geborenen saarländischen kulturellen Identität geschuldet, so wie auch die Universität des Saarlandes und der gesamte Regierungsapparat, der Eigenständigkeit ermöglicht, demonstriert, zelebriert und letztlich auch inspiriert und definiert.

Rundfunk, Hochschulen und Regierungsstellen schufen erst die Nachfrage und damit die Existenzgrundlage für ein über das Religiöse und Ökonomische hinausreichendes intellektuelles und kulturelles Leben. Rundfunk und Theater mit ihren Orchestern sowie die Musikhochschule garantieren eine Musikszene, die in ihrer Qualität kaum zu übertreffen ist und mit der Breite und Brillanz der Musikvereine und Chöre im Lande korrespondiert. Arnfrid Astel als Literat, Ralph Schock als Publizist haben den Rundfunk als Brötchengeber, Ludwig Harig und Alfred Gulden, letzterer mit seinen poetischen Filmen über die Region, als freie Mitarbeiter auch.

Die Beschreibung des Saarlandes und seiner Geschichte, die Vorstellungen von einer noch besseren Zukunft, die Definition des Selbstbewusstseins und seine konkrete Planung finden ihre Brutstätten in den Universitätsinstituten und auch in so stillen Einrichtungen wie dem Landesarchiv.

Für die Saarländer ist die Selbstbehauptung in der mit der Vereinigung größer gewordenen Republik ein noch sensibleres Thema als für die Rheinland-Pfälzer, die – wie erwähnt – mit rheinländischer Tradition, mit der pfälzischen und rheinhessischen und den rechtsrheinischen nassauischen Landen viel disparatere politische und kulturelle Überlieferungen vereinigen müssen, aber die – mittlere – Größe des Landes und die symbolträchtige Schar der Weinköniginnen haben auch dort stets alle Länderneugliederungsabsichten ins Leere laufen lassen.

Sicher hätte man gerne die Saarländer bei ihrer Heimkehr zu Deutschland geschluckt – entsprechende Pläne waren ausgearbeitet, aber die Bewahrung sozialer Privilegien, bei denen eine großzügig werbende Besatzungsmacht Pate gestanden hatte, die schlechten Erfahrungen mit der „Saarpfalz“, mit dem tonangebenden Neustadt zur Nazizeit („Uff die Bääm, die Pälzer kumme.“), das nüchterne Kalkül, zuerst die Prosperität bei Kohle und Stahl nicht teilen zu wollen und, nach der krisenhaften Entwicklung in beiden Branchen, als selbständiges Land mehr erreichen zu können als durch eine von ganz anderen Motiven politisch geprägte Staatskanzlei in Mainz, all dies bewog sämtliche Regierungen des Saarlandes – ganz gleich, wie auch immer die Zusammensetzung war –, die Selbständigkeit im Rahmen der Bundesrepublik als erstes und unverzichtbares Ziel zu definieren und alle anderen politischen Bereiche dem nachzuordnen.

Natürlich gab es auch Versuche, diese Basisposition in Frage zu stellen, und mit der in Abständen immer wieder aufflammenden Länderneugliederungsdiskussion kamen Vorschläge auf den Tisch, mit denen sich eher die jeweiligen oppositionellen Kräfte zu profilieren hofften und regelmäßig – scheiterten. Ob sie als „Läpple-Plan“ oder in anderer Form auf der Bildfläche erschienen, sie hatten etwas Gemeinsames: Sie verschwanden fast genau so schnell, wie sie aufgetaucht waren.

Mit der wachsenden Schuldenlast des Saarlandes sank die Attraktivität des Landes für welche Konfiguration auch immer, Kohle und Stahl wandelten sich von Garanten der Stärke zu hemmendem wirtschaftlichen Ballast.

Immer, wenn dennoch Neugliederungsdebatten anhuben, zuletzt – ernst zu nehmen – 1990 im Zuge der Verfassungsdiskussion, erklärten wir uns bereit, mitzumachen, allerdings unter drei Bedingungen: Das neue Gebilde müsse Saarland heißen, Saarbrücken als Landeshauptstadt haben und Oskar Lafontaine als Ministerpräsidenten akzeptieren.

Kurt Beck wehrte ich später mit dem Argument ab: Wenn das Saarland zu klein sei, möge man es doch größer machen. Ich zumindest sei bereit, den Unterlauf der Saar – also den Kreis Saarburg, der nach dem Kriege kurzzeitig dem Saargebiet zugeschlagen war – in die liebenden Arme zu schließen und die Westpfalz dazu, was auch den erkennbaren Vorteil mit eingeschlossen hätte, mit dem 1. FC Kaiserslautern einen gut geführten Bundesligisten im Lande zu haben. Damit waren die Debatten – leider, denn sie hatten einen wahren Kern – schnell beendet.

Für mich als Vertreter der politischen Konzeption, die zwischenstaatlichen Grenzen zu überwinden und eine, die historischen Strukturen nutzende, aber auch ignorierende Region in einem zukünftigen Europa der Regionen zu schaffen, war dies – so paradox es klingt – der eigentliche Antrieb, auf der saarländischen Selbständigkeit als Bundesland unverrückbar zu beharren.

Der Steuerungsprozess für eine grenzüberschreitende Kooperation mit dem Ziel einer wachsenden Integration war und ist besser – wenn man es denn will! – von Saarbrücken aus zu steuern als von Mainz. Wer in Mainz Politik macht, hat andere Prioritäten, andere Weltbilder. Der Rhein-Main Raum hat seine eigenen Realitäten. Mainz liegt nun mal näher an Wiesbaden, Frankfurt und Darmstadt als zu Saarbrücken oder Trier, was ein ebenso gewichtiges Argument ist. Zu dem kommt die größere Beweglichkeit und Einflussmöglichkeit, die mit drei Stimmen im Bundesrat verbunden war und ist. In diesem – „Heimattümelei", glasklare Interessenwahrung und europäische Dimensionen verbindenden – Ansatz lag das Geheimnis für die langdauernde Akzeptanz der sozialdemokratischen Mehrheit im Lande.

* * *

Die SPD sah sich als Saarlandpartei, wollte es sein, wollte die politische Kraft darstellen, die Besonderheiten und Traditionen des Landes achtete und daraus die Kraft und die Ideen für die notwendigen Veränderungen, für die Anpassung an die sich wandelnden Verhältnisse, für den Modernisierungsprozess schöpfte. Insofern war es auch konsequent, dass die Regierung Lafontaine sowohl Kurt Conrad und Friedel Regitz als sozialdemokratische Bezugspunkte etwa in der Wirtschaftspolitik wählte, aber auch die von Johannes Hoffmann (CVP) und Richard Kirn (SPS) gebildete Regierung als legitimen Vorläufer empfand und darstellte und sich auf Teilaspekte ihrer Politik – wie auch auf die Europapolitik Max Brauns – berief.

Heimatverbunden, europäisch, mit frankophilem Einschlag, weltoffen und innovationsfreudig sollte das neue, SPD-geprägte Saarland sein. Die Heimatverbundenheit drückte sich in einer Bildersprache aus, in der die Saarschleife bei Mettlach ganz vorne rangierte, aber auch die Ludwigskirche in Saarbrücken. Hochöfen- und Förderturmsilhouetten, mit High-Tech-Motiven aus Labors und Forschungseinrichtungen kombiniert, belegten die Verbundenheit mit der Montanindustrie und den Willen zu Modernität, zu Weltoffenheit und zum Strukturwandel. Ludwig Harig besang die „Saarländische Freude" und verarbeitete in seinen autobiografischen Romanen die eigene und die nahe Vergangenheit des Landes. Mit den Gedichten in Rodener Mundart von Alfred Gulden war der Dialekt – wie in anderen Teilen Deutschlands – als Ausdrucksmittel rehabilitiert und von dem Odium befreit worden, nur im Bereich der leichteren Muse tauglich zu sein.

Natürlich schoss eine solche Identitätssuche in der Sprache auch ins Kraut. Einladungskarten mit einem Text wie: „Kummen all, es gebt bestimmt kloar" gingen mir schnell auf den Wecker, aber insgesamt entfaltete sich eine breite Literaturszene, die das neu entdeckte literarische Ausdrucksmittel virtuos zu nutzen verstand, gipfelnd in kleinen Wörterbüchern, in denen man die wichtigsten Wörter auch als Außenstehender schnell überblicken und lernen konnte.

In den Städten und Dörfern wurden alte Bräuche wieder zum Leben erweckt und die größtenteils aus christlichen und konservativen Quellen gespeiste Bergmannskultur gepflegt. So wurde 1994 u.a. das in den 30er Jahren entstandene Grubenmuseum in Bexbach revitalisiert. Auch das nicht enden wollende Lob „typisch" saarländischer kulinarischer Köstlichkeiten wie Lyoner, also Fleischwurst – in der Tat die beste auf der Welt –, „Dibbelabbes", „Gefüllte" gehört in diesen Zusammenhang, was die Neider und Gegner dieses Kurses den pejorativ gemeinten Begriff „Lyonermentalität" prägen ließ, wobei ich bezweifle, dass die McDonaldisierung der Küche und der

Import von Münchener Käferbüfetts etwas anderes als eine aus Komplexen geborene Unterwerfungsgeste darstellt.

Ein weiterer Basissatz, Bank in allen Jahren, war die Verbindung der sozialdemokratischen Politik mit den Interessen der Industriearbeiter, von denen das Saarland, prozentual gesehen, den höchsten Anteil aller Bundesländer hatte und immer noch hat, im besonderen aus dem Bereich der Montanindustrie. Ganz allmählich, man könnte fast sagen, einer nach dem anderen, konnten auf diese Weise die traditionell mehrheitlich christlich organisierten und CDU wählenden Bergleute zur SPD gezogen werden. Die Stahl- und noch mehr die Bergarbeiter hatten, aus der Schwere ihrer Arbeit und den damit verbundenen guten Einkommen resultierend, eine besondere Stellung im Lande und ein entsprechendes Selbstbewusstsein, das aber mit den ständigen Krisen immer mehr getrübt wurde, in dem Maße, wie die Zahl der Beschäftigten und damit auch das Drohpotential und der Einfluss schmolzen.

Die Traditionen des Reviers hatten sich auch der SPD bemächtigt. Die Schlussformel bei allen Reden „Glück auf", der traditionelle Bergmannsgruß also, stempelte das oben genannte Grundgesetz quasi als politisch-kulturelles Glaubensbekenntnis bei jeder Gelegenheit aufs Neue ab. Der Steigermarsch bei Wahlparteitagen und Kundgebungen war obligat. Willy Brandt, Walter Arend, Helmut Schmidt, Herbert Wehner, Hans-Jochen Vogel, Gerhard Schröder, Johannes Rau – sie alle sind zum Steigermarsch in die überfüllten Hallen eingezogen, die kraftvolle Melodie als Unterstützung, mit Routine und Stolz zugleich von uniformierten Berg- oder Hüttenkapellen intoniert. Jeder Musikverein, jeder Gesangverein, jedes Orchester und so manche Rockband beherrscht dieses meistgespielte Musikstück der Region. Für mich war es im Wahlkampf 1999 einer der wenigen uneingeschränkt schönen Momente, als Frank Nimsgern bei der Abschlusskundgebung die Melodie auf seine Weise spielte und sie gleichsam als Intro neben seine eigenen Kompositionen stellte, mit denen er im Saarländischen Staatstheater Triumphe feierte.

Höhepunkt bei vielen Veranstaltungen war der Saarknappenchor, ein Männerchor erster Qualität, der in seiner adretten Knappenuniform, feierlich und perfekt zugleich, optisch geradezu „erschien" und neben dem traditionellen Liedgut, wie es im Fachjargon der Sänger heißt, Lieder aus aller Herren Länder vorzutragen wusste, so auch „Suliko", ein georgisches Volkslied, das – spätestens dann, wenn der Chor die Melodie nur summte – die Menschen zu Tränen rührte, obwohl es Stalins Lieblingslied war, was aber zum Glück kaum jemand wusste. Ich behielt es für mich und grübelte über die Symbiose von Grausamkeit und Sentimentalität bei Stalin, von Tierliebe und Menschenverachtung bei Hitler, von (Alkohol- und Nikotin-) Abstinenz und Bestialität bei Himmler nach und war stets ein wenig verwirrt, hin- und hergerissen zwischen versuchter kühler Distanzierung und Hingabe an das Gefühl des musikalischen Augenblicks.

Fotos mit Bergleuten, am wirkungsvollsten nach einer Grubenfahrt mit Helm und kohlenstaubgeschwärztem Gesicht, hatten symbolischen und programmatischen Charakter, nahmen Bezug auf die das Land und die Menschen prägende Arbeits- und zugleich Lebenswelt, zu deren düsteren Seiten der Tod unter Tage und die Zerstörungen durch Grubenschäden über Tage gehörten, was aber in einem Land, dessen ökonomische Basis die Kohle war, lange Zeit als unabänderlich hingenommen wurde.

Den Bergleuten zur Seite standen die Hüttenarbeiter, die in den großen Stahl- und Eisenwerken ebenfalls im Schichtbetrieb arbeiteten und, wie die Bergleute, in der Regel im dörflichen, zumeist auch katholischen Milieu lebten. Auch sie waren auf ihre schwere Arbeit stolz und vererbten sie innerhalb der Familie, so dass häufig zwei Generationen, in Extremfällen sogar drei, gemeinsam „auf" der Grube oder „auf" der Hütte beschäftigt waren.

Allen gemeinsam war und ist – Ausgleich zu der schweren, nicht ungefährlichen Arbeit – eine beneidenswerte Fähigkeit zum Feiern. Und Anlässe gibt es genug: die traditionelle Kirmes, oft ausgedehnt bis in den Montag hinein, die in den Dörfern sämtliche Tätigkeiten zum Erliegen bringt, Kram- und Jahrmärkte, Sportfeste, Dorffeste, (Alt-)Stadtfeste mit phantasievollen Namen wie der Saarlouiser „Emmes“, Fastnacht, Frühlingsfeste, Sommerfeste, Herbstfeste, Straßenfeste, Waldfeste, Betriebsfeste, Vereinsjubiläen, Familienfeste ... tatsächlich kann man jeden Tag auf irgendeinem Fest irgendwo im Lande verbringen. Und das kann man genießen: Pils, Viez, Wein, Schnaps, Limo, Sprudel, Rostwurst (weiß oder rot), Schwenkbraten und ortsübliche Spezialitäten wie Spießbraten, in weiten Teilen des Landes vom Schwenkbraten verdrängt, gegrilltes Bauchfleisch, Merguez, Hackfleischkompositionen und Spieße. Dazu die im Saarland unverzichtbaren Salate (das war in der Evakuierung wohl der größte Schock: kein Salat, nur Kohl, und wenn Salat, dann – schrecklich! – süß). Und alle Saarländer sind eigentlich gelernte Zapfer und routinierte Grillmeister. Wer noch nie zum Thekendienst eingeteilt war, noch nie serviert hat, noch nie bei sengender Sommerhitze den Grill oder den Schwenker betreut hat – ich sehe sie vor mir: die Schürze vorgebunden, die Grillzange in der einen Hand, mit der anderen die Bierflasche haltend und mit dem Handrücken den Schweiß von der Stirn wischend, mit verzweifelter Mimik und doch glücklich –, der bleibt ein Außenseiter. Das ist das Mindeste: Einmal im Jahr an irgendeiner Stelle zur Verfügung zu stehen, um diejenigen zu bedienen, die an anderen Tagen ihrerseits wieder gerne mit der – zumindest bei solchen Gelegenheiten – landesüblichen, fast südländischen Freundlichkeit Garnituren (eine Kombination von Holztisch und zwei Holzbänken) aufbauen, mit Papiertüchern überziehen und die Leib und Seele zusammenhaltenden Köstlichkeiten bereitwillig herbeizaubern.

Auch das musste bedacht werden, wenn man erfolgreiche Wahlkämpfe organisieren wollte. Die Politik konnte nur erfolgreich sein, wenn sie sich nicht dem Lebensrhythmus, nicht den noch lebendigen und kraftvollen Traditionen, nicht dem auch in der Vergangenheit wurzelnden Lebensgefühl verschloss.

In welchen Rahmen also stellt man die Themen Arbeitslosigkeit, soziale Gerechtigkeit, Wirtschafts- und Verkehrspolitik, Bildung, Forschung, Wissenschaft, Umweltschutz, humane Arbeitswelt, innere Sicherheit, Kultur?

Wer sind die Saarländer?

Und damit sind wir wieder bei der Frage nach der saarländischen Identität. Wer sind wir? Wer sind die Saarländer?

In einem Punkt gibt es – trotz anderer (falscher) Wahrnehmungen von außen – nichts zu deuteln: Wir Saarländer sind Deutsche, politisch, kulturell, von der Sprache her sowieso. Das widerspricht nicht dem besonders intensiven Bemühen um die deutsch-französische Zusammenarbeit, um die Verschmelzung der Region, um die Vollendung der europäischen Einigung. Das Saarland ist ein natürlicher Teil Deutschlands, ein (west)deutsches Bundesland, nach der Saarabstimmung vom 23. Oktober 1955, am 1. Januar 1957 in die Bundesrepublik, zu Deutschland politisch zurückgekehrt und am Tag X, dem 5. Juli 1959, mit dieser wirtschaftlich vereinigt worden. Bis dahin blieb der Franc das Zahlungsmittel. Briefmarkenfreunde überall auf der Welt, die deutsche Marken sammeln, kennen die Heuß-Marken mit der französischen Währung.

Diese Erfahrung trug übrigens viel dazu bei, dass Oskar Lafontaine 1990 den währungspolitischen Unsinnskurs von Kohl und Co. verwarf, was ihm bei den einheitstrunkenen und die Realität nach den Kategorien des Wünschens beurteilenden Deutschen – vor allem in den ostdeutschen Ländern – nicht honoriert wurde, im Gegenteil, wie man weiß!

Saarländische Identität? Im Wappen des Landes sind die über viele Jahrhunderte wichtigsten politischen Gebilde, die für die Region bis etwa 1790 bestimmend waren, wiederzufinden. Nassau-Saarbrücken (ein gekrönter silberner Löwe in blauem, von silbernern Kreuzen besäten Feld), Zweibrücken (ein goldener, rot gekrönter Löwe in schwarzem Feld), Lothringen (drei gestümmelte silberne Adler in einem roten Schrägbalken im goldenen Feld) und das Erzbistum Trier (ein rotes Balkenkreuz im silbernen Feld).

Die Französische Revolution warf auch hier die Verhältnisse über den Haufen, verband verlockende politische Ideen, Freiheit, Gleichheit und Brüderlichkeit, mit dem nationalen Interesse Frankreichs, und in Saarlouis wütete, wie anderswo, die Guillotine. Napoleon usurpierte die Macht, veränderte die politische Landkarte und schuf in vielen Bereichen die Grundlagen der modernen Gesellschaft.

Dann siegte die Anti-Napoleon-Koalition, stellte aber die alten Verhältnisse nur bedingt wieder her. Das Saarland wurde 1815 im größeren Teil preußisch, im kleineren pfälzisch, und das hieß bayerisch.

Von allem ist etwas geblieben. Die politisch Mächtigen haben mit diesen Traditionen gespielt, und wir haben mitgespielt und tun dies noch. Saarlouis wurde im Auftrag Ludwig XIV. 1680 als Festung gegen das Heilige Römische Reich Deutscher Nation begründet, daran änderte die Eindeutschung zu Saarlautern 1935 nichts. Sympathischer für mich: die Republikanisierung der Heimatstadt Michel Neys – des *brave des braves*, der auf dem Friedhof Père Lachaise in Paris begraben liegt – während der Französischen Revolution zu Sarre-Libre.

Auch das Wappen des bis 1957 selbständigen Saarlandes findet sich heute wieder: als Aufkleber auf Autos. Diese Demonstration – jeder Aufkleber ist eine Art Ein-Mann- oder Eine-Frau-Demo, dazu gedacht, die Straße als Propagandafeld zu nutzen – kann unterschiedlich gedeutet werden. Zum einen ist das alte Wappen gar nicht hässlich, mit den französischen Nationalfarben und dem Kreuz vielleicht sogar ästhetisch ansprechender als das traditionell prunkende Wappen des jetzigen Bundeslandes, also mehr Dekoration, eine Darstellung von etwas Ungewohntem, das Fragen aufwirft, Neugierde und damit Aufmerksamkeit erzeugt. Zum anderen mag mancher damit das ehemals dominierende christlich-katholische Milieu, repräsentiert durch Johannes Hoffmann und die CVP, ausdrücklich ehren oder auch die Verbundenheit mit dem französischen Nachbarn unterstreichen, die weiter reicht als der wechselseitige Respekt. Auf diese Weise wird das längst abgelöste, zum historischen Inventar gehörende Symbol erneut produziert, gekauft und an der Rückfront des Autos angebracht, um die hinter einem an der Ampel oder im Stau Stehenden zu erfreuen oder auch zu ärgern.

Saarlouis ist deutsch, wie der General François Preuße war und Oskar Lafontaine Saarländer ist, aber auch ein bisschen französisch, nicht nur die Namen, nein auch in der Sprache und in der Architektur. Die Bauernhäuser auf dem Saargau zeigen lothringischen Stil. Man kann es spüren, wenn man die Grenze zum Trierischen überschreitet – heutzutage fährt man ja meistens, wer offene Augen hat, sieht's und merkt's auch.

Was kann katholisch frömmer sein als das – in der territorialen Zugehörigkeit wechselnde – Tholey, Ort der frühen Christianisierung unseres Landes, Klerikergründung, und das unterhalb liegende Marpingen, wo im Härtelwald die heilige Jungfrau seit 1876 immer wieder erscheint, zum Leidwesen der Behörden, ob preußisch oder saarländisch.

Wer könnte bayerisch-pfälzischer sein als die Homburger – vielleicht weil sie für ihre Begriffe zu lange zu Nassau-Saarbrücken gehörten und erst 1750, als militärischer Stützpunkt „entfestigt“ und damit, zumindest militärisch, wertlos geworden, gegen Bexbach getauscht wurden. Die Zugehörigkeit zum bayerischen Rheinkreis, zur Pfalz, prägte das (Selbst-)Bewusstsein der Menschen im Osten des Landes. Daraus resultiert in der Konsequenz eine immer noch spürbare Abgrenzung bis hin zur Abneigung gegenüber der (preußischen) Landeshauptstadt Saarbrücken. Die Zusammenfassung der beiden früher rein bayerischen Landkreise Homburg und St. Ingbert bekam im Zuge der Gebietsreform 1974 den Taufnamen Saarpfalzkreis. Das eigene Identitätsgefühl der Saarpfälzer äußert sich in dem verständlichen Bemühen um Wahrung der weiss-blau-gefärbten Tradition, gleitet aber auch hin und wieder ins Kuriose und Wunderliche ab.

Mit der Verleihung des Siebenpfeiffer-Preises durch die gleichnamige Stiftung wird die Erinnerung an den bayerischen Landkommissär Philipp Jakob Siebenpfeiffer und an seinen Mitstreiter Johann Georg August Wirth wachgehalten, die beide im Vormärz und beim Hambacher Fest eine große und ehrenvolle Rolle im Kampf um die „Pressfreiheit“ gegen die Zensur gespielt haben. Preisträger waren unter anderen Carola Stern, Ralph Giordano, Heribert Prantl und Jürgen Leinemann, die sich mit Preis und Preisgebern und in der mit dem nahen Zweibrücken eng verknüpften Stadt sichtlich wohl gefühlt haben. Und das wird auch bei Peter Scholl-Latour, dem Preisträger des Jahres 2003, kaum anders sein.

Verständlich auch die Fußballrivalität zwischen dem FC Homburg und dem 1. FC Saarbrücken – zur Zeit zu Gunsten der Saarbrücker entschieden. Verständlich, dass die Homburger, wenn ihr Verein mal wieder nicht so viel zu melden hat, lieber nach Kaiserslautern fahren, ihr Geld eher dorthin bringen als zu dem Rivalen im eigenen Land. Unverständlich muss es aber Außenstehenden erscheinen, dass die Niederwürzbacher ihre in der 1. Handballbundesliga überaus erfolgreiche Mannschaft lieber abmeldeten, als sie in Saarbrücken spielen zu lassen. „Da fahren wir nicht hin", war die doch eher halsstarrige als vernünftige Parole, als über einen Wechsel des Spielorts von Homburg-Erbach in die Saarbrücker Saarlandhalle geredet wurde, um eventuell aus der zum damaligen Zeitpunkt daniederliegenden Fußballstadt Saarbrücken, nach dem Vorbild der schleswig-holsteinischen Landeshauptstadt Kiel, eine Handballstadt zu machen.

Heftig war der Kampf um die „Höfches". Irgendwo müssen Grenzen ja verlaufen, wenn man sie denn einrichten will – und nicht immer stehen Gebirgskämme, Meere, Wüsten, Flüsse und Bäche zur Verfügung. So gab es nach der Grenzziehung von 1815 nicht nur an der Grenze zu Frankreich das in der Mitte der Hauptstraße getrennte Leidingen, sondern auch einen preußischen Kohlhof und einen bayerischen Kohlhof (die „Höfches"). Welch unsinnige Idee, diese seit 1815 bestehende Zuordnung mit der Gebietsreform 1974 revidieren zu wollen – eine unerwünschte Wiedervereinigung. Heftig und lange wurde gekämpft und das territoriale (Un-)Recht wiederhergestellt.

Bemerkenswert auch das Schicksal von Schnappach, dem ehemaligen bayerischen Außenposten im preußischen Sulzbachtal, von den Sulzbachern wegen des billigeren (und besseren?) Biers hoch geschätzt und 1974 von St. Ingbert, das im Gegenzug Rentrisch aus dem preußischen Landkreis Saarbrücken erhielt, an Sulzbach „abgetreten". Dort lebte der profilierteste saarländische Industriemaler Fritz Zolnhofer für einige Jahre und malte seine von einem speziellen schwarz-blauen Grundton geprägten Bilder. So rechnen sowohl die St. Ingberter den 1896 in der Pfalz geborenen und 1965 in Saarbrücken gestorbenen Maler ihrer kulturellen städtischen Ehrentafel zu als auch die Sulzbacher. St. Ingbert richtete die Jubiläumsausstellung zum 100. Geburtstag aus, Sulzbach hat jetzt den zentralen Platz in Schnappach nach Zolnhofer benannt.

Das alles – so kurios es manchmal auch erscheint – passt gut zum Schicksal eines Landes, das von und zwischen den Großmächten hin- und hergeschoben wurde, im 20. Jahrhundert sechs verschiedene staatliche Zugehörigkeiten erleben und erleiden musste. Kaiserreich, Weimarer Republik, Völkerbundsmandat, Hitlerdeutschland, Saarland und jetzt Bundesland der Bundesrepublik Deutschland und in sich selbst von großer Vielfalt – zu den im Wappen repräsentierten politischen Gebilden kommen noch viele kleine Einheiten, die ebenfalls auf ihre Traditionen pochen.

In Zolnhofer haben wir einen Künstler, den sowohl bayerische wie preußische Traditionalisten für sich bemühen können, der das Land und seine Menschen wie kein anderer porträtiert, ihr Schicksal geteilt hat und dessen Lebensweg mit dem Schuss Opportunismus versehen war, den man braucht, um unter solchen Umständen überleben zu können.

In Rheinland-Pfalz, in Luxemburg und in Lothringen werden wir Vergleichbares, Ähnliches beobachten können, wenn wir uns etwas näher über diese Landstriche beugen. Eifersüchteleien, Rivalitäten, aber dann, wenn's sein muss, auch die Bereitschaft zum Zusammenstehen und – wichtiger! – zur Zusammenarbeit.

Und so sind auch die Saarbrücker auf den Maler Weißgerber stolz. Ein St. Ingberter, der in München zu Ruhm kam und im Ersten Weltkrieg fiel. Und die katholischen Hochwälder sind stolz auf den protestantischen Großindustriellen Stumm, der eine ganze historische Ära des deutschen Kaiserreiches prägte. Die Saarbrücker lassen Villeroy & Boch gelten, essen von deren Tellern und trinken auch das Bier aus Homburg. Wir mögen es, wenn Metz – leider nur beinahe – französischer Fußballmeister wird und Kaiserslautern ganz real die deutsche Meisterschaft gewinnt. Wir rühmen uns gerne in der Fremde unserer heimatlich heimeligen Besonderheiten und Sehenswürdigkeiten – aber auch unserer Nähe zu Frankreich und Luxemburg, erwähnen – nebenbei – die Porta Nigra, die Metzer Kathedrale, die „tollen" Weine, besonders von der Saar, die aber in Rheinland-Pfalz wachsen – im Saarland selbst wächst Wein am Oberlauf der Mosel –, genießen die Küche, und Alwin Brück, langjähriger MdB und Staatssekretär im Ministerium für wirtschaftliche Zusammenarbeit, beherbergt Peter Struck – seit Jahren schon – am lothringischen Stockweiher, der längst ein paritätisches Gewässer geworden ist.

* * *

Solche Momente der Einsicht in die vielfältigen Gemeinsamkeiten begründeten ein besonderes Wir-Gefühl, ganz gleich wo und in welcher Runde man sich befand. Man war nicht mehr nur auf sich selbst – so stolz und selbstbewusst man auch immer war – angewiesen, sondern fand sich in einer großen Gruppe und Einheit wieder, die das Anderssein der heimischen und ausländischen Nachbarn als Bereicherung empfand und ihm Respekt erwies, weil man selber respektiert wurde, Gedankenbilder und Umgangsformen, die der in früheren Zeiten gepflegten Höflichkeit, der Courtoisie, nicht fern waren. Dann waren plötzlich alle Saarländer oder Linksrheinische, Mosellaner oder Karolinger, immer das, was sich am praktikabelsten erwies, um brüderliches und schwesterliches Handeln zu beflügeln.

Im Anschluss an solche – oft sentimentalen – Szenen belebte sich das Gespräch erneut, wenn die Anekdoten auf den Tisch kamen, wenn die Erzählungen weit in frühere Jahrhunderte zurückreichten. Bei allem was man sonst auch ins Feld führen mag: Als hier schon die herrlichsten römischen Villen standen, Städte und Straßen gebaut wurden, hausten die Berliner noch im Sumpf und bewegten sich auf Knüppeldämmen.

Aus diesen Momenten der Einheit, die allerdings nicht lange dauerten, entspannen sich neue Konflikte, denn für ein in seinen Traditionen derart zersplittertes Gemeinwesen lassen sich auch nur schwierig allseits anerkannte Heroen und Vorbilder finden. Nun gut: Für glaubensfeste Katholiken sind die regionalen Heiligen Oranna und Wendalinus auch heute noch Fixpunkte der Verehrung und Gläubigkeit. Ebenso Luitwin in Mettlach, wo die Bochs durch die Verwendung dieses Vornamens ihre Verbundenheit mit dem Heiligen zum Ausdruck bringen und die „Herrschaft" über den Alten Turm im Park der Abtei legitimieren. Und Pirminius erweist man im Bliesgau, wo das ehemalige Kloster Hornbach, die letzte Pirminiusgründung liegt, besondere Verehrung.

Im Kulturellen ist, außer dem Gegenwärtigen, ebenfalls nur wenig zu vermelden. „Prope nihil" (fast nichts), so wertete Peter Wust die Szene, und Wilhelm-Heinrich Recktenwald formulierte etwas boshaft: „Der Geist weht, wo er will – manchmal will er aber nicht." Goethe war hier, Iffland inszenierte, von Mannheim sporadisch anreisend, quasi herbeigeweht, bei Hofe für den letzten Fürsten Theaterstücke.
Meistens aber verließen die Begabten, wie auch in Luxemburg und Lothringen, die Region: Albert Weißgerber, Lisbeth Dill, Gustav Regler, Edgar Jené, Otto Steinert, Max Neumann und viele mehr. Johannes Kirschweng – nur noch regional bekannt – blieb, Ludwig Harig auch, Robert Leonardy, Hans Dahlem und andere, die in früheren Zeiten ihr Glück anderswo gemacht hätten. Ein dichtes Netz kultureller Einrichtungen – Hochschulen, Museen, Rundfunk, Festivals, Theater – hält jetzt viele im Land und prägt eine lebendige und lebhafte Szene von Gewicht.

Mit den Nachbarn in Zweibrücken, Forbach, Metz und Luxemburg ist ein bestrickendes Gespinst kultureller Vielfalt entstanden, das sich mit anderen Regionen durchaus messen kann.

Auch politische Größen sind in der Vergangenheit kaum dingfest zu machen. Das Land brachte in seiner kurzen Selbstständigkeit – mit der auch nicht von allen anerkannten Ausnahme Oskar Lafontaine vielleicht – wenig Großartiges hervor. Als eine Identifikationsfigur für eine an den Menschenrechten orientierte Haltung bietet sich neben den vielen Widerständlern in KP, SPD und Kirchen Willi Graf an, der mit den Geschwistern Scholl in München die studentische Widerstands-Gruppe mit dem Unschuld und Engagement verkörpernden Namen „Weiße Rose" bildete, von den Nazis gefasst und hingerichtet wurde. Er liegt auf dem Friedhof in St. Johann begraben.

Ganz gleich, wie das persönliche und historische Urteil über Erich Honecker ausfällt, sollte nicht verschwiegen werden, dass der Wiebelskircher vierzig Jahre deutsche Geschichte mitbestimmt hat. Auf andere Art umstritten ist der „König von Saarabien", Carl Ferdinand von Stumm, der im 19. Jahrhundert als unerbittlicher Gegner der Sozialdemokratie eine ganze Ära wilhelminischer Politik prägte.

Ansonsten gibt es die örtlichen Bezüge. In Saarlouis mag mancher stolz darauf sein, dass die Stadt als Festung auf Geheiß Ludwigs XIV. errichtet worden ist und seinen Namen trägt. Dass nicht jeder und nicht zu allen Zeiten dies goutierte, beweist die Tatsache, dass die Französischen Revolutionäre die Stadt in „Sarre-Libre" umtauften. Die Nazis wiederum benannten die Stadt – analog zu dem jetzigen Stadtteil Fraulautern – in Saarlautern um. Der wohl berühmteste von Napoleons Marschällen, Michel Ney, war Saarlouiser, Lettow-Vorbeck auch, zufällig hier geboren, quasi für jeden etwas, ob franko- oder germanophil.

Das nördliche Saarland blickt nach Trier und den dortigen – oft streitbaren und politisch schwergewichtigen – Bischöfen. Die Saarbrücker haben die musisch interessierte und begabte Gräfin Elisabeth von Lothringen, die aber, außer den Germanisten, kaum einer kennt, und ihre mehr oder minder bedeutenden Fürsten wie Ludwig und Wilhelm Heinrich. Das war's dann aber auch. Ach ja – ich habe ganz vergessen, dass Graf Johann Ludwig in den Jahren 1495 und 1496 mit seinem Zweibrücker Vetter eine Reise nach Jerusalem zu den heiligen Stätten der Christenheit unternahm.

Auch Blieskastel sucht adligen Glanz in der nur kurze Zeit in Blieskastel lebenden Familie von der Leyen. Das benachbarte Homburg hingegen, noch kürzere Zeit durch die Zweibrücker mit dem „deutschen Versailles", dem von den Revolutionstruppen kurzerhand gleich nach seiner Fertigstellung zerstörten Schloss Karlsberg geschmückt, hält sich doch lieber an die zwei Kämpfer des Vormärz, Philipp Jakob Siebenpfeiffer und Johann Georg August Wirth.

Von außen betrachtet, hat das alles doch eher Duodezformat. Kein Luther oder Calvin, zwar Heinriche, aber keine Canossagänger beziehungsweise Löwen, kein Joss Fritz oder Thomas Münzer, kein Hans Sachs und kein Beethoven, kein Leibnitz, kein Humboldt, kein Walter von der Vogelweide, kein Max Ernst, kein Max Beckmann.

Im 19. Jahrhundert waren es die Preußen, die im größeren Landesteil das Heroentableau füllten. Der Alte Fritz konkurrierte mit den Heiligen, Königin Luise verkörperte Treue und Opferbereitschaft, im evangelischen Neunkirchen gründete sich eine Borussia, und Saarbrücken – 1870 durch Pulverdampf quasi geadelt – widmete den kriegerischen und zugleich verwaltungskompetenten Preußen mehr Straßen als den eigenen Herrscherfamilien.

Auch an den Namen der Schulen erkennt man einen gewissen Mangel an Vorbildern. So tragen viele Schulen einen von der Geografie und nicht von Wissenschaft und Kultur bestimmten Namen: in Saarbrücken die Gymnasien „Am Rotenbühl" und „Am Schloss", die Gesamtschulen „Bellevue" und „Rastbachtal"; es gibt aber auch das „Otto-Hahn"- und das „Ludwigsgymnasium". Merzig hat das „Gymnasium am Stefansberg" und das „Peter-Wust-Gymnasium", nach dem in Rissenthal (Kreis Merzig) geborenen Philosophen benannt, der seine Karriere in Münster in Westfalen machte und der katholischen pädagogischen Hochschule – als es sie noch gab – als Namenspatron diente, während die Evangelischen auf Comenius zurückgreifen mussten. Homburg beherbergt das „Christian-von-Mannlich-Gymnasium", nach dem Künstler benannt, der auch in München zu Ruhm kam und u.a. mit Schätzen aus Schloss Karlsberg – „saarländische Beutekunst" sozusagen – die alte Pinakothek begründete. Bei der Kaufmännischen Berufsschule kommt mit Paul Weber ein örtlicher Bierindustrieller zu Ehren, eine Reverenz an den eigentlichen Gott unserer Gesellschaft, das Kapital. Gut passt dazu die neu benannte „Robert Bosch Schule", denn Bosch ist der größte Arbeitgeber am Ort.

So wechseln die Namenspatrone auch mit den Zeiten. Die Umbenennungsorgien bei Straßennamen in der Geschichte des Landes, jeweils nach Machtwechseln, zeigen, wie launisch das Schicksal in diesen Fragen spielt. Nicht nur der landesinterne Wechsel bei den politischen Mehrheiten oder die Änderung des politischen Systems hatten bilder- und namenstürzende Qualität, sondern auch die Eroberungswellen, die fast regelmäßig über die Region hinwegschwappten.

So hat es Pfarrer Louis Pinck (1872-1940) zur Zeit schwer, in Lothringen akzeptiert zu werden, obwohl er eine umfangreiche und sorgfältig bearbeitete Sammlung lothringischer Volkslieder zusammengestellt hat, die nur den einen Fehler hat: sie ist in deutscher Sprache. Ebenso schwer hat es der Luxemburger Literat Norbert Jacques in seiner Heimat, er, der seine Reisebeschreibungen, Erzählungen und Romane auf Deutsch verfasste, die deutsche Staatsbürgerschaft annahm und mit seiner „Limmburger Flöte" ein drastisches Spottlied auf Luxemburg und die Luxemburger gesungen oder vielmehr gepfiffen hatte. Eine seiner Romanfiguren, Dr. Mabuse, ist bekannter geworden als sein Schöpfer, der als einer der wichtigsten Vertreter des deutschsprachigen Exotismus gilt.

Wie bei fast allen Dingen resultieren aus diesem Zustand Vor- und Nachteile. Es ist durchaus angenehm, mehr oder weniger frei schalten und walten zu können und nicht im Schatten großer Gestalten leben zu müssen, die einen niederdrücken und zu hohe Anforderungen erzeugen. So hat jeder die Chance, selber die Trends zu setzen oder eine eigene Dynastie zu begründen. Andererseits fehlen dann aber die Vergleichsmaßstäbe, und es besteht die Gefahr, sich zu schnell, zu früh zu begnügen und dem Mittelmaß zu huldigen.

* * *

Wer sind denn nun die richtigen Saarländer? Solche, die keltischer Abstammung sind – was wir demnächst mit DNS-Schlüsseln verifizieren können und werden – oder zugereiste Römer, Burgunder, durchziehende hunnische Krieger, eingewanderte Franken, irisch-schottische Mönche etwa – in schuldhafter Ignorierung des Keuschheitsgebotes –, lombardische oder flandrische Kaufleute, Söldner aus allen Zeiten, in das protestantische Nassau-Saarbrücken geflohene Hugenotten, Kolonisatoren im Warndtwald wie ihre Schicksalsgenossen im Oderbruch? Von allem wird etwas zu finden sein.

Eine tiefgreifende Zäsur bedeutete der Dreißigjährige Krieg. Mord und Totschlag, Hunger und Seuchen reduzierten die Bevölkerung gegen Null. Das Land war nahezu menschenleer, Dörfer wurden zu Wüstungen, die Städte Ruinen, in denen die Überlebenden die Trümmer zu neuen Gebilden der Zukunftshoffnung formten, immer und immer wieder, bis neue Orgien der Gewalt über sie hereinbrachen. Nach dem Krieg wanderten erneut Menschen zu. Aus dem Alpenraum vor allem, aber auch aus den Regionen, die der Krieg kaum oder gar nicht in Mitleidenschaft gezogen hatte.

Aber das Land kam nicht zur Ruhe. Der spanische Erbfolgekrieg fand hier einen seiner Schauplätze, der konstante französische Wunsch, nach Osten zu expandieren und die damit zu Zeiten einhergehende Strategie der verbrannten Erde, ließ bis hinter den Rhein das Erhaltene oder neu Errichtete ein weiteres Mal in Flammen aufgehen.

So blieb die Region, obgleich altes Kulturland, auch in den heutigen Verdichtungsräumen lange Zeit dünn besiedelt. Nassau-Saarbrücken, Blieskastel, das lothringisch-trierische Kondominium Merzig-Saargau und die vielen kleinen Herrschaften waren doch eher Duodezfürstentümer, hatten „Reclam-Format", Lothringen war zwar potentiell stark, der Trierer Fürstbischof ebenfalls, aber die Kraftzentren lagen außerhalb des Saarlandes, in Lunéville-Nancy und in Trier.

Lebensgefühle, Identitäten sind, wie der Untergrund auf dem man geht und lebt, aus Schichten gebildet, mit ertragreichen Flözen und Adern und taubem Gestein, mit Erdspalten, Verwerfungen, Brüchen, Sprüngen und Konglomeraten, die zutage treten oder nach denen man graben muss, um sie zu finden.

An der Ost- und Nordseeküste ist das Meer ewige Konstante, so wie das bewegte Auf und Ab der Hügel und die Taleinschnitte der Flüsse und Bäche die Landschaft unserer Region prägen. An der Küste ist die Seefahrt den Menschen mehr als Sehnsucht und Traum, ist die Hanse präsent in Bauwerken und Tradition bis in die Nummernschilder der Kraftfahrzeuge, kennt man Störtebecker und Vineta und die Männer in den langen Booten von jenseits des Meeres.

In unserem Land sind es die römischen Legionen, die Kraft und die Gewalt der Freiheitsbewegungen und Revolutionen, der mythenzeugende Beruf unter Tage und das Reiben an einer anderen Kultur, Herausforderung oder Genuss – je nachdem.

An den Küsten ist es der weite Blick, der helle, wolkenbefahrene oder strahlende Himmel, die in die Höhe strebenden Kräne, die nach Osten sich neigenden Bäume an den Straßenrändern, bei uns wechselnde, traumhaft schöne Silhouetten der Berge, in menschlichen Dimensionen, erklimmbar, übersteigbar, das Paradies jenseits jederzeit erreichbar, mit ein wenig Mühe, ein wenig Schweiß nur, es sind die Silhouetten von Hochöfen und Fördertürmen, die in den Himmel aufragen.

All das ist immer da und prägt, ob man es will oder nicht, ob man es merkt oder nicht. Es dringt in das Bewusstsein, nahezu untilgbar wie der Kohlenstaub in den Rissen der Haut an den Händen der Bergleute.

* * *

Das heutige Saarland ist in weiten Teilen eine Frucht der Industrialisierung. Der zunehmende Kohlenabbau und die aufsteigende Eisenindustrie ließen eine ökonomische Prosperitätszone entstehen, die die Menschen aus der Nachbarschaft magnetisch anzog. Die Eisenbahn milderte die ungünstige Verkehrslage, und das Land wurde von einer neuen weiträumigen, in sich trotzdem kleinteiligen Siedlungsstruktur geprägt. Der Katholizismus der Zugewanderten überwucherte die im industriellen Kerngebiet festgefügte protestantische Welt und wurde zum wichtigsten Träger des Lebensgefühls im Revier. Saarbrücken, lange Zeit Kreisstadt unter Trierer Fuchtel, trat aus dessen Schatten, wurde selber Mittelpunkt, der mit seinem dynamischen Wachstum, mit seiner wirtschaftlichen Kraft Trier immer mehr an zentraler Bedeutung verlieren ließ, was man dort bis heute noch nicht vergessen und erst recht nicht verziehen hat.

So war in den letzten 150 Jahren – wie vorher – ständig Bewegung, kein Widerspruch zu den Begriffen Bodenständigkeit, Verwurzelung, Immobilität, die mit dem Saarland und seinen Bewohnern verknüpft werden. Gerade das ständige Hin und Her weckte den Wunsch nach Beständigkeit, wies auf das Private, auf die Nachbarschaft, die dörfliche Gemeinschaft, die Vereine, die kirchlichen Strukturen.

Vertreibungen, Evakuierungen, Emigration, Deportation – all diese Schicksalsschläge, selbst erfahren oder als Zaungast mitverfolgt, leben weiter unter dem so ruhig erscheinenden Charakterboden der Menschen, so wie der Bergbau unter den Wäldern des Warndt, unter Feldern, Wiesen und Dörfern lebendig ist, und bestimmen das Bewusstsein mit unterschiedlichen Ergebnissen und Konsequenzen, weltoffen einerseits, in sich gekehrt und ausgrenzend andererseits.

Und so ist es auch kein Widerspruch, wenn Johannes Kühn sagt: „Nie verließ ich (gern) den Hügelring" und damit neben seiner eigenen Verletzlichkeit auch seine Bindung an die engste Heimat ausdrückt, in der nur noch das Haus, das Zimmer und sein Körper näher an seiner Seele sind; kein Widerspruch zu der Aussage „Richtig daheim waren wir nie", Titel einer historischen Aufsatzsammlung, die die letzten 150 Jahre der wechselvollen Geschichte des Landes darstellt, aus der die überaus menschliche Dimension des Landes und seiner Bewohner als Reaktion und Überlebenskonzept entstanden ist.

Es ist also gar nicht so leicht mit der Identität. Die Harmonie der Widersprüche hat Ludwig Harig konstatiert – wohl wahr, aber wie weit reicht das? Bis Waldmohr, bis Waldwisse und Petite Rosselle? Es wird nicht viel helfen, das Saarländersein zu verabsolutieren, nicht in den jetzigen und auch nicht in anderen Grenzen, weder in bereits gehabten oder in neu erdachten Formationen. Es gibt keine Grenzziehungen, in deren Innerem sich alles harmonisch gestalten ließe, in denen alles, alles gut werden würde.

Gefragt ist ein Konzept, das so viele Angebote macht, dass man kaum noch dagegen anwünschen kann und gerne hier lebt, ganz gleich, was am Ende dann wirklich mit einem geschieht. Die Tradition mag hemmen und beflügeln, die Identität unterschiedlich wahr- und vor allem unterschiedlich ernst genommen werden. In jedem Fall muss ein Zukunftsbild entworfen werden, das dem Anspruch gerecht wird, den Menschen, zumindest der Mehrheit, eine Perspektive zu geben.

Die Region – und das Saarland in ihr – muss ihre Vielfalt akzeptieren, darf sie, ja muss sie bewahren, aber eben auch überwinden. Sie hat alle Chancen, wenn sie eine übergeordnete Idee findet oder ein Netzwerk von Ideen, das der Vielfalt einen Rahmen gibt, sie fasst und damit wirksam werden lässt.

Dazu gehören auch unverzichtbare allgemeine Elemente wie der Kanon der Menschenrechte. Freiheit und Demokratie, kein Rückfall in Unterdrückung und Diktatur, ganz gleich welche Vorwände herangezogen werden. Es darf gefordert werden, Mitmenschlichkeit und Solidarität den Vorzug zu geben vor Rücksichtslosigkeit und Ellbogenmentalität, verbunden mit der Fähigkeit, sich selbst treu zu bleiben, auch wenn man sich verändert.

So mögen die Vorstellungen, wie die zusammenwachsende Region letztendlich verfasst sein soll, recht unterschiedlich sein. Bis zur konstitutionellen Monarchie haben wir ja fast alles realiter zu bieten. In der Hochblüte der Sozialismus-Renaissance Anfang der 70er Jahre des vorigen Jahrhunderts ergingen sich die Linken an der Saar – natürlich parodistisch übersteigert, aber mit einem wahren Kern – in Träumereien von einer SRRSLL als Ziel grundstürzender Veränderungen und als Frucht ihres Engagements. Die „Sozialistische Räterepublik Saar-Lor-Lux“, genau dies war die Bedeutung des geheimnisvollen Kürzels, stand für die Vision einer Gesellschaft, in der gerechte soziale Verhältnisse die Grundlage bilden sollten für die Beteiligung aller am Gemeinwesen, in einer freiwilligen Assoziation von zwar unterschiedlichen, aber als gleich und gleichwertig anerkannten Individuen.

Die Rückbesinnung auf den Dialekt, die Pflege ländlicher Bräuche, die Fülle regional- und vor allem dorf- und stadtgeschichtlicher For-

schungen, die mittlerweile fast für jeden Ortsteil veröffentlichten Fotobände und Chroniken sind bei der Suche nach dem einigenden Band eher förderlich als hinderlich. Gerade die Renaissance der Dialekte in Deutschland und in Frankreich belegt den Bedeutungsverlust des Nationalen, das entweder an die deutsche oder an die französische Sprache gebunden ist.
Dieser Rückgriff auf den eigenen Raum, auf das Nahe, oft Kleine, minder Bedeutende stellt nicht nur eine Aufsplitterung oder Zerbröselung alter Strukturen beziehungsweise der jeweiligen nationalen Kultur dar, sondern gleichzeitig die Rückbesinnung auf etwas ganz Selbstverständliches, ja Natürliches, auf die über viele Jahrhunderte gültige, sich aus dem Zwang der Verhältnisse ergebende Kleinräumigkeit, die das Leben und das Weltbild der Menschen kennzeichneten.

Volkskultur und Volkssprache existierten in eigenen Formen, ganz gleich wer die Herrschaft und ganz gleich wo die Herrschaft auch immer war, und ermöglichten so ein eigenes, ein gesteigertes Selbstbewusstsein und, daraus resultierend, eine freundschaftliche, friedliche und zukunftsgerichtete, kooperative Zusammenarbeit mit anderen Gruppierungen in der näheren und weiteren Nachbarschaft.

Heimat

Weil das so ist, kann man auch wieder unbefangen und unideologisch mit dem Begriff „Heimat" umgehen, der ursprünglich als programmatischer und weltanschaulicher Kampfbegriff gegen die Entwurzelung der von der Industrialisierung in die Großstädte und Industriereviere gesogenen Menschen geprägt worden war, verbunden mit der Entdeckung und Einführung der „Heimatkunde", der

Heimatpflege, die Denkmal- und Landschaftsschutz verband, mit der Gründung von unzähligen Vereinen und Gesellschaften, mit einer eigenen Literatur und eigenen Filmen – beileibe nicht alle kitschig und verlogen, wie die große Hunsrücksaga von Edgar Reitz bewiesen hat.

Heute diskutieren wir flott über Globalisierung, über die Agenda 21 und die Rolle der kleinen Einheiten, über die Rolle der Heimat in diesem großen Rahmen. *Think global, act local – think local, act global.*

So erscheint die Welt als eine Addition von Heimaten. Ganz so ist es nicht, war es nie und wird es auch nicht sein. Goethe, Kant und Voltaire begriffen sich als Kosmopoliten, als Weltbürger. Goethe und Voltaire lebten auch entsprechend. Kant blieb stationär in Königsberg, und dennoch befuhren seine Gedanken den gestirnten Himmel und die Kontinente, und in sich selber suchte er nach den allgemeingültigen Gesetzen.

Wir sollten auch die Heimaten der für uns Heimatlosen respektieren, die Heimaten der uns „verrückt" Erscheinenden, die in ihren Traumwelten, in den sie bedrängenden Gesichten zu Hause sind, die vom Leben Enttäuschten, die sich in die Literatur, in ihre Sehnsüchte geflüchtet haben. „Tamieh-Heimat", der gerade erschienene Roman des Elsässers André Weckmann, ist ein treffendes Beispiel.

Viele Menschen suchen neue Heimaten, ohne die alte verloren zu haben. Schule, Studium, Arbeit, Beruf verursachen den Ortswechsel, verpflanzen sie und lassen sie an anderer Stelle Wurzeln schlagen. Sie gewinnen eine andere Form der Geborgenheit, die sie sich zu Hause fühlen lässt, obwohl Kindheit und Jugend anderswo erfahren wurden.

So ist es auch mir ergangen. Ich bin im Krieg in Berlin geboren, in Tegel, habe, ohne mich noch erinnern zu können, in der Freien Scholle gelebt, nach kurzer Zeit ausgebombt, nach Rügen evakuiert, mit Bruder und Mutter ins Emsland geflohen und dann in ein Dorf bei Osnabrück verpflanzt. 1962 ging ich zum Studium nach Saarbrücken, bin dort, bin hier geblieben, habe Wurzeln geschlagen und habe für den, der ich jetzt bin – schon seit vielen Jahren – meine Heimat gefunden.

Ich bin vor Kurzem durch Tegel gegangen, bin den Spuren meiner Großeltern im Wedding und in Reinickendorf gefolgt, aber das Herz hat nicht höher geschlagen. Berlin, mein Geburtsort, ist trotzdem in mir, mit den Möbeln aus Birke, die ich geerbt habe, mit den Erzählungen der Eltern, mit der berlinischen Küche – ich mag zum Beispiel Leinöl – und in den Kalauern, die sich mir unvergesslich eingegraben haben und die, wenn ich sie anwende oder wenn ich sie irgendwo per Zufall höre, meine beiden Großmütter für mich wieder lebendig werden lassen.

Vom Emsland sind der riesig gewölbte Himmel, der weit entfernte Horizont, die weißen Wollgraskugeln, der braunschwarze Torf, die Leiterwagen mit getürmtem Heu und Getreidegarben, die Windmühlen und die gegliederten Striche der Weidezäune auf ewig in mir – und der Bussard, starr wie eine Skulptur auf seinem Zaunpfahlpodest oder in ruhigen Kreisen über seiner und damals auch meiner Welt.

Das Dorf bei Osnabrück und die Stadt selber leben als Bruchstücke meiner Erinnerung in mir weiter, schmerzlich die einen, schön und wärmend die anderen. Die Schulen, zuerst die Volks-, dann die Oberschule, wie es damals hieß. Die Freunde, die erste Freundin, Fußball, Cello und Musik exzessiv, Bücher, Wälder, Wasser in den Bächen, Teichen und Seen, der Mittellandkanal und vor allem anderen die Lärche, die in dem von uns genutzten Schulgarten in einem undurchdringlichen Gebüsch an der Grundstücksgrenze stand und zu der ich nur bäuchlings, an der Begrenzungsmauer mich entlangrobbend, gelangen konnte. So erfuhr ich meine erste konturierte Welt. Sie kam mir sehr, sehr groß und weit vor, und sie war doch eng.

Es war für mich eine regelrechte, wenn auch unvermutete Befreiung, ins Saarland zu kommen. Die Landschaft war zwar begrenzter, mein Erfahrungshorizont aber großräumiger, meine Gefühle nicht besetzt und das Feld für meine Neugier um vieles größer und der Aktionsradius auch.

Obwohl Protestant (allerdings mit mäßiger Intensität), genoss ich den rheinischen Katholizismus, der so anders, fröhlicher, humaner und freier ist als der, den ich von Vechta und Cloppenburg her kannte. Ich entdeckte die Grenze als Tor zu einer anderen Welt und als Kontur auch von mir selber. Ich entdeckte eine andere Art von Küche, eine andere Art zu essen, eine andere Art zu trinken, speziell beim Wein, und seither vertrage ich den Salat nur noch sauer angemacht. Ich bin mit dem Land verbandelt, verknüpft mit einer unendlichen Zahl – zum Teil mir gar nicht selbst bewusster Kontakte und Tentakeln. Ich habe neue Wurzeln in mir und außer mir geschlagen, wie die unbeaufsichtigten Ranken der Brombeersträucher. Hier ist alles: Arbeit, Beruf, Familie, Freunde, Gemeinschaft; Wälder, Kirchen, Museen, Theater, Kinos, Hart- und Rasenplätze, Kneipen, Restaurants, Straßenzüge, Bergringe und Bergketten, Regenbögen, Mondlichtstraßen, der Fluss, die Brücken, Lichter in der Nacht, nicht flach in der Ebene ausgestreut, sondern wie Sternenhaufen in den Himmel gesetzt, platziert auf den wolkenähnlichen Silhouetten der Hügel.

Die Erinnerungen der Menschen gehören ihnen. Sie können sehr verschieden sein, so wie auch die Erfahrungen ein und desselben Vorgangs. Wer – wie das in früheren Jahrhunderten die Regel war – von seiner Geburt an bis zu dem unvermeidbaren Ende an einen Ort gebunden ist, hat in den zentralen Themen des Lebens keine grundsätzlich andere Erfahrung als jener, den es in andere Gegenden verschlagen hat. Es gibt kein Patentrezept für Glück und gegen Unglück. Liebe und Hass, Krankheit, Erfolg und Misserfolg lassen sich nur bedingt durch Bleiben oder Gehen beeinflussen, und nie weiß man genau, was wirklich hilft. Aber jeder hat wohl den angeborenen Wunsch, irgendwohin zu gehören, eine Heimat zu haben. Aber wo liegt sie, was ist sie überhaupt? Wenn wir es organisch betrachten, so überzeugt mich das Bild der Zwiebel, die um den Kern herum viele Schichten, viele Schalen hat bis hin zur Außenhaut.

Wir leben im Unter- oder Oberdorf, in Straßenzügen, Quartieren und Stadtteilen und sind den anderen Rivalen, obwohl Bewohner ein und desselben Ortes oder ein und derselben Stadt. Wir wetteifern mit den Nachbarorten und sind doch alle Bestandteile einer Region: Die Homburger und Saarbrücker, die Waderner und die Merziger, die Spiesener und die Elversberger, die St. Wendeler und die Saarlouiser sind die organischen Teile des einen Ganzen, des Saarlandes. Wir streiten und kabbeln uns mit den Pfälzern, mit den Lothringern und die mit uns. Und doch sind wir alle Linksrheinische, Saar-Lor-Lux-Bewohner, sind längst über die Grenze hinweg vielfach miteinander verbunden und doch auch wieder Deutsche, Franzosen und Luxemburger. Das bringt uns dann wieder in Europa zusammen, und wir sind, wenn wir nicht zu egoistisch auf unsere eigenen, prosperierenden Breiten fixiert bleiben, Teil der einen Welt.

Der Wunsch nach Heimat, die Bindung an die Heimat ist im Saarland besonders stark ausgeprägt. Kaum jemand sonstwo in Deutschland ist so heimatverbunden wie wir. Allerdings denkt auch meistens niemand so kleinräumig wie wir, was nicht kleinkariert bedeuten muss. Sachsen, Thüringer, Bayern, Badener, Württemberger, ja selbst die Pfälzer denken in größeren Strukturen, wie man an der unangefochtenen Dominanz des 1. FCK ermessen kann.

Die Heimat ist im Saarland immer eng gefasst, zumeist dörflich und kleinstädtisch, das Land zerfällt in viele kleine Teilregionen. Dies korrespondiert mit dem Wunsch nach dem eigenen Heim – nirgendwo in Deutschland leben so viele Menschen in Ein- und Zweifamilienhäusern wie bei uns.

Der Wunsch nach menschlicher Nähe, nach Austausch und Begegnung und die Neugier auf den Anderen, auf das Andersartige erfüllt sich in der Fähigkeit zu guter Nachbarschaft, in den Tausenden von Vereinen, die diesem kleinen Land eine weit verzweigte, haltbare innere Struktur bescheren, so wie auch über das ganze Land ein feines Netz von – durchaus überschreitbaren – Grenzen aller Art gesponnen ist.

Die eindeutigste Erklärung für diese Phänomene ist wohl in der wechselvollen, von abrupten Veränderungen geprägten politischen Vergangenheit zu suchen. Der ständige Wechsel der staatlichen Zugehörigkeit warf die Menschen auf sich selber zurück, wenn es sie nach Kontinuität, nach Verlässlichkeit verlangte. Die konfessionellen Gegensätze und die sprachlichen Besonderheiten verstärkten dieses Element, das auch in der Abgeschlossenheit vom großen Weltgetriebe begründet ist, denn das Land liegt, von den großen Ballungsräumen aus gesehen, hinter den sieben Bergen, hinter Eifel und Hunsrück, hinter Pfälzer Wald und Vogesen, hinter Argonnen und Ardennen.

* * *

Wir Saarländer tun gut daran, das alles zu akzeptieren. Wir sind Grenzland, wir sind Provinz, wir unterliegen dem anhaltenden Zwang, uns dennoch ständig zu verändern. Die ökonomische Zäsur, die mit dem Bedeutungsverlust der Montanindustrie verbunden ist, greift tief, die große Zukunftsaufgabe heißt Strukturwandel – vielleicht ist es ein kleiner Trost, dass es unseren engeren Nachbarn nicht anders geht. Wir müssen unser in Teilen kurioses Schicksal annehmen und achten. Das sind sowohl Irrtümer – manchmal schwerwiegende Irrtümer – als auch Erfolge. Beides ist untrennbar mit uns verbunden, und nichts ist schlimmer, als sich in die eigene Tasche zu lügen. Offenheit ist gefragt, Einblick und Gestaltungswille bei den großen, weltweiten Entwicklungen in Kultur, Bildung, Wissenschaft, in der Ökonomie, und daneben die Fähigkeit, das Eigene zu pflegen, Landschaft und Tradition, Städte und Dörfer und die bewährten, ganz und gar nicht abgenutzten Formen des Zusammenlebens.

Die Stifts- und die Ludwigskirche in Saarbrücken, der Große Markt in Saarlouis, der Judenfriedhof in Sötern, die Buchen von Leitersweiler, die Burg Kerpen in Illingen, die Schlossberghöhlen in Homburg, die Orangerie in Blieskastel, der Rischbachstollen in St. Ingbert, das Kloster mit dem Taubenhaus in Gräfinthal, die Burg Montclair in der Saarschleife, die romanische Propsteikirche St. Peter in Merzig, der Saardom in Dillingen, alle sind sie Teil der örtlichen und auch der regionalen Identität.

Deswegen gilt auch weiterhin für die Parteistrategen und -taktiker, die Wahlkämpfer, die Überreder und Überzeuger, die Einflüsterer und Bedarfswecker, die Prediger und Propheten, die Realisten und Visionäre, dass in ihrem Angebot, einschließlich der Verpackung, die Überlieferungen und die Zeugen aus der kollektiven Vergangenheit ihren Platz haben müssen. So wie beim Hausbau in unseren Breiten die karge Ästhetik der lothringischen Bauernhäuser passender und anheimelnder wirkt als die elsässischen Fachwerkhäuser oder die opulent geschmückten Schwarzwaldhäuser, so schön diese auch vor Ort sind und mit der Landschaft harmonieren, so kann man andere Kulturen nicht hierher verpflanzen und sich ihrer als Vehikel zu den Empfindungen und Gefühlen der Menschen bedienen. Im Saarland gibt es Marinekameradschaften, Westernclubs, Flamencogruppen wie anderswo auch, aber die Seemannskultur kann nicht an die Stelle der Montantraditionen treten, Indianer und Cowboys können nicht Kelten und Römer verdrängen

Saarschleife und Industriegebäude, Fördertürme und Kirchen, Buchenwälder und Streuobstwiesen, Hügel und Taleinschnitte bilden den eigentümlichen Charakter des Landes, der sich – immer in Bewegung – weiterentwickelt, den Ausbau der Saar verträgt, die Autobahnen ebenfalls und an den richtigen Stellen Windkraft- und Solaranlagen, aber niemals zur Prärie, zur Tundra oder zur mediterranen Pinienkultur taugt. Wenn wir schon einen Leuchtturm haben und uns mit einer Kathedrale schmücken wollen, so ist es die Industriekultur in ihren vielen Formen im Allgemeinen und die Alte Hütte in Völklingen – zu Recht Weltkulturerbe – im Besonderen.

Heimat ist auch hier eine Summe von allem, von Vergangenheit, Gegenwart und Zukunft, dynamisch und nicht statisch. Die Grenze muss uns Tür sein nach außen, zur Erfahrung von Neuem und darf nicht zum Schutz vor Veränderungen missbraucht werden. Sie ist da, um überschritten zu werden, so wie es die „Steine an der Grenze“ im Saargau tun.

So ins Einzelne gehend waren die Debatten an den Biertischen nicht, da blieb man mehr im Allgemeinen und in den eingefahrenen Bahnen der erprobten und bewährten Anekdoten und Sticheleien. Eine Unzahl von Tagungen und Kolloquien, von Seminaren und Kongressen aller denkbaren Gruppen und Organisationen, Verbänden und Stiftungen hat Schicht für Schicht freigelegt, sodass alle diese Einsichten Bestandteil der politischen Programme geworden sind. Dennoch gehen die Diskussionen weiter, mit Zustimmung und Widerworten. Das Stimmengewirr wird als Konstante bleiben, wie in den offiziellen und inoffiziellen Zusammentreffen der Vergangenheit auch in der Zukunft, sie bleibt orts- und generationsgeprägt, überwindet andererseits auch diese Schranken. Diese Debatte ist Bestandteil des Lebens in der Region, sie macht es mit aus und schafft so aus den vielen Einzelfacetten ein Ganzes.

* * *

Die Sozialdemokraten an der Saar – und nicht nur dort –, von Herkunft und Programm dem Internationalismus verpflichtet, wechselten in ihrer praktischen Umsetzung der Programmatik auf der langen Linie öfter den Standpunkt; international, national, europäisch, frankophil, europäisch zuletzt. Was wird als Nächstes dran sein: Wieder national als Folge der Vereinigung und eines daraus erneut aufkeimenden übersteigerten Selbstbewusstseins oder europäisch-weltbürgerlich, kosmopolitisch, wie sich die Intellektuellen der vornationalen Zeiten – Kant, Goethe, Voltaire – selber gesehen haben?

Schwer zu sagen. Die Repräsentanten der Bundes-SPD kommen in der Überzahl aus dem Inneren Deutschlands, aus Lippe, dem Sauerland, dem Westerwald, aus dem mit einer der DDR-Vergangenheit geschuldeten Internationalismusphobie geschlagenen Ostdeutschland, und sie haben fast alle ungebrochene Karrieren durchlaufen, zumeist von dem Wunsch beseelt, in einer vom Grundsatz her akzeptierten Gesellschaftsordnung einen Platz möglichst weit oben zu finden, und sind daher von der Bereitschaft geprägt, die dazu nötigen Winkelzüge zu machen, falls der Zeitgeist es verlangt.

Figuren wie Willy Brandt und Herbert Wehner, Ernst Reuter und Carlo Schmid, mit den Erfahrungen des Irrtums, der lebensgefährlichen Niederlage, sind allein deswegen schon nicht zu erwarten, weil man solche Lebenswege nicht nachspielen kann und weil der Generation, zu der auch ich gehöre, der bessere Teil des 20. Jahrhunderts zugewiesen wurde.

Wir hatten das Glück, in einer – zwar bedrohten – aber friedlichen Welt, sozusagen im Windschatten von Mauer und Eisernem Vorhang aufzuwachsen, mit nur anfänglichen Erfahrungen von Armut und Hunger, die aber durch die Opferbereitschaft unserer Eltern („Die Kinder sollen es besser haben!") gemildert wurden. Die Konflikte der Welt tobten und toben sich anderswo auf der Welt aus. Wir leben auch jetzt noch in einer im wahrsten Sinne des Wortes gemäßigten Zone.

Noch etwas hat sich geändert: Hauptstadt ist nicht mehr Bonn mit seiner vorgegebenen Kleinräumigkeit und Bescheidenheit, sondern Berlin. Berlin ist ambitioniert, will Weltstadt sein unter Weltstädten und repräsentiert – wie Paris und London, wie Rom und Madrid – nationale Tradition. Der Reichstag wirkt trotz heller Kuppel mit vergangener Monumentalität, das Kanzleramt mit gegenwärtiger ist im Anspruch wohl zu groß, kaum ausfüllbar durch Menschen, verführerisch lockend, Selbstüberschätzung provozierend. Vielleicht ist das ja alles kompatibel mit einer ganz anderen, auf Europa- und Weltbürgertum zielenden Politik.

Heinrich August Winkler, der mit seiner Neuinterpretation der deutschen Geschichte, „Der lange Weg nach Westen", fast so etwas wie der Hofhistoriograph der rot-grünen Regierung geworden ist, hat die Frage nach Identität und Herkommen der Bundesrepublik so zusammengefasst: „Die deutschen Mythen, aus denen Hitler schöpfte und die er sich dienstbar machte, wurden durch ihn grundsätzlich zerstört und darin lag die befreiende Wirkung seines Unterganges, deren sich die Deutschen erst allmählich bewusst wurden. In dem Maß, wie sie den Zusammenbruch als Befreiung zu begreifen lernten, wurden sie auch fähig zu erkennen, dass Deutschland selbst die Schuld an seinem Schicksal trug."

Dennoch: Berlin reizt zum Mitspielen. Bonn tat dies nur bedingt. Bonn hatte eine Ausstrahlung, die jeden gerne in Saarbrücken, Düsseldorf, Hamburg oder München leben ließ, selbst in Stuttgart, Bremen oder Kiel. Berlin raubt mehr Zeit, lenkt die Blicke egozentrisch und exzentrisch auf sich.

Die Saarländer sollten nicht darauf hereinfallen. Ein Deutschland, das, um sein Ego zu stärken, Koalitionen und Bündnisse im Osten und Norden sucht und Frankreich nicht mehr als wichtigsten Partner begreift und schätzt, wirklich schätzt, wird eine Hinwendung Frankreichs nach Süden provozieren, und der Riss durch Europa ginge wieder längs der Grenze zwischen Deutschland und Frankreich, und das Saarland und Lothringen würden sich zurückverwandeln in einen Vorposten gegen den jeweils anderen.

Nichts gegen „Geschichtsgefühle". Jeder hat das Recht, mit der Nation mehr zu verbinden als mit seiner Region oder mit Europa. Manchmal weisen Gefühle die richtige Richtung, aber Gefühle brauchen die Brechung durch den Verstand – zumindest in der Politik. Erziehung und Bildung helfen uns, unsere Gefühle zu beherrschen im Interesse eines überwölbenden Ideals, wie Fairness im Sport oder die Vision eines friedlichen Zusammenlebens der Menschen und der Völker.

Gut, wenn die Gefühle, wie bei Martin Walser, jetzt in Richtung Europa tendieren. Im Saarland ist dies längst gelernt. Wir sollten es aber auch nicht wieder verlernen, indem wir falschen Propheten folgen.

Die Saar-SPD ist bis dato auf klarem Kurs. Die große Zahl der Mitglieder aus allen Bevölkerungsschichten, aus allen Landesteilen und Konfessionen belegt, dass es gelungen ist, ein Selbstbewusstsein zu schaffen, das die inneren Widersprüche und Rivalitäten nicht einebnet, aber beherrschbar macht. Noch in den 60er Jahren des vorigen Jahrhunderts gab es, besonders im nördlichen Saarland, Orte ohne Parteiorganisation, im Bliesgau Dörfer fast ohne Wähler, Regionen mit ausschließlich protestantischer Mitglied- und Wählerschaft. Die Bergleute wählten eher schwarz und die Stahlarbeiter eher rot. Der Schwerpunkt der SPD lag im Osten des Landes und ebenso waren die parteiinternen Gewichte verteilt.

Oskar Lafontaine kam aus dem Kreis Saarlouis, lebte in Saarbrücken, war katholisch, betont linksrheinisch, allerdings auch nie weiter als bis Bonn nach Osten vorgestoßen, zu jung, um in den Abstimmungskampf verstrickt gewesen zu sein, und er war ein – in Bonn und Saarbrücken – Studierter. Er verkörperte auf diese Weise alle der bis dahin eher marginalisierten Eigenschaften bei den Mitgliedern der Saar-SPD. Der *wind of change* für eine offenere und freiere Gesellschaft in den Sechzigern, das erwachende Selbstbewusstsein einer ganzen Generation, die auch in der Provinz Teil einer Art Weltrevolution war, die von Berkley bis Tokio und Saarbrücken reichte, waren Elemente einer Neuorientierung der Gesellschaft, die auch die SPD erfasste und Weltoffenheit, gute, nicht nur pflichtgemäße Nachbarschaft zu Frankreich, Liberalität und Toleranz im Umgang miteinander und die liebevolle Aneignung der eigenen Lebenswelt begründete, eine Art Vorwegnahme der späteren Prinzipien der Agenda 21.

Sind sich die Debattierer und Streithähne im Land bei ihren Kabbeleien und Frotzeleien derartiger Zusammenhänge bewusst? Wohl kaum, eher werden sie instinktiv empfunden oder erahnt. Aber das muss auch gar kein Nachteil sein, solange die eigenen Verankerungen, die egoistischen Vorstellungen und Wünsche gemeinschaftliches Handeln nicht verhindern. Solche Einsichten wachsen proportional mit der Entfernung vom Heimatort. Spätestens dann, wenn es einen in andere Städte und Landschaften, in andere Länder und Kontinente verschlagen hat, wächst die Einsicht in die Reichhaltigkeit und Lebendigkeit der Region, und Heimweh – eine typisch saarländische Krankheit – kommt auf: Landsleute, an der Sprache, am Autokennzeichen oder an den Essgewohnheiten als solche identifiziert, reißen zu Szenen der Freude und Rührung hin, die bei den gleichen Personen daheim kaum aufgekommen wären. Nachrichten aus der Stadt, dem Dorf, vom Verein, von den Festen – alles ist von höchstem Interesse, alles irgendwie präsent. So wie ich manches aus Berlin, von der Ostsee, aus dem Emsland und von den Höhen des Wiehengebirges unbewusst bei mir trage, so lebt auch in den exilierten, ausgewanderten, ja auch in den geflohenen Saarländern das Land weiter, und die Sehnsucht macht sich an allem Möglichen fest, am Fluss mit seinen Ufern, an den Kirchen, den Buchenwäldern, Hügelringen, Fördertürmen und Hochöfen, den modernen Gebäuden der Universität im Wald, den Rauchsäulen der Schwenker, den Zeichen der Vogelflüge.

Aber auch im Lande selber weiß man durchaus, was man an sich hat. Die aus dem Moseltal, von Saar und Blies, aus den Gaulandschaften, aus dem Hochwald, ob evangelisch oder katholisch, ob preußisch oder bayerisch, engagieren sich für ihre Gemeinde, ihren Kreis, für das Land und ihre die Grenzen überspringenden Ideale.

Auf diese Weise fallen Programm und Tradition der Partei, fallen Interesse und Zukunft der Menschen in der Region, fallen Lehren aus der Vergangenheit und Visionen für die Zukunft zusammen und geben uns mit den differenzierten Schichten unseres Herkommens eine gemeinsame Identität für das Saarland und, wenn wir es richtig anstellen, selbstbewusst, kooperativ und tolerant, auch für die Region.

BILDVERZEICHNIS 1-7

Abb. 1: Am Stengelbrunnen in Saarbrücken-St. Johann. Foto: Monika Zorn. **Abb. 2:** St. Johanner Markt, Saarbrücken. Foto: Mechthild Schneider. **Abb. 3:** Völklinger Hütte (jetzt Weltkulturerbe). Foto: Joachim Lischke. **Abb. 4:** Brückenfest in Habkirchen an der Blies. Foto: Mechthild Schneider. **Abb. 5:** Streuobstwiese in Oberlöstern im Nordsaarland. Foto: Mechthild Schneider. **Abb. 6:** Ehemalige Grube Velsen. Foto: Joachim Lischke. **Abb. 7:** Leidingen, (geteilter) Ort auf der deutsch-französischen Grenze. Foto: Mechthild Schneider.

1

2

3

4

8

9

12

13

15

BILDVERZEICHNIS 8-15

DAS SIEBTE KAPITEL

Eine Heldentafel für den saarländischen Gebrauch

Von der Parteien Hass und Gunst verzerrt – Am Beginn zwei Kleriker
Der blinde König – Elisabeth von Lothringen – Lothringische Künstler
Moscherosch – Fürst Wilhelm Heinrich – Stengel und Kretzschmar
Siebenpfeiffer und Wirth – Lisbeth Dill – Willi Graf – Max Braun
Max Ophüls – Robert Schuman – Frans Masereel – Ludwig Harig
Ein Unbekannter – So schlecht kann die Welt nicht sein

Von der Parteien Hass und Gunst verzerrt

Wem setzt eine Gemeinschaft Denkmäler? An wen erinnert sie sich? Wen hebt sie aus der Menge derjenigen, die ein Dorf, eine Stadt, eine Region bevölkert haben, empor? Dafür gibt es keine klaren, geschweige denn festen und mathematisch genauen Regeln. Jede Gesellschaft sucht nach eigenen Anknüpfungspunkten in der Vergangenheit, nach Vorbildern, die auf den das Leben bestimmenden Gebieten, sei es in Kunst und Wissenschaft, in Politik und – so auch in Deutschland – Kriegshändeln, im Kultisch-Religiösen, im Sport usw., erinnerungswürdige und vorbildliche Leistungen vollbracht haben. Die Meinungen darüber, wer in ein solches Pantheon aufgenommen werden soll, stimmen selten überein, die Diskussionen über Rolle und Bedeutung eskalieren häufig zu einem heftigen und dauerhaften Streit.

Wohl alle Gruppen in der Gesellschaft kämpfen für das Andenken der sie repräsentierenden und symbolisierenden Persönlichkeiten, versuchen, Straßen nach ihnen zu benennen, ihre Köpfe auf Briefmarken zu bringen, nutzen „runde" Geburts- und Todestage, um Gedenkstunden, Rundfunksendungen und Zeitungsartikel anzuregen und gut zu platzieren, sowie Biografien zu schreiben bzw. schreiben zu lassen, taufen Stiftungen, Häuser, Flugzeuge und Flughäfen, Schiffe, Stadien etc. auf den verehrten und zu ehrenden Namen. Immer – ja! Immer! – ist damit der Wunsch nach Anerkennung und Bedeutung, nach Teilhabe und Übertragung und, wenn möglich, nach politischer und kultureller Hegemonie verbunden.

Es gibt wenige Fälle, in denen sich alle einig sind, meistens kommen Einwände aus irgendeiner Ecke, die das positive Bild in Frage stellen. So sind die Emigranten aus Nazideutschland bei der politischen Rechten als tatsächliche oder tendenzielle Vaterlandsverräter verschrieen, seien es Politiker wie Willy Brandt, Schriftsteller wie Thomas Mann, Maler wie Max Beckmann, eine Schauspielerin wie

Marlene Dietrich. Die Reihe ließe sich über viele Seiten fortsetzen. Im Gegenzug gelten die im Lande Verbliebenen als Mitläufer, Mittäter, Kollaborateure, zumindest aber als verachtenswerte Feiglinge. Dieses Verdikt traf Politiker wie Heinrich Lübke und Karl Schiller, Schriftsteller wie Gottfried Benn und Ernst Jünger, Schauspieler wie Gustaf Gründgens und Heinrich George, Musiker wie Wilhelm Furtwängler… Auch diese Reihe ließe sich beliebig fortsetzen.

An der Saar litten Johannes Hoffmann und Richard Kirn unter dem Vorhalt der Emigration, während Franz-Josef Röder wegen seiner Tätigkeit in Holland im Auftrag der deutschen Besatzungsmacht umstritten war. Gustav Regler, unter den Schriftstellern der Emigrant *par excellence,* stand zeitweilig – so lautete der Vorwurf – im Solde Moskaus, wohingegen Johannes Kirschweng bezichtigt wurde, Hitler und den Nazis den Weg bereitet zu haben. Später wurde er verfemt, weil er sich mit dem neuen Saar-Staat und der Orientierung auf Frankreich arrangierte und fast so etwas wie der Hofdichter Johannes Hoffmanns wurde, ehe er früh, 1951, verstarb.

Auch in der SPD brauchte es viel Zeit, ehe man von einem normalen und unbefangenen Verhältnis zwischen ehemaligen SPS-lern (1955 pro Saarstatut) und DSP-lern (contra Saarstatut) sprechen konnte. Die Animositäten wurden in den Untergrund des Bewusstseins verdrängt, besonders dann, wenn man gemeinsam in aktuelle Tageskämpfe mit den politischen Gegnern verwickelt war, blieben aber latent vorhanden und drängten wieder an die Oberfläche, wenn Straßen oder Schulen benannt wurden und auf diese Weise auch über die Vergangenheit geurteilt wurde.

Gerade an den unbestreitbar Großen entzündete sich Abneigung bis zum Hass auf der einen und Zuneigung bis zur Verehrung auf der anderen Seite. So hat es lange gedauert, bis in Merzig ein Gustav Regler Zentrum entstand. Dem landesweiten Mangel hatte vorher Saarbrücken abgeholfen, indem die städtische Bibliothek nach

Gustav Regler getauft wurde, wobei die politische Absicht dahinter stand, den – zumindest ehemaligen – Linken zu würdigen, bei dessen Ehrung mit dem Saarländischen Kunstpreis, zwanzig Jahre zuvor, der damalige Ministerpräsident Röder, offensichtlich in demonstrativer Absicht, ferngeblieben war. (In Reglers Geburtsstadt wurde ihm aus Anlass seines 20. Todestages – Gustav Regler ist am 14. Januar 1963 in Neu-Delhi gestorben – 1984, also mit einem Jahr Verspätung, am Seffersbach ein von dem Bildhauer Paul Schneider geschaffener Gedenkstein gesetzt, den Reglers Freund Günter Abramzik „Stein des Anstoßes und Arche" genannt hat.)

Ganz aktuell ist die Frage, deren Beantwortung ich nicht ohne – mit einer Prise Schadenfreude gewürztes – Amüsement erwarte, ob und wie die Gustav-Regler-Gesamtausgabe im Strömfeld Verlag, ehemals Roter Stern, von dem früheren SDS Vorsitzenden K. D. Wolff gegründet und geführt, durch das Saarland bis zum glücklichen Ende gefördert wird oder auch nicht. Schließlich ist der augenblickliche Kulturminister aus Merzig, und da er auch sonst seine Heimatregion nicht schlecht bedenkt, warte ich ab, wie er den – eigentlich immer noch verloren zu nennenden – Sohn Merzigs behandelt.

Oskar Lafontaine – damals Oberbürgermeister von Saarbrücken und Landesvorsitzender der SPD – mischte die Saar-CDU auf, indem er im Oktober 1984 die Hindenburgstraße, an der so gewichtige öffentliche Einrichtungen wie Landtag und Landgericht, IHK und drei Ministerien residierten, auf einem Teilstück in Franz-Josef-Röder-Straße umfirmieren ließ. Mit dieser Geste unterstrich er das wohl von ihm selbst lancierte Gerücht, Röder habe schon früh in ihm den legitimen Nachfolger erkannt, und quälte die CDU, die unter den divenhaften Allüren Röders gelitten hat, mit denen dieser eine ganze Reihe von präsumtiven Nachfolgern gnadenlos auszubremsen verstanden hatte. Erinnerung, Würdigung, Ehrung – in diesem Fall des politischen Gegners – als zwar erkennbarer, aber nicht zu tadelnder Bestandteil des aktuellen politischen Spiels – durchaus ein Geniestreich.

Wesentlich plumper waren die Versuche der FDP, ihre nationalliberale Klientel, ganz im Sinne ihres ehemaligen rechten Flügelmannes Möllemann, bei Laune zu halten, indem am 15. Oktober 1985, nach mehreren vergeblichen Anläufen an anderer Stelle, versucht wurde, der Auffahrt zum Saarländischen Rundfunk als Heinrich-Schneider-Straße einen Namen zu geben, was dann am Ende wohl noch die Adresse des SR hätte werden sollen. Schneider, Heros der DPS (Demokratische Partei Saar) im Abstimmungskampf 1955, vormals aktiver Nazi, erster direkt gewählter Bundestagsabgeordneter in Saarbrücken, fand nicht das nötige Maß an Zustimmung.

Oskar Orth, Mediziner in Homburg, Mitbegründer der dortigen Medizinischen Fakultät und damit auch der Saar-Uni, löste einen heftigen Streit aus, nachdem seine aktive Rolle bei Zwangssterilisierungen in der Nazizeit nachgewiesen wurde. Die Oskar Orth-Straßen in Homburg und dem Saarbrücker Stadtteil Ensheim wurden letztlich – was auch ich für richtig halte – umbenannt.

* * *

Heroen und Heilige wechseln, je nach Konjunktur der Ideen, der Weltanschauungen und Parteien. Alle Zeiten schreiben ihre Geschichte neu, mit der Absicht und dem Wunsch, sich selbst als Schlusspunkt oder zumindest als Etappe eines positiven Konzepts, einer erfolgreichen Inkarnation des Weltgeistes auf dem Wege zu sich selbst zu sehen.

Diese Themen waren – und sind – im Saarland keinesfalls Nebensache. Der ständige Wechsel der Herrschaftsverhältnisse führte zu immer neuen Interpretationen der Vergangenheit. Die gleichen Fakten wurden unterschiedlich bewertet, je nach dem, wer gerade das Sagen hatte. Entweder lief alles auf eine angeblich uralte Verbindung zu Frankreich oder auf eine angeblich noch ältere mit Deutschland hinaus, um die Herauslösung aus dem deutschen Staatsverband zu begründen bzw. das Gegenteil, die Wiedereingliederung. Man war monarchistisch, revolutionär, autoritär und demokratisch. Und so wechselten natürlich auch die Helden, ebenso die Heldinnen.

Sollte man deswegen aber auf Vorbilder und Denkmäler verzichten und, wie in Mannheim oder New York, Straßen mit Buchstaben und Zahlen belegen? Nein, ich denke nicht und nehme mir daher das Recht heraus, einen eigenen, ganz persönlichen Vorschlag zu machen, der die Landesgrenze bewusst ignoriert. Hier meine Heldentafel für den saarländischen Gebrauch.

Am Beginn zwei Kleriker

Am Beginn stehen bei mir zwei Kleriker, Pirmin (ca. 690 bis 753) und Luitwin (gestorben 718), Gründer der Klöster Hornbach und Mettlach. Sie stehen für die starke und dauerhafte Bewegung des Mönchtums, das in seinen mannigfachen Spielarten so unendlich viel für die Urbarmachung, für die Wohnlichkeit unseres Landstrichs geleistet hat, wie auch für seine geistige und geistliche Entfaltung.

Viele, die, aus welchen Gründen auch immer, mit der Kirche gebrochen haben, machen um Klöster, Kirchen und Kapellen einen großen Bogen, suchen nach profanen Bau- und Kunstwerken, um für sich selber Anknüpfungspunkte und Identifikationsmöglichkeiten in der Historie zu finden, verkennen aber die über lange Zeit nahezu monopolartige Rolle der religiösen Bewegungen bei der Entwicklung und Entfaltung zivilisatorischer Kräfte. Mit den spirituell motivierten Bauwerken, mit der Pflege von Schreiben und Lesen, mit der Anwendung neuer Methoden in der Landwirtschaft, mit der mühevollen Rodung des Landes, der Anlage von Fischteichen und Weinbergen ging die Veredelung der lebensnotwendigen Tätigkeiten einher. Die dazu nötige dauerhafte, heute würden wir sagen, nachhaltige Kraft schöpften die Mönche aus ihrem Glauben und aus der ganz simplen Tatsache, für sich eine Lebensperspektive und soziale Sicherheit gefunden zu haben. Dies soll erwähnt werden, um das Ganze nicht allzu sehr zu verklären.

Römer, Kelten und Germanen mit ihren politischen, kulturellen und religiösen Vorstellungen gehören selbstverständlich zu unserer Tradition, sichtbar in Bauten und Baustilen, erkennbar in Wissenschaft und Kultur, hörbar in unserer Sprache. Den größten Einfluss auf unser heutiges Leben hat aber der christliche Glaube in seiner weltlichen Umsetzung, die – so paradox es klingt – am ausgeprägtesten in den Klöstern und ihren Dependancen erfolgte, mehr als in den Königshöfen und Adelssitzen. Nicht von ungefähr ist die Trennlinie zwischen Adel und Klerus im frühen Mittelalter und auch später nur schwer zu ziehen.

Der blinde König

Hin und hergerissen bin ich bei Johann von Luxemburg (ca. 1295 bis 1346), König von Böhmen, Vater Kaiser Karls IV., Neffe Balduins von Trier, auch Johann der Blinde genannt.

Die Herrschaft der Luxemburger Grafen erstreckte sich damals auch auf Teile am Unterlauf der Saar. Johann war ein tätiger und tapferer Mann, der seinen Idealen treu zu bleiben versuchte und der (trotzdem oder auch deswegen) ein unstetes, kriegerisches Leben führte. Böhmen, dem er zumindest Schlesien als neues Territorium erwarb, erlitt durch ihn, der das Land für seine zumeist militärischen Abenteuer in ganz Europa finanziell ausplünderte, wohl mehr Schaden, als dass er ihm Nutzen brachte. Er focht – nach seiner gescheiterten

Bewerbung um die Kaiserkrone – für Ludwig den Bayern in Italien und bei Mühldorf, stand in den Diensten des Königs von Frankreich, eilte mitten im Winter dem Ritterorden in Preußen zu Hilfe, kehrte nach Frankreich zurück, um anschließend wieder in Italien so sehr von sich reden zu machen, dass er mit Kaiser Ludwig, der einen „Putsch“ befürchtete, aneinanderzugeraten drohte, kämpfte um Kärnten und Tirol, dann wieder in den baltischen Ländern. Nachdem er sein Augenlicht nahezu völlig verloren hatte, „setzte er nichtsdestoweniger sein unstätes, rauferisches Treiben fort, bis er endlich in der mörderischen Schlacht bei Crécy 1346 einen seines Lebens würdigen Tod fand“, resümiert der Brockhaus von 1853.

So seltsam die Wege des lebenden Johann waren, so waren es auch die des toten. Die Irrfahrten dieses ruhelosen Mannes gingen nach seinem Tode weiter.

Zunächst in seiner luxemburgischen Heimat begraben, wurden seine Gebeine während der Zeit der Französischen Revolution vor den fremden Eroberern in „Sicherheit“ gebracht. Sie waren anschließend längere Zeit in der Obhut der Industriellenfamilie Boch in Mettlach, aufbewahrt in einer Kiste, die dem preußischen Kronprinzen und späteren König Wilhelm IV. bei einem Besuch gezeigt wurde, was diesen veranlasste, für Johann, den sowohl er als auch seine Frau zu ihren Vorfahren zählten, in Kastel, hoch über der Saar, eine Grablege bauen zu lassen.

Der Platz war gut gewählt, da das nahe Freudenburg sowie auch Kastel selber eine Zeit lang in Johanns Besitz waren und er sich mehrfach dort aufgehalten hatte. Das von Schinkel harmonisch und schon von weitem erkennbar in den Felssturz am Ort einer uralten Einsiedlerklause gesetzte zweistöckige klassizistische Grabmal zählt zu den architektonischen Meisterwerken der deutschen Romantik. Die Magie des Ortes ließ Arno Schmidt an dieser Stelle ein mysteriöses, doch gleichwohl reales Liebesabenteuer erleben, das er in seiner Geschichte „Schlüsseltausch“ beschreibt.

Johanns Charakterbild schwankt in der Geschichte. In Luxemburg ist *Jean aveugle* die bei weitem populärste Figur der kollektiven Erinnerung. Lion Feuchtwanger zeichnet ein anderes Bild in dem Roman „Die hässliche Herzogin". In der Preußenzeit wurde seine Persönlichkeit als Verkörperung deutscher „Tapferkeit" verherrlicht. All das ist mir nicht so wichtig, so wie ich bei Friedrich II., von dem mein – demokratisch gesinnter – Vater nur mit Respekt sprach, nicht seine militärischen Leistungen bewundere, sondern die Fähigkeit, vom „ersten Diener seines Staates" nicht nur propagandistisch zu schwadronieren, sondern das Gesagte wenigstens teilweise auch in die Tat umzusetzen. Johann ist ein Beispiel für den Drang, das Glück anderswo zu suchen, und für Heimatliebe zugleich.

Sein Schicksal erinnert an einen mittelalterlichen Ahasver, an einen Getriebenen, der einem Schatten, wohl dem eigenen, nachjagt und in Crécy sein Schicksal vollendet, wie Käptn Ahab im Kampf mit dem weißen Wal. Es ist diese unbedingte Treue zu sich selbst und zu den geltenden Regeln seiner Zeit, die mich nachdenklich machen, und dies Schicksal der treibenden Rastlosigkeit, die selbst vor seinen Gebeinen nicht innehält. (Zuletzt haben die Luxemburger sie nach dem Zweiten Weltkrieg aus der Klause hoch über der Saar in die Kathedrale des Großherzogtums überführt.)

Seine Heimatlande muss er geliebt haben. Er verschonte sie – im Gegensatz zu dem ihm anvertrauten Böhmen – vor übermäßigen Kontributionen zu seinen kriegerischen Abenteuern und soll friedliche Zustände garantiert, Armen und Waisen geholfen, Gerechtigkeit an Stelle von Willkür gepflegt, die Rechte und Freiheiten der Städte erweitert und im besonderen Maße Handel und Verkehr gefördert haben. Die heute noch bestehende „Schobermesse" soll von ihm gegründet worden sein. Ganz als wollte er damals schon das Vertrauen in das luxemburgische Geldgebaren stärken, verfügte er in seinem Testament, alle seine rückständigen Schulden in der Grafschaft pünktlich zu bezahlen.

Elisabeth von Lothringen

Von ganz anderer Art sind Person und Schicksal der hundert Jahre später geborenen Saarbrücker Gräfin Elisabeth von Lothringen (ca.1395 bis 1456), die zwischen den beiden im Grenzland aufeinander stoßenden Sprachen und Kulturen, die sich über Jahrhunderte auseinander entwickelt hatten, vermittelte und damit frühe Brücken baute für die Anerkennung des andersartigen Nachbarn und für die friedliche Aneignung seiner geistigen Schätze.

Elisabeth, Tochter Friedrichs von Lothringen und seiner literarisch interessierten und gebildeten Frau Margarete von Vaudémont, wuchs im französischen Sprachgebiet auf und heiratete 1412 Graf Philipp I. von Nassau-Saarbrücken. Nach dem Tode ihres Mannes im Jahre 1429 regierte sie das Land bis zur Volljährigkeit ihres älteren Sohnes. Sie muss ihre Arbeit gut gemacht haben und hat so unter Beweis gestellt, dass Frauen in einer auf die Männer zugeschnittenen Welt sehr wohl Gleichwertiges zu leisten im Stande sind. An die Stelle der Gewalt setzte sie die Diplomatie, leistete – wohl abgewogen scheint es – Verzicht auf vermeintliche Rechte und erreichte einen wirtschaftlichen Aufschwung, der es ihr erlaubte, die Schulden ihres Mannes zu begleichen. 1442 teilten ihre beiden Söhne das väterliche Erbe und beendeten damit Elisabeths Rolle als Regentin.

Elisabeth beteiligte sich weiter an der Verwaltung des Landes, widmete sich aber mehr und mehr der Literatur, die sie aus ihrer Kindheit kannte und liebte und die ihr nach dem Tode ihres Mannes wieder wichtig geworden war. Ihr Lieblingsaufenthalt war wohl die Burg Bucherbach im Köllertal, und ich stelle sie mir gerne vor, wie sie dort in ländlicher Abgeschiedenheit, über die Handschriften gebeugt, die *chansons de geste* studiert und nach geeigneten Begriffen in der deutschen Sprache sucht, um die *history* ins Deutsche zu übersetzen.

Mit etwa vierzig, so darf vermutet werden, begann sie zu schreiben. Sie begründete mit ihren vier Übersetzungen die deutsche

Romanliteratur. Den Germanisten ist sie noch bekannt. Es ist zweifellos eine Ironie der Geschichte, dass sie, die „Welsche", in den Zeiten des besonders übersteigerten deutschen Nationalstolzes, im Wilhelminischen Reich, als Mitbegründerin der deutschen Nationalliteratur gefeiert und mit einem aufwendigen Faksimile der Hamburger Handschrift des „Hug Scheppel" geehrt wurde, während sie heute, in der Zeit des internationalen Literaturbetriebs, kaum bekannt ist und, wenn überhaupt, wie eine Selbstverständlichkeit im Schrank stehen bleibt.

Mit Ludwig Harig und Eugen Helmlé hat sie kongeniale Nachfolger auf ihrem geistigen und realen Territorium gefunden. Mit der Thematik des Sibillen-Romans beschreibt sie die Situation der Frauen in der mittelalterlichen Gesellschaft. Beeindruckend auch hier, mit welchem Selbstbewusstsein sie diese Wirklichkeit vermittelt. So bleibt sie sich selbst genug und weist andererseits über ihre Zeit hinaus. Ich würde sie ganz gerne kennen lernen. Dazu ist es zweifellos zu spät, aber wer es schafft, vor ihrem Grabmal in der St. Arnualer Stiftskirche Zeit und Raum auszuschalten, spürt etwas von der fortdauernden Lebendigkeit und Stärke dieser Frau.

Lothringische Künstler

Nun zu den schönen Künsten. Lothringen hat hier viel zu bieten. Georges de La Tour (1593 bis 1652), in Vic sur Seille geboren, geriet für lange Zeit in Vergessenheit, war geradezu verschollen, ehe er im 20. Jahrhunder wieder entdeckt wurde und nun in seiner Heimatstadt mit einem Museum geehrt wird, das quasi um ein einziges Originalgemälde („Johannes der Täufer in der Wüste") herum errichtet wurde. Der Sohn eines Bäckers blieb seiner Heimat treu, von Vic zog er 1617 ins nahe Lunéville, wo er mit Getreide handelte und seine geheimnisvollen Bilder malte, die vielfach von warmen, trostspendenden Rottönen geprägt sind, die er aus Lichtquellen wie Kerzen, Fackeln oder aus der Glut der Kohle schöpfte. Dem gegenüber sind seine „Tag-Bilder" von den Schattenseiten seiner Zeit geprägt, zeigen Lug und Trug, Armut und Streit.

Auf optimistischere Art malt Claude Lorrain (1600 bis 1682), der mit richtigem Namen Claude Gellée hieß, das Licht. Er, der den Engländer Turner inspirierte, wurde im Schloss Chamagne am Oberlauf der Mosel geboren und wurde in Rom berühmt.

Mir hat es aber ganz besonders der Radierer Jacques Callot (1592 bis 1635) aus Nancy angetan, der mit seinen „Misères de la guerre" die Schrecknisse des Dreißigjährigen Krieges, der in unserer Region unsäglich gewütet hat, dargestellt und mit großer Genauigkeit und Lebendigkeit die Verwahrlosung der Soldateska und das Leiden der Bevölkerung zu einer Anklage gegen den Krieg, gegen jeden Krieg, geformt hat, die mit Goyas „Desastros de la Guerra" und Picassos „Guernica" in eine Reihe gestellt werden dürfen, ja, gestellt werden müssen.

Auch Callot war ein charakterfester Mann, wenn nicht gar ein sturer Kopf. Von seinem Vater, Wappenherold des Herzogs von Lothringen, zum Theologen bestimmt, nahm er zweimal vor der elterlichen Gewalt Reißaus, um sich in Italien zum Künstler ausbilden zu lassen. Beide Male wurde er wieder eingefangen. Wohl um ihn nicht ein drittes Mal in Versuchung zu führen, gestatteten ihm dann seine Eltern das Studium. Er kam in Italien zu Ruhm und Anerkennung, kehrte aber nach Nancy zurück, um seinem Landesfürsten zu dienen. Das hielt ihn nicht davon ab, auch in den Niederlanden und in Paris zu arbeiten, wo er sich allerdings weigerte, die Belagerung und Eroberung von Nancy durch die Truppen Ludwigs XIV. in einer Radierung zu verewigen. Er war weder mit guten Worten noch mit einem dicken Salär dazu zu bewegen, nach Paris überzusiedeln. Für die Geschichte der Sitten, der Lebensverhältnisse, der Ereignisse und der Leiden jener Zeit sind seine Blätter von unschätzbarem Wert.

Moscherosch

Die Schrecken des Krieges bewegten und trafen auch Hans Michael Moscherosch (1600 bis 1669), Sohn einer unter Karl V. nach Deutschland eingewanderten aragonesischen Adelsfamilie. Nach dem Studium der Rechte in Straßburg betätigte er sich zuerst als Hauslehrer, dann ab 1628 als Amtmann in Crichingen (Créange) und ab 1636 als Amtmann in Finstingen (Fénétrange).
In seinem Hauptwerk, mit dem im Stile der Zeit elend langen Titel: „Wunderliche und wahrhafftige Gesichte Philander's von Sittewald/ Das ist Straff-Schrifften Hanns-Michael Moscherosch von Wilstädt. In welchen aller Weltwesen/Aller Mänschen Händel/mit ihren Natürlichen Farben der Eitelkeit/Gewalts/Heucheley/Thorheit bekleidet/offentlich auf die Schau geführet/als in einem Spiegel gestellet und gesehen werden“, zeichnete er das Bild einer sich auflösenden Gesellschaft, schilderte die Verwilderung der Sitten, die Verwahrlosung der Seelen und gab in einem Kapitel, dessen Handlung in Saarbrücken und an der unteren Saar spielt, mit viel Sarkasmus Einblick in die Kaltherzigkeit der Landsknechte und das hilflose Elend der Bevölkerung.

Moscherosch war seit 1645 Mitglied der „Fruchtbringenden Gesellschaft“, einer der deutschen Sprachgesellschaften, in der er den Beinamen der „Träumende“ führte, und durfte deshalb auch in unseren Zeiten von sich reden machen, indem Günter Grass ihn in seinem „Das Treffen in Telgte“ auftreten lässt.

Auch Moscherosch wurde mit seinem Werk wie ein Steinbruch für viele Ideologien in Anspruch genommen, mal deutschtümelnd, mal frömmelnd, mal revolutionär.

Was dauerhaft bleibt, ist sein unbestechlicher Blick, seine Beschreibung der Sitten und Zustände der Zeit – Callot mit dem Radiergriffel, Moscherosch mit der Feder – sowie die durchscheinende Warmherzigkeit, die Ironie und die Beibehaltung der

Menschlichkeit in einer aus den Fugen geratenen Welt, in der im Namen des Glaubens und unter dem Zeichen des Kreuzes gemordet, zerstört, verbrannt, geschunden und entwürdigt wurde.

Fürst Wilhelm Heinrich

Wenn man sich etwa näher mit der Persönlichkeit des Saarbrücker Fürsten Wilhelm Heinrich (1718 bis 1768) befasst, fällt es eher leichter als schwerer, diesen Erneuerer der Grafschaft und damit auch Saarbrückens besonders herauszuheben. Als er 1741 sein Erbe an der Saar antrat, lag das Land, durch die ständigen Kriege erschöpft, in einem desolaten Zustand, war Saarbrücken nur noch ein halb verfallenes Residenzstädtchen.

Selten ist wohl so gründlich Remedur geschaffen worden – wenn auch auf Kosten einer ungeheuren Verschuldung, die die jährlichen Steuereinnahmen fast um das Zehnfache überstieg. Aber – als hätte Keynes dem ganzen Unternehmen höchstpersönlich seinen Segen gegeben – der von Stengel geplante und realisierte Neubau des Schlosses wirkte wie ein Konjunkturprogramm und gleichzeitig auch als Leitinvestition, indem, nicht nur in Saarbrücken, private Investoren sowie Städte und Dörfer ihrerseits viele Vorhaben in Gang setzten. Das Land blühte auf. In der Regierungszeit Wilhelm Heinrichs wurde die Einwohnerzahl von 12.719 im Jahre 1735 auf 21.950 im Jahre 1766 nahezu verdoppelt.

Die weithin sichtbaren Fanale des Aufbruchs, das große Schloss in Saarbrücken, Jagd- und Lustschlösser des Fürsten, neue Kirchen, Amts- und Bürgerhäuser standen auch für tiefgreifende ökonomische Reformen. Wilhelm Heinrich förderte die Landwirtschaft und die Erforschung neuer Landbaumethoden, begründete die eisenschaffende Industrie praktisch neu und erkannte – mit ersten Anflügen von Kreislaufdenken und einem durchaus ökologisch zu nennenden Konzept –, dass die wachsende Produktion mit dem gleichermaßen wachsenden Energiebedarf die ausgedehnten und ertragreichen Wälder existenzbedrohend gefährdete. Er ließ deshalb die Anwendungsmöglichkeiten der Steinkohle in aller Breite untersuchen, forcierte ihre Anwendung im Hausbrand und bei der Glaserzeugung und experimentierte mit ihrer Nutzung im technisch komplizierteren Verfahren der Eisenwerke. Er gründete Rußhütten und ließ Steinöl herstellen, das zeitweilig zur Beleuchtung der Alten Brücke genutzt wurde. Eine wichtige, bis heute wirkende Strukturentscheidung war die „Verstaatlichung" des Kohlenbergbaus, der – so dekretierte der Fürst – nur in seinem Auftrag erfolgen dürfe.

Stengel und Kretzschmar

Wer Wilhelm Heinrich sagt, der muss auch Friedrich Joachim Stengel (1694 bis 1787) sagen. Der 1735 an den Hof gerufene geniale Baumeister schuf das barocke Saarbrücken und St. Johann, verknüpfte die beiden Schwesterstädte mit den Mitteln der Stadtplanung und Architektur und formte damit auch das Gesicht der heutigen Stadt, gab ihr mit dem Schloss eine Krone und mit den beiden Kirchen – der evangelischen Ludwigskirche und der katholischen Basilika – Bauwerke von überregionalem Rang. Obwohl Krieg und Modernisierungswahn viel zerstört haben, stößt man immer wieder auf seine Spuren, auch im Umland und am Oberlauf der Saar in den Orten der alten, zeitweilig zu Nassau-Saarbrücken gehörenden Grafschaft Saarwerden.

Stengels an Achsen orientierte Planung öffnete vom Ludwigsplatz durch die Wilhelm-Heinrich-Straße den Blick auf St. Johann und umgekehrt. Insofern ist es eine städtebauliche Todsünde, dass sich Finanz- und Wirtschaftsministerium in dieser Achse quer legen oder quer gelegt wurden, als ob sie zeigen wollten, wo die eigentliche Macht in der Gesellschaft liegt, und damit auch unmissverständlich den vom Schlossberg in den Schatten der Ludwigskirche gezogenen „demokratischen Fürsten" die Grenzen für ihre Phantasie, so sie denn welche haben, vor Augen führen. Die graue Baumasse eignet sich vorzüglich für diesen Zweck. Stengel fand die Anerkennung Goethes, der von der „lichten Residenz" sprach, und der umtriebige, an vielen Fürstenhöfen präsent gewesene Freiherr von Knigge wertete das Saarbrücker Schloss als „eine der schönsten Fürstenwohnungen Teutschlands".

Der Geist des Neubeginns hatte auch den trierischen Teil des Landes an der unteren Saar ergriffen. Stengel kongenial zur Seite stand Christian Kretzschmar (ca. 1700-1768), der von Abt Ferdinand von Koeler zur Erneuerung der reichen Benediktinerabtei Mettlach, der Gründung Luitwins, geholt worden war. Der den Saarbogen von Mettlach beherrschende Bau ist auch in seiner säkularen Funktion als Firmensitz von Villeroy & Boch ein herausragendes Beispiel der Verbindung des Barocks mit klassizistischen Elementen.
Als ob sie sich abgesprochen hätten, treffen wir auf Kretzschmarsche Bauten im nördlichen Saarland, in Trier und der Eifel, während südöstlich von Wadgassen das Terrain von Stengel beginnt.

Kretzschmar starb 1768 in Merzig, wo er Schöffe und Ratsherr gewesen war, Stengel 1787 in Saarbrücken.

Stengels Grab, am Beginn der Metzer Straße in Saarbrücken liegend, ursprünglich mit freiem Blick auf das Ensemble des Ludwigsplatzes, ist erst vor kurzem wieder der Vergessenheit entrissen worden. Diejenigen, die regelmäßig dort Blumen niederlegen, ehren den Mann, der mit seinen geschwungenen, verzierten und doch klaren Formen die Anregungen der Natur aufgriff und auf seine Art in Stein zu vervollkommnen suchte.

Wenn sich jetzt immer häufiger und drängender Stimmen erheben, die eine Rückgewinnung des Flusses für die Stadt und eine Überbauung der Stadtautobahn fordern, ist dies ganz im Sinne Stengels, dem der jetzige Zustand wohl keine Ruhe gelassen hätte.

Siebenpfeiffer und Wirth

Für das Denken und Leben unserer Zeit bieten zwei Personen, die unsere Region eigentlich nur gestreift haben, Identifikation und Vorbild in ganz aktuellen Themen: Es sind die geistigen Väter des Hambacher Festes, Philipp Jakob Siebenpfeiffer (1789 bis 1845) und Johann Georg August Wirth (1798 bis 1848). Beide waren in den entscheidenden Phasen ihres Lebens Demokraten, gradlinig im Kampf für ihre Überzeugungen, die wir heute noch teilen und die grundlegend wurden für eine freie und gleiche Gesellschaft. Sie sind Ansporn für diejenigen, die wissen, dass wir diese noch lange nicht erreicht haben und wenn, dann nicht für alle, sondern nur für den kleineren Teil.

Siebenpfeiffer, erster bayrischer Landrat in Homburg, und Wirth, als Publizist von München in die Pfalz – wegen der dortigen, freieren Gesetze – quasi ausgewichen, haben nach dem Hochgefühl des Hambacher Festes wenig freudvolle Tage erlebt. Es ist wahrlich nicht übertrieben, sie als Märtyrer einer freien Gesellschaft und einer freien Presse zu würdigen.

Beide wurden mit Prozessen überzogen, verurteilt, eingesperrt, schikaniert und gemobbt. Siebenpfeiffer floh aus der Haft in die Schweiz und starb dort – physisch und psychisch zerrüttet – im Jahre 1845. Wirth saß seine zwei Jahre ungebeugt ab, ging über das Elsass ebenfalls in die Schweiz und hatte, anders als Siebenpfeiffer, zumindest die Genugtuung, im Jahre 1848 in das Paulskirchenparlament gewählt zu werden. Er starb noch im Frühjahr desselben Jahres, als ob mit der Erreichung des Ziels alle Anspannung aus seinem malträtierten Körper gewichen wäre, „wie Moses auf den Bergen, nachdem er Kanaan von fern gesehen“.

Der Saarpfalzkreis hält mit dem 1987 zum ersten Mal verliehenen „Siebenpfeiffer-Preis“ die Erinnerung an die beiden in Ehren. Beider Büsten schmücken den Raum bei der Verleihungszeremonie, mit Wirths Druckerpresse als stummer, aber unübersehbarer Zeugin. Ich stelle mir jedes Mal vor, wie sie unter der Anleitung Wirths seine und ihre Botschaften gedruckt hat, unermüdlich, in gleichbleibender Form und Qualität, und ich denke, dass immer noch geheime Verbindungen zwischen den beiden bestehen und dass die Presse, wenn alles wieder seinen gewohnten Gang geht, in unbeobachteten Augenblicken von allem genauen Rapport erteilt.

Mit dem Preis steht Homburg einmal im Jahr im Blickpunkt der deutschen Öffentlichkeit, und es ist durchaus zu wünschen, dass die Odyssee des „Deutschen Zeitungsmuseums“ jetzt beendet ist und vom sicheren Hafen aus eine Dependance in Homburg und Zweibrücken beliefern kann, die noch mehr vom geistigen und materiellen Rüstzeug der Beiden sinnlich erfahrbar macht.

Lisbeth Dill

Ebenso vorbildlich, aber in ganz anderer Hinsicht, ist für mich Lisbeth Dill (1877 bis 1962). Viele, die sich im Saarland auskennen, werden fragen: „Was willst du denn mit Lisbeth Dill? Schon allein der Name ‚Lisbeth'! Wie, um alles in der Welt, bist du denn auf die gekommen? Eine eher mittelmäßige Schriftstellerin, und so ganz astrein war sie in der Zeit, in der die Nazis uns versuchten, auch nicht gerade.“

Mag sein, ich aber sehe in ihr die früh Emanzipierte, vorbildlich für den noch immer nicht erfolgreich abgeschlossenen Kampf der Frauen um ihre gesellschaftliche Gleichstellung mit den Männern. Sie schrieb überzeugend über dieses Thema und lebte nach ihren Maximen in einem zutiefst konservativen und religiös dominierten Land.

Lisbeth Dill war ungeheuer produktiv, eine Vielschreiberin. So wie Clara Viebig, ihr Trierer Pendant, Mosel, Hunsrück und Eifel zum Sujet vieler Werke machte, gibt es von Lisbeth Dill viele sensible Beschreibungen unserer Grenzregion, ihrer Landschaft und ihrer Bewohner mit treffenden Charakterisierungen der regionalen Eigenarten, der gesellschaftlichen Schichten, der Arbeitswelt und der sozialen Konflikte.

Je nach Standpunkt oder Blickwinkel wird man ihr Werk und ihre Lebensführung unterschiedlich beurteilen. In einer katholischen Literaturgeschichte des Saarlandes aus den 20er Jahren wird sie wegen ihrer unkonventionellen Haltung zur Ehe kritisiert, ihre zeitweilige Deutschtümelei stößt anderen sauer auf. Doch in diesem Fall stellt sich die Frage von Schuld und Sühne anders als bei Oskar Orth, dessen Name trotz aller Verdienste nach dem Zweiten Weltkrieg um die saarländische Medizin wegen seiner Rolle bei den nationalsozialistischen Zwangssterilisierungen zu Recht von den Straßenschildern gestrichen wurde. Mein Nennen von Lisbeth Dill soll kein Persilschein sein, sondern ist das Ergebnis meiner subjektiven Gewichtung der über diese Frau bekannten Tatsachen.

Willi Graf

Willi Graf (1918 bis 1943) bedarf keiner Begründung. Sein unbedingter Wille zum Ideal und zu dessen Verwirklichung lassen ihn herausragen aus einer Gemeinschaft, die solche Persönlichkeiten zwar bewunderte, selber aber immer wieder dem Virus des Opportunismus erlag.

Mit ihm soll niemand von denjenigen übergangen oder zurückgesetzt werden, die in den Jahren von 1933 bzw. 1935 bis zum Kriegsende Widerstand gegen die Staat gewordene Barbarei leisteten. Es gibt viele ergreifende Schicksale, die nicht vergessen werden dürfen.

Willi Graf steht für die jungen Menschen, die, wie auch die „Edelweißpiraten“, obwohl mit der permanenten Propaganda des Regimes groß geworden, anderen Idealen folgten und dafür ihre eigene Zukunft, ihr Leben aufs Spiel setzten – und verloren. Es ist der so poetische wie einfache, Unschuld und Hoffnung ausdrückende Name „Weiße Rose“, der ihn und seine Mitverschworenen, Hans und Sophie Scholl, Christoph Probst und Alexander Schmorell, uns so nahe sein lässt und der die Verletzlichkeit von Humanität und Brüderlichkeit symbolisiert.

Max Braun

Ich bewundere Max Braun, diese einzigartige Verbindung von Lebensfreude und Fähigkeit zu wirklicher – nicht gespielter – politischer Verantwortung. Er hatte Leichtigkeit in sich, war aber kein Filou. Sein innerer Kompass stimmte, nicht immer im Tagesgeschäft, aber auf der langen Linie. Er war ein überzeugter Europäer und Demokrat. Es war seine größte Leistung, einen verlorenen Kampf bis zu Ende zu führen und mit der Niederlage doch Zeichen der Hoffnung für eine andere Zukunft Deutschlands zu setzen und Anknüpfungspunkte für die Zeit der Ernüchterung nach der des kollektiven Wahns zu hinterlassen.

Max Braun trat früh für die deutsch-französische Verständigung ein, da er in ihr die zentrale Voraussetzung sowohl für die Neuordnung Europas als auch für die Lösung der Saarfrage erkannt hatte. War die Freude über die Niederlage der Nazis, über die Rückkehr ins Saarland zu groß? Auch er erfuhr vom Sieg seiner Sache und konnte sie – wie Wirth – nicht mehr selber weiter befördern. Er starb am 3. Juli 1945 bei einem Kopfstand neben den gepackten Koffern für die Heimreise. Seine sterblichen Überreste kamen – wie die von König Johann – lange nicht zur Ruhe, bis sie in einer Urne in seine Heimatstadt Neuß zurückkehrten.

Max Ophüls

Der Anfang des letzten Jahrhunderts in Saarbrücken, genauer: im damals noch selbständigen St. Johann, als Max Oppenheimer geborene Regisseur Max Ophüls (1902 bis 1957) ist ein saarländisches Beispiel für den Verlust an intellektueller und künstlerischer Substanz durch den deutschen Antisemitismus. In seiner Autobiografie hat er ein ironisches, aber liebevolles Bild seiner Heimatstadt und ihrer Bewohner gezeichnet, voll Verständnis für den latenten Opportunismus der Grenzbevölkerung.

Den Künstlernamen Ophüls verwandte er seit seinem ersten Auftritt als Schauspieler-Volontär am Württembergischen Landestheater Stuttgart in der Spielzeit 1920/21. In Dortmund führte er 1923 das erste Mal Regie. Er arbeitete in Barmen, Elberfeld, Köln, Wien, Frankfurt am Main, Breslau und schließlich in Berlin.

1931 begann er seine Karriere als Filmregisseur, ein weiterer Stern an dem so großen und weiten Kulturhimmel der Weimarer Republik. Am 16. März feierte er in Berlin Triumphe mit der Uraufführung seines Melodrams „Liebelei“. Gleich darauf, Ende März, ging er ins Exil nach Paris. Er arbeitete in Italien und Holland, versuchte sich vergeblich in der Sowjetunion. 1938 wurde er französischer Staatsbürger. Mit seinem Film „Le roman de Werther" warb er im selben Jahr für die deutsch-französische Verständigung und für die Kultur seiner ehemaligen Heimat. Nach der Niederlage Frankreichs im Zweiten Weltkrieg floh er nach Südfrankreich und ging anschließend in die Schweiz. 1941 gelang es ihm, vor der Gestapo in die USA zu entkommen. 1949 kehrte er nach Paris zurück und präsentierte mit der Schnitzlerverfilmung „La ronde" (Der Reigen) einen erfolgreichen, aber auch höchst umstrittenen Film. Max Ophüls starb am 26. März 1957 in Hamburg.

Das nach ihm benannte Filmfestival für den deutschsprachigen Nachwuchsfilm hat sich bisher seiner würdig erwiesen, und es sind mit die schönsten Tage, die man in Saarbrücken erleben kann, wenn die noch nicht Etablierten, die auf der Schwelle zum Ruhm oder zum Nichts für eine kleine Weile Balancierenden, ihr Schicksal nicht Kennenden hoffnungsfroh die Stadt mit Leben erfüllen und die Nacht zum Tage machen und den Tag zur (amerikanischen) Nacht.

Robert Schuman

Da ist der Lothringer Robert Schuman (1886 bis 1963), ohne dessen visionären Schwung – gut, dass er Helmut Schmidt zum Trotz deswegen nicht zum Arzt gegangen ist –, ohne dessen Fähigkeit, in den Trümmern eines fürchterlichen Krieges die Konturen einer neuen, andersartigen, Frieden schaffenden und garantierenden Ordnung zu erkennen und vor allem durchzusetzen, der europäische Zug möglicherweise gar nicht ins Rollen gekommen wäre. Aus der Montanunion, einem wirtschaftlichen Zweckbündnis entstand *peu à peu* der gewaltige europäische Bau, der bisher – ohne die auch vorhandenen Fehler verharmlosen zu wollen – eine lange Periode der Stabilität gebracht hat.

Schuman spiegelt in seiner Person fast alle historischen Facetten der Region. Er wurde in Luxemburg als Sohn einer luxemburgischen Mutter und eines lothringischen Vaters geboren und wuchs zweisprachig auf. Er studierte in Bonn, München, Berlin und Straßburg Jura, wurde im Ersten Weltkrieg Ersatzreservist im deutschen Heer und gehörte von 1919 bis 1940 der französischen Nationalversammlung an. Er wurde von der Gestapo verhaftet, konnte 1942 fliehen und schloss sich dem französischen Widerstand an.

Nach der Befreiung übernahm er – wie in Frankreich so üblich – verschiedene Regierungsämter: Finanzminister, Ministerpräsident, Außenminister, Justizminister. 1958 wurde er zum ersten Präsidenten des Europäischen Parlamentes gewählt. Dort zog er die Summe seines Lebens: „Assez de guerres civiles! Nos populations des frontières sont bien placées pour le savoir." Und weiter: „Il faut proposer à nos peuples de former une communauté qui sera le fondement un jour, d'une patrie européenne."

Frans Masereel

Schumans Mitstreiter Jean Monnet hat später der Kultur eine besondere Rolle zugewiesen, indem er sagte, wenn er mit dem Einigungsprozess noch einmal anfangen könnte, würde er mit der Kultur beginnen.

Zumindest mit Frans Masereel (1889 bis 1872) ist eine Chance vertan worden. Der kosmopolitische Belgier, Pazifist und Sozialist, lehrte von 1947 bis 1951 an der Schule für Kunst und Handwerk in Saarbrücken und schied dann zusammen mit dem Gründungsdirektor Hermann Henry Gowa aus, weil der christlich-konservativen Mehrheit die weltanschauliche wie auch künstlerische Linie der beiden führenden Repräsentanten der Schule nicht passte und außerdem das Kollegium, in sich gespalten, nicht den nötigen Rückhalt bot. Masereel war wohl über seinen künstlerischen Höhepunkt hinaus, hatte mit Boris Kleint in der Grundlehre und mit Otto Steinert in der Fotografieklasse Kollegen, gegen die er eher altmodisch wirkte.

Der introvertierte, immer etwas linkisch wirkende Mann mit einem ungeheuren internationalen Renommee hatte aber mehr zu bieten als seine künstlerischen und handwerklichen Fähigkeiten: Integrität und humanes Engagement. Seine Bilderfolgen, vor allem „Mein Stundenbuch", erreichten hohe Auflagen, und seine Holzschnitte gegen den Krieg sind von eindringlicher Kraft.

Ich sitze gerne in der Ecke mit den von ihm illustrierten Büchern und blättere in ihnen, um dann am Ende doch wieder die „Geschichte ohne Worte" oder „Jeunesse" und vor allem das „Stundenbuch" mit ihrer eigenen Sprache zu „lesen".

Das Schicksal Masereels lehrt uns, dass das autonome Saarland durchaus französischen Charme hatte, dass seine Repräsentanten zwar durchgängig antifaschistisch waren, aber das aus sehr unterschiedlichen Motiven.

Den doch sehr dünn gesäten Linken und Liberalen stand eine starke kirchliche und konservative Mehrheit erst zur Seite, dann aber mehr und mehr feindselig gegenüber, so dass jemand wie Masereel nicht mehr ins Bild passte und Gustav Regler, dessen Bücher von den Nazis verdammt worden waren, miterleben musste, dass in seiner Heimat Kultusminister Straus versuchte, den Saarbrücker Verlag seines in Mexiko geschriebenen „Amimitl oder Die Geburt eines Schrecklichen" dazu zu bewegen, das Buch „dem allgemeinen Leserkreis zu entziehen".

Ludwig Harig

Ludwig Harig ist etwas Besonderes und das Allerbeste an ihm: Er lebt noch. Nun soll man Lebende nicht zu sehr preisen; das, was noch kommt, bleibt uns verschlossen. Aber er ist nun mal der Saarländischste von allen, mit seiner Verbindung von Disziplin, Fabulierfreude, Wahrheitsliebe, Milde, Klugheit, Lebenslust und Lebensfreude, gegründet auf einer tiefempfundenen Heimatliebe, verknüpft mit einer bescheidenen Eitelkeit – etwas völlig anderes als die eitle Bescheidenheit, die viel weiter verbreitet ist –, die ihn samt seiner Gaben leicht ertragen lässt, ja mehr noch, man freut sich, wenn er kommt und bleibt.

Wir sind uns oft über den Weg gelaufen, meistens zufällig, aber auch jedes Mal erfreut. Hin und wieder haben wir uns gesucht – aus politischen oder aus literarischen Motiven. In meiner Erinnerung ist ein beschwingter Abend in Holz am tiefsten verankert. Ich diskutierte im dortigen Ortsverein der SPD heftig über die Zukunft des Saarlandes, über regionale Kultur und regionales Bewusstsein. Plötzlich kam Ludwig Harig hereingeschneit, von einem der örtlichen Parteihonoratioren, der es zum Sparkassendirektor gebracht hatte, nach einem – offensichtlich gelungenen – Empfang fröhlich zwangsverpflichtet. Es muss so einer von diesen Empfängen gewesen sein, bei denen man anschließend nicht einfach nach Hause gehen kann, nicht gehen will, weil alles doch so schön ist und die Leute so sympathisch sind, so nett, wie man sie normalerweise nicht kennt.

Ludwig hörte freundlich lächelnd zu, aber es hielt ihn nicht lange, und er legte los, um seine Sichtweise – mich nicht verletzen wollend – zu artikulieren, eine kostenlose Dichterlesung, die Geburt neuer Texte, neuer Suaden, die er so wunderbar spielerisch beherrscht – nur für uns. Kein Tonband, keine Kamera, aber voll orchestriert, nicht Kammermusik, nicht Tischgespräch, sondern eine feurige Folge von Ansprachen – und alle wahr und wahrhaftig, alle voller Humor und alle mit freundlichem, ganz und gar unboshaftem Ton, ein Konzert in Dur und dennoch wie's Leben. Wir wollen ihm noch viele Kränze flechten, für die Stirn, und es darf auch Lorbeer sein, für Suppe und *choucroute.*

Ein Unbekannter

Und da ist noch eine beunruhigende Person, von der ich nicht weiß, ob ich am Ende alles falsch verstanden habe, ob es sich um einen „Verrückten“ handelt, um einen verhuschten Eiferer oder – wie ich hoffe, dass es die Wahrheit sein möge – um einen Mann, der in seinem Leben als Bergmann, in seiner Familie, in seinen Erfahrungen und Erwartungen mit sich und seinen Lebensumständen im Reinen ist. Ich will den Tatbestand kurz skizzieren: Unser Unbekannter – es ist erst zwei oder drei Jahre her – bekam als Anerkennung für einen wichtigen Verbesserungsvorschlag von seinem Unternehmen 28.000 DM, also ca. 14.000 Euro, zuerkannt. Er bedankte sich, ich vermute höflich und auch ein wenig stolz, und leitete das Geld an eine gemeinnützige Einrichtung weiter. Hatte er keine Wünsche? War das Geld nicht willkommen für eine längere, eventuell weiter reichende Urlaubsreise, für ein neues, ein anderes, ein größeres Auto, für eine neue Couchgarnitur, als Rücklage für die Ausbildung der Kinder und was sich sonst noch denken und ausmalen lässt? Dies alles scheint ihn nicht angefochten zu haben. War es nur eine Folge mangelnder Phantasie im Persönlichen und Privaten, oder hatten sich die Träume in seinen Verbesserungsvorschlägen erschöpft?

Zumindest gewinnt in dieser Person – bewusst oder unbewusst – eine Alternative Gestalt zu dem Wunsch nach mehr und noch mehr Haben, der unsere Gesellschaft antreibt und beseelt oder vielmehr entseelt.

So schlecht kann die Welt nicht sein

Damit wären wir am (vorläufigen) Ende unserer Tafel, und ein unbekannter Held ist auch dabei. Die Auswahl ist krass subjektiv, und es gibt viele, die auf der Nachrückerliste stehen.
Der geistliche Kurfürst Balduin von Trier, ein Onkel Johanns des Blinden, oder Hieronymus Bock, Verfasser eines großartigen Kräuterbuchs, zeitweilig Leibarzt Graf Johanns II. von Saarbrücken, oder Nikolaus von Kues oder Karl Marx, der aber so weit entfernt scheint, so gigantisch, wenn man sich bewusst macht, welche welthistorischen Ausmaße er im Guten und im Bösen angenommen hat, oder Nikolaus Warken, der das erste feste Gewerkschaftshaus bauen ließ, weil er wusste, seine Leute würden nicht immer auf der Wiese tagen wollen, oder Hans Böckler, der in St. Ingbert gewirkt hat, oder Bartholomäus Koßmann und der Philosoph aus Rissenthal, Peter Wust. Gustav Regler z.B. und Otto Steinert, einer der Impulsgeber in der europäischen Nachkriegsfotografie, Albert Weißgerber, Max Slevogt, der in Metz geborene Verlaine, die Industriellenfamilien Gouvy und Tesch und sogar bei Carl Ferdinand von Stumm, dem König von Saarabien, habe ich gezögert, denn zu Recht hat man sein Denkmal im sozialdemokratisch dominierten Neunkirchen nicht gestürzt – mir liegt er aber nun mal nicht. Nichtsdestotrotz habe ich dazu beigetragen, dass sein Grab, einige hundert Meter von unserem Haus entfernt, von seinen Nachkommen vernachlässigt, heute durch den Saarländischen Rundfunk gepflegt wird. *Sic transit gloria mundi.*

Andere, wie Lettow-Vorbeck, Maurice Barrès, Hermann Röchling und die vielen in den Straßennamen präsenten Militärs, habe ich verworfen, andere ganz simpel ignoriert. In den Kreisen, Städten und Dörfern gibt es die örtlichen Helden. Sie sollen und dürfen auch vor Ort gepflegt werden.

Wer sollte uns außerdem daran hindern, uns überall zu bedienen und aus der näheren und weiteren Umgebung Persönlichkeiten in den eigenen Kreis zu ziehen, Ehrensaarländer, Wahlverwandte und Geschwister im gutem Geist. Gutenberg würde ich als Erstes ziehen, seine Erfindung hat Demokratie erst möglich gemacht, dann Joss Fritz, den Bundschuhführer, niedergeworfen, aber nie endgültig besiegt. Über ihn haben sowohl der Saarländer Gustav Regler als auch der Luxemburger Norbert Jacques zur gleichen Zeit, unabhängig voneinander, der eine im Exil, der andere in der Wahlheimat Deutschland, wunderbare Romane geschrieben.

Da sind noch die Elsässer: Albert Schweitzer, der mit der aus Burbach stammenden Internatsschülerin Ingrid Caven im Schwarzwald musizierte, Yvan Goll und René Schickele und mein Lieblingselsässer Tomi Ungerer.

Je länger ich nachdenke und die Figuren aus Geschichte und Gegenwart vor meinem inneren Auge paradieren lasse, umso mehr Argumente fallen mir ein, wer alles noch ein Anrecht hätte, genannt zu werden, und verblüfft stelle ich fest, dass die Welt so schlecht nicht sein kann und für uns – als Individuen und auch als Kollektiv – noch viele positive Überraschungen in petto hat.

Namensindex

Inhalt

ISBN 3-935731-47-7

4 5 06 05

Buchgestaltung Bertsch & Bertsch, Frankfurt/M.
Satz & Lithos Alexander Detambel
Schrift Baskerville BQ
Papier Luxocream, 100 g/m², 1,3 Vol.
Druck Merziger Druckerei und Verlag GmbH & Co. KG
Bindung Buchwerk Darmstadt

Printed in Germany